JN317281

中国仏教思想研究

木村宣彰著

法藏館

中国仏教思想研究＊目次

目次

中国仏教思想研究

恩師　横超慧日先生に捧ぐ

序論　中国仏教とその研究

中国仏教は、インドに興起して世界に伝播した全仏教の一環であるとともに、中国の独自文化の主要な内容となっている。中国に伝来した仏教は、伝統思想との間で対立と抗争を繰り返しながら同化し融和しながら独特の中国仏教を形成した。そうして形成された中国仏教は、膨大な漢訳大蔵経などの文献資料を有し、仏教伝来から今日に至る二千年もの長大な歴史と伝統をもつ。それゆえに中国仏教の研究は、インド仏教を理解するうえからも、またわれわれの日本仏教にとっても、その母胎として最も密接な関連があるだけに、その研究は避けて通れない。今後の仏教思想の推移を見通すうえからも、より一層の研究を推進していかなくてはならない。

それにもかかわらず中国仏教の研究は必ずしも盛んであるとはいえない。その原因は、社会のあり方にかかわる問題から、個々の研究者の心情に至るまで種々考えられるが、そのような今日的な課題だけでなく、歴史的に見ても、中国仏教は日本仏教にとって極めて緊密な関係にあるだけに、現実の宗派的立場から離れられないという弊害と、中国仏教の究明にはどうしても中国伝統の固有文化を併せ考えなくてはならないという困難が伴うからである。このことは横超慧日先生が常に仰せであった。恩師からは「宗派的立場からする考察は、全面的な視野を覆うて歴史的展開の相においての把握を妨げる。また中国伝統の固有文化を顧みない考察は、仏教というものが孤立した形で単独に存在する如き妄想に陥らせる」と中国仏教研究の姿勢を教えていただき、かつ懇切なご指導を忝なくした。横超慧日先生の学恩は決して忘れることができないものがある。先生の誠に有り難いお導きをいただきながら事は思いの通りには運ばず、本書に収めたわずかの拙論は、甚だ貧しいものであって誠に忸怩たる思いである。不肖の弟子たるゆえんである。

中国仏教を、特にインド仏教との関係に留意して眺めるとき、ほぼ四期に分けて考えることができる。（一）インド仏教の〈伝来〉の時期、（二）インド仏教の〈研究〉の時期、（三）中国仏教の〈成立〉の時期、（四）中国仏教の〈継承〉の時期である。中国仏教における各々の時期の特色は、その時代の仏教の課題を示すものでもある。そこで各時期の課題を考え、中国仏教の展開を鳥瞰しておきたい。

（一）インド仏教の〈伝来〉の時期は、後漢から三国・西晋の時代に相当する。この時期は、仏教伝来に始まり、釈道安の活躍した時代までである。

仏教が中国に伝わった年時は確定できないが、インドや西域との間で交通が頻繁となった前漢末から後漢の初め頃である。それから西晋の末までのほぼ三百余年間は、西域を経由して仏教が中国に伝わってきたが、深遠な仏教の教理を本格的に研究することは、到底無理であった。仏教経典の漢訳もなお不十分なものであり、その研究も困難をきわめた。この時期における釈道安の苦労は相当なものであった。本書に収めた釈道安に関する考察は、この時期の仏教を明らかにしようとしたものである。

最初、中国に伝わった仏教は、仏滅後四百年から五百年を経過したものであり、釈尊在世時代の仏教とは異なるものであったことはいうまでもない。仏教教団は分裂して十八ないし二十の部派に分かれていた。インドの仏教は、出家者を中心に僧院に籠り〈法〉と〈律〉の研究に専念する阿毘達磨仏教の時代になっていた。互いに法の解釈の優秀さを競う出家者中心の部派仏教を「小乗」と批判する新しい「大乗」の運動が興起していたのである。インドにおいては、すでに大乗小乗の仏教が併存していた。そのような仏滅後、四、五百年を経過した仏教が中国に伝来したことを忘れてはならない。すでに仏教が伝わっていた西域でも、大乗仏教を信仰する国と説一切有部の仏教を奉ずる国が混在していた。それらの地域から渡来した僧によって全く偶発的に大乗仏教あるいは小乗仏教が中国に齎されたのである。

そこから中国仏教は、大小乗が説かれた意図や目的を明らかにする必要が生じ、教相判釈が起こり、やがて宗派を生むことになる。伝来当時の仏教事情が中国仏教の性格を規定しているのである。中国における仏教受容において最も重要な課題は、仏教経典の漢訳である。日本に仏教が伝来した頃、中国と日本との間で文化の水準に大きな開きがあったために、漢訳仏典をそのまま受容せざるをえなかった。ところが、中国仏教の場合は、インドと言語形態が全く異なるにもかかわらず仏教経典を悉く自国の言語に翻訳して受容した。しかもひとたび経典を漢訳するとインドや西域の原典は顧みられることがなくなり、もっぱら漢訳仏典によって仏教研究が推し進められた。それはインドの梵本や西域の胡本ではなく、自国の文字で著わされた文献である。今日の我々から見れば、明らかに翻訳仏典であるが、中国仏教からすれば漢訳された時点で中国固有の文献なのである。しかも忘れてならないのは、経典の翻訳が中国仏教の要請に従っていることである。経典によっては一度しか翻訳されなかったものもあれば、例えば『般若経』や『維摩経』のように何度も翻訳三蔵によって重訳されているものもある。このことは中国側の要請によるものである。しかも、その翻訳の仕方が〈創作〉と呼ぶ方がふさわしいような場合もある。それは偏えに中国の側に高度な文化的伝統が存在したからである。中国仏教からすれば、仏教を主体的に摂取し受容したということになる。インド仏教の研究者などからすれば、このような主体的な摂取や受容に対する評価が、そのまま中国仏教の評価となるのであろう。それをどのように評価するにしても、このことが中国仏教を考えるうえでの基礎となる。印欧語と中国語とは根本的に相違するが、その条件の下での仏典翻訳がいかに困難なものであったかは想像に難くない。釈道安の苦悩も、鳩摩羅什の苦労も、この課題に起因する。本書所収の「鳩摩羅什の訳経」などの論文は、このような課題に基づく考察である。

後漢の末に洛陽に来た安世高は主に小乗の禅観に関する経典を伝え、前後して洛陽に来た支婁迦讖は『般若経』『般舟三昧経』などの主に大乗経典を伝訳した。このような情況は、仏教の理解を困難にした。いつの時代もそうであるが、真摯に生きる者ほど苦悩するものである。中国仏教の基礎を築いたといわれる釈道安ですら、大乗と小乗の仏教の相違を理解するのに苦心した。本書に収めた「釈道安の弥勒信仰」などの論考は、このような中国仏教の初期の諸課題を論じたものである。はじめは〈格義〉によって仏教の理解に努めた道安が、その限界を自覚して若き大乗学者であった鳩摩羅什を招聘する理由が理解できるであろう。

鳩摩羅什が、四〇一年に長安に入るまでの中国仏教は、道安門下の廬山の慧遠らを中心に展開していた。慧遠は師の意志を継いで阿毘曇の研究を行ない、律や禅経の翻訳を援助し、西方往生を誓う念仏結社を結んで浄土教の源流を拓いた。沙門不敬王者を主張して仏教と王法とを区別し、仏教教団の独立を主張した慧遠の仏教については、「中国仏教初期の仏陀観」や竺道生に関する諸論の中で考察している。

東晋時代に入ると仏教は爆発的に中国社会に広まる。それには理由がある。西晋末の永嘉年間（三〇七―一三）に胡族の匈奴が蜂起して晋を攻めて、都の洛陽を廃墟となした。西晋の懐帝以下の数万人を殺害し西晋を滅ぼした。

この永嘉の乱によって晋は南に移り東晋となった。これ以降中国は南北対立の時代となるが、その原因となった永嘉の乱は、漢民族の中華意識に大打撃を与えた。それは夷狄の勢力が無視できないというだけでなく、その宗教である仏教も侮れないことを中国人に気づかせたのである。

（二）インド仏教の〈研究〉の時期は、東晋から南北朝時代に相当する。五世紀の初めから六世紀の末までの約二百年間は、中国の仏教徒が「仏教とは何か」を追求した時代である。それは鳩摩羅什の大乗経論の翻訳によって本格的に始まり、北周武帝の廃仏によって終わる。鳩摩羅什は『般若経』『法華経』『維摩経』を再訳し、龍樹の中観系論書『中論』『百論』や『般若経』の注釈書『大智度論』を訳出し、自らその講義を行なった。そのことによって大小二乗の相違が明確になり、それ以前の格義の弊は完全に払拭された。ここに中国仏教は新たな転換期を迎えた。この時期の課題を明確にする文献が、鳩摩羅什とその門下の僧肇と竺道生による『注維摩経』である。本書の『注維摩経』に関するいくつかの論考はこの時代の中国仏教を解明しようとするものである。

南北朝時代の仏教は、主にインド論師が著わした論書の研究を中心に展開した。鳩摩羅什をはじめ、仏駄跋陀羅、曇無讖、求那跋陀羅、菩提流支、真諦らの外国学者は、経論の漢訳者としての功績だけでなく、多くの仏教学徒を養成して仏教を中国に根づかせた功績は決して看過できないものがある。この時期に、それぞれの論書の翻訳者を学祖として毘曇宗、成実宗、地論宗、摂論宗などと呼ばれる諸学派が成立する。これは隋唐の天台や華厳の諸宗が中国人の智顗や法蔵を宗祖と崇めるのとは異なることに留意しなくてはならない。

この時期の仏教の特色は、南北の仏教など様々な対立と抗争である。南地の清談の伝統の中で論議を重んずる学問仏教と、素朴で求道的な傾向の強い北地の実践仏教、漢民族と胡族、インドの仏教と中国固有の道教との間で、しばしば抗争と論争が繰り返された。このような対立と抗争は、隋の天下統一によって相互の交通が可能となり、徐々に融和と協調へと向かうことになり、隋唐の新仏教を生み出すことになる。

曇鸞の浄土教は、このような南北対立の状況下で生まれた。漢民族と匈奴・氐・羌・鮮卑の胡族とが雑居して生活する河北に生まれた曇鸞は、仙経を求めて南地に出かけている。曇鸞は、インドの仏教と中国の道教思想とに関わりをもち、南北両地を行き来して南北両朝の皇帝から尊敬されたと伝えられる。鳩摩羅什の龍樹系「空」仏教と菩提流支の世親系「有」仏教の交渉など、六世紀に活躍した曇鸞は、南北朝という時代の特性をよく示す仏教者といえる。禅宗の菩提達磨と同じように偉大な先駆者ではあるが、未だその継承者や追随者によって宗派を形成するまでには至らなかった。このこともまた、この時代の特色を端的に示すものである。

この時期の仏教の課題として考えねばならないものとして廃仏がある。中国仏教の歴史における廃仏は、北魏の太武帝、北周の武帝、唐の武宗、後周の世宗によって断行された。仏教徒は「三武一宗の法難」と呼んでいる。北魏の太武帝の廃仏によって河北の地から仏教が消え去り「一境の内、また沙門なし」(『高僧伝』巻十曇始伝)という悲惨な状態になった。過酷な廃仏は、四五二年に太武帝が崩じて終息する。次に即位した高宗はただちに仏教復興の詔を発し、雲崗石窟を造営するなど仏寺の修復に努めた。北魏末には僧尼大衆二百万、仏寺三万有余にまで達した。廃仏によって仏教は、旧に倍するほど隆盛を呈することになる。廃仏が真摯な仏教者に大いに反省を促した。北周の武帝の廃仏は、五七四年に仏道二教を廃する詔を下し、北周の仏寺や仏像を悉く破壊した。武帝は、その翌年に隣国の北斉を討伐し、五七七年には北斉の都の鄴を攻め落とし、ここでも僧尼を悉く還俗させて仏寺を廃毀し、仏教を潰滅した。北周・北斉の廃仏によって仏寺四万、僧尼三百万が廃滅されたという。北中国一帯の仏教は再びその姿を消すことになったが、廃仏の翌年(五七八)、武帝は三十六歳で病死し、五八一年に宰相の楊堅が周に代って隋を建国して仏教・道教の二教を復興したので仏教は再び活況を呈することになる。

浄土教の道綽や三階教の信行などは、この北周の廃仏を経験し、時代・社会のあり方を考え、なぜ廃仏を招いたのかについて反省した。また、当時、南地にあって直接に廃仏に遭遇しなかった智顗は、北地の廃仏を知って天台山に隠棲した。それは自らの仏教者としての反省に基づくものであった。智顗は江南の講壇で絶賛を博し年々聴講者が増大していた。最初の年は聴講者が四十人で、そのうち二十人が得法した。次の年は聴講者が八十人に倍増したが得法者は二十人であった。さらに三年目には名声がいよいよ高まって聴講者は二百人になったが、法を得る者は十人にとどまった。聴講者は増大するが得法の者は減少する。聴講者を責めることなく自らを反省して天台山に隠棲したのである。

為政者による廃仏の暴挙も、仏教者に得法の者が減少するのも、その原因が外にあるのではなく、自らの内にあるとして真の仏教を求めた。そのような仏教者の真摯な求道が新たな隋唐仏教を生み出したのである。

(三) 中国仏教の〈成立〉の時期は、隋から唐の前半までの時代に相当する。隋の天下統一によって南北両地の交通が可能となり、南朝で発達していた学解仏教と、北朝の実践重視の仏教とが融合調和し、旧来の仏教とは異なる新しい仏教が生み出された。

その背景として看過できないのは、インド仏教の研究と理解が深まるにつれて中国の仏教者に多少の違和感が生じてきたことである。すなわち、仏教研究が進展し中国人にふさわしい仏教とそうでないものとが自覚されてきたのである。かつて鳩摩羅什門下の僧肇は「事に触れて真なり」といい、仏道の真理はこの現実の中にあると説いた。また竺道生は「理」の哲学を展開し、頓悟成仏を主張した。このような現実を重視し、速疾に成仏する仏教を追求するところに中国仏教全体の課題が明らかになってくる。

仏教は〈仏に成る教え〉であるが、インド仏教では菩提心を発した菩薩が成仏するまでに実に「三阿僧祇劫」を必要とすると説いている。例えば、『優婆塞戒経』には「菩薩摩訶薩、この業を修し已るを名づけて三阿僧祇を満ずと為す。次第に阿耨多羅三藐三菩提を獲得す。善男子、我れ往昔、宝頂仏の所に於いて第一阿僧祇劫を満足し、燃灯仏の所に第二阿僧祇劫を満足し、迦葉仏の所に第三阿僧祇劫を満足す」と説いている。中国仏教に大きな影響を与えた『大乗起信論』は、菩薩の修行階梯のうち、初めの十信・十住・十行・十回向の四十位を修めるのに第一阿僧祇劫を、次に十地のうちの初地から七地までに第二阿僧祇劫を、最後に八地から十地までに第三阿僧祇劫が要すると説いている。「阿僧祇」は asaṃkhya の音写で、原語は〈数え切れないこと〉を意味し、「無数」「無央数」と漢訳されている。古くから輪廻の文化の中で育ち、悠久の時間に生きるインドの人々には、阿僧祇が大きな数を示す単位であったとしても、輪廻という考えがなく、現実的な人生観をもつ中国人には、三阿僧祇劫は無限を意味する驚愕の時間である。成仏まで三阿僧祇劫という長い修行を必要とすることは我慢がならなかった。

そもそも阿僧祇劫の「劫」とはkalpaの音写であり、甚だ長遠の時間を示している。その劫の億倍の「億劫」ですら〈やりきれない〉のに、さらにその無数倍の「阿僧祇劫」では、到底堪えられるものではない。中国の仏教者は、知れば知るほど仏道の修行が耐え難くやりきれないものに思えてくる。これは輪廻思想の有無という根本にかかわる問題である。

廃仏を経験し「無仏の時、五濁の世」で仏教に救いを求める者には、三阿僧祇劫という〈無数の無数倍の三倍〉という修行は不可能に思えてくる。今この現実に生きる者が、速疾に、この身のままで救われる仏教でなくてはならない。速疾成仏、即身成仏の仏教が欲求されるが、この難題をいかにして打開するかが隋唐時代の仏教諸家の課題であった。この要求に応えて、仏教には「頓教」や「円教」の教えと実践法があると説いたのが隋唐の諸宗派である。

天台の一念三千、浄土教の念仏、禅宗の見性成仏、密教の即身成仏などは、この課題に応えたものといえる。インド仏教の実践法からすれば、あるいは歪曲、曲解、あるいは逸脱のごとく見えたとしても、そこに中国仏教の独自性がある。智顗や法蔵などは、深くインド仏教の法相理論を学び、その実践法を修めているが、それに拘泥したり束縛されたりすることなく、自らの宗教経験に基づいて教義と実践とを組織したのである。中国仏教を代表する智顗や法蔵の経歴や思考法については、本書に収めた「智顗と法蔵」などを参照していただきたい。要するにインド仏教からすれば曲解や逸脱のようであっても、中国仏教の面目は、かえってそこに発揮されているのである。

各宗派の祖師によって新たな教学が形成されると、仏教の相承が課題となる。いかに偉大なインド論師といえども、所詮は人間であって仏陀とは異なる。インドの菩薩や論師の語るところは〈人語〉であり、〈仏説〉や〈仏語〉ではない。そこで中国の仏教者は、インド論師の解釈でなく、自らが仏意、仏願を体得したうえで経典を解釈しなくてはならなくなる。もはや龍樹や世親の解釈の介入を許さなくなり、中国独自の経典解釈や仏教理解が行なわれる。天台の智顗や浄土教の善導などの仏教に顕著に認められる。

天台智顗は、その著作の中で「天親・龍樹、内鑑冷然なるも、外時宜に適い、各々権に拠る所あり。而も人師偏に解し学者苟も執す。遂に矢石を興して各々一辺を保つ。大いに聖道に乖けり」（『摩訶止観』五上）と語っている。天親・龍樹というインドの二大論師の説といえども、結局は時の宜しきに従ったものに過ぎないというのである。インドの偉大な論師の説に左右されないという、自らの信念に基づく主体的立場が表明されている。ここに至ってインド伝来の仏教が、中国仏教として変容する重大な契機がある。それは浄土教の大成者である善導の『観経』解釈にも認められる。このことは本書の「中国の経典解釈法」において論じている。

中国独自の仏教が誕生するためには仏陀観・釈尊観の変化が必要である。仏教の教主をインドの釈迦族出身の聖者である釈尊となす限りは、いつまで経っても中華意識の強い中国の仏教者にとって仏教は外来の宗教に止まることになる。ところが、中国仏教学が大乗の般若学を経過することによって、仏陀とは悟りの智慧を得た「覚者」であることが明らかになった。そこで中国の仏教者が到達する成仏もインドの釈尊と異ならないことを納得する。中国仏教が釈迦一仏を説く小乗仏教ではなく、三世十方の多仏を説く大乗仏教の国となる必然がここにあるといえる。この点については本書の「中国仏教初期の仏陀観」「法雲の仏身観」などを参照していただきたい。

（四）中国仏教の〈継承〉の時期は、唐後半から宋元明の時代に当たる。隋唐に成立した中国の諸宗派は、宋元以降に人々によって継承されることになる。この頃になるともはやインドの釈尊やインド論師よりも自国の祖師に帰依し、その宗派を継承して行くことになる。隋唐時代には様々な宗派が成立するが、唐末に近い会昌四、五年（八四四、八四五）に大規模な廃仏事件が起こり、大打撃を受ける。三武一宗の法難のうちの第三の廃仏である。前二回の廃仏は北中国に限定されていたが、唐の武宗による会昌の廃仏は中国全土に及び、天下の寺院四万五千が破却され、僧尼二十六万が還俗させられた。中国仏教史上で最大規模の廃仏によって宗派仏教は致命的な打撃を受けた。会昌の廃仏では、街中の寺院が破却されて学問仏教は大打撃を受けた。それに比べて国家や有力な外護者の保護を受けることなく山間地で自給自足の集団生活を営んでいた禅宗は、法難の影響はさほど深刻ではなかった。廃仏によって経典や論書の多くは失われたが、禅宗は元々不立文字、教外別伝を建前とし理論よりも実践を重視する。さらに自己の内に仏性、すなわち仏心を有するとなす禅宗は、煩悩に汚されることはなく本来清浄である仏性に気づくことが大切であるとする。これは三阿僧祇劫の修行とは正反対の頓悟、速疾の見性成仏である。わが心の内に仏はあるとして直指人心、見性成仏を説く禅宗は、廃仏によって仏寺・仏像・経巻が破棄されても影響は少ない。禅宗は天台・華厳・三論・法相などの学問仏教とも異なり、戒定慧の三学具足を原則とするインド仏教の本筋からも逸脱しているが、中国の人々に受け容れられやすい仏教といえる。それ故に禅宗は、会昌の廃仏によって生じた中国仏教の空白を埋めるために旧に倍する勢いで中国全土に広がっていった。しかし禅宗の見性成仏は一部知識人には理解されても大衆にはそう簡単に受け容れられるものではなかった。

これに反して唐の善導によって大成された念仏の仏教は、民衆の間に急速に広まっていた。確かに我が心が仏だというよりも口に念仏を称える方が受け容れられやすい。宋元以降の中国仏教は、禅とともに念仏が広く行なわれることになる。

本来、不立文字や教外別伝というのは空の思想に基づき、文字や言葉に執われてはならないことを教えるものである。それが文字の学問は必要でないと解されるならば、思想界における仏教の地位は相対的に低下することになる。宋代以降に儒教が朱子学として台頭し、儒教仏教道教の三教融合へと進むことになる。三教の融合が進めば当然のことであるが仏教の独立性は失われる。

元明以降の中国仏教は禅宗を中心として念仏と融合した仏教が盛んになる。それと同時に出家仏教であった中国仏教がやがて居士仏教となる。

釈尊は、出家在家、老若男女に等しく教えを説かれた。もちろん、相手の機に応じてその説き方は違っていたが、いかなる人に向かっても分け隔てすることなく解脱の門を開かれた。全ての人々に同じように教えを説かれたということは、あらゆる人の成仏を認められたということである。

釈尊のこのような説法の態度は、のちの大乗経典において〈一乗仏教〉と説かれている。一乗仏教とは〈人〉に対する〈法〉のうえからいうのであり、これを〈人〉についていえば〈仏性〉ということになる。大乗の『涅槃経』は一乗仏教を推し進めて一切衆生の「悉有仏性」を主張している。全ての人々に仏性を認めながら、その一方で一闡提の存在を認めている。一闡提とは仏性を焼き滅ぼした者のことであり、断善根、信不具足の人を指していうのである。確かに長い仏教の歴史において経巻や仏像を破棄する廃仏毀釈が情け容赦もなく断行されている。それを誘発するような情けない教団の堕落も認められる。この現実に直面して人間の本性に対する痛烈な反省がなされた結果、〈一乗平等〉〈一性皆成〉の仏教に対して〈三乗〉の仏教が説かれ、〈五性〉が説かれる。一乗は三乗となり、一性は五性となる。五性とは、声聞・縁覚・菩薩の三乗性に不定性と無性有情を加えたものである。無性有情は一闡提と同じくいかんとも救い難い人間の在りようを示すものである。インド仏教においては、一乗と三乗、一性と五性をめぐって長らく論争が繰り返された。

それは中国仏教においても『涅槃経』伝訳の当初から問題となっていた。本書の中で取り上げた竺道生は、経典に明文がないにもかかわらず「一闡提成仏」を主張した。その後、中国仏教を代表する智顗や吉蔵などは闡提成仏説に反対せず、それを認めている。よって中国仏教の統一見解は、一乗仏教・一性皆成であったが、長らくインドに留学していた玄奘三蔵が帰国し『瑜伽師地論』を翻訳し、中国仏教界に一乗と三乗、一性と五性の論争が巻き起こった。その大論争は日本仏教に引き継がれる。本書中の元暁・法宝・法蔵の『涅槃経』や『大乗起信論』をめぐる考察はこの深刻な問題に関する考察である。

中国の仏教者は、玄奘によって中国に伝えられた三乗差別の五性各別を別々に五人の上に五性を認めるのでなく、一人の内に五性を見出した。五性とは一人の異相であり、五人の別相ではない。今日の無性が、明日には有性となる。ここに人類の救いがある。浄土教の善導が九品唯凡と説いたのもまた、これと同じ意義である。上品上生から下品下生までの九品の差異は、人類を差別するものでなく、一人の上にみられる遇縁の九相である。ここに至って全世界の全人類の救いがある。

現代という時代は、人間に関する知識や情報が膨大となったが、かえって人間のことが分らなくなってきている。人間とは何か、自己とは何か、この問いに人間自身が答えられなくなっている。果たして自身の生き方が、如来に等しい〈仏性〉の生き方なのか。それとも信不具足・断善根の〈一闡提〉の生き方なのか。人間とは慚愧する者であるが、現代の人間は、生活に追われてそのような矛盾を感じなくなっている。

今こそ自己自身の〈機〉を直視することが何よりも大切である。自身の〈機〉を深信することが、仏教の〈法〉を深く信じることになる。

I

初期中国仏教思想の形成

中国仏教の経典解釈法

一　はじめに

仏教が中国に伝来し、その経典が数多く訳出されて色々な思索と解釈が行なわれた。その結果、隋唐時代には様々な仏教思想の体系が成立した。それは中国における仏教の独自思想を形成したのみならず、中国思想史上においても偉観を呈することになる。そのような仏教者の深い思索はインドあるいは西域直伝の原典ではなく漢訳された経典によって行なわれた。しかも漢訳された経典を解釈するのは中国的な教養を有する僧たちであるから、漢訳経典の取り扱いや解釈法あるいは思索の仕方が中国的になるのは当然である。その経典解釈においてもインド仏教とは異なる中国独自の方法が存する。

中国仏教とはいっても二千年にわたる長い歴史の中で、それぞれの時代的特徴を呈しながら展開してきた。ここで中国仏教の時代区分に言及する暇はないが、東晋から南北朝の期間はいわゆる研究時代と呼ばれるように、伝訳された経論にしたがって中国の人々がインドに興起した仏教を真摯に研究した時代である。インドの論師が説いた『中論』などの三論や、あるいは『十地経論』『摂大乗論』などの解読を通してインドで発展した仏教学を学習することに努めた結果、三論宗・地論宗・摂論宗などと呼ばれる諸々の学派が成立した。かくして論書を中心として

「インド仏教」を学び取り、ようやく中国に仏教学が定着する。その成果を踏まえて隋唐時代には「中国仏教」として独自の宗派が成立した。(1)

隋唐時代の祖師たちは前時代の論書による「論宗」から脱皮して経典を拠り所とする「経宗」を成立させる。そこには独自の経典解釈法がなくてはならない。そこで本章では中国仏教に盛大と繁栄を齎した漢人僧の中で、特に重要な地位を占める天台宗の智顗（五三八—九七）、浄土教の善導（六一三—八一）、華厳宗の法蔵（六四三—七一二）の経典解釈について検討し、インド仏教とは異なる中国仏教の特色の一端を明らかにしたい。

ところで、仏教とは何かといえば、それは万人をして斉しく正覚に至らしめるための教えである。教主仏陀は全ての衆生に分け隔てなく救いの手を差し延べ、その大慈悲心は一切の衆生に平等にそそがれている。だが凡夫は迷妄の真っ直中にあり、正覚の理想にほど遠い。法の上からは差別の見を捨離するが、機の上の差異を離れて単に平等を主張すれば悪平等となる。仏教者の経典解釈には、つねに普遍の「法」と特殊の「機」について深い思索が要求される。

仏教は古今一貫して縁起・無自性を説き、一切平等を説いている。大乗の『般若経』は「名相分別は自性寂静・不生不滅なりと等観するが故に平等と名づく」と説き、『華厳経』に「一切法は無相の故に平等なり。無体の故に平等なり。無生の故に平等なり」と解き明かしている。さらに『法華経』は声聞・縁覚・菩薩の三乗が一仏乗に帰するという開会思想を、『涅槃経』は一切衆生悉有仏性という平等思想を説いている。これらの経典の所説が大乗仏教の人間観の基調をなしているが、その一方で仏教は凡聖の区別を明確にする階位説を立てる。浄土経典では救済の対象を無限に拡大しながらも「五つの悪逆（五逆）を為す者と正法を誇る者を救済の対象から除く」と説いている。(2)大乗の論書でも、例えば『瑜伽師地論』等で衆生の宗教的素質（種性）は本来的に差別があると主張する。

これらの教説は『法華経』の開会思想や『涅槃経』の仏性思想と抵触する。そのため仏教徒としては看過できぬ教理上の重大問題になるが、インド仏教では未だ十分には論じ尽くされなかった。そこで中国仏教を代表する前述の三師を選び、種別や差別を意味する「十界」「九品」「五性」というような経典の所説をどのように解釈したかについて考察したい。

二　智顗の十界互具説

まず、智顗の十界の解釈について考察する。凡聖迷悟の一切の境界を価値的に地獄界・餓鬼界・畜生界・修羅界・人間界・天上界・声聞界・縁覚界・菩薩界・仏界に類別したのが十界である。このうち地獄界から天上界までは迷妄の凡夫の世界、後の四界は聖者の境界であるから「六凡四聖」などと呼んでいる。大乗興起以前から六道の思想に、声聞から仏までの四界が加わって十界各別の思想が成立した。古来より十界の典拠として『華厳経』が挙げられている。確かに『華厳経』「十地品」の法雲地を明かす箇所に、菩薩が大蓮華座に坐して足下ないし頂上から光明を放ち、地獄・畜生・餓鬼・人・諸天・阿修羅・声聞・辟支仏・菩薩・諸仏を照らすという教説がある。これとは別に『大智度論』巻二七には、道慧・道種慧を解釈する箇所に「四種の道あり。声聞道、辟支仏道、菩薩道、仏道なり」といい、また「六種の道あり。地獄道、畜生（道）、餓鬼（道）、人（道）、天（道）、阿修羅道なり」と釈している。これを合わせると十界になる。さらに『法華経』「法師功徳品」に「下阿鼻地獄より上有頂に至る」音声として人声・天声・阿修羅声・地獄声・畜生声・餓鬼声・声聞声・辟支仏声・菩薩声・仏声の十界の声を列挙している。(3)

　このように大乗の経論が説く迷悟の世界を合わせれば十界となるが、それを総称して「十界」と呼んでいるわけではない。これを「十界」と名づけたのは、実は天台智顗（五三八―九七）である。智顗は『法華玄義』の序王に「法とは十界十如、権実の法なり」といい、『法華文句』巻三には「謂く六道四聖、是を十法となす。法は無量なりと雖も数は十を出でず」と説いている。「十界」という名目は智顗の創説であるが、彼はこれを分類して「五差」すなわち「五つの差別」となしている。『法華玄義』巻二上に「束ねて五差と為す。一には悪、二には善、三には二乗、四には菩薩、五には仏なり。判じて二法と為す。前の四は是れ権法、後の一は是れ実法」と釈している。(4)

　ところが、智顗はこの六凡四聖の十界を「五差」「二法」の差別界となしながら同時にこれを「法界」と呼んでいる。智顗は『法華玄義』巻二上に、その理由を述べている。

　　皆、法界と称するは、其の意三あり。（一に）十数は皆、法界に依る。法界の外に更に復た法無し。能所合して称するが故に十法界と言うなり。二に此の十種の法は、分斉同じからず、因果隔別し、凡聖異あるが故に之に加えるに界を以てするなり。三に此の十は皆、即にして法界に一切法を摂す。一切法は地獄に趣く、是の趣を過ぎず。当体即ち理にして更に所依なきが故に法界と名づく。乃至仏法界も亦復た是の如し。若し十数法界に依れば、能依は所依に従う、即ち入空の界なり。十の界界隔つるは、即ち仮の界なり。十の数は皆、法界なるは、即ち中界なり。解し易から令めんと欲して此の如く分別す。意を得て言を為せば空即仮中にして一二三無し。（略）又一法界に九法界を具す。(5)

　法界に空・仮・中の三面があり、空観に立てば、法界は無相、無差別、平等となる。仮観に立てば、法界は十界の分斉を有して凡聖の差別相を示し、中観に立てば、差別即平等となる。十界には無差別平等の「空」と差別の「仮」と差別即平等の「中」の三面を有しているから十界は個々別々に孤立の様相をもって存在するのではなく、一々が互いに他の界を具有しているのである。地獄界に余の九界を具し、餓鬼界もまた余の九界を具し、畜生界ないし仏界にも余の九界を本具する。かくして十界の一々はみな同格となり、一々がそのまま絶対となる。それゆえに法界なのである。ここで注意しなくてはならないのは十界の全体を包み摂めている一大法界が別個に存在するわけではないということである。十界の一々がそのまま完全な法界であり一々の中に全体を開顕するというのが「十界互具」説である。この十界互具説の趣旨からすれば「一切の諸法は、皆妙でないものはない。一色一香も中道でないものはない」ということになる。(6)

それにもかかわらず十界の現実は「各々の因、各々の果、相混濫せず、故に十法界」という差別相を示し、仏界から地獄界までの十界を立てるのは経典の所説に基づくものであるが、それは上下迷悟に激動する人間精神を象徴的に表現しようとするものである。したがって図式的に十界が上下に順序正しく連なっていることに意味があるのでなく「一法界に（他の）九法界を具し」ているのであり、仏界に地獄界を、地獄界に仏界を具し、十界が相互に無尽に包み摂めていることを明らかにすることに意味がある。経典の所説にしたがって図式的な上下差別の十界のあり方を反省するときに十界互具の平等思想が生まれるのであり、あくまでも十界差別が十界互具の前提となっている。智顗は『法華玄義』巻五下に「凡夫の心の一念に即ち十界を具し、悉く悪業の性相あり。祇だ悪の性相は即ち善の性相なり。悪に由りて善あり、悪を離れて善なし。諸悪を翻ずれば即ち善の資成なり。竹の中に火性あれども、未だ即ち是れ火事ならず。故に有れども焼けず、縁に遇いて事を成ずれば即ち能く物を焼くが如し。悪は即ち善性なれども未だ即ち是れ事ならず。縁に遇いて事を成ずれば即ち能く悪を翻ず。竹に火あり、火が出でて還て竹を焼くが如し。悪の中に善あり。善、成ずれば還て悪を破す。故に悪の性相に即して是れ善の性相なり」と述べている。このような関係が成り立ってこそ悪の救済が可能となることを証していると言える。(7)

ここで智顗が「縁に遇い事を成ず」といい、ことに「遇縁」を強調していることに注目したい。次に考察する善導の「九品往生」の解釈においても「遇縁」を強調するのと通底するものがあるからである。さらに智顗の十界互具説は必然の展開として「如来性悪」説にまで進展する。智顗は『観音玄義』巻上では「闡提は修善を断じ尽くして、但だ性善あり。仏は修悪を断じ尽くして、但だ性悪あり」といい、善悪それぞれに「修」「性」の別を立てている。このことにより、世俗の六凡と、声聞・縁覚の二乗や大乗の菩薩との間に、動かし難い決定的な差異がなくなる。世の中には絶対の悪人もなければ、絶対の善人もないことになる。このように「修」と「性」とを分けて考える解釈法はのちに考察する法蔵の分位の五性各別に受け継がれる。「遇縁」に重きを置くところに現実を重視する中国仏教としての共通性がある。

この十界互具の関係は『摩訶止観』巻五上に「此の十法（＝十界）の邐迤浅深は皆、心より出ず」というように、地獄界から仏界へ次々に連なる（邐迤）十界が、みな「心」より出ることになる。その心の一念は必ず「いま」「ここ」の一界に在って起こすのであるが、その一念から他の九界を派出している。このような法界のあり方を智顗は諸法実相といい、これを宛然として現前介爾の妄心において諦観しようとする。これを『摩訶止観』巻一上に、「縁を法界に繫け、念を法界に一うす。一色一香も中道に非らざるはなし。己界、及び仏界、衆生界も亦た然り」と述べている。(8) 諸法が即空即仮即中のあり方を達成するならば、九法界が仏法界に転化する。それを実現するのが智顗のいう円頓止観の実修である。

三　善導の九品唯凡説

次に善導の『観無量寿経』所説の「九品」の解釈について考察したい。人間界の衆生を上中下の三輩に分け、その各々に上中下の三品を開き、上品上生から下品下生までの「九品」の機類に区別し、その修するところの行業ならびに往生の得益にも不同があるというのが「九品往生」説である。『観無量寿経』によるに「上品上生」の機類の者は、至誠心・深心および廻向発願心の三種の心を起こし、また慈心にして殺さず、諸々の戒行を修し、大乗方等経典を読誦し、六念を修行し、廻向発願して彼の国に生ぜんと願い、功徳を具すること一日ないし七日にして往生を得る。この人は精進勇猛なるがゆえに臨終に阿弥陀仏および諸菩薩の来迎を感じ、金剛台に乗じて彼の国に往生して即時に無生法忍を得るのである。次に「上品中生」は、必ずしも方等経典を受持し読誦することはないがよく義趣を解して第一義において心驚動せず、深く因果を信じて大乗を誇ることがない。この功徳によって聖衆の来迎を蒙り、往生ののちに一七日を経て不退転を得、一小劫を経て無生法忍を得る。「上品下生」は、因果を信じ正法を謗らず、ただ無上道心を発し、往生ののち、一日一夜にして華開き、三小劫を経て歓喜地に住する。次に「中品上生」は、五戒八戒などを持ち、衆悪を造らず、往生して即時に阿羅漢道を得る。「中品中生」は、一日一夜に八斎戒を持ち、また沙弥戒、具足戒を持ちて威儀の欠けることがなく、往生して須陀洹を得、さらに半劫を経て阿羅漢を成ずる。「中品下生」は、父母を孝養し、世の仁慈を行じ、命終の時、阿弥陀仏の本願および国土の楽事を聞き、往生の後、一小劫を経て阿羅漢と成る。さらに「下品上生」は、方等経典を誹謗することはないが、おおくの悪を造り慚愧することがなく、命終わる時に大乗十二部経の首題の名字を聞き、南無阿弥陀仏と称して多劫の罪を除き、往生ののち、十小劫を経て初地に入る。「下品中生」は、五戒八戒具足戒を毀犯し、僧祇物を偸み、不浄説法をして慚愧することはないが、命終の時、阿弥陀仏の十力威徳を聞き、罪滅して往生し、六劫を経て華開き無上道心を発す。「下品下生」は、五逆十悪を造り、諸の不善を具するも、命終の時、至心に十念を具足して南無阿弥陀仏と称し、これによって罪滅して往生を得、十二大劫を経て華開き、初めて無上菩提心を発すと説かれている。(9)

この「九品」説にしたがえば、それぞれが積んだ功徳に因って浄土往生の仕方に九種の等級があることになる。九品を説く『観経』は、五世紀初頭に中国仏教界に提供され、当時の禅観重視の風潮の中で盛んに講究された。慧遠(五二三—九二)や吉蔵(五四九—六二三)などが競って研究し、その注釈が現存する。慧遠らは「九品往生」の教説は、往生を願う者に他の往生の様子を観じさせるためのものという自力観法の立場から解釈している。この解釈を廃し自ら「古今楷定」と称して独自の見解を展開したのが善導である。彼は中国浄土教を大成し、日本の浄土教にも絶大な影響を与えている。善導(六一三—八一)は、隋代の三大法師と称される慧遠・智顗(五三八—九七)・吉蔵の三師のうち、慧遠が没して二十一年、智顗が没して十六年後に出生しており、彼らの仏教学に無関心であるはずがない。慧遠や智顗から大きな影響を受けているはずである。

そこで慧遠の「九品」に関する見解を概観しておくことにする。慧遠は『観経』に「凡夫」として説かれている「韋提希」の分斉を、往生ののちに「即得無生法忍」と経典にあるところから「実に大菩薩なり」と判断する。これと同様な観点に立って「九品」を解釈する。まず「上品上生」について経典に「聞已即悟無生法忍」とあることに注目し、この「上品上生」の人は四地以上七地までの菩薩と判定する。そして「上品中生」は経典に「経一小劫得無生忍」とあることから、この人は初地より四地に至る菩薩と判定する。また「上品下生」は「経三小劫得百法明門住歓喜地」とあるところから十住・十行・十廻向の菩薩となしている。このように上三品は高位の大乗菩薩である。次に「中品上生」は経に「応時即得阿羅漢道」とあるから三果の人となし、「中品中生」には「経於七日、（略）聞法歓喜須陀洹経半劫已成阿羅漢」とあるところから見道以前の内凡となし、「中品下生」は「経一小劫成阿羅漢」であるから見道以前の世善の凡夫と判定している。さらに「下品三生」は共に大乗初学の人であるが罪過の軽重にしたがい三種類に区分されると解釈する。(10)

要するに慧遠は『観経』に説かれる「九品」を往生後の得果の相違するところから「大乗の菩薩」と「小乗の聖者」と「世俗の凡夫」との三類に分けて解釈している。これに対して浄土教家の善導はどのように解釈しているのであろうか。

善導は『観経疏』の「玄義分」で慧遠の説とは異なる見解を述べている。

此の観経の定善及び三輩上下の文の意を看るに、総じて是れ仏世を去りたまいて後の五濁の凡夫なり。ただ縁に遇うに異なること有るを以て、九品をして差別せしむることを致す。何となれば、上品の三人は是れ大（乗）に遇へる凡夫、中品の三人は是れ小（乗）に遇へる凡夫、下品の三人は是れ悪に遇へる凡夫なり。(11)

善導は『観経』が説く九品とは凡夫が浄土に往生するための実践方法を説いたものと解し、上品上生の人は大乗上善の「凡夫」、上品中生の人は大乗次善の「凡夫」、上品下生の人は大乗下善の「凡夫」である。それらの上品の人々は、因縁深厚であるから大乗の教法に遇うことができたので浄土往生の願生心を発し、貪欲瞋恚の煩悩を断ずる上行上根の「凡夫」である。中品上生の人は、小乗の諸善ならびに世上の善根に値遇してこれを廻向して浄土に往生する中行中根の「凡夫」である。中品中生の人は小乗下善の「凡夫」であり、中品下生は世善上福の「凡夫」である。次に下品上生の人は十悪などの軽罪を造るところの「凡夫」であり、下品中生の人は破戒次善の「凡夫」、下品下生は五逆重罪の悪を行なう「凡夫」となしている。

このことは「散善義」においてなお詳細に論じている。善導は『観経』所説の「九品」を認め、それを「遇縁」の違いにすぎないものとなしている。「性」の上からは全てが「凡夫」であるが「修」すなわち「遇縁」からすれば九品の相違を呈するものと解釈したのが善導の「九品唯凡」説である。善導は九品は単に「遇縁」の違いを示すもので根本的価値的な差別を示すものではないと解釈し、従来の「九品」を優劣の差とする説を一気に解消した。このような解釈を可能にしたのは、善導が弥陀の本願は「定為凡夫不為聖人」という信念あるいは「証悟」に基づいて『観経』を解釈しているからである。

世俗の倫理あるいは行証の関係を重視する自力聖道の立場からすれば、行の軽重がそのまま得果に反映する。慧遠は行―証の関係を重視し、証果の相違は行業をなしうる人品の優劣にしたがうものと考えている。自力の立場から因行をなしうるか否かを決定するのは人品の差別となしている。仏教の目的からすれば、むしろ行業の適わぬ弱者こそがもっとも苦悩する者であり、そのような凡夫こそが仏の慈悲の対象でなくてはならない。善導は経典に九品が説かれるが、弥陀の本願からすればそのような差は問題にならないと確信している。しかし経典の所説を否定できない。そこで善導は九品は「遇縁」の相違にほかならず九品の全ては「凡夫」であると解釈したのである。このような解釈法は、智顗の一界に他の九界を具すという「十界互具」説に通じるものがある。智顗が「遇縁成事」といい「性」と「修」とを区別するのと軌を一にする解釈である。

四　法蔵の五性各別説

先に考察した「九品」説は往生を願う人を行業や来迎の儀相および得益の不同によって類別したものであるが、これとは異なる観点から人間の種性を論ずる教説がある。それが「五性各別」説である。この説は『楞伽経』『解深密経』などに説かれるが、やがて『仏地経論』に至って完成する。それは一切衆生が本来的に具有する種性に声聞・縁覚・菩薩の区別があり、他に不定性と無性有情とを加えて五種性となすものである。この五性のうちの「定性声聞」とは、修道の結果が決定して阿羅漢果を証すべき人空無漏智の種子を有する者のことである。次の「定性独覚」とは決定して独覚の果を証すべき種子を有し、「定性菩薩」とは同じように決定して仏果に証入すべき種子のみを有する者である。この定性三乗とは別に「不定種性」があり、それは菩薩種性と共に声聞・独覚の種子も並有しており、独覚や声聞の証果を経て菩薩乗に転入して仏果を証することができる者である。これを三乗不定性と呼んでいる。このほかに無漏智の種子を欠如する「無性有情」があり、それは永く三乗の証果を得ることができず、五戒十善の善行に因って人天の善果を得るのみで生死流転から抜け出すことはできない。このように無漏種子の有無により前四は「有性」で、後一は「無性」という差がある。前三の有性の中で声聞性、独覚性の二乗は灰身滅智して有情の相続を断ずるから一向趣寂である。そこで仏果に至る者は定性菩薩と不定性との二種のみであり、他の三は成仏不可能の機ということになる。

このように人性に五性の差別を説くことは、大乗仏教が通念とする一切衆生悉有仏性の平等思想に反する。そこで五性各別説は三乗差別の仏教であるとし一乗仏教に立つ人々は批判するのである。玄奘が『瑜伽師地論』や『成唯識論』などを訳出したのを契機として一乗対三乗の論争を惹起した。まず摂論宗の霊潤が「十四門義」を説き、神泰がこれに反論し、さらに義栄が神泰の見解を論破するというように深刻な論争が繰り返された。また法宝が『一乗仏性究竟論』で五性説に反論し、慧沼は法宝を批判し『能顕中辺慧日論』を著して五性説を擁護した。法相宗の祖である窺基は『法華玄賛』第一本、『唯識論述記』第一本、『唯識論掌中枢要』巻上本など多数の著作を通して万法の根本である阿頼耶識種子の上に性の差別を認める五性説を徹底し、三乗真実を主張して旧来の一乗真実説に対抗している。この論争は中国のみならず日本にまでも引き継がれ、天台宗の最澄と法相宗の徳一の間でも論難が繰り返された。(12)

華厳宗の法蔵(六四三―七一二)はこの論争に直接に関わることはなかった。しかし法蔵は窺基(六三二―八二)より十二歳の年少で、慧沼(六四九―七一四)より七歳の年長であり、この問題に無関心でいることはできなかった。彼は『華厳五教章』や『華厳経探玄記』の中で五性の問題に言及する。例えば『華厳五教章』の「種性差別」において小乗教・大乗始教・終教・頓教・円教の五教教義の一々に即して種性差別の問題を詳論する。まず小乗教では、仏一人のみに仏種を認め、他の衆生に大菩提の性があると説くことはない。次に大乗始教では、衆生に五種の差別を認めて五性各別と説くが、この始教の五性各別説に「法爾」「暫時」「分位」の三説の別がある。まず(一)法爾の五性各別とは、一切有情に本来的先天的に五性の別があるという説である。先述のように各人の阿頼耶識中に仏果を得る無漏種子を具有するか否かにより菩薩定性、縁覚定性、声聞定性と、それが一定しない不定性と、無漏種子を具有しない無性有情とを法爾として認める説である。これに対して(二)暫時の五性各別説とは、五性の差別が法爾として存在するのではなく、暫定的に修行の有無を五性の別として仮説したと解するのである。すなわち、六度の修行を行ずる者が菩薩性、十二因縁の修行を行ずる者が縁覚性、四諦を行ずる者が声聞性であり、全く三乗の修行を行なうことのない者が無性有情である。三乗の修行のいずれかを任意に行ずる者が不定性である。これが暫時の五性各別説である。さらに（三）分位の五性各別説がある。そもそも種性とは本来的に衆生に固有のものではなく、また修行の有無のうえから仮定されるものでもなく、修行によって到達する不退位について五性の区別を立てるのが分位の五性説である。すなわち、未だ修行を行なわず凡夫の位にある者が無性有情で、多少は修行をするが未だ三乗の不退位に至ることのできない者が不定性である。それとは異なり、六度の行を修して十信堪忍位に至る者が菩薩性であり、十二因縁や四諦の行に因って不退位に至る者を縁覚性や声聞性となすのが分位の五性各別説である。

大乗の始教では、この法爾・暫時・分位の五性説が説かれる。この三説のうち法爾の五性各別説は法相宗の主張するところである。暫時と分位の二説は「種性」を性種性と習種性の二種となし、「性」と「習」とに分ける考えに基づいて法蔵が立てた説である。これは法蔵の経典解釈におけるまことに卓越した着眼である。法蔵は始教が説く五性各別について深く思索し、整理し三説の別を立て、この三説は結局、衆生に仏性を認めるか否かの問題に帰着する。この問題は終教に至って解答が得られる。終教の種性説は悉有仏性であるから始教で説かれた三説のうち無仏性を認める「法爾」説は認められないことになる。

法蔵は経典の所説にしたがって五性各別を認め、その上で、「性」と「習」の別に気づき「法爾」のほかに「暫時」や「分位」の説を創説して提示した。これは誠に法蔵の卓見であった。法蔵は「法爾」説を主張する法相宗が重視する『瑜伽師地論』の中に「種性謂略有二種。一本性住種性、二習所成種性」とあることに注目する。この「本性住種性」とは本有の無漏種子であり、「習所成種性」とは数習して成ずるところの有漏の聞薫習の種子にほかならないと考えた。この二種種子の関係については『瑜伽師地論』の文面だけでは一体なのか、それとも別体なのか、必ずしも明確でない。そこで法蔵は梁訳『摂大乗論』巻三に「聞薫習（＝習所成）と阿頼耶識中の解性（＝本性住）と和合して一切聖人の因となる」（取意）とあるのを拠り所として「本性住」と「習所成」とを一体の両義と解釈した。両者が一体であれば「本性住」は独存のものでなくなり「聞薫習」によって増長することになる。ここに至って「法爾」として五性の各別説は否定される。(13)

かくして経論に説かれる五性各別は、種性の「性」と「習」との関係からかりに立てられた所説ということになる。このように見てくると「無性有情」とは、未だ習性の現れない人についてかりに名づけたものであり、決定的なものではなく、未だ習性が現れていなくてもついには現れることになる。ある人の修行の進捗の「位」にしたがって仮定されたのが五性の差別ということになる。要するに五性とは一人の上にみられる時々の修行の位を示すものにすぎない。一人の人間の上に五性の別を論ずることになる。すなわち、行を起こす以前の凡夫の位にあるのを「無性有情」といい、未だ三乗の不退位に到達することのないのを「不定性」といい、四諦を修して四善根の忍位に至れば「声聞性」といい、十二因縁を修して不退位に至れば「縁覚性」、そして六度を修して十信堪忍位に至れば「菩薩性」と解釈する。

さらに法蔵は（法相唯識教学で無性有情の文証とされる）『涅槃経』を引証して無信断善根の一闡提であるときは「無性」であるが、もし廻心して一闡提ではなくなれば無性ではなく「有仏性」となってついには成仏すると主張する。法相宗が「無性」の経証とする『涅槃経』をもって逆に、法爾としての無性有情を否定する経証とした。かくして凡夫も「習」あれば必ず「性」あることになる。廻心すれば断善根の一闡提も成仏が可能となる。

ここで疑問が生じる。終教では真如本覚に種性を立て一切衆生に悉く仏性があるのなら何故に他の経論に五性の差別が説かれたのであろうか。この疑問について法蔵は解答している。すなわち、教説には了義と未了義との区別がある。大乗の始教は未了義教であり、終教が了義教である。未了義である始教に説かれる五性各別は未だ大乗を理解しない未熟の者を誘引するためにすぎない。

法蔵の見解を要約すれば、経論に説かれる五性を横に五人の上に認めるのではなく、竪に一人の上に五性を立てている。このように一人の上に五性を認めることによって現在は「無性」でも未来には「有性」に転ずることが可能となり、何人も成仏することができることになる。法蔵は新訳の経論に説かれる五性を認めながら、再び一切皆成の仏教を開顕した。ここに華厳宗を大成した法蔵の卓識がある。法蔵の識見が「性」と「習」との関係から導かれたとすれば、それはすでに智顗が説いていたことである。また一人の上に五性を認めるという見解は、善導が九品の相違は一凡夫の上に現れた遇縁の差にすぎないとする解釈と全く同一である。

五　証悟に基づく経典解釈

大乗経典は空思想や一乗思想などを説いて人間の平等を明らかにしているが、同時に十界を説いて凡夫と聖者の世界を差別し、往生浄土の仕方によって九品を区別し、さらに人間を先天的な無漏種子の有無により五性の相違があると説いている。これらの教説はいずれも人間あるいはその世界を価値的に類別して序列化する思想であることは否めない。そもそも仏教は広くさまざまな機に対して説かれたものであるから、その中には一見矛盾のような説があっても深くその義旨を究明すれば自ずから矛盾が解消される。

智顗の十界互具説は「一界即具九界」を明らかにし、善導の九品唯凡説もまた遇縁に着目して要は「一凡夫即具九品」と説いているのであり、法蔵の五性各別説もまた修行の進捗を示す分位であると解して「一人即具五性」と主張しているのである。ここに取り上げた智顗・善導・法蔵の経典解釈の底に一貫するのは「即具」の論理である。この「即具」こそは中国仏教に共通する差別即平等を明らかにする解釈法である。ただし、ここで注意すべきことは、このような解釈法が単に差別や矛盾を解消あるいは会通するために案出されたものではないということである。何よりも宗教体験に基づいて経典の解釈がなされていることに留意すべきである。

智顗は『法華玄義』巻一上で「教とは聖人下に被らしむるの言なり」と述べている。[14] 智顗が改めてこのように語るのは、前代ならびに当代の学者たちが「教」の何たるかを忘れて、ただ名利に迷惑して講経の巧妙を競っていることに対する批判である。智顗が経典の所説は「下に被らしむ」というのは、聖人である教主世尊が凡夫の為に、彼らをして聖人たらしめるために説かれたことの意義を再確認しているのである。まさしく経典解釈の肝要は「教」の意義に気づくことである。

智顗は経典解釈の方法として因縁・約教・本迹・観心の四種釈を用いている。同時代の吉蔵は依名・因縁・顕道・無方の四種釈義を採用した。この観心釈とか無方釈とかの釈義が提唱された背景には、当時の学者の経典研究があまりにも文々句々に拘泥していたことに対する反省がある。今日の一部文献学者からすれば、観心釈や無方釈はいかにも恣意的な解釈のように思われるかもしれないが、実は経典解釈者の見解や意図をもっとも端的に吐露するものである。経論の文面にのみとらわれた経典解釈や文献理解に対する反省や熟慮を経たうえでのことである。智顗は『摩訶止観』巻七下に、経典を解釈し仏法を融通するための十種の心得を示しているが、その最後に「一一の句偈は、聞くが如くにして修し、心に入って観を成ず。観と経と合すれば観に則ち印あり、心に印して観をなす」と述べている。また『法華文句』巻二上で「観心とは、心を観じて理と相似相応する故に歓喜観と名づく」と語っている。[15] 真の経典解釈は歓喜を伴うものである。

先の十界互具なども単に思いつきでなく実は「観心」に基づくものである。智顗が観心釈というような経典解釈を用いたことは、当時の仏教界に刺激と覚醒とを喚起したことであろう。いま一つ智顗の発言に耳を傾けたい。『摩訶止観』巻一〇上に実に傾聴すべき言葉がある。

それ聴学の人は、名相を誦得して、文に斉って解をなし、心眼開けず、全く理観なし。文に拠るは生なれども、証なきは死なり。かの習禅の人は、ただ理観を尚んで処に触れて心融ずるも、名相に闇くして一句をも識らず。誦文の者は、株を守り、情通の者は妙悟なりとするも、両家互いに闕くるところあり、論評するに皆、失す。(16)

聴学の人の解釈というものは「文に拠るは生なれども、証なきは死なり」とは痛烈な批判である。学者の経典解釈は文献に忠実である点では「生」であるが、自らの体験に裏づけがないという点では「死」である。世の学者に対する痛烈な批判である。智顗はこれに続けて「当に知るべし。学によって成ずるにはあらず。必ずこれ見が発するなり。この見は或いは禅に因りて発り、或いは聞に因りて発る」と語っている。経典解釈は「学」によるのでなく、実践に基づく「見」による。智顗のいう「見」とは、宗教体験に裏づけられた見識、あるいは本性を見ぬく知見のことである。これこそが経典を解釈する場合に不可欠の要件である。それがなければいかに巧妙な釈も、それは「死」である。

智顗は法華三昧を体得して諸法即実相、差別即平等を悟り、その信念に基づいて経典を解釈する。善導も三昧を発得して弥陀の本願が凡夫のためにほかならないとの深信を得て『観経』を解釈する。法蔵もまた海印三昧を覚悟し一乗仏教に立脚して解釈している。中国仏教は、智顗や善導の時代に至り、ようやくインド仏教における論師たちの思索から解放された。インドの大論師たちの著作と雖も一定の限界があるものとの自覚が生まれてきた。そのため智顗も善導も「仏語」すなわち経典を重視しているのである。善導は『観経疏』の中で「菩薩の論」よりも

「仏語」によるべきことを提唱する。

未審し、今時の一切の行者、知らず何の意ぞ、凡小の論に乃ち信受を加へ、諸仏の誠言を返りて将に妄語せむとする。苦しき哉、奈ぞ劇しく能く此くの如き不忍の言を出す。然りと雖も、仰ぎ願わくば一切の往生せむと欲する知識等、善く自ら思量せよ。寧ろ今世の錯りを傷りて仏語を信ぜよ。菩薩の論を執して以て指南と為すべからず。若し此の執に依らば、即ち是れ自ら失し他を誤らむ。(17)

これはまさしく中国仏教の独立を宣言するものである。

六　おわりに

中国仏教では差別の事象を「事」といい、絶対の平等を「理」と言い換えて両者がいかなる関係にあるのかを常に問題にしてきている。ここで考察した智顗らの解釈は一様に個別的な事象の一々が互いに相即し互具している「即具」を説くものであった。このことは「事」の中により絶対的な意義を見出し、理は事の中に内在するとの確信からの解釈であった。経験界を超えた形而上学的な原理よりも現実が重視されているところに特色があるといえる。

とにかく、ここに取り上げた中国の仏教者の経典解釈は、絶対に救われないというような悪人は存在しないことを明らかにしている。経論の所説は「優劣」ではなく「差異」である。そのことは仏教教理の研究において「教」と「理」の区別の大切さを教えている。「教」は区々に分かれ、法門は千差万別であるが、それが表そうとする「理」は唯一無二である。中国の特色である教判はそのことを示そうとするものである。

註

（1）中国仏教の時代区分については様々な見解が提示されているが必ずしも定説化していない。常盤大定は、準備・研究・建設・実行・継承の五期に分け、東晋から南北朝の末までを「研究時期」となしている。鎌田茂雄は中国仏教を四期に分け、東晋から南北朝の仏教を「発展と定着」、隋唐の仏教を「完成と盛大」となしている。

（2）『大般若経』巻五七〇「平等品」（大正七・九四二b）および『華厳経』巻三七「十地品」（大正一〇・一九三c）参照。『無量寿経』の第十八願文および同成就文に「唯除五逆誹謗正法」とあるのを善導は五逆と謗法の重罪を抑止する文と解釈した。すなわち、『無量寿経』に五逆と謗法とを除くと説くが、『観経』の「下品下生」に五逆の者も往生できると説くところから二罪を抑止する方便と解したのである。

（3）『華厳経』巻二七「十地品二十二之五」（大正九・五七二a）、『大智度論』巻二七（大正二五・二五八ab）、『法華経』巻六「法師功徳品」（大正九・四七c—四八a）参照。

（4）智顗の著作に「十界」の名目は散見する。例えば『法華玄義』巻一「序王」（大正三三・六八一a）、『同』巻二上（大正三三・六九二c）、『法華文句』巻九（大正三四・一四〇a）など参照。

（5）智顗『法華玄義』巻二上（大正三三・六九三c）参照。これと同様の意味を『摩訶止観』巻五に「法界とは、三義あり。十の数は是れ能依なり、法界は是れ所依なり、能所を合わせ称するが故に十法界という。また此の十法は各各の因、各各の果、相い混濫せず、故に十法界という。また此の十法は一一の当体は皆、是れ法界なり、故に十時界という」（大正四六・五二c）と述べている。

（6）智顗『法華玄義』巻一上（大正三三・六八三a）参照。

（7）智顗『法華玄義』巻五（大正三三・七四三c—七四四a）参照。

（8）智顗『摩訶止観』巻五上（大正四六・五二c）、同巻一上（大正四六・一c）参照。

（9）『観無量寿経』（大正一二・三四四c）。「九品」の解釈については、正木晴彦「『観経疏』に於ける九品の問題」（『田村芳朗博士還暦記念論集　仏教教理の研究』〈春秋社、一九八二年〉所収）など参照。

（10）慧遠『観無量寿経疏』巻下（大正三七・一八四c）参照。

（11）善導『観無量寿仏経疏』巻一「玄義分」（大正三七・二四九ab）参照。

（12）中国・日本の三一権実の論争、仏性論争については常盤大定の『仏性の研究』（丙午出版社、一九三〇年）、富貴

原章信『中国日本仏性思想史』（国書刊行会、一九八八年）など参照。
（13）『瑜伽師地論』巻三五（大正三〇・四七八c）および『摂大乗論』巻三（大正三一・一七三b）を参照。
（14）智顗『法華玄義』巻一上（大正三三・六八三b）参照。
（15）智顗『摩訶止観』巻七下（大正四六・九八a）および『法華文句』巻二上（大正三四・一七b）参照。
（16）『摩訶止観』巻一〇上（大正四六・一三二a）参照。
（17）善導『観無量寿経疏』巻一「玄義分」（大正三七・二五〇a）参照。

中国仏教初期の仏陀観

一　問題の所在

仏教を正しく把握しようとすれば、まずその教主たる仏陀を明らかにすることが第一の要件となる。仏教の教主たる仏陀は何を悟り、何を説いたのか。われわれは果たして仏陀と成ることが可能なのか。これらの事がらについて合理的な解答を得ることが外来宗教を受け入れた初期の中国仏教にとっては決して看過することのできぬ重要課題であった。この課題に応えることによって初めて三宝すなわち仏教が中国社会に根を下ろすことになる。

中国社会が初めて仏教を知ったのは、前漢の末頃であったが、当時は未だ外来宗教の聖典は訳出されておらず、漢訳仏典によって仏教を学んだわけではなかった。実際に仏典を中国社会に齎し、それを漢人の理解可能な言語に翻訳したのは、後漢の桓帝（一四六―一六七）霊帝（一六八―一八九）の時代に洛陽に来た安世高や支婁迦讖であった。仏典の漢訳以前においては、経典の研究を通して仏陀を把握することはもとより不可能であり、もっぱら胡僧の行なう儀式や習俗などから仏教の教主たる仏陀を揣摩臆測するのみであったと考えられる。その場合、漠然とした異国的なものへの関心や現実生活における種々なる欲望の充足への期待が、仏教ないし仏陀へ接近させる動機となったことは容易に推測できる。

後漢の明帝の異母弟である楚王英（？―七一）が、その晩年に黄帝・老子の学を喜び、また浮屠のために斉戒祭礼をなしたという。(1)『後漢書』（巻三二）が伝えるように楚王英が黄老と浮屠（仏陀）とを併せ尚んだということは、両者が互いに相矛盾せず、ともに尊崇すべき同類のものと考えたからである。当時の社会にあっては黄帝や老子は「道」の体得者であり、浮屠もまたインドにおける「道」の体得者と考えられ、共に神仙・聖人として尚ばれた。インドの聖人である浮屠の証悟するところも、中国の聖人が体得するところもともに同じ「道」であると理解したのである。現に牟子や孫綽なども仏陀をもって「得道者」となし、中国古来の先聖と同類となしている。(2)

道安および慧遠の仏陀観について詳しく考察するに先立ってかかる時代の仏陀観の一例として支遁の見解を概観しておきたい。支遁（三一四―六六）は老荘の学、ことに荘学の権威でもあり、『逍遥遊論』と称する著述があり、『世説新語』文学篇注に引かれている。(3)そこで彼は、

夫れ逍遥とは、至人の心を明すものなり。

と述べている。さらに、その逍遥遊について次のように説いている。

（至人は）天正に乗じて高興し、無窮に遊んで放浪し、物を物とし物に物とせられざれば、則ち遥然として我得せず。玄感して為すことなく、疾ぐことなくして速かなれば、則ち逍然として適さざることなし。

このように「逍遥」するものが「至人」である。支遁の『逍遥遊論』は、彼が至人について述べた「至人論」でもあるが、そこで「天正に乗じ」「無窮に遊ぶ」ものを至人となしている。この支遁の見解は次にかかげる『荘子』の逍遥遊篇の文によるものである。

若し夫れ天地の正に乗じて、六気の弁を御し、以て無窮に遊ぶ者は、彼れ且だ悪にか待たんや。故に曰く、至人は己無し。

支遁のいう「天正」とは、荘子の「天地之正」のことで天地宇宙の真理を指すものである。それと一体となることを「天正に乗じて」と言い表している。また「無窮に遊ぶ」とは時空を越えた絶対自由の世界に逍遥することである。絶対自由の世界に逍遥することは、何物にも依存することなく、束縛されることもない境地にあることで、当然ものに規定されず「物に物とせられず」と表現される。逍遥する至人には、何ものかに依存したり、あるいは束縛されるような世俗的な意味での我はないのである。『荘子』に「至人は己れ無し」というところを支遁は「不我得」と述べているのである。さらに「疾ぐことなくして速か」というのは、『周易』の繫辞上伝の「唯神也、故不疾而速、不行而至」をかりて至人のはたらきについて語ったものである。このように支遁は至人について説いている。

さらに支遁は、この逍遥遊すなわち至人の心が群智の玄宗たる「般若波羅蜜」でもあると捉えている。『大小品対比要抄序』に次のような見解を示している。(4)

夫れ般若波羅蜜とは、衆妙の淵府、群智の玄宗なり。神王の所由、如来の照功。(中略)物を物とすること無きが故に能く物を斉しくす。智を智とすること無きが故に能く智を運らす。

衆妙の淵府、群智の玄宗といわれる「般若波羅蜜」は、物を物とすることもなく、「逍遥遊」する自在無礙なる智慧であり、これを体得したものこそが至人であり、仏陀であると考えているのである。ただし、彼はこの「般若波羅蜜」こそが仏教独自のものであることを未だ鮮明にはしていない。むしろ「道」と同質のものと考えているのである。それゆえに仏陀の徳性を讃歎するときも中国古来の聖人との対比によって述べているのである。(5)

希夷は羲風より緬邈、神奇は皇軒より卓絶、蔚彩は周唐より沖漠、頌味は鄒魯より余り有り。

仏陀(釈迦文仏)を古来の三皇五帝と同様に考え、その容貌や宗教的能力がことのほかに優れたものと評してい

る。さらに続けて、そのような仏陀の本源を、

夫れ至人とは、時に行き、時に止る。或は此に隠れ、彼に顕る。迹は忍土を絶し、冥を維衛に帰す。

と述べている。至人たる仏陀は「感通無方」「応物万方」で隠顕の応現が自在で、この忍土（娑婆）で身体を隠しても、維衛すなわち過去の毘婆尸仏のもとに帰するものと考えている。未だ明確な本迹論や法身論は認められないが、特に過去仏との関係で応現を論じていることが注目される。ただし、『太子瑞応本起経』（二二八年訳）や『六度集経』（二五一年訳）などの種々の仏伝によって知られたインドの仏陀を中国の至人と同一視していることは明らかである。老荘的仏教者の支遁は、仏陀の「神国」（浄土）を王制班爵の序のない、名教の束縛を離れた無為自然の境地となしている。時代思潮の中にある支遁にとって、仏陀の仏陀たるゆえんを探究して法身を見出すようなことはもとより期待できない。ただ僅かに仏陀の本（冥）と迹を論じ、当時すでに伝わっていた過去仏思想に基づいて忍土の仏の本源を過去の毘婆尸仏に求めているのである。

このような仏陀観が支配的な社会にあって、漢人僧の中で指導的な地位を占めた釈道安や廬山の慧遠は果たしていかなる仏陀観を有していたのであろうか。

二　道安の仏陀観

中国仏教の基礎を確立する上でもっとも功績のあった漢人の僧は釈道安（三一二―八五）である。かつて道安に師事した僧叡は、

亡師安和上、荒塗を鑿って轍を開く。

と述べているが、これは中国仏教史上における道安の評価としてはもっとも適切なものであろう。また、かの習鑿歯が「常の道士には非ず」と称歎した道安は、文字どおり真摯な仏教者で、その感化力は抜群であった(6)。それゆえ、道安の仏陀観を明らかにすることは、初期の中国仏教の実態を解明する上でもはなはだ重要な課題となる。

道安は「仏陀」をどのように把握していたのであろうか。道安の現存する著作を一々精査しても必ずしも組織的体系的に仏陀を論述した箇所を認めることはできない。ただ、道安には無仏の時代に仏陀の国である天竺聖邦を遠く離れた辺国に在ることを悲歎する意識が極めて濃厚である。例えば、『陰持入経序』(7)に、

世は仏に値はず。又、辺国に処し、音殊なり、俗異にして、規矩同じからず。又、愚を以て聖を量るは、以て逮び難し。

と心情を吐露している。さらに道安は『十二門経序』(8)にも「仏後」に値い、「異国」に処ることを首《こうべ》を疾むがごとしと述懐している。すなわち、

安、宿り不敏にして、生まれて仏後に値い、又、異国に処し、楷範多く闕き、古烈を仰希すれども、滞りて未だ究めず。寤寐に憂悸して首を疾むが若き有り。

また次の『道地経序』(9)においても同様な切々たる嗟嘆の情を記しているのである。

天竺の聖邦は、道岨しく遼遠なれば、幽見の碩儒の来りて周ねく化することまれなり。先哲は既に逝き、来聖は未だ至らず。進退狼跋し、咨嗟涕洟す。

この道安の悲歎の心情は、時間的には仏陀の滅後に生を享けたために仏陀に逢うことのできぬのを悲しみ、空間的には仏陀出世の聖邦である天竺から遠く離れた辺鄙に在ることを歎じているのである。このような悲歎は経典の翻訳が未だ不十分であった中国仏教の初期においては必ずしも道安のみに独特なものではなかった。『安般守意経

序』を著した康僧会、あるいは格義を善くした康法朗、『法句経序』の作者（未詳）などにも「無仏」「辺国」の意識が認められるが、道安にあってはことのほかこの感情が顕著で一途である。このことは取りも直さず道安においては、教主釈尊との値遇を希求し、仏身仏語への歎仰の気持ちがはなはだ強烈であることを如実に示すものである。道安は観念の上ではなく、現実に仏陀に値遇して教えを受けたいという宗教的な心情から仏身仏語を渇望しているのである。これは四大五根の色身を中心とした仏陀観に根拠する感情であることは明らかである。大乗の経論が正確に漢訳され流布完備し、大乗の仏陀観ないし法身観が確立されるならば自然と超克されうる性格のものである。

魏収が北斉の文帝の勅を受けて天保二年（五五一）から数年間を閲して編纂した『魏書』の釈老志に「仏」について記している。(10)

所謂、仏とは本と釈迦文なる者に号く、訳して能仁と言う。徳、充ち、道、備え、万物を済うに堪うるを謂う。釈迦の前に六仏あり。釈迦、六仏を継いで成道し、今賢劫に処す。文に言く、将来、弥勒仏あり。方に釈迦を継いで世に降る。

これはいわば公式の記録であり、特別に仏教の学を修めた義解の僧の見解というよりも、むしろ当時の知識人の仏陀観の一般を示しているものと解してよいであろう。ここでも仏陀は「徳」と「道」とを充足具備した道徳者と見られている。各種の仏伝が伝訳されるにしたがってインドの「道徳者」たる仏陀に関心が昂まり、知識が深まる。ところが、その仏陀がすでにこの世にないという絶望感は、仏陀に関する知識が深まるとともに強くなるのは自然の趨勢である。

鳩摩羅什門下の僧叡が、先師の道安について「先匠、章を輟て遐かに慨き、決言を弥勒に思う」と回顧しているように、道安は教主釈迦仏の仏身仏語への熱烈な歎仰の心情を当来仏たる弥勒仏の決疑によって解消しようとしているのである。その場合の弥勒仏は、『魏書』釈老志がいうように、過去六仏－釈迦文仏－弥勒という時間的継続の中で把握されている。今は天上に在って「微妙の論」を説き、のちに釈迦文仏に次いで出世する弥勒に教主としての「仏陀」を求めているのである。西晋の竺法護が訳出した『弥勒下生経』は、『道安録』にも記載されており、道安自身も読誦した経典であるが、その中に「弥勒所化の弟子は、尽く是れ釈迦文の弟子」と説かれておればなおさらである。道安は明らかに弥勒への信仰を有している。その内容については次章で詳しく考察するが、(11) 現在の「説法主としての仏陀」に対する信仰であった。

道安は『十二門経序』(12)に、

慧日、既に没して三界は目を喪い、経蔵は存すと雖も、淵言は測り難し。

と述懐している。現在、説法主である仏陀に直接に見え「淵言」について尋ねることのできない絶望を「寤寐に憂悸し、首を疾むが若し」と称しているのである。道安は同時代の仏教者である支遁のように、ただ単に「道」の体得者として仏陀を捉えるのではなく、説法主あるいは教主として仏陀を考えている。

それでは「仏陀は何故に教えを説くことができるのか」「教主としての仏陀を仏陀たらしめているものは一体何か」等について、道安はいかなる見解を有していたのであろうか。要するに「仏陀とは何か」について道安はどのように考えていたのか。彼の求道と思想上の遍歴に沿って検討したい。

道安がまず最初に修道上の課題としたのは『安般守意経』など安世高系の禅観であった。彼の初期の思想を端的に示している『安般注序』に次のように語っている。(13)

階の差は、之を損じ又之を損じて、以て無為に至り、級の別は、之を忘じ又之を忘じて、以て無欲に至るなり。無為なるが故に、形として因らざるは無く、無欲なるが故に、事として適せざるは無し。形として因らざる無きが故に、能く物を開き、事として適せざる無きが故に、能く務を成ず。

「階の差」とは『安般守意経』所説の数息観における数・随・止・観・転・浄の六階の差異のことであり、「級の別」とは第一ないし第四の四禅を指す。要するに「安般」「四禅」を修すことによって「日損」してついに「無為」「無欲」に至る。そこに至って初めて人（物）の智慧を開発し（開物）、あらゆる事業を成しとげさせる（成務）ことが可能となる。ここで道安は盛んに老荘や易の用語を使用して思想を表明している。道安が格義の非を唱えたことは周知の事実であるが、その彼が仏道を学んだ当初からただちに当時広く流布していた玄学的解釈から脱却していたか否かは自ずから別の問題である。むしろ、その初期においては盛んに老荘の学、魏晋玄学を利用しているのである。

安般行すなわち「階の差」によって雑念などの人為を日々に損減して「無為」に至るというのは、『老子』第四八章の「日損」による。四禅すなわち「級の別」によって「無欲」に至るというのは、「無為」と同様にこれもまた『老子』第一章などを念頭に置くものである。さらに「無為」「無欲」なるがゆえに形として万形に適応し、事として万事に対応するというのは、まさに『老子』の「無為にして為さざる無し」を敷衍したものである。また、「能く物を開き」「能く務を成す」とは『周易』繋辞伝に説くところである。繋辞伝によれば、易とは物（人）を開発し、事業を成就させるものであり、聖人は易によって天下万民の志向に通暁して天下の事業を定める、と説いている。のちに僧肇が「聖智」すなわち仏智のはたらきを表示する語として「開物成務」を用いているのと軌を一にする。(14)

かくして到達した境地を、道安は『修行本起経』等によって「寂を成ず」と表現している。さらにこの寂を得たものの霊妙な能力を次のように説いている。(15)

斯の二法（安般行と四禅）を以て寂を成ず。斯の寂を得たる者、足を挙れば大千を震い、手を揮れば日月を捫で、疾く吹けば鉄囲飛び、微かに嘘くも須弥舞う。斯れは皆四禅の妙止に乗じ、六息の大弁を御する者なり。

道安は修行完成者の「仏陀」が具備する徳性についてこのように説いている。これは『太子瑞応本起経』や『修行本起経』に修行を完成し仏陀と成れば自ら備る功徳、あるいは変化法として説くものに符合する。[16] 道安はこれらの諸経によって仏陀が具える徳性を語っている。彼は右のように論じた上でさらに続けて仏陀の仏陀たるゆえんを説いている。

夫れ寂を執って以て有を御し、本を策て以て末を動かすに、何の難きこと有らんや。

この「執寂御有」という言葉こそが「禅智」を得て「開物成務」の仏事をなす仏陀の本質を示すものである。この「御有」をはなはだ重視する道安は、『大十二門経序』[17]に、

古を執りて以て有を御す。

といい、これと同様の趣旨を『道行経序』において、

道を執りて有を御す。

と説いている。これは明らかに『老子』第一四章に説くところの、

古の道を執りて今の有を御す。

の思想に根拠するものである。ここで「今の有」とは古の道に対応する語で一切の存在あるいは諸法を指す。「御」とは治と同義で「おさめる」という意味である。したがって、老子の説くところは、太古からの不変の真理である道を得て今の眼前の万象（有）をおさめるということになる。道安は明らかに老子によっている。しかし、老子によりながらも、道安が「寂を執り」「古を執り」「道を執り」というところの「寂」「古」「道」は、道安独自

の思想内容をもつ「本無」と同義の語として使用されている。陳の慧達が『肇論疏』に「弥天釈道安法師本無論[18]」を引用し、

如来の興世を秤るに本無を以て教を弘む。

と道安の「本無」を紹介しているのに契合する。

道安は「日損」を修し「無為」「無欲」の境地に至ることをもって仏陀を語っているが、その境地を「本無」ともいい、本無によって教化等の種々の仏事をなすと考えているのである。この考えは老荘思想と『太子瑞応本起経』等の仏典との接点を求めたものである。すなわち、『太子瑞応本起経[19]』に、

家と妻子を捨て、愛欲を捐棄し、六情を断絶し、戒を守って無為、其の道は清浄にして一心を得れば、則ち万邪を滅す。

などと、釈迦仏の出家修道を説くところにも合致する。それゆえ、道安は『陰持入経序』でも「陰結を日損し、泥洹品を成ず」と説くのである。

要するに、道安の初期の仏陀観は、『安般守意経』などの安世高系の禅観経典を、老荘・易の魏晋玄学を利用して解釈し、それに『太子瑞応本起経』などの仏伝を加味して構築したものということができる。

道安の思想の変遷は当然のことながら生涯の事蹟と無関係ではない。道安の生涯はおおよそ三期に分けて考えるのが定説である。すなわち、(一)河北の各地を移動しながら盛んに禅観を修し、他の人々に対してもそれを鼓吹していた時期。(二)次に襄陽に滞在していた十数年間、この時期は自ら告白しているようにもっぱら大乗の『般若経』の研究に打ち込んでいた。(三)さらに晩年に長安で仏典の翻訳に関わった時期の三期に大別することが可能である。

先に考察した「執寂御有」をもって仏陀を語る仏陀観は、道安が河北地方で活躍していた初期の禅観研鑽時代の著述に認められるものである。ところが、襄陽における般若経研究の時代から晩年の長安滞在時代に至る時期に著された遺文を精査するとき、前期の仏陀観とは明らかに異質で、鋭敏な転回を示した見解が認められるのである。『般若経』の研究に専念していた襄陽時代に撰述された『道行経序』や『合放光光讃略解序』などには、小乗の禅観経典である『安般守意経』などによる考察とは全く別の視点から「仏陀とは何か」「何が仏陀の本質か」について徹底した追究がなされている。

まず、『道行経序』[20]に、

大なるかな智度、万聖資て通じ、咸宗以て成ず。

と述べているように万聖の聖たるゆえん、咸宗の宗たる根拠が「智度」すなわち般若波羅蜜にあることを強く宣言している。さらに、それに続いて次のような注目すべき見解を述べている。

道を執りて有を御するは、卑高の差あり。此れ有為の域なるのみ。真如に拠り、法性に遊び、冥然として無名に非ざればなり。真如に拠り、法性に遊び、冥然として無名なるは、智度の奥室なり。

この一文には実に鋭敏なる思想的転回が認められる。先には「道を執りて有を御す」るをもって仏陀の有する徳性となしていたのであるが、『般若経』を学んで以降は「執道御有」を「有為」の域に留まるものと断じているのである。彼の前期の仏陀観とは鮮明な相違を示している。もしも「道」を執り「有」を御するのであれば、「道」と「有」の間に明確な「卑高」の差が存することになる。これは繋辞伝の最初に、

天は尊く、地は卑しくして、乾坤定まる。卑高を以て陳なり。貴賤位す。

とある文によるものである。もし、この易の文に依拠するものだとすれば、前述の「（古の）道と（今の）有」、「寂

と有」、「道と有」などの間に「天と地」のごとき「卑高」の差を認めることになる。卑高の差をもって仏陀を語ることは、それは未だ人為を尽くした無為無名に至らざるものであり「有為の域」に留まるものと考えたのである。かくして「寂と有」や「道と有」などの差異や対立を越えた不二・絶対の「真如」「法性」にこそ仏陀の本質を見出すに至ったのである。ここでも道安は「無名」など老荘の語を使用しているが、先の仏陀観と異なり、明らかに大乗の『般若経』に根拠した仏陀観へと進展している。

晋の太元元年（三七六）、道安六十五歳のとき、彼が滞在していた襄陽に『光讃般若経』が齎されたが、それ以降に撰述された『合放光光讃略解序』(21)に、次のように述べている。後の考察のためにやや長文であるが、必要な箇所を引用する。

般若波羅蜜は無上正真道の根なり。正とは等なり。不二入なり。等の道に三義あり。法身と如と真際なり。故にそれ経たるや、如を以て始めとなし、法身を以て宗と為す。
如とは爾なり。本と末と等爾にして、能く爾らざらしむ無きなり。仏の興滅するも、綿綿として常に存し、悠然として寄ること無し。故に如と曰う。
法身は一なり。常浄なり。有と無と均浄にして、未だ始めより名有らず。故に戒に於ても則ち戒も無く犯も無し。定に在るも則ち定も無く乱も無し。智に処るも則ち智も無く愚も無し。泯爾として都て忘じ、二三尽く息み、皎然として緇ならず。故に浄と曰う。常道なり。
真際とは無所著なり。泊然として動ぜず。湛爾として玄斉、無為なるも為さざる無きなり。万法は有為なるも此の法は淵黙なり。故に曰く、無所有は是れ法の真なり。

先に考察したように、道安は「寂と有」「本と末」「無と有」などに「卑高」の差を認め、「寂を執り有を御す」、

「本を策て以て末を動かす」等をもって仏陀を明らかにしていたのであるが、この序においては「本と末」は等しく法爾であり、「無と有」とは均しく清浄であって、万有の実相においては卑高・相対を認めず、法身・真如・真際は「泊然として動かず、湛爾として玄斉」であると述べている。本と末、無と有、無為と無不為などはともに相反する概念であるが、その双方がともに成り立ちうるのは、理性の立場では決して許容されることではなく、このような相対対立を止揚しうるのは仏陀の悟りという絶対の立場においてのみ可能なことである。このような「卑高」の相対対立を越えた絶対平等の境地を、この序の中で「等」「均」「斉」の語でもって強調しているのである。しかも、「般若波羅蜜は無上正真道の根なり」と称し、般若こそが無上正真道すなわち仏智たる阿耨多羅三藐三菩提の根本であると述べ、そこに仏陀の仏陀たるゆえんを見出している。それでは仏陀たらしめている「無上正真道」とは何か。道安の見解にしたがえば、「無上正真道」とは「如」「法身＝法性」「真際」の三義を具えたものである。

三義のうち第一の「如」については、「如とは爾なり。本と末とは等爾にして、能く爾らざらしむ無きなり。仏の興滅するも綿綿として常に存し、悠然として寄ること無し」と説いている。ここで道安は如（真如）をもって「爾」と同義と解している。このような解釈はいかにして可能なのか。これは道安が襄陽時代の十五年間、毎年二度の講義を行なった『放光般若経』の経文から学んだものと考えられる。西晋の無叉羅が訳出した『放光般若経』（巻一一）大明品[22]に、如来の等正覚について次のように説いている。

如来無所著等正覚、悉知諸法之如。爾非不爾、無能令不爾、悉知諸如諸爾。以是故諸仏世尊、名曰如来。

この『放光般若経』によれば「悉くこれ如、これ爾なるを知る」のが如来であると説き、「如」（真如）と「爾」とが同概念とされている。道安の「如」に関する見解が、この『放光般若経』に根拠することは明らかである。彼が「如」について説く際に「能く爾らざらしむ無き」と記しているのは、まさに大明品を根拠としていることの明証である。

また、「如」が仏の興滅を越えて「綿綿として常に存す」るものとなしているが、この表現は『道地経序』など他の道安の著述にもしばしば用いられている。これは『老子』第六章に「綿綿として存するが若く、之を用いて勤れず」といい「道」のはたらきを明かす文から借りたものである。ただし、ここでもっとも注意すべきことは仏教の「如」を解するのに老荘の「道」の解釈を借用したからといって「如」と「道」とを同質となしていると短絡的に考えてはならない。むしろ仏教で説くところと老荘のそれとの相違を鮮明にしようとするところに道安の本領がある。かりに仏教で説く「道」というものがあるとすれば、「真如」「法性＝法身」「真際」の三義を具備したもので、老荘の「道」と相違することを示そうとしているのである。このことは道安が大乗経典の般若経を学んだ襄陽時代の中期以降の思想として特に留意すべき点である。

仏智たる般若波羅蜜の三義の中、第一の「如」が右のように『放光般若経』大明品から学んだものだとすれば、第二の「法身」の理解もまた同経に根拠するものと考えて不可ないであろう。ただし、ここで注意すべきことは道安が般若波羅蜜の三義の一として挙げる「法身」はDharmakāyaの訳語としてのそれではなく、『般若経』中しばしば説かれる真如・法性・真際（実際）の「法性」（Dharmatā）を指すものである。このように道安が「法性」をあえて「法身」と称しているのには相当の理由があるであろう。おそらくこれは『放光般若経』（巻九）無作品[23]に依拠するものと考えられる。

有仏無仏法性住如故、法性者則是法身。

この経文によって道安は「法性」を「法身」と称しているのである。かかる「法身」の特性は「有無」「一二三」

などの相対を越えて「有無均浄」「一」なる絶対であり、本来は名づけようもない「無名」なるものである。彼は「法身とは一なり。常浄なり。有無均しく浄にして、未だ始めより名有らず」と述べている。相対的な「有無」などはもとより「有名」なるものであるが、法身は「有無」を撥撫して「有無均浄」で「始めより名有らず」＝「無名」なるものである。言うまでもなく「無名」とは絶対の謂である。

かかる絶対に立てば、もはや三学における持犯や定散の差異、智愚の区別さえも有るはずがない。「戒に於ても則ち戒も無く犯も無し。定に在るも則ち定も無く乱も無し。云々」といわれる。ただし、このことは仏陀の悟道の境地においてのみいいうることである。

次に第三の「真際」について「真際とは無所著なり。泊然として動ぜず。湛爾として玄斉、無為なるも為さざる無く、万法は有為なるも此の法は淵黙なり」と規定されている。真際が「無所著」あるいは「無所有」とはいかなる意味か。これを真際そのものを客体的あるいは客観的に規定したものと解してはならない。ここでは、むしろ主体者の態度として述べているのである。実はこの「真際」の解釈もまた『放光般若経』によっている。次に引用する『同経』（巻一二）歎深品[24]の所説を参照すれば、道安のいうところの意味がより明らかになるであろう。

菩薩雖得空無相無願之道、離般若波羅蜜不持漚惒拘舎羅、便証真際得弟子乘。

菩薩が空無相無願の三三昧を得るも般若と方便とを具足しなければ、すぐに「真際を証し」て声聞乗に堕することになる。おそらく道安は、この『放光般若経』の経説によって修道者の側からみて真際を「無所著」と表明したのであろう。このことから明らかであるが「真際」とはただ単に「事」と対立する「理」のごときものではなく、また決して仏陀の悟りと離れて存在するものでもない。真際が仏陀の悟りと離れて存しないものであるからこそ、真際は「無所著」「無為」でありながら「為さざる無きなり」といいうるのである。

ここでも老子の「道」について語る表現を援引しながら般若波羅蜜の三義たる「如」「法身」「真際」について語っているが、このことをもって道安が「真如」「法性」等を『老子』の「道」と同一概念となし、「本体論」や「生成論」として捉えていると解してはならない。道安は仏教で説くところの「道」は老子のそれとは相違して「如」等の三義を具有するものであることを鮮明にしようとしているのである。要するに仏教でいうところの「道」とは、不変にして自ら爾るものであり、唯一絶対で清浄であり、無所著なるがゆえに無為にして為さざるなきもので老荘のそれとは相違するというのが道安の見解である。しかも「如」「法身」「真際」の三者はそれぞれ「等」「均」「斉」という共通的性格を有し相互に不可分なものと解している。かかる三義を内具する「智度」(般若波羅蜜)こそが、仏陀をして仏陀たらしめている本質となしているのである。「仏陀の本質とは何か」を追究した結果、『合放光光讃略解序』に見られるような般若の三義に到達した道安の仏陀観は、先の『安般注序』等に見られた前期の仏陀観とは全く異質のものであり、仏陀観の深化と進展とが認められるのである。

道安の遺文を精査するとき、『合放光光讃略解序』にただ一度だけ「法身」の語を用いているが、それは前述のごとく『放光般若経』に説く「法性」の別名としてであり、未だ漢訳の「法身」をもって仏陀を論じるまでには至っていない。道安が常に述懐しているように不完全な翻訳経典によって学んでいるため自ずから限界があり、未だ「法身」の語をもって仏陀の本質を追究するというような問題意識が十分に熟していないのである。道安の入寂後、十六年を経て入関した西域僧鳩摩羅什が大乗の諸経論を訳出し、「如」「法身」「実際」が共に諸法実相の異名であることを明らかにして大乗の法身観を確立した。鳩摩羅什の訳出経論を通して仏教を学ぶことのできなかった道安ではあるが「如」「法身」「真際」について「爾」「一」「無所著」という三義の相違性を強調しながらも同時に「等」「均」「斉」という共通性にも着目している。しかし、道安の弟子慧遠はこの三義の相違について十分に領解できず「三説各異、義可聞乎」と称して鳩摩羅什に質問している。(25) 鳩摩羅什は慧遠の問に対してやや酷しく「戯論」と断じつつも「大智度論に広く其の事を説く」と述べ種々の教示をなしている。慧遠の仏陀観については以下に考察するとして、道安の仏陀観を要約すれば、おおよそ次のように理解することができる。

老荘の至人や道徳者をもって仏陀を推察していた時代にあって、初期の道安は安世高系の禅観経典と仏伝の『太子瑞応本起経』等とを合わせ考え、仏陀の本質を「執寂御有」なる語をもって明らかにしている。その後、大乗経典の『放光般若経』等を学ぶに至り、真如・法性に立って「執寂御有」は「卑高」の差を有する「有為」の域に留まるものと自ら否定している。かくして道安の最終的な仏陀観は「如」「法身」「真際」の三義を具足する大なる「智度」をもって仏陀の仏陀たるゆえんとなし、そのことをもって老荘と仏教との相違を鮮明にしているのである。『般若経』を通して大乗の仏陀観に立ち至った道安ではあるが、未だ「法身」をもって仏陀を論じるまでには至っていない。ただし、仏陀観の変遷を鳥瞰するとき、道安の仏陀観は中国仏教の初期における仏陀の考察としては十二分の功績を果たしている。

三　慧遠の仏陀観

廬山の慧遠（三三四－四一六）は師の道安と共に中国仏教の確立に極めて重要な役割を果たしたことはいまさらに贅言を要さない。そこで次に慧遠の仏陀観を考察して中国仏教の初期において漢人の僧が仏陀についていかなる見解を有していたのか、その実態をより鮮明にしたい。

慧遠の仏陀観あるいは法身観に関しては、鳩摩羅什との教理問答である『大乗大義章』が重要であるが、それについてはすでに詳細な論攷がなされている。(26) それゆえ、ここではまず、鳩摩羅什に書を寄せて好みを通じ、大乗の深義について応酬する以前の慧遠は、果たしていかなる仏陀観を有していたのかについて検討しておかねばならない。

東晋の元興元年（四〇二）白蓮社を結び、廬山で念仏三昧の立誓をなした折に慧遠が著した『念仏三昧詩集序』(27)に、如来に関する見解を示している。

玄を窮め、寂を極む。（これを）尊んで如来と号く。神を体し、変に合し、応ずるに方を以てせず。

玄妙で空寂なる道の根源を窮め尽くした人を尊んで如来と号《な》づけるのである。その如来は神妙な理を体得し変化の道と合一する。その場合、衆生に応じて現れる方法は決して一定なものではない。このような慧遠の如来に関する見解は、時代思潮と無関係ではない。これは郭象の荘子注に「玄を体し、妙を極む」とか、「神を体し、変に合す」等と述べているのと思想的にも表現的にも極めて近いものである。また、同様な見解を、元興三年（四〇四）、慧遠七十一歳に撰した『沙門不敬王者論』の体極不兼応第四(28)においても述べている。

仏に自然神妙の法あり、物を化するに権をもってす。応に所入に随うべし。或は霊仙、転輪聖帝と為り、或は卿相・国士・道士となる。

仏陀は自然神妙の法を体得し、その上で方便（権）をもって衆生（物）を教化するものである。その場合に霊仙ないし道士などに身を変えるものが「仏陀」であると説いている。霊仙や道士等をもって「仏陀」の変化となしている点で老荘思想を強く意識した仏陀観といいうる。ここではインドの聖人たる「仏陀」をより鮮明にしてゆこうとすることよりも、むしろ老荘思想との融和を計りたいという意図が読みとれる。しかし、このことをもって慧遠の仏陀に関する考察が未だ徹底を欠くものと責めるのは適当ではない。実はこのような仏陀観に絶大な影響を与え

た経典が存したのである。すなわち、呉の支謙が黄武年間（二二二―二二九）に訳出した『太子瑞応本起経』(29)に、

及其変化、随時而現、或為聖帝、或作儒林之宗国師道士。

と明確に説いている。慧遠の仏陀観がこの経文に導かれていることは疑う余地がない。このような時代的な制約があったけれども、慧遠が鳩摩羅什に対して法身を中心とする大乗の深義を尋ねた頃、彼は仏陀の仏陀たるゆえんないしは仏陀の本質を「自然神妙の法」とか、「玄」あるいは「寂」を極めている点に求めていたことは明確である。仏陀の本質を問題としながら、この頃の慧遠もまた師の道安と同じように「法身」という漢訳語をもって仏陀を追究することをなしてはいないのである。

従来、自らの著述において「法身」の語をもって「仏陀」を語ることのなかった慧遠が長安に至って間もない鳩摩羅什に対して書を寄せて「四大五根の無い法身が説法するということが理解できない」「色身と法身との相違は何か」など法身について真摯に問うているのである。これに応えた鳩摩羅什は「法身は実相で、去来が無く、法性より生じるものである」ことを繰り返し説いている。しかし、慧遠はこの鳩摩羅什の説く大乗の法身説を必ずしも十分には理解していないようである。

『大乗大義章』によれば、慧遠は第一回の問答の末に、鳩摩羅什のいう法身説についての「領解」を述べている。鳩摩羅什と慧遠とは直接に面談したわけではなく、書をもってなされた問答であれば、当然慧遠の領解は第二回以降に交わされた書において記されたものと考えられるが、今日に伝わる『大乗大義章』では第一回の問答の末尾に「慧遠の領解」(30)として次のように記されている。

一謂法身実相、無来無去、与泥洹同像。二謂法身同化、無四大五根、如水月鏡像之類。三謂法性生身是真法身、能久住於世、猶如日現。

法身の実相は去来がなく、泥洹（涅槃）と同類である。また、法身には四大五根がなく、水に写った月や鏡に写った像のごときもので化と同じである。さらに法性から生まれた身こそが真法身であって、それは太陽のように永遠不滅なものである。この「領解」によれば、慧遠は鳩摩羅什の教示するところをほぼ忠実に理解しているようである。

しかし、もしも第一回の書簡の往復でもってこうした理解がなされたのであれば、『大乗大義章』に見られるようにそれより以降に数次にわたって法身に関する質疑が繰り返されることはなかったであろう。ところが実際には十数回にわたって問答がなされており、現に『大乗大義章』は十八章に分けられているのである。その最終章の第一八章において慧遠は「仏菩薩に寿命を住めるということがあるのか。もし、そのような住寿ということがあるとすれば、それは法身なのか、変化身なのか」と尋ねているのである。このことはすでに鳩摩羅什から幾度も幾度も説明を受けていながら大乗の法身説の真義を未だ十分には領解していなかったことの証左でもある。

このような慧遠における仏陀観ないし大乗の法身観の不徹底さは一体何に起因するのであろうか。

その根本的な原因は、慧遠においては『般若経』などの大乗教理と阿毘曇の所説との相違が未だ鮮明になっていない点にある。そのことは大乗と阿毘曇との教理上の区別がはなはだ曖昧だというのではなく、むしろ彼は大乗と小乗という名称上の差異をもって内容上の優劣深浅を示すものとは考えていないのである。すなわち、小乗をもって大乗に対する偏小なる仏教とはなさず、まして両者の間で取捨選択を加える考えは全くなかったのである。大乗小乗の経論に対してともに敬虔な尊信の念を懐いていたのである。解答者の鳩摩羅什がもっぱら大乗教学に立って法身説を展開しているのに対して質問者の側にある慧遠は大乗と小乗（阿毘曇）との間に価値的差異を認めていないところに、法身をめぐる論義に齟齬をきたしているのである。

それでは慧遠は大乗と小乗との関係を一体どのように考えていたのであろうか。『大智度論序』に「則ち知る聖人は方に依り訓えを設く」と述べている点より推して、慧遠は大乗と小乗は教理上の価値的相違を示すものでなく、衆生教化の一方法となしているのである。『沙門不敬王者論』にもそのことを詳論している。『同論』の体極不兼応第四(31)に、

> 既に教に渉れば則ち以て時に因るを検と為す。応世の具、優劣万差なりと雖も、曲成するに至りては、感を用って民心に即し、其の分に通じるに在り。

と述べ、聖人の教えは「時」と「民心」とに因って定まるものであるとの見解を示している。さらに『廬山出修行方便禅経統序(32)』にはより鮮明に大小乗の名のゆえんを説いている。

> 人は世を継がず、道あるいは隆替あり。廃興は時に有り、則ち互いに相い升降す。大小の目《な》、其れ定むべけんや。

大乗と小乗とは「人」と「時」とに応じてあるいは大乗、あるいは小乗として用いられるものであって大乗が優れ、小乗は劣ったものとしてその差が決定したものではない。小乗を、あるいは大乗を奉する偉大な論師が、絶えることなく継続して出世しない以上、それぞれの隆盛や衰退が繰り返されるのは必然である。要するに大乗小乗の廃興は「人」と「時」とに因るものであり、大小乗が元より決定したものではないというのが慧遠の考えであった。

このような大小乗観を有する慧遠に対して鳩摩羅什は、大小乗の教理的差異を次のような種々の名称を挙げて対比し、その優劣を鮮明にしている。

「摩訶衍法」と「阿毘曇法」（『大乗大義章』巻上、第三章）

「大乗法」と「迦旃延阿毘曇」（『同』巻上、第三章）

「仏所説」と「迦旃延弟子意」（『同』巻上、第五章）
「不可思議経」と「迦旃延阿毘曇」（『同』巻上、第五章）
「大乗経説」と「声聞人」（『同』巻中、第八章）
「仏説」と「阿毘曇」（『同』巻中、第九章）

鳩摩羅什は右のような種々な対照を用いて大乗と小乗の内容的相違を説明しながら大乗の法身説を説いているのである。

このような鳩摩羅什との教理問答を経過した後に至っても慧遠の仏陀観は未だ大小乗を峻別してはいない。慧遠が鳩摩羅什に大乗の深義を尋ねたのは東晋の元興二年（四〇三）頃であったが、その後、義熙七年（四一一）慧遠が七十八歳のとき、仏陀跋陀羅に『禅経』の訳出を請い、その折に撰した『禅経序』においても「大小乗の目《な》、其れ定むべけんや」と称しているのである。したがって彼は大乗、あるいは小乗のいずれか一方の立場から仏陀を論じているのではない。『大乗大義章』に見られる慧遠の仏陀観が大乗に立つものかあるいは小乗かなどと特定することは実はあまり意味のないことである。鳩摩羅什との問答の中で慧遠が尋ねていることは、仏陀あるいは法身について大乗と小乗との間で解釈上抵触しそうな課題を逐一とりあげて質問しているのである。当然、そこでは法身と色身、羅漢の成仏不成仏などの課題が問題となるのである。この時期の慧遠の仏陀観は大乗の法身説からすれば明らかに未だ徹底を欠くものであった。

ところが、最晩年の慧遠は、仏陀観において歴然たる変化を示している。慧遠の遺文中、最晩年の撰述である『仏影銘』では「法身」の語をもって仏陀を語っている。これは慧遠の仏陀観におけるはなはだ顕著な変化である。『仏影銘』を除く慧遠の遺文中で「法身」の語を用いているのは『禅経序』においてただ一度のみであるが、

『仏影銘』では「法身」はもとより「法身の応」「法身の運物」(33)などの言葉をもって仏陀を論じているのである。

　法身の運物は、物を物とせずして、その端に兆し、終を図らずして、その成に会す。理は万化の表に玄く、数は無形無名を絶するものなり。

法身が万物に応ずるとき、万物を万物として意識することなくはたらき、最終的な成果を期待することもなく、その功を十分に達成するのである。法身について考えるとき、四大五根の有無の問題に強く拘泥していた慧遠にとって『仏影銘』に見られる仏陀観は思想的進展が著しい。

『仏影銘』では「法身の応（現）」について次のように述べている。

　或いは莫尋の境に独発し、或いは既有の場に相待す。

法身はある場合には尋ね入ることのできぬ（幽玄な悟りの）世界に独発し、またある場合には現象世界に示現して衆生に相対して応現する。いわば前者は絶対的法身、後者は相対的法身である。この両者を「形」と「影」とに譬えて次のようにいっている。

　我より観ずれば、則ち無間に間あり。之を法身に求むれば、則ち原より二統無し。形・影の分、孰か之を際めんや。

法身の絶対面（法身）と相対面（応身）とは本来一であり、その本体は不二で両者の間はないが、我々の日常的・経験的な「我」の立場から観れば、「無間に間あり」と認めて二種に分けて考えるのである。「法身」そのものからすれば両者はもとより一であり、二本のすじのように分けられるものではない。法身における四大五根の有無に拘泥していた慧遠の仏陀観からすれば進展ははなはだしいものがある。

『仏影銘』ではさらに右の文に続いて次のような教誡をなしている。

而るに今の道を聞く者、咸な霊体を曠代の外に摹し、霊応の茲に在るを悟らず。「霊体」（法身）を現実を離れた遥か彼方に求めるのではなく、ただ今の眼前に「霊応」（法身の応現）があると説き、今の仏教者の誤解を正している。

慧遠の師である道安は仏陀の国から遠く離れた辺国に在ることを悲しみ、仏陀の滅後の無仏の時代に生きることを歎いていた。道安が懐いていたような悲歎は慧遠が最晩年に至ってようやく到達した法身観によって完全に超克される。かつて道安らが懐いた教主釈迦文仏を中心とした仏陀観に基づく無仏辺国の意識は慧遠より以降には払拭されることとなる。

このの ち、竺道生や僧叡らの漢人の僧によってより徹底した大乗の法身説が表明される。その直接的な契機は、西域僧の鳩摩羅什のすぐれた訳経と指導とによるものであるが、中国仏教初期の仏陀観の確立の上で道安・慧遠の師資二代の漢人僧が果たした功績は決して看過することのできぬものがある。

註

（1）『後漢書』巻三二、楚王英伝に「楚王、黄老の微言を誦し、浮屠の仁祠を尚ぶ。云々」とある。
（2）牟子『理惑論』「仏者、諡号也。猶名三皇神、五帝聖也。仏乃道徳之元祖、神明之宗緒。」『弘明集』巻一（大正五二・二a）所収。
孫綽『喩道論』「夫仏也者、体道者也。道也者、導物者也。（中略）周孔即仏、仏即周孔、蓋外内名之耳。」『弘明集』巻三（大正五二・一六b―一七a）所収。
（3）『逍遥遊論』は支道林の『大小品対比要抄序』などとともに『中国仏教思想資料選編』（中華書局、一九八一年）第一巻に収められている。
（4）『大小品対比要抄序』、『出三蔵記集』巻八（大正五五・五五a）所収。

（5）『釈迦文仏像讃』、『広弘明集』巻一五仏徳篇（大正五二・一九六a）所収。
（6）『大品経序』、『出三蔵記集』巻八（大正五五・五三a）所収。梁慧皎『高僧伝』巻五道安伝（大正五〇・三五二c）参照。
（7）『陰持入経序』、『出三蔵記集』巻六（大正五五・四五a）所収。
（8）『十二門経序』、『出三蔵記集』巻六（大正五五・四五b—四六a）所収。
（9）『道地経序』、『出三蔵記集』巻一〇（大正五五・六九c）所収。
（10）『魏書』巻一三〇釈老志の記述と『隋書』巻三五経籍志の「捨太子位、出家学道、勤行精進、覚悟一切種智、而謂之仏、亦曰仏陀、亦浮屠、皆胡言也。」という仏に関する記載を比較するとき正史に見られる仏陀観の変遷が鮮明となるであろう。
（11）拙稿「釈道安の弥勒信仰—弥勒上生経訳出以前の兜率願生—」（『大谷学報』六三—四、本書第Ⅰ部所収）参照。
（12）『十二門経序』、『出三蔵記集』巻六（大正五五・四五c）所収。
（13）『安般注序』、『出三蔵記集』巻六（大正五五・四三c）所収。
（14）僧肇は『維摩詰経序』に「夫聖智無知而万品倶照。（中略）能統済群方開物成務」（大正五五・五八a）と述べている。
（15）『安般注序』、『出三蔵記集』巻六（大正五五・四三c）所収。
（16）後漢竺大力・康孟詳訳の『修行本起経』巻下出家品第五に「得変化法、所欲如意。不復用意、身能飛行。能分一身、作百作千、至億万無数、復合為一。能徹入地、石壁皆過、従一方現。俯没仰出。譬如水波。能身中出水火。能履水行虚、身不陥墜。坐臥空中、如飛鳥翔、立能及天、手捫日月、欲身平立、至梵自在、眼徹視、耳洞聴、意預知。」（大正三・四七一bc）と説いている。これと類似の表現が呉支謙訳『太子瑞応本起経』巻下（大正三・四七八a）にも認められる。
（17）『大十二門経序』、『出三蔵記集』巻六（大正五五・四六a）所収。同様の趣旨は『出三蔵記集』巻七所収の『道行経序』（大正五五・四七a）等にも認めることができる。
（18）慧達『肇論疏』巻上、『不真空論』（続蔵一・二乙・二三・四）。
（19）『太子瑞応本起経』巻上（大正三・四七五a）。また『同』巻上に「及其変化、随時而現。或為聖帝、或作儒林之

宗国師道士、在所現化、不可称記。」（大正三・四七三b）と説き、道士もまた仏陀の一変化と説いている。
(20)『道行経序』、『出三蔵記集』巻七（大正五五・四七a）所収。
(21)『合放光光讃随略解序』、『出三蔵記集』巻七（大正五五・四八ａｂ）所収。
(22)『放光般若経』巻一一大明品第四九（大正八・七七b）。
(23)『放光般若経』巻九無作品第四四（大正八・六七c）。
(24)『放光般若経』巻一二歎深品第五五（大正八・八四b）。
(25)『大乗大義章』巻中「次問如法性真際幷答」（大正四五・一三五c）。
(26)横超慧日『中国仏教の研究』第二（法藏館、一九七八年）所収の論文「大乗大義章研究序説」「大乗大義章における法身説」等参照。
(27)『念仏三昧詩集序』、『広弘明集』巻三〇（大正五二・三五一ｂｃ）所収。
(28)『沙門不敬王者論』、『弘明集』巻五（大正五二・三一a）参照。
(29)『太子瑞応本起経』巻上（大正三・四七三b）。
(30)『鳩摩羅什法師大義』巻上（大正四五・一二三a）。
(31)『沙門不敬王者論』、『弘明集』巻五（大正五二・三一a）所収。また『大智論抄序』、『出三蔵記集』巻一〇（大正五五・七六b）参照。
(32)『廬山出修行方便禅経序』、『出三蔵記集』巻九（大正五五・六五c）所収。
(33)『仏影銘』、『広弘明集』巻一五（大正五二・一九七c—一九八b）所収。

釈道安の弥勒信仰

一　はじめに

中国仏教の初期において仏教の正しい理解と受容に尽くした人物が釈道安である。当然のことながら道安の仏教学はその時代の課題を負うものであり、戒律・禅観・般若学をはじめ経典の翻訳論など極めて広範にわたり、かつそれらはいずれも後世の中国仏教の基礎をなすものであった。それゆえ、道安に関してはすでに多くの研究成果が提出されているが、彼の弥勒信仰に限ってみるとき、未だ十分に論究されているとは言えないであろう。また、中国における弥勒思想の研究の上でも兜率往生を鼓吹する『観弥勒菩薩上生兜率天経』（『弥勒上生経』）が伝訳される以前の兜率上生信仰の実態は明らかになっていない。そこで是非とも釈道安の弥勒信仰について十分な検討を加えねばならない。

弥勒信仰には弥勒菩薩の住処たる兜率天への往生を願う上生信仰と弥勒の下生成道に値遇することを願う下生信仰とを兼備する。もとより両信仰は全く別個で隔絶した信仰というわけではないが、それぞれ明確な相違を示している。例えば、前者は「往生思想」がその信仰の中核をなしており、兜率天への往生によってただ今「現在」の救済を願うものであるのに対して、後者は弥勒菩薩の「本願思想」が中心で、将来の弥勒下生を待って化益にあずかるのであるから「未来」の救済を期待するものである。

その中、兜率天への往生を願う信仰は、多くの弥勒経典の中で特に沮渠京声訳『弥勒上生経』のみにおいて強調するところである。一方、下生信仰は『弥勒下生経』『弥勒成仏経』などの弥勒経典にその所説を認めることができるが、そこでは兜率天への往生や来迎について全く言及していない。(1)実に兜率往生の信仰は『弥勒上生経』に基づくものであり、現に歴史的事実として沮渠京声が高昌郡でこの経を訳出し、京都（建康）に齎すに及んで極めて広く隆盛するに至った。ところがこの『弥勒上生経』の伝訳よりすでに一世紀も以前に兜率天往生の信仰が認められる。それは前述の西晋道安の弥勒信仰である。すなわち、道安が弥勒像の前で誓いを立てて兜率天の弥勒のもとに往生せんことを願ったことはのちに詳述するように梁慧皎の『高僧伝』等に記録している。この道安の立誓をもって中国仏教史上における最初の弥勒信仰と考えられているのである。そこで道安の兜率天弥勒の信仰が事実とすれば、道安は『弥勒上生経』訳出以前にいかにしてその信仰を有するに至ったのであろうか。その信仰の実態を明らかにすることは、中国の仏教思想ことに弥勒信仰史を解明する上で重要な課題となるであろう。

二　道安の弥勒信仰とその同志

道安（三一二―八五）の生涯の事蹟を知る資料としては僧祐の『出三蔵記集』巻一五と慧皎の『高僧伝』巻五（義解篇二）に収載される「釈道安伝」が中心となる。(2)これと併せて重要な資料となるのは、(3)僧祐の弟子宝唱の『名僧伝』第五の「偽秦長安官寺釈道安伝」であるが、この『名僧伝』はすでに散佚して伝わらない。ところが幸いにもわが笠置の宗性の『名僧伝抄』の中に道安の伝を抄写している。これらの道安伝の資料の中で当該の課題である弥勒信仰について言及するものは『名僧伝抄』と『高僧伝』とである。僧祐が書いた道安の伝記（『出三蔵記集』）には弥勒崇拝や兜率願生の事実について全く触れてはいない。慧皎は『高僧伝』を撰述する際に僧祐の『出三蔵記集』を主たる資料として、それに他の資料から蒐集した事蹟をそれぞれの該当箇所に挿入したものと考えられる。それゆえ、時としてその記述に年代的な錯乱をきたしている場合もある。道安の弥勒信仰に関する記載も『出三蔵記集』では何ら言及していないのであるから慧皎は他の資料からそれを補足したもののようである。それについて慧皎は何ら述べていないが、その中の一は先行資料である宝唱の『名僧伝』であること明らかである。現に『高僧伝』中の兜率往生に関する記載は、宗性が抄写した『名僧伝抄』の記述とはなはだ類似するものである。

まず『高僧伝』の道安晩年の記事を援引しながら検討を始めたいと思う。道安はその晩年に前秦王苻堅（在位三五七—八五）の庇護の下に長安城において外国沙門僧伽提婆・曇摩難提・僧伽跋澄らの訳経事業に携わり、竺法和とともに音字を銓定し、文旨を詳覈することに努めていたが、やがて苻堅の建元二十一年（三八五）二月八日をもって歿し、長安五級寺に葬られた。僧祐の『出三蔵記集』には、この道安晩年の記事をはなはだ簡略に、

　時に〔道〕安、同じく長安城内に在り、偽の建元二十一年二月八日を以て斎を畢り、疾無くして卒す。[4]

とのみ記している。これに対して慧皎は『高僧伝』に次のように記している。

　〔道〕安、毎に弟子法遇等と弥勒の前に於て誓を立て、兜率に生ぜんと願う。後、秦の建元二十一年正月二十七日に至り、忽ち異僧あり。形、甚だ庸陋なり、寺に来りて寄宿す。寺房は既に迮く、之を講堂に処く。時に維那、直殿し、夜にこの僧の窓隙より出入するを見、遽かに以て〔道〕安に白す。〔道〕安、驚起し礼訊して其の来意を問う。答えて云く「相《たす》く為に来る」と。
〔道〕安、曰く「自ら惟るに罪深く、詎ぞ度脱すべけん」と。彼答えて云く「甚だ度すべきのみ。然るに須臾

に聖僧を浴せば、情願必ず果さん」と。具さに浴法を示す。〔道〕安、来生所往の処を請問す。彼乃ち手を以て天の西北を虚撥す。即ち、雲の開くを見、備さに兜率妙勝の報を観る。爾の夕、大衆数十人悉く皆同じく見る。[5]

かくして、その年（三八五）の二月八日に至って「吾、当に去るべし」と衆に告げ、斎を畢り、疾なくして卒した。先述のごとく、かかる弥勒に関する記事は『出三蔵記集』には全く見られないが、宝唱の『名僧伝』[6]には「□□嘗与二弟子法遇等以人(ママ)一、於二弥勒像前一立レ誓願三同生二兜率一」と述べ、続けて建元二十一年正月二十七日の異僧の出現とそれとの問答を記している。その趣旨は先の『高僧伝』と等しい。異僧の神異は暫く置くとして道安が若干の門下とともに弥勒像の前で兜率願生を誓ったという同志について『高僧伝』は「弟子法遇等」となしているところを『名僧伝』では「弟子法遇等以人」と記している。この「以人」はおそらく「八人」の誤写と考えられる。なぜならば『高僧伝』巻五の曇戒伝によって知ることができる。道安の弟子曇戒は、疾病の為に常に弥勒の名を口誦し、未だかつて懈怠することはなかった。曇戒の弟子智生が「何ぞ安養に生ぜんと願わずして、専ら弥勒〔の名〕を呼ぶや」と問うたのに対して、曇戒は、

吾、〔道安〕和上等八人とともに、同じく兜率に生ぜんと願えり。和上及び道願等、皆已に往生せり。吾、未だ去るを得ず。是の故に願あるのみ。[7]

と答えると、光がその身体を照らし、容貌は悦びにみち、俄かに遷化した。そこで師の道安の墓の右に葬られた。曇戒の卒年について『高僧伝』には何ら記してはいないが、『名僧伝抄』[8]（感通苦節篇）には隆安年中（三九七―四〇一）に疾病のため七十歳にて卒したという。この曇戒（恵精）の伝記と、先の道安の伝記とを併せ考えるとき、道安がかつて兜率願生を誓い合った同志は実に八名であった。

そこで次に道安の信仰の同志および立誓の時期等について考察することとする。

道安とともに兜率往生を誓った信仰の同志の中、すでに知られる者は、先の道安伝や曇戒伝にその名のある法遇（―三七七―）、曇戒（恵精）、道顕の道安門下三名である。ところが『名僧伝抄』や『高僧伝』の法遇（曇遇・道遇）伝には、彼と弥勒信仰との関わりについては何ら言及するところはない。また、曇戒伝の中に道安の同志としてその名の挙げられた道顕については今日その伝記を全く知ることができない。

道安の同志としては門下三名のほかに、道安の友人竺僧輔の名が伝わっている。『高僧伝』巻五に彼の伝記があり、次のように伝えている。

西晋の饑乱に値い、〔竺僧〕輔、釈道安等とともに濩沢に隠れ、研精弁析して幽微を洞尽す。後に荊州の上明寺に憩い、単蔬自節し、礼懺を翹懃して、兜率に生れ慈氏を仰瞻せんと誓う。(10)

竺僧輔は法遇らと異なり、道安の門下弟子というわけでなく、文字どおり同学の士であったと考えられる。慧皎の『高僧伝』によるとき道安の立誓の同志として右の四名以上にはそれを検索することができない。だが『名僧伝抄』中の道安伝に次のような注目すべき記載がある。

〔道〕安、嘗て嘉及び弟子法遇等とともに弥勒仏の前に於て共に誓願を立て、兜率に生ぜんと願う。(11)

これによれば、先の法遇等のほかに道安とともに立誓した同志に「嘉」と称する人物がいたことになる。右の文から見て「嘉」は道安の弟子というわけではない。この「嘉」とは『出三蔵記集』や『高僧伝』の道安伝にその名の見える王嘉(12)（字子年）のことである。王嘉は「五穀を食はず、清虚服気す。人咸く宗めて之に事い、往て善悪を問うに、〔王〕嘉、随いて応答す(13)」と称される隠士で、符堅から道安とともに非常な尊信を得ていた。道安との交友については『出三蔵記集』『高僧伝』の道安伝に詳しいが、彼の弥勒信仰については何ら語ってはいない。しかし、以上の考察から道安の兜率願生の同志八名は僧俗にわたるものであり、現在のところ竺僧輔、法遇、曇戒、道顕と隠士王嘉との五名を数えることができる。

王嘉が道安とともに兜率願生を誓ったとすれば、かの高平の郗超（三三五—七七）も、あるいは道安の弥勒信仰の影響を受けた人物と考えられる。道安が慧遠ら四、五百名の門弟と襄陽に落ち着いたのは興寧三年（三六五、道安五十三歳）頃であった。郗超は襄陽に在って多くの弟子を統率する道安に随喜して米千斛を送り親交を結んでいる。(14) この郗超もまた弥勒信仰を有していた。

晋に譙国戴逵（字安道）という著名な仏像作家がおり、無量寿仏と挟侍菩薩の像を作らんとして心を委ね慮を積むこと三年にして完成したので山陰の霊宝寺に安置した。この像を観た道俗は皆、菩提心を発したという。郗超はこれを聞き、自ら礼観し、

若使㆓有常㆒復覩㆓聖顔㆒、如其無常願会㆓弥勒㆒(15)

と誓願した。彼は無量寿仏を礼拝しながら「如し其れ無常なれば、願くば弥勒に会ん」と誓い、死後に兜率天の弥勒のもとに生まれたいと願っているのである。郗超は支遁や法曠らに師事した奉仏の士で、道安の先輩であるが、襄陽時代の道安に対し尊信の念をもって交遊している。郗超が弥勒信仰を有するに至った経緯や道安との信仰上の関わりなどについては、未だ不明の点が多いが、もし道安の弥勒信仰が晩年のことではなく、すでに襄陽時代のことであるとすれば、あるいは道安の信仰が郗超に幾分かの影響を与えた可能性が推測されるのである。

三　襄陽時代の道安と弥勒信仰

道安の事蹟を年代順に正確に決定することは容易なことではない。鄴において西域僧仏図澄に師事して以後、襄陽に定住するまでの間の道安の動静に関して慧皎の『高僧伝』の記述に年代的な錯乱の存することはすでに指摘されている。[16]ことに仏図澄の死後、安住修道の地として襄陽に滞在するまで華北を転々と流浪していた時代の道安の住所を正確に確認することは困難である。だが、道安の生涯を、その思想的展開にしたがって四時期に大別して考察することは可能であり、[17]また当を得ている。その第一期は、出生から仏図澄に師事し、鄴に在って修学につとめた時代である。第二期は師の仏図澄の下を離れ河北の諸山を流浪しながら禅観の研鑽に尽くした時期で、第三期は安住の修学地として襄陽に滞在し、『般若経』の研究に専念した時期、そして第四期は苻堅によって襄陽が陥落し、長安に迎えられて苻堅の下で訳経の監修に没頭していた時期である。

道安は鄴の仏図澄に何年間師事したか不明であるが、仏図澄の死（三四八）より数年前に鄴を発って以来、河北地方の太行山脈の濩沢や飛龍山など戦乱を避けながら修禅につとめた。やがて興寧三年（三六五）頃に襄陽に滞在することになるが、のちに襄陽が苻秦によって攻略され習鑿歯らとともに長安に迎えられるまでの十五年間、彼は襄陽を離れることなくもっぱら『般若経』の研究にあたった。道安が河北地方を転々としていた時期には、安世高訳の『安般守意経』などにより禅観の研鑽を行なっていたが、襄陽に移って以降、一転して『般若経』の講讃に展じている。この道安の思想的展開についてはすでに横超慧日博士によって解明されている。[18]要するに道安は鄴において仏図澄や帛法巨ら西域出身の沙門から禅観の重要性を教えられ、沙門として禅観の実践につとめたが、江南に移り東晋の『般若経』研究の隆盛に接することにより、『般若経』の研究が禅観の根源を究めるゆえんでもあることを知り、ついに『般若経』の講讃に没頭することとなったのである。

それでは、道安はその生涯の経歴の中でいつ頃から弥勒信仰を得るに至ったのであろうか。かつて鎌田茂雄博士は「道安がその晩年において弥勒を信仰した」と論じられたが、(19)果たして道安の弥勒信仰は晩年、長安に移って初めて得たものであろうか。おそらく否である。なぜならば、道安とともに兜率願生を誓った同志は、道安が襄陽を去って長安に移ったとき、道安と離れ、あるいは荊州上明寺に、あるいは江陵長沙寺などに移り、それぞれ別々に教化活動を行なっていたからである。道安伝に立誓の同志としてその名を挙げられた法遇が、道安と過ごしたのは襄陽時代のことであった。『高僧伝』巻五の法遇伝に、

安公と相値い、忽然として信伏し、遂に簪を投げて道を許し、〔道〕安に事えて師と為す。(20)

と道安に師事したことを述べている。その年時や場所は不明であるが、おそらく道安の襄陽滞在以前のことである。道安の襄陽時代以前からの弟子である法遇は、道安が長安に移るに及び、師と分かれて江南に東下している。すなわち、

後、襄陽、寇を被るや〔法〕遇すなわち地を避けて東下し、江陵の長沙寺に止り、衆経を講説す。業を受ける者四百余人なり。(21)

と伝えられる。法遇が襄陽を去った年時について『名僧伝抄』は、晋の太元二年（三七七）に襄陽が囲まれるや曇微・曇翼・慧遠らとともに下って江陵の長沙寺に集合したという。これによれば道安の門弟は襄陽陥落の直前に襄陽の檀渓寺を離れ、江陵の長沙寺に落ち合う約束だったようである。その後、法遇は長沙寺に教化活動を行なっており、師の道安とは異域に隔在し、そのまま江陵に卒しているのである。したがって、道安と法遇とが弥勒像の前

で立誓したのは道安の襄陽滞在時代以外には考えられないのである。

また、竺僧輔は鄴の人であるが、竺僧輔についてもまた「〔僧〕輔、釈道安等と与に濩沢に隠れ、研精弁析し、幽微を洞尽す」といわれるから道安の濩沢時代からの同学であるが、やはり道安が長安に去ってのち、その活動の拠点を荊州の上明寺に移している。(22)

次に曇戒について見てみたい。(23) 曇戒は于法道の『放光経』の講義を聞き仏門に入り、ついで「安公に伏事して師と為す」というが、『高僧伝』はその年時を記していない。のち疾篤く常に弥勒仏の名を誦して輟めず、七十歳で遷化した。『名僧伝抄』は道安の下に投じた年を十九のこととなし、隆安年中（三九七―四〇一）に七十歳で歿したという。もし卒年が隆安の末年であったとすれば、曇戒が道安に師事した年十九は、晋の永和六年（三五〇）であり、道安三十九歳で、冉閔の乱を避けて王屋女机山に入った歳である。その後、先述の道安門下と同じように師と離れて長沙寺に住することとなった。

このように見てくると道安とともに弥勒像の前で兜率天への願生を誓った同志は、いずれも道安が難をのがれ濩沢に隠れた頃に師事し、襄陽時代をともに過ごし、東晋太元四年（三七九）に道安が長安に入って以降は、それぞれ異域に在り一堂に会することはなかったのである。したがって道安が同志とともに弥勒像の前に立誓したのは必ずや襄陽時代のことであったと考えられる。道安らが立誓した弥勒像を特定することはもとより不可能であるが、あるいは襄陽檀渓寺の完成に際して、長安の秦王苻堅から送られた結珠の弥勒像であったかもしれない。(24)

いずれにせよ道安の弥勒信仰(25)は、従来より言われるように道安の晩年の信仰というわけではなく、すでに襄陽時代に、その信仰を得ていたことは確かである。

四　道安の弥勒信仰の目的および動機

道安の弥勒信仰がすでに襄陽滞在の時代に始まることは明らかとなった。しからばその信仰の動機や具体的な修行行法について考察したい。

慧皎の伝えるところによれば、「相く為に来る」という弥勒の聖応たる異僧に対して、道安は「自ら惟うに罪深し、詎ぞ度脱すべきや」と問訊している。これによれば道安の弥勒信仰の動機は、まさに自己の罪悪観に根差しており、罪悪の現実からの出離度脱にあったようであるが、果たしてそうであろうか。

そこで次に直接に道安の遺文について検討しよう。まず『出三蔵記集』巻一〇に収める『婆須蜜集序』(26)について考察することとする。この序文は未詳作者というが、その内容等から推して確かに道安の作である。(27)この序文にしたがえば、釈迦文にしたがってこの世に降生した婆須蜜は当来仏の弥勒（賢劫第五仏）に次継して作仏し師子如来（賢劫第六仏）と成る菩薩である。この婆須蜜菩薩はやがて兜率天の弥妬路の所へ昇り、将来弥勒仏となる弥妬路、光炎如来（賢劫第七仏）となる弥妬路刀利、柔仁仏（賢劫第八仏）となる僧伽羅刹とともに四大士が一堂に集まる。そこで、

権智を対揚して、賢聖黙然たり。洋洋として盈つるのみ、亦楽しからずや。

と、弥勒菩薩の住処たる兜率天の光景を歎仰している。

この道安の遺文から彼の仏国土や仏語に対する歎仰の念をよみとることができるが、そこには『高僧伝』にいうような自己の罪悪観というような心情は何ら語られてはいない。道安をして弥勒信仰に誘った直接の動機は一体何

であったかと言えば、それは彼にとっては避けて通ることのできない仏教学上の疑義の解決、すなわち決疑のためであったと考えられる。入信の動機としてはいささか不自然な感もあるが、道安の弟子僧叡の次の言葉が何よりもそれを傍証している。

此の土の先に出せし諸経は、識神性空を明言する処少なく、存神之文はその処甚だ多し。中・百二論の文は未だ此に及ばず。又、通鑑無し。誰かともに之を正さん。先匠〔道安〕、章を輟めて遐かに慨き、決言を弥勒に思う所以は、良に此に在るなり。(28)

襄陽において『般若経』の研究に専念していた僧叡の先匠たる道安の慨歎の声が聞こえてくるようである。僧叡がのちに師事することになった鳩摩羅什によって『百論』が訳出されたのは道安の歿後十八年のことであり、般若大乗の通鑑たる『大智度論』は同じく十九年後、『中論』は二十三年後のことであった。この僧叡の言葉と平仄を合わせるように道安自ら次のように述べている。

昔、漢陰（襄陽）に在ること十有五載、放光経を講ずること歳に常に再遍なりき。（中略）然るに毎に句に滞り、首尾隠没するに至って巻を釈きて深思し、護公・叉羅等に見えざるを恨みたり。(29)

毎年に二回の『放光般若経』の講義を十余年続けてもなお句に滞り、文の通じ難いところがあり、首尾一貫しなかった。そこで『般若経』の訳者竺法護や無叉羅（竺叔蘭）に会って直接に疑義をただすことのできぬのを悲しんでいる。これは先の僧叡の言葉と一致する。当時、『般若経』研究の第一人者であり、教団を引率する指導者の道安としては慨歎がひとしおであったろう。門弟は疑義があれば師の道安に尋ねればよいが、師たる道安には当時尋ねる師匠も、よるべき通鑑もなかった。その為、道安にはことのほか、翻訳三蔵に対する尊信の念が強い。多くの禅観経典を訳出した安世高に対して「若し面稟に及ばば聖に見るに異ならず」(30)とまで称したという。翻訳者に面承して仏語の玄趣を尋ねたいという強い願望は、それが叶わぬとなればなるほど自己が仏滅後に生まれて、仏世に値遇することができずに辺国に在ることを「遐かに慨く」こととなるのである。

この末世・辺国という慨歎の気持ちは常に道安の胸に去来していた。仏教学上の疑義に遭遇する毎にこの感情はより一層強くなるのであった。

道安の遺文『十二門経序』には、今は仏滅後であり「経蔵存すと雖も、淵言測り難し」と歎じつつ、次のように述べている。

〔道〕安、宿し不敏にして、生まれて仏〔滅〕後に値い、又、異国に処り、楷範は多く闕き、古烈を仰希すれども、滞りて未だ究ず。寤寐、憂悸して、首を疾むが若き有り。(31)

また『道地経序』にも道安は同じ歎きを吐露している。

天竺の聖邦は、道岨にして遼遠なれば、幽見の碩儒、来りて周く化するもの少なし。先哲は既に逝き、来聖は未だ至らず、進退狼跋し、咨嗟涕洟す。(32)

と述べている。このほかにも道安の遺文中に「世は仏に値わず、又、辺国に処る」(33)ことを歎く言葉が散見する。

この辺国意識は、天竺聖邦の感情となり、やがて将来仏の住処たる兜率天への願生の信仰となる。また、末世（仏滅後）意識は、西域渡来の翻訳三蔵ら古烈への尊信となり、さらには「来聖は未だ至らず」という当来仏弥勒の信仰となる。

河北地方を流浪しながら安世高訳出の禅観経典の研究に専念していた時代に芽ばえた末世・辺国の意識は、やがて襄陽に定住し『放光経』を講讃する頃になり兜率天弥勒の信仰として熟するに至ったものと考えて間違いないであろう。

現に道安伝の中に次のような逸話を伝えている。

〔道〕安、常に諸経を注して理に合せざるを恐る。乃ち誓いて曰く「若し説く所遠理に堪えずば、願くば瑞相を見せ」と。乃ち夢に胡道人の頭白眉毛長なるを見る。安に語りて云く「君の注する所の経は、殊に道理に合す（云々）」と。(34)

頭白眉長の胡道人は、のちに賓頭盧であることが分かったというが、道安は自己の問題の決疑を史上の人物以上のものに求めていたようである。

要するに道安の弥勒信仰は、法門上の疑義の解決から発したもので、弥勒菩薩に見えることによって決疑を得んとするところに信仰の動機があったと考えられる。また、道安の末世・辺国の意識がその信仰を一層助長しているのである。

五　道安の弥勒念仏

信仰にはそれにともなう実践行軌が存する。道安の弥勒信仰においては実際にいかなる行法を実践したのであろうか。まず、その考察の手掛かりとして道安とともに弥勒像の前で立誓した同志の行法について見ることにする。

かの竺僧輔は「礼懺を翹懃して、兜率に生れ、慈氏に仰瞻せんと誓った」というから、彼は礼拝、懺悔を双修していたようである。また、曇戒は「常に弥勒仏の名を誦して口を輟めず」といわれるように礼仏と称名とを実践していたようである。法遇や道顕等についてはその行法の実態を知ることはできない。

その事例は決して多いわけではないが、道安の弥勒信仰の同志の行法としては礼拝・懺悔・称名などを修していたと考えられるのである。しからば道安もまた、これらの行法を実践していたのであろうか。

しかし、ここに言うところの礼拝・懺悔・称名などはいずれも沮渠京声訳の『弥勒上生経』に説く兜率往生の行法に一致するものである。これはおそらく『高僧伝』の撰者慧皎が、弥勒信仰者の伝記を記す際に『弥勒上生経』を念頭に置き、その影響を受けつつ記述したものであろう。『高僧伝』の道安伝においてもその例を認めることができる。宝唱が『名僧伝』に異僧が出現し「天の西北の端を仰撥し、重霄を既に褰め、天宮の伎楽を見せしむ」と記しているところの「天宮の伎楽」を、慧皎はことさらに「兜率妙勝の報」と記している。これは明らかに『弥勒上生経』の経文にしたがった表現である。『弥勒上生経』訳出以前の弥勒信仰をのちに伝訳された経典に説かれ行法によって規定することはできないのである。

しからば道安の弥勒信仰は、いかなる行法によって根拠を与えられていたのであろうか。それは直接に道安の言葉によって考察しなければならない。道安は『婆須蜜集序』の中で婆須蜜の兜率上生について、

三昧定に入り、弾指の頃の如きに神は兜術〔天〕の弥妬路に升れり。(35)

と述べている。ここに道安自身の弥勒信仰の行業が如実に示されている。定中において弥勒に見え、聞法する。法門の疑義解決も、結局は見仏聞法によって得られるものである。これは弥勒念仏と称すべきものである。念仏とは本来、禅定の一種である。

実際に入定して兜率天に昇り、弥勒菩薩に見え、疑いを諮したり、あるいは菩薩戒を受けたという当時の具体例がしばしば見られる。例えば『高僧伝』巻三の智厳伝に、

〔智厳〕入道して具足を受けるも、常に戒を獲ざるを疑い、毎に以て懼と為し、積年、禅観して而も自ら了する能はず。遂に更に海に汎い、重ねて天竺に到りて諸の明達に諮る。羅漢比丘に値い、具さに事を以て羅漢に

問うに、敢て判決せず乃ち〔智〕厳の為に、入定して兜率宮に往きて弥勒に諮る。弥勒、答えて云く、戒を得と。(36)

と記している。智厳は西涼州の出身で枳園寺の僧であるが、彼は戒律上の疑問を自ら禅定に入って決しようとしたが果たせず、天竺の羅漢比丘にたずねたが、比丘もまた自ら決することなく定に入って兜率天に昇り、弥勒菩薩に見えてその判決を得たというのである。この兜率上生は入定によるものであり、まさにその目的は決疑にあった。また、『高僧伝』巻一一の慧覧の伝にもまた同様な事例を認めることができる。

罽賓に於いて達摩比丘に従い、禅要を諮受す。達摩、曾て入定して兜率天に往き、弥勒に従い菩薩戒を受く、後に戒法を以て覧に授く。(37)

これらのほかにも覚賢や僧景、道法らもまた、入定して兜率天に昇って弥勒菩薩に見えた。彼らの兜率上生は、沮渠京声によって『弥勒上生経』が伝訳される以前のことであり、『弥勒上生経』によるものでないことは言うまでもない。これらはいずれも「入定見弥勒」の弥勒念仏であり、上昇請問を目的としている。

道安が、『婆須蜜集序』に自ら述べているように、彼の弥勒念仏も右の諸例と同じく入定によって兜率天に昇り弥勒に見え決疑を計るものであった。

陸澄の『法論目録』に、王稚遠が弥勒や賢劫千仏を対象とする定中見仏について鳩摩羅什に問うたことが記録されている。(38)これなどは、道安よりやや後の時代のことであるが、当時、弥勒を対境とする入定見仏が実際に行なわれていたことを端的に物語るものである。道安自ら『三十二相解』(39)一巻の著述をなしたのもまた、弥勒念仏の要求からであったと考えられる。

しからば道安はいかなる経典によってかかる弥勒信仰を得るに至ったのであろうか。もとより道安の時代には

『弥勒上生経』は訳出されてはいないが、すでに竺法護訳『弥勒成仏経』(40)一巻、同『弥勒本願経』(41)一巻(或云弥勒菩薩所問本願経)があり、さらには失訳の『弥勒経』(42)一巻(安公云出長阿含)や『弥勒当来生経』(43)一巻が存し、弥勒菩薩についてはよく知られていたと考えられる。これらの弥勒経典のほかにも弥勒菩薩に関説する経典として支謙訳『了本生死経』一巻や竺法護訳『賢劫経』七巻等々がすでに知られており、道安にとって特別に関わりの深い『放光経』にもまた、兜率天の弥勒について説いている。

それらの経典の中から特に『放光経』(44)に道安の弥勒信仰の拠り所を求める説もあるが、おそらく当を得たものではないであろう。むしろ、前述のごとく決疑を目的とする道安の弥勒信仰の契機となり、大きな影響を与えた経典としては『弁意経』が考えられるであろう。出家して間もない道安が、師に請うて最初に与えられた経典が『弁意経』であった。(45)彼はこの『弁意経』一巻を師から借り、田舎の労働の休息の間に読み、それを暗誦したという。道安が最初に暗誦した『弁意経』とは、『出三蔵記集』巻三の「安公失訳経録」に挙げている『長者弁意経』一巻(旧録云弁意長者経)を指すものである。(46)現存の元魏法場訳『弁意長者子経』一巻はその同本異訳であり、道安が暗誦した経と、その内容はほぼ同じであったと考えられる。その『弁意経』に次のように説いている。

誦二斯経一者、当下為二弥勒仏一所中授決上(47)

道安がその生涯の最初に暗誦した経のこの一句は必ずやのちの道安の弥勒信仰に影響を与えたものと考えられる。

六　むすび

釈道安は確かに弥勒信仰を有していた。しかし、その信仰はのちに阿弥陀仏の浄土教と対峙するところの『弥勒上生経』に基づく兜率往生信仰とは全く異質のものである。現に道安を弥勒信仰に誘った外的素因は、何よりも当時の仏教界の現況にあった。すなわち、翻訳された経典は未だその種類は少なく、その訳語は不適当で質量両面で満足すべきものではなかった。しかも経典の講読に際して生ずる疑問を諮す師にもめぐまれない。翻訳三蔵をたずね質疑することも、またインドの論師の適切な論書も未だ存しない。経典の理解に不安が残るのは当然である。かくして、当時真摯に法を求める仏教徒は、法門の決疑を人間以上の仏菩薩に求めることとなる。その場合、仏菩薩は過去の釈迦文仏でもなく、未来に下生成道する弥勒仏でもなく、あくまでも現在、兜率天で説法をなす弥勒菩薩である。過去の釈迦仏の教えを継承し、賢劫第五仏としての地位を保証された補処の菩薩で、現在は兜率天に在って恒に説法し、衆生に授決する弥勒こそが道安の信仰の対象となったのである。

仏滅後の末世に、インドから遠く離れて戦乱の絶えない河北地方を流転しながら仏道に邁進した道安には「末世」「辺国」の意識が顕著であった。この意識は兜率天の弥勒菩薩に見えることによってのみ超克することができる。しかも、ただひたすら禅観の実修に専念しているうちはともかく、襄陽において『般若経』の研究、講義に没頭するに至って法門上の疑問の解決は火急の課題となる。決疑のため三昧定に入り、弾指の頃に兜率天に昇り弥勒菩薩に見えんとする信仰は、まさに襄陽時代の道安に必然的に生じたものである。この禅観から般若学へという道安の学問上の経歴が前述したような弥勒念仏を生み出したのである。

このように考察してくるとき、道安の弥勒信仰は、まさに道安が生きた時代の信仰であった。それはのちの隋唐時代の弥勒浄土教などとは全く異質のものであり、のちの思想信仰の予断をもって先の思想信仰を推し測ることはできないのである。

註

（1）通常、弥勒経典と呼ばれるものにいわゆる弥勒六部経がある。㈠『観弥勒菩薩上生兜率天経』一巻北涼沮渠京声訳 ㈡『弥勒下生経』一巻西晋竺法護訳 ㈢『弥勒下生成仏経』一巻姚秦鳩摩羅什訳 ㈣『弥勒下生成仏経』一巻唐義浄訳 ㈤『弥勒大成仏経』一巻姚秦鳩摩羅什訳 ㈥『弥勒来時経』一巻失訳（ともに大正一四所収）。このうち㈠のいわゆる『弥勒上生経』には「弥勒菩薩放眉間白毫大人相光、与諸天子雨曼陀羅花、来迎此人、此人須臾即得往生」（大正一四・四二〇b）など「往生」や「来迎」を説くのに対して、ほかの㈡—㈥の諸経には兜率天往生や来迎のことは全く説いていない。

（2）僧祐撰『出三蔵記集』巻一五「道安法師伝」（大正五五・一〇七c—一〇九b）、慧皎撰『高僧伝』巻五「釈道安伝」（大正五〇・三五一c—三五四a）。

（3）宝唱撰『名僧伝』を抄写した宗性の『名僧伝抄』の中に「道安伝」（卍続蔵二・乙・七所収）がある。後世多くの道安の伝記が著されるが、それらの資料は『名僧伝』『出三蔵記集』『高僧伝』によるものである。

（4）『出三蔵記集』巻一五（大正五五・一〇九a）。

（5）『高僧伝』巻五（大正五〇・三五三bc）。

（6）宗性『名僧伝抄』（卍続蔵一三四、新文豊出版公司印行本一二頁下）。

（7）『高僧伝』巻五（大正五〇・三五六c）。

（8）『名僧伝抄』（卍続蔵一三四、新文豊出版公司本一二頁下—一三頁上）。

（9）『名僧伝抄』（卍続蔵一三四、新文豊本一五頁）、『高僧伝』巻五（大正五〇・三五六a）。

（10）『高僧伝』巻五（大正五〇・三五五b）、なお、宝唱の『名僧伝』第六に「晋江陵上東寺竺僧輔」の伝があったが、宗性は『名僧伝抄』に抄写していない。竺僧輔の生卒年は不明。

（11）『名僧伝抄』（卍続一三四、新文豊本一三頁下）。

（12）『出三蔵記集』巻一五（大正五五・一〇九a）、『高僧伝』巻五（大正五〇・三五三c）、王嘉については『晋書』巻九五王嘉伝を参照。

（13）『高僧伝』巻五（大正五〇・三五三c）。

（14）『高僧伝』巻五の道安伝および『世説新語』巻中之上雅量篇を参照。

（15）『法苑珠林』巻一六、敬仏篇第六之四感応縁（大正五三・四〇六ａｂ）。
（16）横超慧日『中国仏教の研究』第一（法藏館、一九五八年）、五八頁、牧田諦亮「石山寺梁高僧伝とその道安伝校異」（『支那仏教史学』二―二）等参照。
（17）横超慧日「初期中国仏教者の禅観の実態」「中国仏教初期の翻訳論」（『中国仏教の研究』第一所収）など参照。
（18）註（17）参照。
（19）鎌田茂雄『中国仏教史』第一巻（東京大学出版会、一九八二年）、第五章釈道安。特に「道安の入寂と弥勒信仰」など参照。
（20）『高僧伝』巻五（大正五〇・三五六ａ）。
（21）註（20）に同じ。
（22）『高僧伝』巻五に「後憩荊州上明寺」（大正五〇・三五五ｂ）とある。
（23）『高僧伝』巻五（大正五〇・三五六ｂｃ）、『名僧伝抄』恵精（又名曇戒）伝（卍続蔵一三四、新文豊本一二頁）参照。
（24）檀渓寺建立の年時については諸説ある。苻堅が送った弥勒像については『高僧伝』巻五（大正五〇・三五二ｂ）等参照。
（25）玉城康四郎博士もまた、道安の弥勒信仰は晩年のことと推定されている（『中国仏教思想の形成』第一巻〈筑摩書房、一九七一年〉、五〇六頁参照）。しかし、その論拠については賛同することはできない。
（26）『婆須蜜集序』、『出三蔵記集』巻一〇（大正五五・七一ｃ）所収。この序文は「未詳作者」となっているが、文中に「余、法和とともに対校修飾し、云々」とあり、その内容から見ても、訳者および道安の伝記から見ても道安の作であること疑いない。宇井伯寿『釈道安研究』（岩波書店、一九五六年）等参照。
（27）註（26）参照。
（28）僧叡『毘摩羅詰提経義疏序』、『出三蔵記集』巻八（大正五五・五九ａ）所収。
（29）道安『摩訶鉢羅若波羅蜜経抄序』、『出三蔵記集』巻八（大正五五・五二ｂ）所収。
（30）『出三蔵記集』巻一三の安世高伝に「唯世高出経為群訳之首、安公以為若及面稟不異見聖」（大正五五・九五ｃ）とある。

(31) 道安『十二門経序』、『出三蔵記集』巻六（大正五五・四五b—四六a）所収。
(32) 道安『道地経序』、『出三蔵記集』巻一〇（大正五五・六九c）所収。
(33) 道安『道行経序』、『出三蔵記集』巻七（大正五五・四七a—c）など参照。
(34)『高僧伝』巻五（大正五〇・三五三b）。
(35) 道安『婆須蜜集序』、『出三蔵記集』巻一〇（大正五五・七一c）所収。
(36)『高僧伝』巻三（大正五〇・三三九c）。
(37)『高僧伝』巻一一（大正五〇・三九九a）、また『名僧伝抄』（二〇頁下）の恵覧伝には「入定見弥勒」と説いている。
(38)『出三蔵記集』巻一二（大正五五・八三c）。
(39)『出三蔵記集』巻五、『新集安公注経及雑経志録』（大正五五・三九c）。
(40)『出三蔵記集』巻二（大正五五・八a）。
(41)『出三蔵記集』巻二（大正五五・八b）。
(42)『出三蔵記集』巻三（大正五五・一八a）。
(43)『出三蔵記集』巻三（大正五五・一八b）。
(44)『放光般若経』巻一（大正八・七a）、塚本善隆『中国仏教通史』第一巻、五六〇頁参照。
(45)『出三蔵記集』巻一五（大正五五・一〇八a）、『高僧伝』巻五（大正五〇・三五一c）参照。
(46)『出三蔵記集』巻三（大正五五・一七b）。
(47)『弁意長者経』（大正一四・八四〇a）。

弥勒仏の出世

一　はじめに

将来仏弥勒の浄土を説き、その信仰を鼓吹する大乗経典としていわゆる「弥勒六部経典」が存する。現に大正新脩大蔵経第一四巻経集部一には次の順序で入蔵されている。

観弥勒菩薩上生兜率天経　劉宋　沮渠京声訳
弥勒下生経　西晋　竺法護訳
弥勒下生成仏経　後秦　鳩摩羅什訳
弥勒下生成仏経　唐　義浄訳
弥勒大成仏経　姚秦　鳩摩羅什訳
弥勒来時経　東晋　失訳

この六部の経典は、何を基準としていつ頃から選定されたものか不明の点が多く、またその経典相互の内容についても必ずしも一貫性を有するとも認められず、なお検討すべき多くの課題を残している。(1) ことに沮渠京声訳の『観弥勒菩薩上生兜率天経』は、その経題から容易に類推できるように現在の弥勒菩薩の住処たる兜率天の荘厳に対する観法を説くものであり、内容的に他の五経が将来出現する弥勒仏の浄土の荘厳を説く点でその所説の趣を異にしている。しかも漢訳では一経一訳であり、沮渠京声の訳出以外には別訳は存せず、いま弥勒仏の出世の時節を明らかにしようとする当該の課題とは別に研究を要するであろう。(2)

二　弥勒六部経典

当来に、われわれのこの世界に弥勒仏が出世し、衆生に説法教化をなす、いわゆる弥勒下生を説く『弥勒下生成仏経』等は、その主旨があくまでも「未来」の救済を目的とするものであるのに対して、現在、弥勒菩薩が住する兜率天の上妙の快楽を思惟し、そこへの往生を勧める上生信仰を説く『観弥勒菩薩上生兜率天経』（『弥勒上生経』と略称する）は、まさに「現在」の救済を願うものであり、両者の所説は少しく相違する。したがって『弥勒下生成仏経』等にとって、弥勒仏の出世の時節は極めて重大な関心事であろう。しかし、いま兜率天への上生を説く『弥勒上生経』でもやがて弥勒菩薩が閻浮提に下生し成仏するとき、弥勒とともに下生し龍華三会に値遇することを説くのであるから、閻浮提における弥勒仏出世の時節について全く無関心というわけにはいかない。そこでまず『弥勒上生経』に弥勒仏の出世についていかに説いているかを検討する。沮渠京声訳『弥勒上生経』は、その最初に「爾時、優婆離亦従レ座起、頭面作レ礼而白レ仏言。世尊、世尊往昔於二毘尼中及諸経蔵一説三阿逸多次当二作仏一」(3)と説いている。ここでは阿逸多と弥勒とは同一人であり、その阿逸多が当来に出現し成仏する将来仏であることは、すでに毘尼蔵や諸経典中に説かれる周知の事実であるとなしている。だが阿逸多の成仏の時節については何ら具体的に述べてはいない。しかし経の後半に至り、

如レ是処二兜率陀天一昼夜恒説二此法一度二諸天子一、閻浮提歳数五十六億万歳、爾乃下二生於閻浮提一、如二弥勒下生経
説一。[4]

と説いている。これによれば『弥勒上生経』は、明らかに『弥勒下生経』ののちに成立したものであり、その『弥勒下生経』の経説を継承して弥勒仏の出世を閻浮提の歳数で五十六億万歳ののちと説いているのである。

果たして『弥勒下生経』にはかかる説が存するのであろうか。先に挙げた竺法護訳は、もともと阿含部の経典の一部分を抄出し、それを『弥勒下生経』と称し、大乗の弥勒経典の一として六部経典に編入したものであるからひとまず置くとして、ほかの四経の鳩摩羅什訳『下生経』、義浄訳『下生経』、鳩摩羅什訳『成仏経』および失訳の『来時経』について考察する。

(一)　鳩摩羅什訳『弥勒下生成仏経』は、その説処や会座の同聞衆などいわゆる通序の六成就の部分を全く欠き、突如として大智舎利弗の世尊に対する説法懇請から始まっている。すなわち、舎利弗が「世尊、如二前後経中説一、弥勒当二下作仏一」と述べ、弥勒の下生作仏はすでに世尊が前後の経中に説き賜うところと認めた上で「願欲三広聞二弥勒功徳神力国土荘厳之事一」と、世尊に当来の弥勒仏の国土の荘厳等に関する説法を懇請する。世尊は舎利弗の請を受け、弥勒仏の出世およびその国土について詳説される。

舎利弗。四大海水以レ漸減少三千由旬。是時閻浮提地、長十千由旬広八千由旬。平坦如レ鏡、名華軟草、遍覆二其地一。種種樹木華果茂盛、其樹悉皆高三十里。城邑次比鶏飛相及。人寿八万四千歳。智慧威徳色力具足、安隠快楽、唯有二三病一、一者便利、二者飲食、三者衰老。女人年五百歳、爾乃行嫁。[5]

弥勒仏の出世のときは、閻浮提における人寿が八万四千歳にも及び、病気はただ便利・飲食・衰老の三病のみのはなはだ好世となったときである。さらに「時に世安楽にして怨賊劫竊の患あることなく、城邑・聚落の門を閉ず

る者なく、また衰悩水火刀兵および諸の饑饉・毒害の難なし。人つねに慈心ありて恭敬和順し、諸根を調伏して語言謙遜なり」となし、弥勒仏の出世は、この世が遠い未来においてはなはだ理想の世界として達成されたときであるという。すなわち、『弥勒下生経』では久遠の未来に人間の寿量が八万四千歳にも及ぶとき、弥勒が出世し龍華菩提樹の下で阿耨多羅三藐三菩提を得て三会の説法をなすと説いている。しかし、先に『弥勒上生経』にいうような五十六億万歳云々というような語は全く見られないのである。

㈡　この『弥勒下生経』よりもその説相がより詳しい『弥勒大成仏経』ではいかがであろうか。同じく羅什の訳出になる『成仏経』は、摩伽陀国波沙山の過去諸仏常降魔処における夏安居中の説法であるが、ここでも舎利弗が発問し「欲レ聞下如来説中未来仏開二甘露道一弥勒名字功徳神力国土荘厳上」と、世尊に説法を請う点は『弥勒下生経』と同じである。この『弥勒大成仏経』もまた未来仏弥勒の出世の歳数については具体的には何も示してはいないが、その世が好世であり、その国土の荘厳を説くことはより優美である。そこで閻浮提の人民が「寿命具二足八万四千歳一無レ有二中夭一人身悉長一十六丈」となるとき、「爾時」に弥勒は「諸行無常　是生滅法　生滅滅已　寂滅為楽」の過去仏の甘露無常偈を説き、金剛荘厳道場の龍華菩提樹下に坐し四魔を降すという。弥勒仏の出世については、『弥勒大成仏経』も『弥勒下生経』も共に人寿が八万四千歳に達するときとなしている。ただ『下生経』ではその時の人民ははなはだ長寿で病気も少ない好世であることを説くのみであるのに対して『成仏経』では、弥勒仏出世の閻浮提が好世であることを、常に釈迦仏の出世が五濁悪世であったこととの対比の中で説いている。経によれば、釈迦牟尼仏出世のときの人民は「父母・沙門・婆羅門を識らず、道法を知らず、互いに相悩害して刀兵劫に近づき、深く五欲に著し嫉妬諂佞し、曲濁邪偽にして憐愍の心なく」、「師長を敬わず、善友を識らず、報恩を知らず、五濁の世に生まれて慚愧を知らず、昼夜六時に相続して悪を作し、厭足を識らず、純ら不善を造って五逆の悪を聚め、魚鱗のごとく相次いで求め厭くことを知らぬ」ものであったが、当来に弥勒が開導安慰し、歓喜を得せしめる衆生は「身は純ら是れ法なり。心は純ら是れ法なり。口は常に法を説き、福徳智慧の人」であると説いている。

この『弥勒大成仏経』では弥勒仏の出世を釈迦仏との対比によって示しているばかりでなく、釈迦仏と弥勒仏との関係についても説いている。弥勒は、「貪欲・瞋恚・愚痴に迷惑する短命人」の充満する「苦悪の世」に出世する釈迦牟尼仏に対して「忍辱勇猛の大導師は、能く五濁不善の世に於いて悪衆生を教化し、成熟し、彼をして修行し仏を見るを得せしむ」と三度にわたり称讃しているのである。未来好世の弥勒仏が現在悪世の釈迦仏を歎ずるのは、次の理由によるものであろう。

釈迦牟尼仏出㆓五濁世㆒、種種呵責為㆑汝説㆑法。無㆓汝奈何㆒、教殖㆓来縁㆒、今得㆑見㆑我、我今摂㆓受是人等㆒[6]

釈迦牟尼仏は五濁の世に出現したので種々に呵責し説法もしたが、汝をいかんともなすことができなかった。ところが釈迦牟尼仏の教えによって殖えられた縁によって今わが弥勒仏に見えることができるのである。換言すれば、当来に弥勒仏が摂受する衆生とは、釈迦仏の教化を受けたが、釈迦仏の下では未だ機が熟さず、ようやく未来において機の熟する衆生であるという。

このように『弥勒大成仏経』では、弥勒の出世について『弥勒下生成仏経』と同じく将来、人寿が八万四千歳を具足するときであり、それは同時に五濁悪世で釈迦仏の下では未だ機の熟することのなかった悪衆生の機の熟するときでもある。この点については『下生経』では何ら触れていない。いずれにせよ羅什訳の『下生経』や『成仏経』を検討する限り、先に『弥勒上生経』に明かしている五十六億万歳の説はついに見出すことはできないのである。

㈢　しからば唐の義浄訳の『弥勒下生成仏経』や東晋の失訳の『弥勒来時経』ではいかがであろうか。義浄訳の

『弥勒下生経』は先の羅什訳のそれと同本異訳とみられるのでその説相はほとんど変わらない。ここでも「慈氏下生」を「当来之世」となし、その具体的な歳数を示すことはなく、ただ弥勒出世の時を「時彼国中人、皆寿八万歳云々」となしているのみである。その時の国土の様子は羅什訳のそれと相違するところはない。ただ人民の寿量について「八万歳」と「八万四千歳」とが相違する。

(四) それでは「弥勒六部経」の一である『弥勒来時経』ではどのように説かれているのであろうか。この経もいわゆる通序の六成就の部分を欠き、ただちに舍利弗が「仏常言、仏去後当レ有二弥勒来一、願欲二従聞一レ之」と述べるところから始まり、弥勒出世の時の国土の様子や人民の寿量について説き、「人民皆寿八万四千歳」と明かしている。ここでは『弥勒大成仏経』のように釈迦仏の世が「五濁の悪世」であることをことさらには説いていないが、弥勒仏の下で出家する比丘・比丘尼は、いずれも皆、釈迦文仏の下での誦経者・慈心者・布施者・不瞋恚者・作仏図寺者・持仏骨著塔中者・焼香者・然灯者・繒僧者・散花者・読経者であるという。義浄訳『弥勒下生成仏経』等も釈迦仏の下での結縁を説いているが、本経はより具体的で詳しい。特にこの経で注目すべき点は、経の最末尾に次のように説いていることである。

仏説経已、諸比丘及王百官、皆当二奉行一、仏経戒皆得二度世一、仏説如レ是。弥勒仏却後六十億残六十万歳当二来下一[7]

この経は右の経文で終わっている。すなわち、最後に弥勒の当来下生のときを、仏滅後「六十億残六十万歳」の五十九億余万歳のときとなしている。この経は「舍利弗者、是仏第一弟子」という異例の経文で始まり、右の文で終わっている点から考え、あるいはこの経は前後の経文を欠くのか、あるいは他の経典からの抄出か、さらに文献学的な検討を必要とするが、弥勒の出世については「人寿八万四千歳」となしつつ同時にそれは「却後六十億残六十万歳」のときであると説いているのである。しかし、かかる所説は、先の『弥勒上生経』にいう「閻浮提数五十六億万歳、爾乃下生於閻浮提」の説とも一致しない。また、弥勒経典以外のほかの大乗諸経典を検索してもかかる所説を見出すことはできない。いかなる根拠を有するものか不明である。

三　人寿八万歳

蔵経中で主に弥勒仏の出世を説き、その浄土を明かす弥勒経典を中心として考察してきたが、それら以外にも弥勒仏について説く経典は決して少なくはない。すでに阿含部の中でも弥勒が当来に出世することを説いている。長阿含第六『転輪聖王修行経』、中阿含第一三『説本経』などにも説かれているところである。なかんずく、長阿含の『転輪聖王修行経』は、当来仏としての弥勒を明かす経典としてはもっとも古層に属するものである。その『転輪聖王修行経』では弥勒仏の出世に関していかに説いているかを考察する。この経はその経題からも知られるように主として過去世の堅固念と名づく転輪聖王に関する所説が中心で弥勒仏については簡略に説かれている。そこでは寿命が延長し八万歳に至ったとき、大地は平整となり、溝坑丘墟棘などなく、また蚊蛇蚖など毒虫のいない世界であり、病気も寒・熱・飢・渇・大小便・欲・饕餮・老の九病のみで好ましい世界の出現したとき、「当㆔於爾時有㆓仏出世㆒、名為㆓弥勒如来至真等正覚十号具足㆒」と説いている。[8] この経説でことに重要なことは、人寿八万歳の由来について詳述していることである。過去世の堅固念転輪聖王は、その位を太子に譲るに当たり、正行をなすべしと諭すが、太子は王の言葉に背き正行を行なわなかったため人民は苦厄に陥り、やがて人寿は四万歳より転減し一万歳となり、さらに千歳にまで減じたが、なお三悪業をなし、さらに五百、三百ないし一百歳と減じたが悪業を止めずついに人寿は十歳にまでなった。人寿十歳のとき女子は生後五カ月で行嫁す。その時に至り衆生もようやく慈心を懐き、修行によって十歳、二十歳、四十歳、八十歳ないし四万歳と寿量を増し、人寿が四万歳に至ったとき、さらに父母を孝養し、師長を敬事することによって四万歳の寿量を八万歳に延長することになったという。かくして人寿が八万歳となったとき、爾の時に弥勒如来が出世し妙法を説くというのである。この『転輪聖王修行経』は弥勒の出世を人寿八万歳の時と断じ、その人寿の由来を詳述している点は特に注目に価する。中阿含の『説本経』もまた弥勒の出世を「未来久遠」の「人民寿八万歳」となしている。先の『転輪聖王修行経』も『説本経』[9]（『古来世時経』）もともに人寿八万歳説をなすが、前者はその由来を詳述しているのに対して、後者では八万歳が既定周知の事実として、単に未来久遠のことと説明しているのみである。また、そのとき閻浮提が好世であることは両経ともに認めるところであるが、特に『転輪聖王修行経』では病気について寒・熱など九病を明かしているが、『説本経』は七病となし、のちの大乗の弥勒経典でいう三病により近づいている。したがって人寿八万歳の由来を説明し、七病より九病を説く方がより古く、弥勒出世の説としては原型を示すものであろう。おそらく長阿含の『転輪聖王修行経』が弥勒仏出世に関して人寿八万歳説を最初に打ち出した経典であろう。阿含の諸経はおおむね右の説にしたがっているのである。

ところがここに一つ特異な経説が認められる。西晋白法祖訳の『仏般泥洹経』である。その巻下に「却後十五億七千六十万歳、乃復有仏耳」[10]と説き、釈迦仏の滅後、十五億七千六十万歳にしてようやく仏が出現するのであり、仏世に値い、経法を聞き、衆僧に値うことがいかに困難であるかを強調している。この『仏般泥洹経』では十五億七千六十万歳後に出世する当来の仏の存在を説くが、その当来仏が弥勒であるとは明かしていない。しかし東晋失訳の『般泥洹経』巻下には次のように説いている。

汝諸比丘、観仏儀容難復得観、却後一億四千余歳、乃当復有弥勒仏耳。難常遇也[11]

この経文も仏に値遇することの困難なことを説くのが主旨であるが、ここでは明らかに当来の仏として弥勒の名を出している。先の『仏般泥洹経』とその歳数は相違するが、却後一億四千余歳に仏が出世し、それが弥勒仏であると説いている。この一億四千余歳説はほかにはその例がなく、経自身もその説の根拠を示してはいない。先の人寿八万歳説は、弥勒の出世が現実の悪世とは違い未来久遠に達成される好世においてであることを示すものであるが、今の一億四千余歳説は実際に仏滅の時点からの歳数を計るものであり、先の説とは全く別の系統に属するものである。

以上の考察から当来仏弥勒を説く阿含経典では、その出世を「人寿八万歳」のときとなし、大乗の弥勒経典ではおおむね「人寿八万四千歳」となしている。大乗経典において法門や煩悩の多数なることを八万四千の大数でもって表現するのが常であるが、今の場合もまた、阿含の八万歳を継承しながら未来久遠であることを八万四千の大数でもって表しているのである。しかしその一方で『般泥洹経』など具体的に仏滅度からの歳数を問題にするものも存した。

四　五十六億七千万歳説

後世、弥勒仏の出世は仏滅後五十六億七千万歳のこととして伝承されている。また『弥勒上生経』でも「五十六億余歳」となしているが、前来の考察ではかかる説は未だ全く認められなかった。いわゆる「弥勒六部経」を検討しても五十六億七千万歳の経文は認められず、ただ人寿八万四千歳とのみ説いている。そこで次に弥勒経典以外の大乗経典について考察することにしたい。

竺法護訳の『賢劫経』巻七の「千仏興立品」に賢劫に出現する千仏を記している。その賢劫千仏の第五仏である慈氏如来について、

所生土地、城名二妙意一、王者所処。其仏威光照二四十里一。梵志種、父名二梵乎一、母字二梵経一、子曰二徳力一、待者曰二海氏一、智慧上首弟子号二慧光一、神足曰二堅精進一。[12]

と説き、その慈氏如来の出世の時の人寿を「八万四千歳」となしている。また、種々の因縁譬喩を集めた『賢愚経』巻一二の「波婆離品」には次のように説いている。

我復次説二当来之世一、此閻浮提、土地方正、平坦広博、無レ有二山川一、地生二濡草一、猶如二天衣一。爾時人民寿八万四千歳。（中略）彼時当レ有三婆羅門家生二一男児一、字曰二弥勒一。[13]

この説は前来の阿含の教説を継承していること明らかである。このほか、『雑譬喩経』[14]『出曜経』[15]『大集経』[16]などにも同様な説を展開している。

それでは、具体的に弥勒仏出世の時節を明示する経典は存在しないのであろうか。実は、先述の『弥勒上生経』のように「五十六億万歳」と説く経典としては秦代の失訳経典で『一切智光明仙人慈心因縁不食肉経』と称する経典が存する。この経は迦波利婆羅門の子である弥勒の本生を明かすものであるが、その中で釈迦の予言として、

我涅槃後五十六億万歳、当下於二穰佉転輪聖王国土華林園中金剛座処、龍華菩提樹下一得レ成中仏道上[17]

と説かれている。この『一切智光明仙人慈心因縁不食肉経』では人寿八万四千歳については全く言及していないが、仏滅度を起点として当来仏出世までの歳数を五十六億万歳として示している。これと同じ立場にあるのが『賢愚経』巻四「摩訶斯那優婆夷品」の所説である。すなわち、

> 雖下於二此末法之中一、不中能二能度一、縁二此功徳一、当下於二人天一受中無窮福上。弥勒世尊、不レ久五十六億十千万歳、来レ此成仏。当下為二汝等一広説中妙法上。(18)

ここでは弥勒が閻浮提に来たって成仏するのは五十六億十千万歳であるというが、この「五十六億十千万歳」は高麗版にしたがうものであり、宋元明の三本では「五十六億七千万歳」である。三本を是とすべきである。しかし、この歳数が何に根拠するかについては何ら明らかにしていない。また、人寿については何ら関説していないところを見ると、先の『転輪聖王修行経』などと系統を異にするものであろう。この経説は「五十六億七千万歳」と説く点で重要である。

また、姚秦竺仏念訳の『菩薩従兜術天降神母胎説広普経』(『菩薩処胎経』)には、釈迦と弥勒とを対比して次のように説いている。

> 弥勒当レ知。汝復受下記五十六億七千万歳、於二此樹王下一成中無上等正覚上。我以二右脇一生、汝弥勒従レ頂生。如二我寿百歳、弥勒寿八万四千歳。我国土土、汝国土金。我国土苦、汝国土楽一。(19)

釈迦は右脇より、弥勒は頂より生まれるとは釈迦が刹帝利種、弥勒が婆羅門種であることを示すものであり、その他、両者の寿量、国土を対比している。ここでも明確に「五十六億七千万歳」の歳数を示して弥勒の成正覚の受記をなしている。さらに経は、弥勒仏の龍華三会の説法の所化はいずれも釈迦仏の下で三帰五戒を受持し、南無仏と一称した衆生であることを説いているが、その衆生の結縁・根熟と五十六億七千万歳との関係などについては言及していない。かかる観点に立つとき、後漢の安世高の訳出として伝わる『仏説処処経』は特に注目すべきである。諸阿羅漢が阿難に対して、仏在世に世尊に水を与えなかったこと、仏の般涅槃に際し住世を請わなかったことを難じたのに応えて、仏に自在力があること、次に弥勒が来下作仏することを述べる。そこで弥勒の来下について次のように説いている。

仏言。弥勒不二来下一有二四因縁一。一者有三時福応二彼間一、二者是間人麁無二能受レ経者一、三者功徳未レ満、四者世間有二能説経者一、故弥勒不レ下。当レ来三下余有二五億七千六十万歳一。(20)

未だ弥勒がこの閻浮提に下生作仏しない理由として四因縁を挙げている。その第一は弥勒の住する彼の兜率天の天寿を尽くさざる間は下生することはないという意味であり、第二、第三は此の閻浮提の衆生に関するもので、衆生の機が熟さず、経を受ける能力がない場合、未だ功徳を成就せざる場合には弥勒は下生しない。また第四には、この世に能説経者たる仏が存するときは下生作仏することはない。したがって右の条件を満たし、兜率天の寿量を尽くすとき、すなわち五億七千六十万歳にして弥勒が出世するという。

従来、弥勒仏を問題にするとき、この『処処経』に言及することはなかったが、弥勒下生の条件を示し、釈迦文仏の般涅槃後の五億七千六十万歳にして来下作仏することを明言している点で重要である。

この五億七千六十万歳説は、先の『一切智光明仙人慈心因縁不食肉経』の五十六億万歳説や『菩薩処胎経』の五十六億七千万歳説とも相違する。しかも単位や位どりが異なるばかりでなく数字の配列それ自体も異なっているのである。この五億七千六十万歳は、弥勒が兜率天に上生し、そこでの寿量を尽くして下生するまでの兜率天の寿量を示したものである。兜率天の寿量については種々の経論に説かれているが、『賢愚経』には次のように説いている。

仏告二阿難一。当レ生二第四兜率天上一、此閻浮提四百歳、為二彼天上一日一夜一、亦三十日為二一月一、十二月為二一歳一、彼兜率天寿四千歳。(21)

この世の四百年が兜率天の一日一夜に相当し、彼の天の寿量は四千歳である。右の経文にしたがって計るとき、兜率天の寿量は閻浮提の歳数で五億七千六百万歳となる。『処処経』の「五億七千六十万歳」は「五億七千六百万歳」の写誤であろう。さらにこの五億七千六百万歳説は、有部の『大毘婆沙論』中の学説にも一致する。『同書』巻一七八に「有説」として次のように説いている。

唯観史多天寿量、与二菩薩成仏及贍部洲人見仏業熟時分一相称。謂人間経二五十七倶胝六十千歳一、能化所化善根応レ熟彼即是観史多天寿量。[22]

ここでいう「五十七倶胝六十千歳」は、『同』巻一三五に「五十七倶胝六十百千歳[23]」と記している点より推して「百」一字を脱するものである。また、倶胝とは『本行集経』[24]等によれば一千万に相当する。したがって『大毘婆沙論』にいう兜率天の寿量とは五億七千六百万歳ということになる。玄奘訳の『本事経』に「観史多天寿量四千、当二於人間五億七千六百万歳[25]一」と記されているとおりである。だが、この億の算位のとり方によって五十七億と表記される。例えば僧伽跋摩等訳の『雑阿毘曇心論』[26]第二など「兜率陀天寿四千歳、人間五十七億六百万歳[27]」と兜率での天寿を記しているとおりである。

五　むすび

当来仏弥勒の出世の時節について阿含の諸経では、人寿が八万歳に至るときであると説いているが、これは未来久遠のことであり、現在の濁悪世とは比較にはならないような理想の好世である。かつ、そのときには所化の衆生のいわゆる機根が熟し、能化の仏の教説を受けることが可能となる時期でもあるという。大乗の弥勒経典もまた、これを継承しつつ、その人寿をさらに八万四千歳に延長して説いている。

その一方で実際に弥勒が将来出世するまでの歳数を求める運きもあった。一億四千歳や十五億余歳となす『般泥洹経』等がその流れの中にあるが、ただ単に一億余歳などと説くのであれば、それは人寿八万歳と同じく現在からみて悠久の将来のことであることを示すのみで何らの根拠もなく、未来久遠と説くのと変わらない。そこで一生補処の思想を導入することにより、その一生を兜率天における一生であると考え、弥勒仏出世までの歳数とは、兜率天の寿量に一致すると考えるに至った。かくして算出されたのが『仏説処処経』等の五億七千六百万歳である。だが、翻訳に際してはインドと中国との間で億の算値の位取りに相違があり、一桁上に表記されるのが通例である。しかし実際に広く伝わる通説は周知のごとく五十六億七千万歳で、右の説とは相違する。弥勒六部経典にはこの歳数は認められない。前述のごとく、この歳数を説くのは竺仏念訳の『菩薩処胎経』や慧覚等訳の『賢愚経』など数種の経典である。五十七億六千万歳を五十六億七千万歳となしたのは竺仏念ら訳者の参差の過と断じてよいか否か問題は残るが、中国をはじめ漢訳仏教圏において五十六億七千万歳説が流布したのは、ひとえにその数字の語調がととのっていたことと、『菩薩処胎経』等の流行とに根拠すると考えられる。

註

（1）「弥勒六部経」の中、竺法護訳『弥勒下生経』一巻は「丹蔵」の中には入蔵されていなかったが、「宋蔵」において初めて編入された。しかし『出三蔵記集』『開元釈教録』などの経録を検討するとき、竺法護に『弥勒下生経』と称する経典の訳出はなかった。ただ『開元録』等に竺法護訳として『弥勒成仏経』（一名『弥勒当来下生経』）を記載しているが、すでに唐代には散佚していたという。一方、増一阿含巻四四の第三経が『弥勒下生経』の名で別行していた。そこで「宋蔵」において、それを竺法護訳として編入したものである。今日までそれを継承している。現在の『弥勒下生経』は増一阿含の抄経であり、訳者も竺法護ではない。

（2）『弥勒上生経』が『観無量寿経』などの観法を説く経典と密接な関わりを有して成立したものであることは、その経名からも類推できる。また、『禅秘要法経』『首楞厳三昧経』など禅観を説く経典にしばしば兜率往生が説かれており、それら三昧経典との関連も重要な課題として残る。

（3）『弥勒上生経』（大正一四・四一八c）。
（4）『弥勒上生経』（大正一四・四二〇a。
（5）『弥勒上生経』（大正一四・四二三c）。
（6）『弥勒下生成仏経』（大正一四・四三一c―四三二a）。また同経には「能於五濁悪世、教化如是等百千万億諸悪衆生、令修善本、来生我所」（大正一四・四三一a）とも説かれている。
（7）『弥勒来時経』（大正一四・四三五a）。
（8）『長阿含経』（大正一・四一c―四二c）。
（9）『中阿含経』（大正一・五〇九c）。なお、『説本経』では当時の病気を七病となしているが、同経の異訳『古来世時経』ではのちの大乗経典と同じく三病となしている。
（10）『仏般泥洹経』（大正一・一七二c）。
（11）『般泥洹経』巻下（大正一・一八八b）。
（12）『賢劫経』巻七（大正一四・五〇c）。
（13）『賢愚経』巻一二（大正四・四三五c）。
（14）『雑譬喩経』（大正四・四九九b）。
（15）『出曜経』巻一無常品（大正四・六〇九c―六一〇a）。経に「当来之世衆生之類、寿八万四千歳。（中略）有如来出世。名曰弥勒至真等正覚明行成為善逝世間解無上士道法御天人師号仏世尊」と説き、さらに「広説如弥勒下生」と述べている。
（16）『大方等大集経』賢護分（大正一三・八九五a）。
（17）『一切智光明仙人慈心因縁不食肉経』（大正三・四五八c）。
（18）『賢愚経』巻四（大正四・三七六a）。
（19）『菩薩処胎経』（大正一二・一〇二五c）。
（20）『仏説処処経』（大正一七・五二四c）。

（21）『賢愚経』（大正四・四三七ａ）。
（22）『大毘婆沙論』巻一七八（大正二七・八九二ｃ）。
（23）『大毘婆沙論』巻一三五（大正二七・六九八ｂ）。
（24）隋の闍那崛多訳『仏本行集経』巻一二に「一百百千、是名拘致。隋数千万」（大正三・七〇九ｃ）と記している。また、慧琳『一切経音義』一（大正五四・三一四ｂ）など参照。
（25）『本事経』（大正一七・六九八ｃ）。
（26）新羅の憬興は『三弥勒経疏』に「西方億有二種。一十万為億、二百万為億」（大正三八・三一六ａ）と説いている。また、窺基も西方の億に三種あるという。
（27）『雑阿毘曇心論』（大正二八・八八七ｃ）。

Ⅱ　中国仏教における法身説の思想的展開

僧叡の五種法身説

一　問題の所在

仏教は仏陀の教えであると共に仏陀に成る教えである。それゆえに仏陀を離れて仏教はない。仏陀は仏教徒の礼拝の対象であり、同時に自らの目指すべき実践の目標でもある。インドの敬虔な仏教徒は仏陀の滅後久しい間仏陀の像を造ることをしなかった。仏滅後の仏教徒は仏陀に対する真摯な追慕尊敬の念を内に秘めながらも決して「仏の真形」(1)を写すことをせず、もっぱら法輪や菩提樹などをもって仏陀の象徴となしていたのである。しかし、やがて西方の文化の影響を強く受けた仏教徒は信仰の対象として仏像を造るようになった。仏教徒が信仰・礼拝あるいは実践行の対象として教祖の姿を模して仏像を造ったことが、東アジアにおける仏教の伝播と受容に大きく貢献したことは事実であろう。

中国に伝来した仏教はすでに仏像を有する仏教であった。高度の文化を所有していた中国においても外来の宗教である仏教を受け入れるに際しては最初から深遠な教義理論を正しく理解し十分に咀嚼することは容易ならざることであり、むしろ教祖の尊い姿を模した人間的な仏像を通して初めて仏教に接したことであろう。少なくとも仏教を受容した当初においては抽象的な理論よりも具象的な仏像こそが仏教を求める人々にとって強い魅力として求められたと考えられる。

中国仏教の最初期の訳経三蔵である支婁迦讖は後漢霊帝の光和二年十月八日、すなわち西暦一七九年に『道行般若経』を訳出した。その『道行般若経』巻一〇の曇無竭菩薩品に、

仏般泥洹の後、人有りて仏の形像を作る。人、仏の形像を見て跪拝供養せざる者無し。其の像は端正殊好にして、仏の如く異なり有ること無ければ、人、見て称歎せざること莫く、華香絵綵を持って供養せざる者莫し。(2)

と説いている。『道行般若経』と同様にもっとも古い後漢代の訳出経典である『般舟三昧経』にもまた「仏の形像を作る」ことを勧めている。これらの経文はもとより仏像造立の功徳を説くものではあるが、これによって造立された仏の形象に対する当時の仏教徒の敬虔な感情を如実に窺うことが可能である。この仏陀の姿を写した仏像に対する態度や心情はおそらく中国の仏教徒にとっても何ら異なるものではなかったであろう。仏教伝来の以前から「道の体得者」や「神のことばを聞き得る人」など人間としての理想、あるいは究竟の存在を「聖人」「至人」「真人」等となす思想をすでに有していた中国としては、教理の理解に先立って西方の「聖人」である仏陀の人間的な姿を模した仏像を受容することに何らの困難もなかった。

仏教の初伝として広く喧伝される後漢明帝の感夢求法について牟子の『理惑論』は次のような記事を伝えている。

時に洛陽城の西の雍門の外に仏寺を起て、其の壁に千乗万騎、塔を三匝に繞を画く。又、南宮の清涼台及び開陽城門上に仏像を作る。明帝、時に予め寿陵を修造し顕節と曰う。また其の上に仏の図像を作る。時に国豊にして民寧らぎ、遠夷義を慕う。学者此に由て滋《ま》す。(3)

ここにいう寿陵とは天子が生前に造る陵墓であるが、後漢明帝(五七―七五)の寿陵である顕節陵には仏の図像が描かれたという。このように仏像を通して仏教を学ぶものが次第に増大していったことを『理惑論』の作者は

「学者由此而滋」と記しているのである。その明帝の異母弟である楚王英（?―七一）が「黄老の微言を誦し、浮屠の仁祠を尚んだ」ことはつとに有名であるが、それは当然のことながら仏像を安置したことを意味する。(4)

さらに『後漢書』巻七の桓帝本紀の延熹九年（一六六）の条に桓帝（一四六―一六七）が「黄老を濯龍宮に祠った」ことを伝えている。その論に「前史」すなわち東漢記を引いて、

濯龍宮を造り華蓋を設け、以て浮図・老子を祠る。斯れまさに所謂、神に聴かんとするか。(5)

と記している。この状況から推して後漢の章帝建初七年（八二）に徐州刺史王景が著したという『金人論』は、その論目から推して偉大な力を有する人間的な「肉身」の仏陀について語ったものであろう。(6)

このような伝統の中にあって歴史的・人間的な仏陀ではなく、超歴史的な久遠の真理である「法」を体とする「法身」の仏陀を正しく把握するには種々の困難が予想される。それを克服して正しく「法身」の意義を理解し把握するにはいくつかの手続きと弛まぬ努力が要求されたことであろう。

例えば、同じく「涅槃（泥洹）」を説くことを標榜する経典の一方の経典は、如来は「身体無堅強」であり、「猶不免無常」と説き、「治病不復、年已八十」という。ところが、また一方の経典では「如来是常住法、不変易法、如来此身是変化身、非雑食身」といい、「如来身常住、金剛不壊」と説いているとすれば困惑せざるをえないであろう。おそらく仏身の「無堅強」と「金剛不壊」との両説を調和的に理解することは容易ではなかったであろう。現に一方のみに則り他方を否定し誹謗する者もあったことを史料は語っている。(7)

したがって、次のような全く素朴な二身説に立つ経文、すなわち、

釈師、世に出でて寿極めて短し。肉体逝くと雖も法身在り。当に法本をして断絶せざらしむ。(8)

に接しても、その真意の理解は必ずしも容易ではなかった。未だ正しく「法身」の思想を把握せぬ仏教徒にとって

はやはり戸惑ったことであろう。まして大乗経論では「生身を敬することを致すを以て供養と為すに非ざるなり」と説き、「諸仏は色身を以て見るべからず。諸仏法身は来無く去無し」と述べ、「生身」「色身」を超えて「法身」を観ずることを勧め、「法身」を観ずることこそが真の供養であると説いている。[9]『智度論』にはかかる教説を敷衍して種々に大乗の法身説を展開している。

若し人、智慧の眼を以て仏の法身を観ぜば、即ち仏を見たてまつる中の最たるものなり。[10]

このような論説に接しても中国仏教初期の仏教者にとっては、さらに若干の解説が必要であった。そこで初期の漢人僧に対して「法身」説を的確に解説し、その理解を深める上で最も適格な条件を備えていた者はほかならぬ論の訳者たる鳩摩羅什であった。

先に筆者は中国仏教の初期において仏教を受容した側の漢人僧の仏陀観について考察し、釈道安と廬山の慧遠の仏陀ないし法身観を思想史上の背景を考慮しつつその実態の解明を試みた。[11]その際、初期の中国仏教徒に極めて重大な影響を与え、かつその後の仏教の方向を決定する上で重要な役割を果したのが西域僧の鳩摩羅什であることも明らかとなった。当面の研究課題である「法身」説についてもまた彼の果たした功績が極めて大であることを十分に認識した。釈道安に師事しのちに廬山に籠り三十有余年の間虎渓の外に決して出ることなく、ただ書面をもってのみ鳩摩羅什と好みを通じた慧遠と、同じく釈道安に学びながらも入関して間もない鳩摩羅什を長安に訪ねてその門に投じ、常に鳩摩羅什の身辺にあって訳経を援助しながら直接に教えを受けた僧叡とでは両者の間に仏陀ないし法身の理解に相違が生ずるのはいわば当然のことである。そこで先の考察においては種々の制約から全く言及することのできなかった僧叡をとりあげて彼の「法身」説の内容および仏教思想史上の意義等を明らかにしたい。そのことを通して中国仏教に大乗の仏陀観がいかにして定着していったかを解明したいと考えている。

二　僧叡撰『維摩経義疏』の法身説

鳩摩羅什の下に在って訳経事業の重鎮として活躍した「長安の僧叡」と、鳩摩羅什の歿後、北方長安の戦乱を避けて南に移って活躍した「江南の慧叡」とが同一人物であることは、すでに横超慧日博士によって厳密に論証され学界の定論となっている。[12] 博士の論証にしたがって僧叡（＝慧叡）の著述を見れば、『出三蔵記集』巻六に収める『喩疑』と『同書』の巻八ないし巻一一に所収の十篇の序文を彼の著述として認めることができる。すなわち、『出三蔵記集』巻六の『喩疑』、同巻八の『大品経序』『小品経序』『法華経後序』『毘摩羅詰提経義疏序』『自在王経後序』、同巻九の『関中出禅経序』、同巻一〇の『大智釈論序』、同巻一一の『中論序』『十二門論序』である。宋の明帝の勅命によって中書侍郎の陸澄が編纂した法論の目録は当時存在していた諸師の著述を逐一記載しており重要な資料であるが、そこには右の僧叡の著述のうちで『十二門論序』を除く、『喩疑』など他の九篇が記載されている。『十二門論序』の真偽については本書第Ⅲ部において若干の検討を加えた。[13] そこで真偽未決の著述を暫く置くとして、右の『喩疑』や種々の序文は僧叡の思想を窺う上で極めて重要なものである。さらに、その他に僧叡の思想を研究する上で決して看過することのできない資料は、『出三蔵記集』巻八に所収の「序」によってその存在を知ることができる『毘摩羅詰提経義疏』、すなわち鳩摩羅什訳の『維摩経』に対する僧叡の注釈である。[14] ところが、誠に残念なことではあるが散逸して伝わらない。ただ、僅かではあるがその逸文を認めることができる。僧叡の『維摩経義疏』については改めて考察したいと考えているが、当面の課題に応えるものとしては、清涼澄観の『華厳経疏玄談』巻三、あるいは『華厳経随疏演義鈔』巻四に引用されている僧叡の『維摩経義疏』の逸文がことに重要である。[15] 澄観は『華厳経疏』巻一の教起因縁において因と縁とに各十義を立て、その縁十義の第三「依主」において仏について詳論し「一身多身経論異説」を問題にしている。澄観はその疏文（『演義鈔』）で僧叡の『維摩経義疏』を引いて多身説の一例証となしている。そこで澄観は僧叡の『維摩経義疏』の法身に関する見解を「五身義」となし、いわゆる「五種法身説」を紹介しているのである。現行流布の大正大蔵経所収本等における一、二等の序数詞はおそらく後世の加筆が本文中に混入したものと考えられる。現に大正大蔵経の比校本の乙本には序数は記されていない。今は理解の便利と後の考察とを考慮してありのままに示せば左のとおりである。

然叡公維摩疏釈云、所謂一法性生身、二亦言功徳法身、三変化法身、四虚空法身、五実相法身。詳而弁之、即一法身也。何者、言其生、則本之法性、故曰法性生身。二推其因、則是功徳所成、故是功徳法身。三就其応、則無感不形、是則変化法身。四称其大、則弥綸虚空、所謂虚空法身。五語其妙、則無相無為、故曰実相法身。五所以能妙極無相、四大包虚空、三遍応万化、無感不形者。就機而明、何者三有之形、随業而化。故有精麁大小万殊之差。二如来法身、是妙功徳果。功徳無辺、果亦無辺。功徳無相、果亦無相。功徳方便、果亦方便。無辺故量斉虚空。無相故妙同実相。方便故無感不形。是為如来真妙法身。陰界不摂非有非無。一以有此身、為万化之本、故得於中無感不応。如冥室曦光随孔而照。光雖万殊之本之者一。所謂真法身也。若直指功徳実相名為法身。此乃以法深理仮名為身。非色像之謂也。[16]

僧叡が『維摩経義疏』を著したことは、現存の義疏序が何よりも端的に物語っている。しかし、果して澄観がこの『演義鈔』に引用する文がそれであるか否かは別の問題であり、改めて検討しなければならない。

澄観が『華厳経随疏演義鈔』に僧叡の『維摩経義疏』を引用するのは、単にこの法身説の文のみではない。『演義鈔』巻三二には『維摩経』観衆生品七の有名な「従無住本立一切法」に対する僧叡の『維摩経義疏』の釈を引いている。また、『同』巻三六にも文殊師利問疾品のこれまたよく知られる「不来相而来」の僧叡の注釈を紹介している。さらに『同』巻七五等にも僧叡の『義疏』を引用している。[17] すなわち、澄観は他の資料から単に僧叡の法身に関する見解のみを引いたというようなことでは決してなく、彼の『維摩経義疏』を手元に置いて正確に引用しているのである。

さらにこの僧叡の五種法身説は永明延寿の『宗鏡録』の巻九一[18]や本純の『維摩詰所説経疏籤録』[19]等にも引用されている。しかも博引旁証をもって知られる嘉祥吉蔵が明確に「曽て僧叡の（維摩経）義疏を見た」[20]と述べていることは重要である。その吉蔵が『法華玄論』巻九に澄観の所引とほぼ同文の五種法身説を掲げているのである。[21] 繁雑を避ける為にここに引くことは差し控えるが、以上の諸点を勘案するとき、先に挙げた澄観所引の五種法身説は僧叡の『維摩経義疏』における彼の法身に関する見解と考えて不可ないであろう。そこで次に僧叡の五種法身の内容について考察し、思想史上の意義を解明したい。

三　五種法身の内容

僧叡は法性生身・功徳法身・変化法身・虚空法身・実相法身の五種法身をいかに定義し、その相互の関係をどのように考えていたのであろうか。古くは、戒・定・慧・解脱・解脱知見といった五つの法（徳性）をもって身体とするものを法身（五分法身）となしていたが、今の五種法身はこれとは明らかに相違する。また大乗仏教でいう法身は種々なる仏身の究極であり、一切の法の根源と解するのが常である。しからば僧叡のいう五身の内容および相互の開合はいかなるものであろうか。

まず第一の法性生身から考察することにしよう。法性生身について僧叡は、

其の生を言わば、則ち本これ法性なり。故に法性生身と曰う。

と極めて簡潔に定義している。ちなみに吉蔵は法性生身を左のように記している。

説其生、則本之法性、故云法性生身。[22]

澄観の所引と全くの同趣であることは歴然としている。しからばその内容はいかがなものであろうか。この法性生身という名称から推して誰しもがただちに想起するのは『智度論』の所説である。『智度論』巻三四に、

法性生身の仏は、事として済《な》さざること無く、願として満たさざること無し。所以は何ん。無量阿僧祇劫に於いて、一切の善本・功徳を積集し、一切の智慧無礙を具足し、衆の聖主、諸天及び大菩薩の希に能く見る者の為にすればなり。[23]

と法性生身を説明している。鳩摩羅什の仏身説は『智度論』のそれと基本的には相違するものではない。[24]むしろ鳩摩羅什の仏陀ないし法身についての見解は『智度論』に準拠しているのである。『大乗大義章』によれば『智度論』にいう法性生身を鳩摩羅什は「妙行法性生身」と称している。

又、経に言う法身とは、或は仏の所化身と説き、或は妙行法身性生身と説く。妙行法性生身は、真に法身と為す。[25]

ここにいう「妙行法身性生身」の上の「身」字はおそらく衍字であろう。鳩摩羅什は『般若経』の法身をその釈論の『智度論』には所化身とか妙行法性生身とかと説いているというが、鳩摩羅什のいう「妙行法性生身」は『智度論』にその語はない。ただ『同論』巻二七に「菩薩は無生忍を得て生身を捨て法性生身を得」[26]などと説いている点より推して、鳩摩羅什は「妙行法性生身」をもって「妙行によって法性より生じた身」と解しているようであ

る。法性より生じた身こそが真法身である。すなわち、鳩摩羅什は「法身」を証悟の別称であると説いているのである。

僧叡のいう法性生身とはまさに『智度論』に依拠する鳩摩羅什の法身説に負うものである。したがって、僧叡がいう法性生身は、四大五根によってあるのでなく、文字どおり「法身」の謂である。法身すなわち「法性生身」とは法性より生じたものであることを端的に示す為にあえて法性「生身」と称している。それを彼は簡潔に「其の生を言わば、則ち本これ法性なり」と定義したのである。

次に第二の功徳法身について僧叡は「其の因を推さば、則ち是れ功徳の所成なり。故に是れ功徳法身なり」と規定している。僧叡のいうこの功徳法身の語もまた『智度論』の中に認められる。例えば、『智度論』巻三四に、

復た次に声聞の人及び菩薩ありて、念仏三昧を修す。但だ仏身を念ずるのみに非ず。当に仏の種種の功徳法身を念ずべく、応に是の念仏を作すべし。(27)

と説いている。ここに念仏三昧を修すというのは、決して四大五根を有する仏身を観ずることではなく功徳法身を念ずることであるという。

功徳所成の仏身、すなわち功徳法身については大乗経典にしばしば説かれている。鳩摩羅什訳の『維摩経』方便品に、

仏身とは即ち法身なり。無量の功徳・智慧より生じ、戒定慧解脱解脱知見より生じ、(中略)是の如きの無量清浄の法より如来身を生ず。(28)

と説き、如来身をもって功徳の所成となしているのである。

鳩摩羅什は自らが訳出したこれらの経論所説に基づき、『大乗大義章』には次のように要約して説いている。

仏の法身は、三界を出でて身口心の行に依らず、無量無漏の諸の浄功徳・本行の所成にして、能く久住し泥洹の若きに似たり。(29)

仏の法身は三界を超越したもので身口意のはたらきをなすものではなく、無量の無漏の功徳と過去の行とに因って成ったものであると説明している。僧叡が「其の因を推さば、則ち是れ功徳の所成なり」と述べ、因の面から名づけて功徳法身となしたのは、鳩摩羅什のこの「仏法身」をいうものにほかならない。僧叡の次の語がそのことを物語っている。

如来法身は是れ妙功徳の果なり。功徳は無辺にして果も亦た無辺なり。功徳は無相にして果も亦た無相なり。(30)

すなわち、功徳法身とは法身を因位の功徳性によって名づけたものである。僧叡と共に鳩摩羅什門下の四哲に数えられる僧肇もまた法身を因の面から論じて、次のように述べている。

夫れ極妙の身は必ず極妙の因より生ず。功徳・智慧は大士の二業なり。此の二業は蓋し是れ万行の初門、泥洹の関要なり。(中略)皆、是れ無為無相の行なり。無相無為を行ずるを以ての故に成ずる所の法身も亦た無相無為なり。(31)

これは僧叡とも共通する見解であり、いわば鳩摩羅什の門下に等しく認められる意見である。

第三の変化法身は、僧叡の定義によれば、「其の応に就かば、則ち感にして形われざること無し。是れ則ち変化法身なり」ということになる。仏が衆生の「感」に「応」じて変化して現れるところをとらえて変化法身となしたものである。これは感応に因って現化するものであるが、かかる仏身についても『智度論』には二種身としてしばしば説かれている。(32)

仏有二種身、一者法性生身、二者随世間身。（『智度論』巻三三）

上已説有二種仏、一者法性生身仏、二者随衆生優劣現化仏。（『同』巻三四）

ほかにも種々の二身説が説かれているが、これらの二身のうちその後者は世間あるいは衆生にしたがって変化して現じた仏身であり、僧叡のいう変化法身に相当するものである。

僧叡がこの法身の「応」を明確に「無感不形」といっている以上は、この「応」はまさに「無方の応」でなければならない。この考え方は鳩摩羅什の見解と一致するものである。

鳩摩羅什は「仏法身者、同於変化、化（＝変化）無四大五根」(33)と述べ、「変化に四大五根が無いように法身もまたそうである」との見解を示している。さらに『密迹経』を論拠として敷衍し法身の変化が「無方の応」であると論じている。すなわち、

仏身とは無方の応にして、一会の衆生は仏身を金色と見るもの有り、或は銀色・車渠・馬瑙等の種種の色と見、或は衆生の仏身と人と異り無しと見るもの有り、或は丈六の身と見るもの有り、或は三丈と見、或は千万丈の形を見、或は須弥山等の如しと見、或は無量無辺の身と見る。（中略）皆、法身の分なり。(34)

『智度論』では二種身を立てて化仏や変化身を説いていることは先に述べたように事実であるが、未だそれを法身とは決して言っていない。ところが、僧叡の場合には、この変化身をもって法身となしているところにその特色がある。二種身の範疇で仏身を考える場合には概ね種々の身相を有する仏身をもって法身とはなしていないのである。かつて鳩摩羅什と法身を巡って問答した廬山の慧遠はこの点にもっとも強い疑問を呈している。この疑義は、当然のことながら白浄王（浄飯王）の宮殿に生まれ、寿量八十の有限なる釈迦仏は法身であるか否かが問題となり、これに対する解答を要請することになる。僧叡の師鳩摩羅什は、この課題に対して時間空間に有限な釈迦仏の身はそのままが法身仏という領域における顕現であると答えている。

真法身とは、猶日の現ずるが如く、所化の身は同じく日の光の若し。首楞厳経の（説く）如く、灯明王仏は寿七百阿僧祇劫にして、此の釈迦（仏）と同じく、是れ（釈迦仏）と彼れ（灯明王仏）とは一身にして異り有ること無し。若し一仏なれば、此れ（釈迦仏）は応に彼れ（灯明王仏）従り有る。法性生仏と所化の仏とも亦た復た是の如し。(35)

鳩摩羅什は『首楞厳経』所説の灯明王仏（経には照明荘厳自在王仏という）(36)を真法身（＝法性生身・法性生仏）となし、釈迦仏を所化の身（＝変化身）となして両者を太陽と太陽の光とに譬えている。両者は一身であり、決して別々なものではなく、釈迦仏もまた灯明王仏と同じく法身であると解している。この鳩摩羅什の見解は『智度論』の所説にも符合する。すなわち、『智度論』巻九〇に次のように説かれている。

処処の国土の中の衆生の寿命の長短に随って其の形を受くるなり。釈迦牟尼仏の是の国土に於いては寿量百年なるも、荘厳仏国に於いては寿七百阿僧祇劫なるが如し。仏法五不可思議の中に於いて是れ第一不可思議なり。(37)

ここでは寿量百の釈迦仏と寿量が七百阿僧祇劫の荘厳仏（＝照明荘厳自在王仏・灯明王仏）とが同一仏身であると明言している。したがって鳩摩羅什の見解と『智度論』の所説とが符合すると解するよりも、むしろ鳩摩羅什の法身説はこの『智度論』を根拠としているのである。僧叡の変化法身もまた『智度論』から鳩摩羅什へと継承された法身説と軌を一にするもので、その延長線上にあることは明らかである。

次に第四の虚空法身については、「其の大なるを称すれば、則ち虚空に弥綸す。所謂、虚空法身なり」と定義されている。僧叡はさらに敷衍して「無辺の故に量は虚空に斉し」と説明している。また吉蔵の記すところによれば「弥綸太虚、故言虚空法身」であるが、その意趣はもちろん同一である。要するに無量無辺の法身の「大」なる特性をとりあげて語ったものであることは明瞭である。

このような法身もまた『智度論』中にはしばしば認められる。『智度論』には法身の広大なることを「虚空」をもって説いている。例えば、『智度論』巻九に、

是の法性身は十方虚空に満ち、無量無辺の色像、端正の相好、荘厳無量の光明、無量の音声あり。法を聴くの衆も亦た虚空に満つ。常に種種の身、種種の名号、種種の生処、種種の方便を出して衆生を度し、常に一切を度して、須臾も息む時なし。是の如きは法性身の仏なり。(38)

といい、また『智度論』巻三〇には、

衆生あり、仏の真身を見れば、願として満たさざること無し。仏の真身は、虚空に遍き、光明は遍ねく十方を炤らし、説法の音声も亦た十方無量の恒河沙等の世界に遍く。中に満てる大衆、皆共に法を聴き、説法息まず。(39)

と仏の真身について明かしている。

鳩摩羅什はこの『智度論』の所説を継承し、次のような見解を示しているのである。

真法身は、十方虚空法界に遍満し、光明悉く無量国土を照らし、説法の音声は常に十方無数の国に周く。(40)

僧叡の虚空法身は、『智度論』所説の法身や『大乗大義章』にいうところの鳩摩羅什の法身と異質のものではなく、むしろ全く同じ内容を有するものである。(41)

これまでに検討してきた僧叡の五種法身のうち先の第一ないし第三の各法身は、その定義や内容から推測して後世の仏身論でいう「報身」や「応身」に相当する。もちろん言うまでもないことではあるが、未だ三身説を知らない僧叡自身は「報身」や「応身」の語を用いてはいない。僧叡はそれらの用語を用いていないが、すでに実質的に「報身」「応身」に相応する仏身を説く以上は、彼の五種法身のうちに必ずや「理」としての仏身、すなわち三身説でいう「法身」としての仏身を含むものでなくてはならない。先に検討した第四の虚空法身や次に考察する実相法

身がまさしくそのような内容を有するものでなくてはならない。

次に第五の実相法身について考察したい。この法身を定義して僧叡は「其の妙を語れば、則ち無相無為なり。故に実相法身と曰う」となしている。先の法性生身は妙行によって法性より生ずるものとなすのであるから、そこには当然「法性」とともに「如」や「実際」をもって仏（法身）となす考えの存する可能性を含むものである。大乗経典には「如」「法性」「実際」はともに「諸法実相」と同義であると説く(42)。この三者が同義である以上は「法性」と同様に「実相」をもって法身となすことはいわば当然の結論ともいいうる。先に見た他の法身がそうであったように、この実相法身もまた『智度論』に説くところである。『智度論』巻一一に、

諸法の空を観ず、是れ仏の法身を見たてまつるが為に真の供養を得、供養の中の最たるものなり(43)。

といい、また『智度論』巻九九にも、

諸法実相は即ち是れ仏なり。何を以ての故に、是の諸法実相を得るを名づけて、仏を得ると為せばなり。復た次に色等の法の如相、即ち是れ仏なり。色等の法は性空、是れ如相なり。諸仏如も亦た性空なり(44)。

と説いている。その他にも「法身者、不可得法空(45)」などの所説を処々に見出すことができる。これらの論文によれば、法身は「諸法空」であり、「不可得法空」であり、「諸法実相」であるといっているのである。

鳩摩羅什もまた『大乗大義章』に次のようにこの法身のことを述べている。

若し、法身来ること無く、去ること無しと言はば、即ち是れ法身の実相にして泥洹と同じく、無為・無作なり(46)。

先に述べたように僧叡は法身が「無相無為」なることを根拠として「それ故に実相法身と曰う」と説いている。これはまさしく右の鳩摩羅什の見解を敷衍したものであり、それを法身の「妙」と表現しているのである。この実相法身と先の虚空法身とは定義および内容から推して共に「理」としての法身を指すものと考えられる。しからば

共に理性を示す仏身であるとすれば実相法身と虚空法身とは、その関係はいかなるものであろうか。次にこの点を考えねばならない。

僧叡は虚空法身と実相法身とを、それぞれ法身の「大」なる点と、その「妙」なる点から名づけている。この両法身は共に法身が時空の限定を超越していることをいい表しているが、文字が異なるように当然その内容にも相違がある。そこで両者の差異については、次の大乗経典の所説を手掛かりとして考えるのが便利であろう。

如来は身心智慧をもって遍く無量無辺阿僧祇劫の土を満たし、障礙するところ無し。是れを虚空と名づく。如来は常住にして変易有ること無し、名づけて実相と曰う。(47)

この大乗経典の所説を参照して考えるならば、虚空法身は空間的に法身が「無所障礙」であることを明かし、実相法身は時間的に法身が「無有変易」であることを示すものである。もちろん、僧叡が直接この経説によって右の虚空・実相の法身を説いたというのではないが、彼のいう法身は正しく右の経に説くところと同一内容をそれぞれ虚空法身といい、実相法身と名づけたのである。

以上、五種の法身の内容を考察してきたが、次にそれぞれの法身の相互関係がいかなるものであるかについて改めて検討を加えたい。

四　五種法身の開合

澄観の『華厳経随疏演義鈔』は僧叡が『維摩経義疏』に説く法身説を「五身義」となし、仏身に関する多身説の一例証として挙げている。僧叡が「法性」「功徳」「変化」「虚空」「実相」の五種の法身を説くところの理論的根拠は、彼自身が語っているように法身の「生」「因」「応」「大」「妙」にあり、仏身におけるそれぞれの局面について名づけられたものである。このことは前述のとおりである。そこで後世の仏身論をも念頭におきつつ五種法身の開合について検討してみたい。僧叡は法身を「生」の面から法性生身と名づけ、同じく法身を「因」の点から功徳法身と名づけたのである。すなわち、第一の法性生身と第二の功徳法身とは、法身の「生・因」を問題にしているのである。したがって、この二法身は後世の仏身説でいう「報身」に相当するものである。現に僧叡は「如来法身は是れ妙〔行〕功徳の果なり」と明言しているのである。この因位の妙行・功徳の果報としての仏（いわゆる「報身」に相当する仏身）を法身と呼んでいるのである。因から果への向上的な仏を法身となしているのであるから、当然の事として果位に立って向下的に現実の種々なる衆生に対応する仏（いわゆる「応身」に相当する仏身）の考えを含むものでなくてはならない。

僧叡は法身の「応」について「遍く万化に応じて、感にして形れざること無し」と述べ、かかる法身をもって第三の変化法身と称しているのである。これはまさしく後世の法・報・応の三身説でいうところの「応身」に相当することは言うまでもないであろう。

さらに法身の「大」と「妙」とを顕す第四の虚空法身と第五の実相法身はいわゆる三身説でいう「法身」に相当する。このことはすでに述べたとおりである。

中国の仏教界に三身説を説く経論が伝訳されたのは、言うまでもなく僧叡の歿後のことである。すなわち、北魏宣武帝の永平元年（五〇八）に洛陽に至り、勅命で永寧寺に入り経論の翻訳に従事した菩提流支や勒那摩提によって三身説が紹介されたのである。菩提流支訳の『金剛般若波羅蜜経論』『十地経論』『妙法蓮華経優波提舎』や勒那摩提訳の『究竟一乗宝性論』などに「三身」の語を認めることができる。ただこれらの諸論における三身のそれぞれの訳語は必ずしも一定したものではない。法・報・応の三身説が体系的に組織され、それが中国仏教において定着するのは浄影寺慧遠（五二三―九二）の『大乗義章』巻一九の「三仏義」においてであろう。[48]したがって僧叡が法・報・応の三身説については何らの言及もせず、その語を使用しないのは当然である。ただし、僧叡の五種法身説を後世の法・報・応の三身説との開合でいえば、まさしく第一の法性生身と第二の功徳法身は「報身」に、第三の変化法身は「応身」に、第四の虚空法身と第五の実相法身は「法身」に相当することは明確である。僧叡の五種法身説はすでに法・報・応の三身説の実質的な内容を有し、そこに到達すべき方向性を完全に具備しているのである。

しかし、次の点は特に留意すべきである。すなわち、僧叡の法身説の真意は法身に五種類あることを説いたり、いわんや三身説を明かすことを目的としたものではないということである。むしろ、法身の「生」「因」「応」「大」「妙」の観点から、その意義を論究し、帰納的に唯一根源の「一法身」を明らかにしようとしているのである。このことは決して看過してはならぬ重要な点である。

僧叡は明確に「詳らかに之を弁ずれば即ち一法身なり」と述べていることを忘れてはならない。その「一法身」を彼は「如来真妙法身」と称している。実はこの「一法身」すなわち「如来真妙法身」を明らかにするためにかりに開いて五種法身を説いたのである。したがって、五種法身を合して論ずれば次のようになる。

能く妙極無相にして、大いに虚空を包み、遍く万化に応じて感にして形われざること無きものなり。[49]

また僧叡はこの「一法身」について次のようにも語っている。すなわち、

如来法身は是れ妙功徳の果なり。功徳は無辺にして果も亦た無辺なり。功徳は無相にして果も亦た無相なり。功徳は方便にして果も亦た方便なり。無辺の故に量は虚空に斉し。無相の故に妙は実相に同ず。方便の故に感

にして形われざること無し。是れを如来真妙法身と為す。(50)

これらの説明に接するとき僧叡の法身説の真義はこの「一法身」たる「如来真妙法身」に帰着することは明らかである。

五　むすび

僧叡は自らの法身説の帰着点ともいうべき「如来真妙法身」についてことさらに「陰界不摂、非有非無」と述べている。これは法身を四大五根でもって解すべきでないことを厳しく誡めているのである。『大乗大義章』における鳩摩羅什と廬山の慧遠との法身をめぐる教義問答を例証として引くまでもなく、当時の仏教界では「身」字にとらわれ法身をもって四大五根を有する身体的なものとして連想しがちであった。僧叡はそのことの不当性を強調して法身が「色像」でないことを強く宣言しているのである。実際に鳩摩羅什に対して提出された慧遠の法身に関する疑問あるいは質問の内容を知っていたか否かは明らかではないが、次の僧叡の言葉は慧遠の疑義に十分に対応しうるものであることだけは事実である。

直ちに功徳・実相を指して名づけて法身と為す。此れ乃ち法の深理を以って仮りに名づけて身と為す。色像の謂には非ざるなり。(51)

大乗仏教では仏の所得の功徳法や生滅を超越した無為無相なる実相をもって法身と称している。僧叡がいうように大乗の法身は「法の深理」をいうのであり、四大五根のごとき色像の身を有するものの謂ではない。実に僧叡は大乗仏教の法身説を正しく把握して述べているのである。慧遠をはじめとして当時の仏教者が法身における四大五根の有無や法身と色身との差異にのみ最大の関心を寄せていたのとは異なる立場にあったことに注目すべきである。

この僧叡の法身説からすれば釈迦仏もまた当然法身と考えられる。かつて僧叡が師事した道安は盛んに自ら仏国ではなく「異国」に生まれて「仏後」に在ることを悲嘆し「寤寐に憂悸して首を疾むが若し」[52]と述懐しているが、道安はあくまでも釈迦仏をいわゆる「応身」または「色身」として捉えていることは事実である。ところが鳩摩羅什に就いて大乗の教学を学んだ僧叡は前述のごとき法身説を得たのである。その結果、釈迦仏もまた法身となしているのである。僧叡は次のような巧みな譬喩を用いてこのことを説明している。

冥室の曦光の孔に随って照らすが如く、光は万殊なりと雖も本の者は一なり。所謂、真法身なり。[53]

鳩摩羅什もまた『大乗大義章』に真法身と釈迦仏との関係について次のように述べている。

真法身はなお日の現ずるが如し。所化の身（＝釈迦仏）は同じく日の光の如し。[54]

鳩摩羅什は「日」と「日の光」の関係をもって釈迦仏を説いているが、僧叡もまた冥室の「曦光」と、孔に随って生ずる「万殊の光」とでもって「真法身」と「釈迦仏」との関係を語っている。これは鳩摩羅什の譬喩よりも、唯一の真法身と釈迦仏との関係を明らかにするにはより適切である。このように僧叡が釈迦仏を法身――感にして応ぜざることなき変化法身――とみたということは、八十入滅の釈迦仏をもって時間・空間の制限の中における四大五根の色身としてのみ捉えていた当時の仏教界に対して大乗の法身を端的に提示したものであり、仏身論を大きく進展させる重大な意義を有しているのである。僧叡の法身説は、釈迦仏を歴史的有限の中で捉えて末世・辺国を悲歎し、弥勒の信仰を有するに至った釈道安[55]や、四大五根の色身と法身との差異にとらわれて大乗の法身説を容易に理解しなかった慧遠[56]とは、やはり明瞭に一線を画するものがある。僧叡の法身説は五種の法身を立てながらも実は仏身の一元論とも称すべきものである。

この僧叡の法身説の立場は、ともすれば法身をもってただ単に「理」のみの無人格・無活動なものとしてみがちな偏狭な見解に対して、一石を投ずるものである。また釈迦仏は応身または色身であるとして法身との別異にのみ関心をもつ見解に対しても一考を促すものである。このように僧叡のいう法身は、決して無活動で無形態なものではなくて万化に感応しつつ常に「仏事」をなしている仏として把握されているのである。

要するに、この法性・功徳・変化・虚空・実相の五種の法身は、根源的な一法身(＝如来真妙法身)が本具する特性を五項目に整理して示したものとして理解すべきである。冥室の中の曦光に譬えられる根源の一法身の特性をそれぞれ異なる五種類の孔から窺ったものといいうるのである。

さらに思想史の上からいえば、『大乗大義章』などにみられるように複雑で多岐にわたる鳩摩羅什の法身説を簡潔明瞭に整理したものとして位置づけることができる。しかもこの法身説は実質内容としてすでに法・報・応の三身を具備し、その後の中国仏教における仏身論の展開の方向性を端的に示しているのである。(57)

註

(1)『名僧伝抄』(『名僧伝』第二六)の法盛伝「仏滅度後四百八十年中、有羅漢名可利難陀、為済人故弁兜率天、写仏真形、即此像也」(続蔵二乙・七・一、一三左上)。
(2)『道行般若経』巻一〇曇無竭菩薩品(大正八・四七六b)。また『般舟三昧経』に「仏の形像を作る」などの四事を説いている。『同経』巻上四事品(大正一三・九〇六b)参照。
(3)『理惑論』、僧祐撰『弘明集』巻一(大正五二・五b)所収。
(4)『後漢書』巻四二の楚王英伝に「楚王、黄老の微言を誦し、浮屠の仁祠を尚ぶ。云々」とある。
(5)『後漢書』巻七孝桓帝紀第七。
(6)『後漢書』巻七六を参照。

（7）『遊行経』『仏般泥洹経』『般泥洹経』の所説と『大般涅槃経』の所説の相違については喋々する必要はないであろう。『高僧伝』巻七の道温伝には中興寺の僧嵩について「末年僻執謂仏不応常住、臨終之日舌本先爛焉」（大正五〇・三七三a）と記し、大乗の『涅槃経』の如来常住説を誹謗するものの存在を伝えている。また『出三蔵記集』巻五の『小乗迷学竺法度造異記』（大正五五・四〇c—四一b）・『喩疑』（大正五五・四二b）によって大乗を疑惑・非難した者が当時存在したことを知ることができる。『高僧伝』巻一曇摩耶舎伝の附伝法度伝（大正五〇・三二九c）など参照。

（8）『増一阿含経』巻一（大正二・五四九c）。

（9）『智度論』巻一一に「観諸法空、是為見仏法身、得真供養供養中最、非以致敬生身為供養也」（大正二五・一三七a）と説いている。また『摩訶般若波羅蜜経』巻二七（大正八・四二一c）、『放光般若経』巻二〇（大正八・一四五a）、『智度論』巻九九（大正二五・七四七a）等参照。

（10）『智度論』巻一一（大正二五・一三七a）。

（11）拙稿「中国仏教初期の仏陀観—道安と慧遠の場合—」（『日本仏教学会年報』第五三号、本書第Ⅰ部所収）参照。

（12）横超慧日「僧叡と慧叡は同人なり」（『中国仏教の研究』第二〈法藏館、一九七八年〉所収）。また僧叡に関しては、古田和弘「僧叡の研究」（『仏教学セミナー』第一〇号・一一号）、荒牧典俊「南朝前半期における教相判釈の成立について」（『中国中世の宗教と文化』〈京都大学人文科学研究所、一九八二年〉所収）など参照。

（13）拙稿「鳩摩羅什の訳経—主要経論の翻訳とその草稿訳について—」（『大谷大学研究年報』第三八集、本書第Ⅲ部所収）参照

（14）拙稿「維摩詰経と毘摩羅詰経」（『仏教学セミナー』第四二号、本書第Ⅲ部所収）参照。

（15）『華厳玄談』巻三（続蔵一・八・三、二〇七右）、『華厳経随疏演義鈔』巻四（大正三六・二七c—二八a）。なお、鎌田茂雄博士はその著書『中国華厳思想史の研究』（東京大学出版会、一九六五年）において澄観の著述に僧叡の『維摩経義疏』の引文が存在することを紹介している。筆者が本章で検討しようとしている僧叡の『維摩経義疏』の逸文を真撰とした上で「澄観が叡公維摩疏として引用したのは、僧叡の維摩経義疏の散逸資料の研究のうえに、何ほどか役立つであろう」と述べている。鎌田茂雄「澄観の思想におよぼした羅什系仏教の影響」（『中国華厳思想史の研究』所収）参照。

(16)『華厳経随疏演義鈔』巻四（大正三六・二七c—二八a）。
(17)『華厳経随疏演義鈔』巻三一（大正三六・二四二a）、『同』巻三六（大正三六・二七六c）、『同』巻七五（大正三六・五九四c）等参照。
(18) 延寿撰『宗鏡録』九一（大正四五・九一〇c）。
(19) 本純撰『維摩詰経疏籤録』巻三にも「叡公維摩疏」の法身説を引いているが、それは『宗鏡録』からの引用である。
(20) 吉蔵撰『維摩経義疏』巻二（大正三八・九二五c）。
(21) 吉蔵撰『法華玄論』巻九（大正三四・四三九b）。ちなみに『法華玄論』の文を示せば次のごとくである。
　言其大網則弥綸太虚、故言虚空法身。語其妙則無相無為、故云実相法身。弁其能応則無感不形、故云感応法身。説其生則本之法性、故云法性生身。明其体則衆徳所成、故云功徳法身。約其義異故有衆名不同。考而論之一法身也。
(22) 前註(21)参照。
(23)『智度論』巻三四（大正二五・三一三b）。この直後に「釈迦文仏も亦、是れ法性生身の分にして、異体あること無し」と述べ、しかるに仏の在世に何故に五逆罪などの悪を作す者があるのかを問うている。
(24) 横超慧日「大乗大義章における法身説」・同「大乗大義章研究序説」（『中国仏教の研究』第二所収）等参照。
(25)『大乗大義章』（＝鳩摩羅什法師大義）巻上の「初問答真法身」（大正四五・一二二c）参照。
(26)『智度論』巻二七（大正二五・二六一b）。
(27)『智度論』巻二四（大正二五・二三六a）。
(28)『維摩詰所説経』巻上（大正一四・五三九c）。
(29)『大乗大義章』巻上（大正四五・一二三a）。
(30) 註(15)参照。
(31)『注維摩詰所説経』巻二（大正三八・三四三b）。『維摩経』方便品の「従無量功徳智慧生」に対する僧肇の注釈を参照。
(32)『智度論』巻三三（大正二五・三〇三b）、『同』巻三四（大正二五・三一三ab）等参照。

(33)『大乗大義章』巻上（大正四五・一二二c）。
(34)『大乗大義章』巻上（大正四五・一二五c）。
(35)『大乗大義章』巻上（大正四五・一二三a）。
(36)『首楞厳三昧経』巻上（大正一五・六四四c）参照。なお、『同』巻上に「我（＝照明荘厳自在王如来）寿七百阿僧祇劫。釈迦牟尼仏寿命亦爾」と説いている。
(37)『智度論』巻九〇（大正二五・六九八b）。
(38)『智度論』巻九（大正二五・一二一c―一二二a）。
(39)『智度論』巻三〇（大正二五・二七八a）。
(40)『大乗大義章』巻上（大正四五・一二二c―一二三a）。
(41)『注維摩詰経』巻二所載の僧肇の注に「経云、法身者虚空身也。無生而無不生、無形而無不形。超三界之表、絶有心之境。云々」（大正三八・三四三a）という。鳩摩羅什門下に共通する見解である。
(42)一例を示せば『維摩経』巻上弟子品の目連章に「法同法性入諸法故、法随於如無所随故、法住実際諸辺不動故」という。この経文に説く「如」「法性」「実際」について鳩摩羅什は「此三同一也」と解説している。僧肇もまた「如法性真際此三空同一実耳」という。『注維摩詰経』巻二（大正三八・三四六c）参照。
(43)『智度論』巻一一（大正二五・一三七a）。
(44)『智度論』巻九九（大正二五・七四七a）。
(45)『智度論』巻五〇（大正二五・四一八b）。
(46)『大乗大義章』巻上（大正四五・一二三a）。
(47)『大般涅槃経』巻二五、光明遍照高貴徳王菩薩品（大正一二・五一四c）。ちなみに親鸞は『顕浄土真実教行証文類』にこの経文を引用して真仏土を明かしている。
(48)『大乗義章』巻一九（大正四四・五三七c）。
(49)註(15)参照。
(50)註(15)参照。
(51)註(15)参照。なお、法身が「陰界不摂」で「色象の謂には非ざるなり」という僧叡の見解は、僧肇の「法身超絶三界。非陰界入所摂。故不可以生住去来而観。不可以五陰如性而観也。」と同質のものであり、鳩摩羅什の門下に共通するものである。『注維摩詰経』巻九（大正三八・四一〇ａｂ）参照。

(52) 道安『十二門経序』、『出三蔵記集』巻六（大正五五・四六ａ）所収参照。

(53) 註(15)参照。

(54) 『大乗大義章』巻上（大正四五・一二三ａ）。

(55) 拙稿「釈道安の弥勒信仰—弥勒上生経訳出以前の兜率願生—」（『大谷学報』六三—四、本書第Ⅰ部所収）参照。

(56) 拙稿「中国仏教初期の仏陀観—道安と慧遠の場合—」（『日本仏教学会年報』第五三号、本書第Ⅰ部所収）参照。

(57) 鳩摩羅什は『注維摩詰経』巻九の見阿閦仏品の注において「復次観仏有三種。一観形。二観法身。三観性空。」と述べている。ここにいう「形」仏と「法身」仏と「性空」仏とはのちの三身説と相応するものである。僧叡の五種法身説が法・報・応の三身の実質を具備しているのは鳩摩羅什の指導によることを物語るものである。『注維摩詰経』巻九（大正三八・四〇九ｃ）参照。

竺道生の法身説

一　問題の所在

外来の宗教である仏教と固有の伝統思想との関わりを明確にすることは初期中国仏教の研究における重要課題である。伝来の当初に中国の人々が理解していた仏教と、西域から伝来した仏教の実質との間には、おそらく大きな懸隔が存在していたであろう。旧来の仏教史観のように、天竺・震旦・本朝の間で、全く同一の仏教が順次に伝わり、地域のみを異にして流布しているわけではなく、実際にはインド仏教と中国仏教との間には多方面にわたって大きな差違が存在する。

外来の思想を受容する場合、その思想の母国においてははなはだ初歩的であったり、あるいは未発達のものがあたかもその思想の代表であるかのごとくに伝わる場合もあり、必ずしも水が低きに流れるように思想の発展のそのままに伝来し定着するものではない。ことに外来思想との接触の初期には、伝来した思想を非常に理想化したり、逆に非常に矮小化して理解するという例は古今東西にしばしば認められる。すなわち、外来の思想は伝来した土地において本来の思想を変えることなく定着するのではなく、むしろ受け入れる側の条件や固有の論理によって変容されるのが常である。

竺道生（?—四三四）は中国仏教の思想的な発展期に相当する東晋の末から宋代にかけて活躍した仏教者である。彼が主張した諸々の学説は、いずれも初期の中国仏教において画期的なものであった。「新論道士」と称された竺道生の学説は、斬新で独創的な内容のゆえに「珍怪之辞」といわれ、「孤情絶照」と評されている。彼の卓絶した仏教理解は「独見、衆に忤らう」ものであったという。(1)

竺道生の仏教思想史上の地位については、すでに先学によって王輔嗣の玄学上の地位に頗る相似するものと論評されている。(2)王輔嗣（二二六—四九）すなわち王弼は『周易略例』などを著し盛んに「得意忘象」「得意忘言」の説を発揮したが、竺道生も大小乗の学を究め、言外に徹悟し、忘象得意の立場から守文滞文の徒を厳しく粛清している。その点で竺道生の学は王弼が象数家を非難したのに比定される。『高僧伝』の所伝によれば、彼は時流を嘆いて次のように語っている。

夫れ象は以て意を尽し、意を得れば則ち象を忘る。言は以て理を詮し、理に入れば則ち言は息む。経典の東流してより、訳人は重阻し、多く滞文を守り、円義を見ること鮮し。若し筌を忘れて魚を取らば、始めて与に道を言うべし。(3)

竺道生は晩年に治定した『法華経疏』に「魚兎既獲、筌蹄何施」と述べている。この言葉は『荘子』(外物第二六）によるものであるが、当時の仏教界でもしばしば援用されていた。この「得意」の思考方法こそが竺道生の仏教研究における基本的な姿勢であった。宋の慧琳は『龍光寺竺道生法師誄』を撰し、竺道生の悟るところを「象者理之所仮、執象則迷理」と述べ、さらに続けて竺道生の常日頃の慨嘆を次のように記している。

胡より相伝し、中華に学を承くるもの、未だ能く斯の誠を出す者あらず。(4)

胡より相伝した仏教を学ぶ者もようやく多くなったが、未だ文に滞って迷理し「斯の誠」すなわち忘象得意に達するものがはなはだ少ないことを嘆いている。このような思惟方法に立つ竺道生が、仏教の拠り所である「仏」あるいは仏の本質である「法身」についていかなる見解を有していたのであろうか。竺道生と同時代の人で共に竺道生と交わりがあった長安の羅什（三五〇—四〇九）と廬山の慧遠（三三四—四一六）との間で数次にわたって交わされた教義問答も「法身」が議論の中心であった。歴史的に見ても「金人」を求めるところから始まった中国仏教は、ことにその初期においては「仏」の本質を何に求めるかは、常に仏教学上の重要な検討課題であった(5)。

当該の課題である「法身」の問題は、教主である仏陀の人格に対する憧憬を拠り所とする信仰と、「法」すなわち絶対の真理に対する信仰との統一整合を要求するものであるだけに、単に教学上の問題であるのみならず成仏道の実践の上からも仏教徒として決して看過することのできない重要課題である。

二　竺道生の事蹟と著述

竺道生の事蹟を伝える記録のうちで主要なものは、梁僧祐の撰になる『出三蔵記集』（巻一五）および同慧皎の『高僧伝』（巻七）に記載する「竺道生伝」である。さらにこれらに先行する資料として宋慧琳の撰になる『龍光寺竺道生法師誄』がある。竺道生の法身説を考察するに先立って、これらによって彼の事蹟について概観しておくことは是非とも必要であるが、紙数制限のため当該の課題に関わる要点の指摘のみに留めざるをえない。

竺道生の俗姓は魏氏で、家は代々仕族であった。仕族すなわち役人の家柄であり、現に父は現在の江蘇省に属する広戚の県令であった。梁の宝唱の『名僧伝』は、竺道生の伝記を中国法師のうちの「隠道」の一科に収めている(6)。これは彼が仕族の出であったことに因る分類であろう。「隠道」の語は『名僧伝』に特有のものであり、その意味内容の検討が必要であるが、おそらくは隠逸または逸民の謂であろう。このことが竺道生の思想に極めて重要な影響を与えている。竺道生は生まれながらにして伝統思想の儒教あるいは老荘における価値観ないし真理観と、仏教のそれをいかに調和するかという課題を背負っていたのである。もしも伝統思想を捨てて外来の思想により高次の価値を認めることができるならば、それは中国の仏教者としては、極めて簡明な処し方であろう。しかし外来の仏教と伝統の思想の両者を包む絶対の「真理」を求める竺道生は、それを体悟する為には真摯な求道に基づく種々の思想遍歴を避けることができなかった。

竺道生の生年は不明であり、出家の年次もまた明らかではないが、彼は建康において創建後間もない瓦官寺で竺法汰（三一九―八七）に就いて出家した。彼が竺の姓を名乗るのはもとより天竺の出身の謂ではなく、竺法汰との師資関係に起因する。志学の年に初めて講座に登り、その精緻な講義は宿望の学僧・当世の名士をも感服せしめるものであった。慧琳は竺道生の講義を、かの魯連（魯仲連）や項託のそれに比定している。やがて進具し建康の龍光寺に住したが、隆安年間（三九七―四〇一）には廬山の精舎に隠れた。この隠棲は七年にも及んだ。その間に多くの経論の鑽仰に努め、「入道の要は、慧解を本と為す」との確固たる信念を得たが、隠棲の地である廬山において鳩摩羅什の入関（四〇一）の報を聞き、慧叡・慧厳・慧観と共に長安に鳩摩羅什を訪ね、最新の大乗般若学を学んだ。しかし鳩摩羅什と竺道生との思想上の関係はかなり微妙で、当面の課題である仏身論や仏土観などに限っても両者は必ずしも同一の立場に立つものではなかった。(7) 竺道生は羅什が生存中の義熙五年（四〇九）に南の建康に還っている。南帰して以降、各地で大小乗の経論を究め、種々の学を修めた結果、該博な学説も異聞も忘象得意に立てば全ては「一致」するとの確信を得た。そこで彼は得意忘象に立って「新説」を主張し、滞文の徒と対立した。そのような彼の仏教学上の立場、あるいは思惟方法はいかにして確立されたのであろうか。慧琳の『龍光寺竺道生

法師誄』にしたがえば、それは「中年に遊学して、広く異聞を捜」ねることに因って得られたという。慧琳はより具体的に、

羅什大乗之趣、提婆小道之要、咸暢斯旨、究挙其奥。(8)

と述べている。すなわち竺道生は「羅什大乗之趣」「提婆小道之要」を学び、「其の奥」を究めることに因って「得意忘象」の確信を得るに至ったのである。ところがこの慧琳の誄文を資料とした『出三蔵記集』の竺道生伝には、

妙貫龍樹大乗之源、兼綜提婆小道之要。(9)

と記している。慧琳が「羅什・大乗」「提婆・小道」というところを、『出三蔵記集』の撰者僧祐は「龍樹・大乗」「提婆・小道」に改めている。なぜ僧祐はこのように改めたのであろうか。おそらく僧祐は、慧琳がいうところの「提婆」が『八健度論』や『阿毘曇心論』の訳者である僧伽提婆であることを理解せず、龍樹の弟子で『百論』の撰者である聖提婆と解し、誄文の「羅什」を「龍樹」と改め、龍樹・提婆と並称したのであろう。誄文の撰者慧琳は、鳩摩羅什に大乗を学び、僧伽提婆に有部の教学を学んだ竺道生の学問上の経歴こそが、その思想形成にはなはだ重要な契機になっていることを語りたかったのである。すなわち竺道生は龍樹・提婆の中観の立場にのみ立つのではなく、その学が大乗・小乗を綜貫したものであることを明らかにしているのである。

梁の宝唱の『名僧伝』は散逸して伝わらないが、宗性が抄出した『名僧伝抄』の巻末の「説処」に（『名僧伝』巻一〇記載の）竺道生伝の要項を列挙している。そこには、

廬山西寺竺道生事
廬山慧遠習有宗事

を併記している。(10)『名僧伝』には、竺道生が廬山で慧遠らと共に僧伽提婆に就いて「有宗」すなわち、説一切有部

の教学を学んだことを記していたのである。竺道生が鳩摩羅什と僧伽提婆に師事して空・有を共に学んだことが重要なのである。竺道生は空・有を校練して「忘象得意」に立ち種々の新説を主張したが、それは守文の徒には嫌嫉を生ぜしめるものであり、よって与奪賛否の声が起こったのである。

竺道生が一闡提成仏を主張したことはつとに有名である。建康に届いた法顕訳の『泥洹経』六巻を読んだ竺道生は経文にない一闡提の成仏を主張し、建康の衆僧から排斥され、元嘉七年（四三〇）には再び廬山に隠棲した。ところが曇無讖訳の『大般涅槃経』四十巻が建康に伝わり、経に一闡提成仏の文があることが広く知られるに及び、人々はその卓見に驚嘆した。また竺道生は言外に徹悟し、善不受報・仏無浄土・頓悟成仏などの説を唱え、その「孤明独発」な学説のゆえに、「独り天真の目を標す」ものであったと伝記は伝えている。長安の鳩摩羅什の下を去り江南に還り、建康の青園寺に住した竺道生は、宋の文帝をはじめ王弘、苑泰、顔延之など当時の名士からはなはだ尊重された。「独見、衆に忤らう」と評された竺道生にしては一見奇妙なことである。しかしこのことは実は竺道生の思想が、伝統思想に立つ人々にも十分に許容されるものであったことを端的に示すもので、彼の法身説を考える上でも示唆に富む史実である。

その竺道生の著述は、『出三蔵記集』に収める宋明帝勅中書侍郎陸澄撰『法論目録』によれば、『涅槃三十六問』や『弁仏性義』などの十種の論文が存在したという。また、『維摩経』『法華経』『泥洹経』『小品経』の四経の義疏を撰述し、そのほかに『善不受報義』『頓悟成仏義』『二諦論』『仏性当有論』『法身無色論』『仏無浄土論』『応有縁論』などの著述が存したと『出三蔵記集』ならびに『高僧伝』は伝えている。唐道宣の『大唐内典録』（巻四・巻一〇）にも右記の四経の義疏とともに、『善不受報』ないし『応有縁論』の七論を竺道生の著述として記録している。(11)

これらの竺道生の著述のうち『法華経疏』二巻が首尾完結して現存するが、ほかはいずれも散逸して完全な形で現存するものはない。ただし、『維摩経義疏』と『泥洹経義疏』の遺文は、現存の『大般涅槃経集解』(七十一巻)や『注維摩詰経』(十巻)に収蔵される「道生注」によって一端を窺うことができる。現存の限られた遺文・資料によって当面の課題である法身説について検討したい。

三　法身無色説

竺道生の闡提成仏説や頓悟成仏説などは、象外の真理を得意忘象して得られた画期的な学説であったが、象内の文字に執着する者には「珍怪之辞」にほかならなかった。いま検討しようとしている法身説もまた当時は「珍怪」として受け取られたことであろう。竺道生が法身について考究した論文である『法身無色論』はすでに散逸して内容を如実に窺うことができない。そこで竺道生の遺文の中から法身無色に関する釈義を蒐集したが、ここでは紙数の制限のため若干の要文を挙げて検討することにしたい。

竺道生の著述として完全な形で現存する『法華経疏』二巻から検討する。竺道生は『同書』巻下の寿量品の釈に、仏身について次のように述べている。

夫れ色身の仏は、みな応現にして有り、定んで実形無し。形、苟も不実なれば、豈に寿あらんや。然れば則ち方形は致を同じくして、古今は一為り。古も亦た今なり、今も亦た古なり。時として有らざること無く、処として在らざること無し。若し時として有らざること有り、処として在ざること有あれば、物において然るのみ。聖は爾らざるなり。(12)

この一文は、竺道生の仏身論としてつとに有名である。すなわち隋の智顗や吉蔵が、それぞれ『法華文句』巻九下や『法華玄論』巻二等に竺道生の仏身に関する見解として引用している。[13] この説を後世の師は、法・報・応の三身説に立って「二身」の処に「三身」を具備するものと解釈している。[14] しかし、彼の主張は三身説に立つものではないことは明らかである。竺道生は「色身の仏」は「応現」としてのみ存在し「定んで実形」のないものであり、「実形」がないからこそ「時として有らざる無」く、また「処として在らざる無」きものであることを明らかにしているのである。「色身の仏」が「実形」であれば、必ず「時」「処」の制約を受け、自在に現ずることはできない。空間的な「万形」（『法華経疏』の「方形」は「万形」の誤写）の差異も時間的な「古今」の諸仏の相違もともに「物」（衆生）においてのことであり、「聖」（仏）においては一致する。要するに、「時」「処」において「色身の仏」として「万形」をもって「応現」しているのは、まさしく「物において然るのみ」であると主張している。

竺道生の遺文を読むと「色身仏」「丈六」「八尺」「人仏」「人相仏」など種々な用語が認められる。『法華経疏』には、「応身接物」「分身諸仏」「生身麁近」などの表現も認められる。また『注維摩経』には「色身是外応之有」「人仏者五陰合成耳」「丈六之与八尺、皆是衆生心水中仏也」などと述べている。[15] これらの語が如実に示しているように「人仏」「丈六」「八尺」などの「万形」は、眼根の対象であり、当然「有色」「有相」の仏である。竺道生は「仏常無形」「迹中有名、仏無名矣」と述べ、「（法身）仏」は「無形」で眼根の対象ではなく「無色」であると説いている。そこから竺道生の仏身説は「二身説に外ならない」と断ぜられる。[16] しかし、彼の仏身説は果たして（法身と応身の）二身説であろうか。要するにこの問題は「無相」の法身と「有相」の仏身との関係を竺道生はいかに考えていたのか、という点に帰着する。

竺道生は「色身仏は、皆、応現にして有り」「丈六は応仮なり」「色身は其れ外に応ずるの有」と明言している。

すなわち「色身仏」や「丈六仏」などの「有相」の仏は、いずれも他にしたがったもの（順応）、あるいは求めに応じたもの（反応）である。仏の「形の巨細」「寿の脩短」は皆「衆生に接するの影迹」であり、衆生の「器」にしたがったもので、「万影・万形は皆、是れ器の所取」である。[17] したがって「応現」の「色身仏」「丈六仏」「人相仏」などは「定んで実形無」く、あたかも「水中の仏」のごときものである。

それでは「色身」「丈六」などの仏は、どこから、いかにして反応あるいは順応して「応現」するのであろうか。これに対する彼の見解は、『注維摩経』の中に認められる。

仏身とは丈六の体なり。丈六の体とは法身従り出ず。従出を以て之を名づくるが故に、即ち法身と曰うなり。[18]

「丈六」の仏は「法身」より「従出」したものである。竺道生のこの定義にしたがえば、色身は「法身」から「従出」したものであるからこそ「仏」と称しうるのである。同じく『注維摩経』にも、次のように説いている。

色身は是れ外応の有、無閡慧の中より出ず。無閡慧は色身無きなり。[19]

また「如来身は実理の中従り来る」とも述べている。「無閡慧」「実理」から「従出」あるいは「従来」したのが色身である。有色の身でありながら法身の「従出」「従来」であるから色身も「仏」と呼ばれるのである。竺道生が「無閡慧」「実理」の語によって語っているものこそが「常存」「常一」な無色の「法身」である。竺道生は「仏」を観るとはいかなることかについて、次のように述べている。

もし仏を見て以て（仏を）見ると為せば、この理は本より無し。仏また見えざるなり。仏有ることを見ざるを、乃ち仏を見ると為すのみ。仏を見る者、此の人を見て仏と為せば、未来より現在に至り、現在より過去に入らん。故に、推すに三世に仏あることを見ざるなり。[20]

これは『維摩経』見阿閦仏品の経文「我観如来、前際不来、後際不去、今則不住」を釈したものであるが、ここで竺道生は、時間的に過現未の三世における生滅・去来を越えたものこそが真の「仏」すなわち常住の「法身」であることを説いているのである。さらに、この釈に続く文に、竺道生は、

向きに（三世に）仏を見ずと云うは、或いは是れ己が見ること能はざるなり。仏無きには非ず。故にまた推すに仏の見るべきもの無きを以て之を尽くす。(21)

と述べている。先に竺道生は三世にわたって仏の形色を見ることはないといったが、それは仏が存在しないことをいうのではなく、仏は決して色法とかかわるものでないから、三世において生滅・去来しないことを宣言しているのである。

竺道生は仏身論に限らずあらゆる釈義において、千差万別の事物に遍在する「一」なる道理を強調している。すなわち、

万法は異なると雖も、一如にして是れ同じ。(22)

と明言している。また、遺文の中に「理苟無二、自然与一矣」「理則常一」などと述べている。この「一」なるものこそが「法性」である。彼は「法性者、法之本分也」と説き、様々に生滅する諸々の差別的な事物の「本分」が法性であると説いている。この「法性」「法之本分」を仏身論に限定していうときには「法身」と表現されるのである。

応現の仏が法身の「従出」「従来」であることについてはすでに考察した。それではいかにして、いかなる場合に（衆生に応じて）無色の法身が色身の仏として現れるのであろうか。実はこの問題に関する論究にこそが竺道生の仏身論の発揮と特色である。これは従来とかく看過されがちであったので節を改めて考察することにしたい。

四　法身の内実――法と理――

竺道生の見解にしたがえば「法身」すなわち法性と「丈六」の仏身とは決して同列に考えるべきではない。竺道生は『涅槃経集解』に、

身と法性と並ぶことを得べからず。有身は未だ了せざる所なり。(23)

と、明確に述べている。竺道生が「身与法性、不可得並」と主張するのは、丈六の「身」と「法性」すなわち法身とは決して並列的に考えることが許されない点を強調しているのである。丈六の「身」が「有」で実に存在する（有身）と考えるならば、それは未だ「法性」すなわち法身を完全に了悟するものとは言えない。竺道生は『注維摩経』に、

法を体するを以て仏と為し、法を離れて仏有るべからざるなり。もし法を離れて仏有らずんば、（仏は）是れ法なり。然れば則ち仏も亦た法なり。(24)

との見解を示している。要するに「仏」とは「法性」すなわち法身であり、相対を絶した「無相」である。『涅槃経集解』にも「体法為仏、法即仏矣」と述べている。これが竺道生の仏身説の基本概念である。それでは竺道生がいう「法を体する」とは、いかなる内容を指すのであろうか。竺道生は、「体法」について、『涅槃経集解』の釈に、

夫れ体法とは、冥合自然にして、一切の諸仏は皆、然らざるは莫し。所以に法は仏性為り。(25)

と説いている。この釈にしたがえば「法」を体するというのは「自然」と「冥合」することである。一切の諸仏は皆「自然」と「冥合」しないものはない。竺道生は「真理自然」「理苟無二、自然与一」などと語っているように

「自然」と「理」「法」とは同義となしている。この「理」「法」が仏の不変の性（仏性）である。竺道生は鳩摩羅什によって移入された大乗般若学により仏の本質が「法」「法性」であることを学び、その「法」「法性」を自ら徹悟し、しかもそれが中国の伝統の「理」や「自然」などと異なるものでないと理解している。例えば『涅槃経集解』に「仏」を説明し「当理者是仏、乖則凡夫」と述べ、「法者、理実之名也」と敷衍している。[26] また竺道生は『注維摩経』に「体法為仏」といい、その理由を、

法を離れて仏有るべからざるなり。若し法を離れて仏有らずんば、（仏は）是れ法なり。然れば則ち仏も亦た法なり。[27]

と語っている。すなわち「体法」と「当理」とは同義として把握している。竺道生は「法とは、理実の名なり」というように仏教の説く「法」と中国伝統思想の「理」とを別異なものとは考えていない。それゆえに彼は「仏為悟理之体」「悟理為仏」といい、同時に「体法為仏」と述べ「法」あるいは「理」を仏の当体となしている。[28]

竺道生は仏の根拠となる覚悟を、先の「体法」「当理」のほかにも実に様々な言葉を用いて表現している。『法華経疏』に「聖既会理」といい、『注維摩経』では「仏以究理為主」「観理得性」「究理尽性」と語っている。『涅槃経集解』でも「真理自然、悟亦冥府」「当理者是仏」「解既得理」と表現している。[29] さらに「得本」「反本」「帰極」などの表現も認められる。これらの遺文にしたがえば、竺道生は「自然」「法」「理」「性」「本」「極」「道」などを一義と考えている。なかんずく、「悟理」「究理」「観理」「当理」など「理」の語にことのほかに重要な意義を与えている。「理」については、検討すべき多くの課題を含んでいるので竺道生のいう「理」の特質について検討する。

まず「理」が無相であるという点については、竺道生の遺文の中にその主張が散見している。例えば、『注維摩経』に、

　菩提は既に是れ無相理極の慧なり。(30)

とある。また「理冥無形之境」という。『涅槃経集解』には、「理無移易、為常無也」と語っている。有相なるものは、相を有するがゆえに、相対的・量的な対立物の存在を否定することはできない。逆に「理」が無相であるということは、相対的ないかなる対立物の存在も許さないことを意味する。無相なる「理」は唯一絶対で第二第三の「理」というような相対・対立の存在を許さない。竺道生は、明瞭に述べている。

　相有れば則ち対有り。対有れば則ち為れ二なり。(31)

「有相」なるものはすなわち「有対」である。「理」は「無相」であるから「無対」であり、対立物のない「一」である。『注維摩経』に「仏常無形、豈有二哉」というのもまた（体理の）「仏」すなわち法身が「無相」にして「常一」なることを語っているのである。そこで「理」が唯一であることと無相であることとは表裏一体である。『法華経疏』に「理苟無二、自然与一」といい、さらに「理必無二、如来道一」と断言している。(32)このように「理」は唯一にして不二なるものである。

　陳の慧達は『肇論疏』の中で竺道生のいう頓悟に言及し、頓悟の根拠を「理不可分」あるいは「不分之理」に求め「理」の唯一性を明らかにしている。(33)慧達の言を待つまでもなく「理不可分」「不分之理」こそが竺道生の「理」に関する考え方の大原則である。この「理」は、竺道生が常にいうように凡夫の「感情の図る所に非ず」して「仏慧」によって観ずるのである。凡夫の「感情」を離れて「慧解」によって「理」を「体」すれば諸法は平等に「一」に帰することが自ずから明らかとなる。竺道生は『法華経疏』で「平等大慧」を釈し、

　平等とは、理に異趣無く、同じく一極に帰することを謂う。(34)

といい、『注維摩経』に、

法と法性とは理一にして名異なる。（中略）諸法は皆異なり、而も法これに入らば則ち一にして衆を統ぶ。[35]

というのも共に「理」の「一」なるゆえんを明らかにしているのである。実に「理」があらゆるものに行きわたり、遍満であるからこそ「一」なのである。そこで『注維摩経』に、

既に其の一を悟れば、則ち衆事みな得。故に一を衆事の所由と為す。[36]

といいうるのである。「悟理為仏」あるいは「当理者是仏」などと説かれるように、すでに「一」なる「理」を悟ったものが「仏」である。したがって「体理」あるいは「当理」に「乖けば則ち凡夫」である。[37]

竺道生は仏身の究極である「(妙)法」を釈して、

夫れ至像は無形にして、至音は無声なり。希微にして朕思之境を絶す。豈に形言有る者ならんや。[38]

と述べている。そのほかにも「仏常無形、豈有二哉」「迹中有名、仏無名矣」などと語り、仏が「無言」「無名」「無形」「無相」であることを繰り返し強調している。

ところで竺道生がいう「無形」「無名」な「無色の仏」と相好や寿量を具える「有形」「有名」の「有色の仏」との関係をいかに考えるべきであろうか。「法身」は当然「常に無形」で、しかも湛然として「常存」である。それでは何故に「丈六仏」や「人相仏」等の相好・寿量を具した「受身万端」の仏が生ずるのであろうか。この点が問題となる。すなわち「法理湛然、有興有没」の根拠を究明しなければならないであろう。実はこの問題に関する論究にこそ竺道生の仏身論の独自性と発揮点が認められるのである。この問題を竺道生と同時代の僧肇は、本迹の考えを導入して本地たる法身が「無為」に迹中に応現するものと理解していた。[39] ところが竺道生は「仏の出現」ないし「応身の興没」を単に本迹の問題ではなく、仏と衆生との「感応」に関わる課題として捉えている。

このことは竺道生の遺文以外の資料によっても明らかである。例えば『大乗四論玄義記』巻六の感応義によれば、

僧肇などの諸師は「聖人は無心にして応ず」という「無心説」を説いたのに対して、竺道生は「縁を照らして応ずるは必ず智に在り」という「作心説」に立っていた。(40) ここにいう「無心」は「無為」の謂であり、「作心」は衆生の「感」に対する仏の「応」すなわち「感応」の意味である。

そこで次に竺道生の遺文に即して感応義を検討し、無色の法身から有色の応身が興没する根拠を明らかにしたい。

五　仏身応現の根拠——感応義——

法身は形相がなく「無色」である。竺道生は『注維摩経』に法身の「法」を釈して、

法とは、非法無き義なり。非法無き義とは、即ち無相の実なり。(41)

といい、「無相実」にして「湛然常存」なるものこそが法身であると説いている。法身は「無相」で「常存」であることを「暫らくも廃する」ことなく、しかも「有相」にして「無常」な（「色身」「応身」「丈六」「人仏」などと称される）仏としていかにして存在するのか。「法身」が「無色」であることを明らかにした竺道生は、この色身の出現する根拠を、『涅槃経集解』には「法性照円、理実常存。至於応感、豈暫廃耶」と述べ、色身の応現の根拠を「応感」によると明言している。(42) さらに「色身者皆応現而有」「色身是外応之有」と述べている。これらの遺文によれば法身は「常存」で、決して「暫廃」することがないにもかかわらず「興没」の色身が存するのである。竺道生は仏の「長寿は外応の跡たり」と述べ、八十や七百阿僧祇の仏の寿量もまた「外応」にしたがったものと解している。『涅槃経集解』に、

百姓の寿を以て寿と為す。感ずれば必ず出ず。(43)

と述べている。また「如来何寿、以百姓為寿耳」といい、百姓の寿量にしたがって「外応」の色身の寿量も決定される。竺道生にしたがえば、色身は法身より「従出」したのである。そこで法身から色身を「従出」せしめる根拠、あるいはゆえんに関する考察こそが肝要となる。竺道生は法身から色身が「従出」する根拠を「感応」に求めているのである。

感応義は中国仏教の古くからの課題である。ことに梁代の成論師と、その教学に対抗する形で学派を形成した三論師によって盛んに考究された。また天台家においても詳細な検討がなされていることは周知のことである。それらの先駆をなす竺道生の感応義は、一体いかなる思想的な背景をもって形成されたのであろうか。

西晋の竺法護（二三九―三一六）が訳出した『正法華経』に「無数世界、広説経法、世尊所為感応如是」とあり、すでに「感応」の語を用いているが、この「感応」の訳語は竺法護が案出したものではなく、中国の古典を拠り所とするものである。しばしば指摘されるように『周易』や『荘子』などに「感応」の語を認めることができる。『礼記』の楽記にも「感於物而后動」などと感応について論じている。とりわけ『易』の「二気感応以相与」は相対する両者が互いに働きかけ相反応するのであるから仏教の感応思想との関わりが予想される。しかし、竺道生に影響を与えたのは時代思潮としての郭象（二四二―三一二）の説であったと考えられる。郭象は、

夫れ応じて会するに非ざれば、則ち、当ると雖も用なし。（中略）夫れ心無為なれば、則ち感に随って応ず。応は其の時に随う。(44)

と述べている。竺道生の感応義は、この郭象から大いに影響を受けている。例えば、『法華経疏』の「一時」の釈は郭象に類似する。すなわち、竺道生は次のように解釈している。

物機の聖を感じ、聖の能く応を垂る。凡聖道交して、良機を失わず、之を一時と謂う。(45)

郭象は感に随って応じ「応は其の時に随う」といい、感応に際して「時」を重視しているが、竺道生も「物機の聖を感じ、聖の能く応を垂る」ことが経典の最初の「一時」の義であり、凡聖が道交する為には「時」が極めて大切であることを表明している。

ただ郭象と竺道生の見解で決定的に相違する点は、感応における「機」の考えにある。右の釈にも認められるように竺道生は「物機」「良機」の語を用いて感応を論じている。彼はその他にも「悟機」「神機」など様々な「機」に関する語を用いている。郭象には未だ「機」の考えは明瞭でないが、竺道生は「凡聖」の間に「感応」が「道交」するためには「時」と共に「機」が不可欠であることを指摘している。郭象は感応において「時」が大切であると指摘しているが、竺道生は「時」に加えて新たに「機」の概念を導入している。ここに竺道生の「感応」思想の特色がある。

聖（仏）の側からすれば、「時」を得れば「感」「応」は必ず「道交」する。聖の「応」は凡の「感」がある「時」には例外なく成立する。その点で「感応」はもっぱら聖（仏）の側の道理である。それゆえに竺道生は『涅槃経集解』に「応感之事、是仏境界」と明言している。しかし、凡聖の間の「感応」を問題にすれば、当然、凡（衆生）の側の道理も必要となる。そこで竺道生は衆生の「機」を取り上げて問題にしている。真に「感応」が成立するための肯綮は、聖（仏）の側に有るのではなく、むしろ凡（衆生）の側の「機」に存する。竺道生は『法華経疏』に「蒼生機感不一」といい、衆生の「不一」の「機感」を問題にしている。竺道生が感応において「機」を問題にするのは、郭象が一律に「感」を語っているのとは大いに相違する。さらに竺道生が、

昔化の機、聖を扣けば、聖は則ち府応す。(46)

と説いている点は特に注目すべきである。すなわち、すでに宿世の教化を被った衆生の「機」が熟して、現に今

「扣聖」することが可能となり、聖はそれに「応」じて冥府するというのである。『法華経』信解品の長者窮子の譬喩においても「含大之機、扣聖為見父」と釈し、流浪の窮子が実の父に見えることが可能なのは「含大之機」すなわち、大乗の機根が「扣聖」するからと解している。竺道生がしばしば「扣く」という語を用いているのは「機」を単に静的な、教理学の用語としてではなく、はなはだ動的な、実践的な課題として捉えていることの証左である。それゆえ、竺道生は「物有悟機扣聖、聖有遂通之道」と述べ、「物」すなわち衆生における「悟機」を問題にしているのである。[47] 聖（仏）と凡（衆生）との間の「感応」にはまず「機」が「扣聖」することが第一の前提となると竺道生は考えている。次の言葉がそのことをもっとも端的に物語っている。

苟も内に道機無ければ、聖は則ち応ぜず。[48]

もしも衆生に「道機」がなければ「聖」といえどもいかんともなし難い。しかし衆生には「悟機」「道機」があり、「悟機」あるいは「道機」が「扣聖」することによって「感応」が成立するのである。当該の課題である仏身の問題においても、例えば、窮子の「扣聖」によって「見父」が可能なように、衆生の「扣聖」を待って初めて「無色」の法身が「有色」の仏身としての応現が可能となる。竺道生は『注維摩経』に法身の「不来不去」を解釈し、次のように述べている。

便ち応ずるに感有れば為に来り、感尽れば則ち去る。若し此れ来去有れば、復た来去すること能わず。[49]

法身は衆生の「感」に「応」じて即座に来現し、衆生の「感」が尽きれば即座に去消する。法身がもしも（感応として応現するのではなく）実際に衆生の前に去来するのであればそれは限定された時空においてのみ可能なことで、時空を超えて自在に去来することは不可能である。

この竺道生の見解はのちの涅槃学者に継承される。例えば北涼の道朗の『大涅槃経序』に認めることができる。

機を見て赴けば、則ち万形に応じて像を為す。（中略）乃ち形は十方に充つるも心は慮いを易えず。(50)

この道朗の感応思想にはすでに「機」という概念が定着し「機」の語を用いて仏身の応現を語っている。すなわち、仏は衆生の「機」を見て赴き、衆生の万形に応じて万形の像となる。こうして「形（色身）」は十方に充満するが「心（法身）」には変易がない。これはまさしく竺道生の思想を継承するものである。

以上の考察から、竺道生が考える無色の「法身」と有色の「応身」との関係は、彼がいう第一義諦と世諦とに比定される。二諦に関する竺道生の見解は、次のとおりである。

若し世諦すなわち第一義ならば、唯だ第一義のみ有りて、世諦は無きなり。(51)

この釈から推せば竺道生の仏身説は、ただ法身のみで色身（の仏）はないとする一身説ともいいうるものである。衆生の「感」に応じた（有色の）色身は、（無色の）法身の相対者でも対立者でも否定者でもない。色身はすべて法身であり、（不変の）法身の変化相が色身である。

六　結　語

上述のように、法身は無色である。無色なるがゆえに、法身には住処たる浄土を必要としない。吉蔵が『勝鬘経宝窟』に援引しているように竺道生には『法身無浄土論』と称する論文があった。(52)そこで竺道生は無色義に立って法身を解し、法身に浄土がないゆえんを明かしている。無浄土であれば、当然、浄土のための行善もまた浄土における受報もない。

竺道生の種々なる学説が「珍怪之辞」と受け取られたのは、結局、当時の仏教界において成仏に対する見解に混乱があった為である。先に述べたように竺道生は「理」を悟ること、「法」を体することをもって成仏と考え、これを「真利」となしている。決して行善に因って富楽などの果報を得ることをもって「受報」とはなしていない。功徳や利益を求めることなく「理を窮め性を尽くす」ことが成仏であり、これこそが「真利」の「受報」と考えているのである。『注維摩経』に「無利之利真利也」と明言しているとおりである。(53)

竺道生は法身の問題と表裏の関係にある成仏の問題について検討した結果、法身無浄土や善不受報の論として結実した。また竺道生には応有縁論という論文もあった。この論文も散逸して伝わらないが、『大乗四論玄義記』巻六によって、その思想の一端を窺うことができる。また慧達の『肇論疏』にも「生法師云、感応有縁、或因生苦処、共于悲愍。或因愛欲、共于結縛。或因善法、故有心而応也」と紹介されている。(54)これによれば竺道生の応有縁論は「感応有縁」について明かした論であった。この説にしたがえば、仏は「愛欲」という悪因縁に対しても「感応」するというのであるから、のちの如来性悪説に繫がる内容を含んでおりはなはだ興味深いが、竺道生の主眼はあくまでも衆生における「成仏」の根拠とその因縁を解明する点にあった。竺道生が『大般涅槃経』が伝訳される以前に六巻『泥洹経』の「悉成平等如来法身」の義を理解し、一闡提の「成仏」を主張したことは周知の事実である。(55)しかし「成仏」の問題は単に「仏性」のみで解明できるものではない。竺道生は仏性とともに衆生に不同の因「縁」が「有」り、それに感「応」する仏の「作心」あるいは「有心」が「成仏」のための条件と考えている。このことを解明したのが応有縁論である。竺道生の仏教学は、仏身論においても、成仏論においても「感応」の思想が極めて重要な要素となっている。

竺道生は「大乗の悟」について、

夫れ大乗の悟は本より近くの生死を捨て、遠くに更に之を求めざるなり。斯れはこれ（大乗の悟は）生死の事の中に在て、即ち其の実を用て悟と為す。苟も其の事に在て其の実に変じるを悟の始めと為す。豈に仏の萌芽は生死の事より起こるに非ずや。(56)

と説いている。ここで竺道生は「大乗の悟」は現実の衆生の生活を離れて別にあるのではないことを明かしている。近くの現実である「生死の事」を離れて遠くに別に「悟」を追求すべきでなく、「其の事」すなわち現実の「生死の事」を変じて「其の実」を顕すことが「悟」である。「其の実に変じる」こと、すなわち質的な転換を竺道生は特に「頓悟」と称しているのである。衆生の「悟」は「生死の事」を離れてあるのではなく、成仏の萌芽も「生死の事より起こる」のである。これが「大乗の悟」である。何故にこのようなことが可能なのか。それは先に考察したように「一」なる真理が湛然として遍満しており「其の事」と「其の実」とがもとより別異なものでないからである。それゆえに「生死」を離れて別に「悟」を求める必要はないのである。

竺道生は「理転扶疏、至結大悟実」と述べている。(57)大悟の実を結ぶまでの過程を「理は転た扶疏して」と表現している。「扶疏」とは木の枝が四方にひろがり繁茂する様をいうのであり、あたかもそのように「理」が普く全ての事象に遍満しているからこそ「悟」が可能なのである。そこで『法華経疏』には、

一切の衆生は、是れ仏ならざるなし。亦た皆な泥洹なり。(58)

と宣言する。「衆生即仏」であれば、仏の住処である浄土を別に求める必要もない。『涅槃経集解』に「従理故成仏果、理為仏因也」「成仏得大涅槃、是仏性也」と述べている点から推して竺道生は「理」が「仏性」であると考えている。衆生は「理」の中にあり「理」が「扶疏」しているからこそ衆生に「仏性」が遍満しているのである。

竺道生の仏身論や仏性論など、その仏教学の基調にある「理」の考えは、実は外来の思想ではなく、中国伝統の思想である。ただし、それは単に用語の借用ではない。竺道生が「理」をはなはだ重視するのは自身の実践的な課

題として外来の仏教思想と固有の伝統思想とを自らの内に調和統一しようと目指しているからである。

竺道生の思想を継承した謝霊運の言葉を借りて、彼の仏教学の特色を明確にしておきたい。謝霊運は『弁宗論』に「新論の道士」すなわち竺道生の見解を、次のように記している。

釈氏の論は、聖道遠しと雖も、積学にして能く至り、累尽き鑑生ずれば、方応に漸悟すべし。孔子の論は、聖道既に妙にして、顔は殆ど庶しと雖も体に鑑周無く、理は一極に帰す。新論の道士ありて以為らく、寂鑑は微妙なれば、階級を容れず。積学は限りなければ、何すれぞ自ら絶つことをせんや。今、釈氏の「漸悟」を去って、其の「能至」を取り、孔子の「殆庶」を去って、其の「一極」を取らば、「一極」は「漸悟」に異なり、「能至」は「殆庶」に非ず。故に理の去る所、各々取ることありて合すと雖も、然も其れ孔・釈を離る。(59)

竺道生が高唱するところの「新論」は、仏教の伝統である「漸悟」の説を捨て、儒教の理の「一極」を取り、また、儒教の「殆庶」を捨て、仏教の万人成仏である「能至」を取ったのである。ここにいう「殆庶」とは、「顔は殆ど庶し」と述べているように、孔子の高弟である顔回はほとんど聖人に庶く「亜聖」であっても決して聖人には成ることができない。ところが仏教は極めて永い修道を説くが、ついには必ず仏（聖人）に至る。すなわち「能至」が可能なのである。そこで儒家の「殆庶」を捨て、仏家の「能至」を取り、逆に仏教の「漸悟」を捨て、儒教の「一極」を取る。儒・仏の両家をそれぞれ取捨し、儒・仏の不完全を補完したのである。『弁宗論』は「一極」について、「孔子の論」に明かす「理帰一極」のことで儒教の所論となしているが、実には魏晋の玄学家の王弼らの主張であり、厳密には儒教の思想ではない。したがって竺道生の仏教学は、当時の玄学の影響下にあって、儒教・老荘の中国思想と外来の仏教思想との相対的な対立を離れて両者の調和を計ったものである。伝統の「孔」

（儒教）と外来の「釈」（仏教）とを相対的に捉えるならば、竺道生の立場は「孔・釈を離」れたものである。しかし竺道生は両者を対立的に考えず、両者を包むより高次の立場に立とうとするものであり、もはや彼にとって仏教は外来の思想ではなく「理」の覚者の宗教なのである。竺道生は常々「入道の要は、慧解を本と為す」ことを強調している。入道の要である「慧解」とは一体何を指すのであろうか。竺道生は「夫れ象は以て意を尽くし、意を得れば則ち象を忘る。言は以て理を詮し、理に入れば則ち言息む」と語っているが、実はこの「得意忘象」「入理息言」の工夫こそが「慧解」と呼ばれるものなのである。形象は「理」の仮相であるにもかかわらず、仮相である形象に執すれば入道の要である「慧解」に背き、「理」に迷惑することになる。儒教や仏教の「言」を離れ、そのとらわれを「息める」ところの「息言」の工夫こそが肝要となる。竺道生は「忘象」「息言」して「得意」「入理」する工夫を「慧解」となし「入道の要」として重視している。

本章では竺道生の仏身論に限って考察したが、かかる「慧解」によって「仏」を論ずれば当然「法身無色」の論となる。竺道生はこのような「忘象得意」の思惟方法によって古今の滞文依語の仏教学徒を厳しく粛清しているのである。

註

（1）竺道生の伝記は梁僧祐の撰になる『出三蔵記集』巻一五（大正五〇・一一〇c—一一一b）および梁慧皎の撰になる『高僧伝』巻七（大正五〇・三六六b—三六七a）に収載されている。それらに先行する資料として、宋慧琳の撰になる『龍光寺竺道生法師誄』があり、唐道宣が編纂した『広弘明集』巻二三の僧行篇（大正五二・二六五c—二六六b）に収録している。また、『周書』の夷蛮伝にも竺道生の伝を記載している。『高僧伝』に「孤明先発、独見忤衆」（大正五〇・三六六c）と道生を評している。「珍怪之辞」は慧琳の文（大正五二・二六六a）に見られる。道生の頓悟義を継承した謝霊運は『弁宗論』に竺道生を「新論道士」と称してその説を紹介している。『弁宗論』は『広弘明集』巻一八（大正五二・二二五ａ）に収める。『高僧伝』巻七の道猷伝に「帝毎称曰、生公孤情絶照」（大正五〇・三七四ｃ）とある。ちなみに道猷は道生の弟子である。

（2）湯用彤『漢魏両晋南北朝仏教史』（中華書局、一九五五年）第十六章竺道生参照。

（3）『高僧伝』巻七（大正五〇・三六六ｃ）参照。

（4）『龍光寺竺道生法師誄』（大正五二・二六五ｃ）参照。なお、「斯誠」を高麗版は「斯域」となす。今は三本にしたがう。

（5）拙稿「中国仏教初期の仏陀観」（『日本仏教学会年報』第五三号、本書第Ⅰ部所収）および同「五種法身説―中国仏教初期における法身説の一類型―」（『仏教学セミナー』第四八号、本書第Ⅱ部所収）参照。

（6）『名僧伝抄』（続蔵二乙・七・一）の目次によれば「名僧伝第十隠道下中国法師下」に「宋尋陽廬山西寺道生」の伝を載せていた。「隠道」については、桐谷征一「廬山慧遠における隠道の意味」（『印度学仏教学研究』一九―二）参照。

（7）鳩摩羅什と竺道生との思想的関係については十分な検討を必要とする。直接に羅什の思想を窺う資料として秦王姚興の為に著した『実相論』三巻があったというが、散逸して伝わらない。そこで羅什の思想を知る為には『注維摩経』と『大乗大義章』に因らねばならない。『注維摩経』には竺道生の釈も共に収められており、両者の思想を比較検討するのには便利である。『注維摩経』によれば、羅什は浄土の成立を仏力の功となしているのに対して、道生は浄土は衆生に因って成立すると説いている。この浄土に関する羅什と道生との見解の相違は、慧遠の『大乗大義章』にも紹介されている。すなわち、『大乗大義章』によれば、羅什は諸仏に浄土があるが、衆生にはないと説いたのに対して、道生は衆生にのみ浄土があり仏には浄土はないと主張したという。なお道生の仏身説については、古田和弘「竺道生の法身無色説」（『印度学仏教学研究』一七―二）および吉津宜英「法身無色説について」（『仏教学』三）等参照。

（8）『龍光寺竺道生法師誄』（大正五二・二六五ｃ）。

（9）『出三蔵記集』巻一五（大正五五・一一〇ｃ―一一一ａ）。

（10）『名僧伝抄』（続蔵二乙・七・一、一五右上）の「付　名僧伝説処」に「廬山西寺竺道生事」以下、名僧伝に記

載の道生伝の要項を列挙している。善不受報や一闡提成仏などの所説の一端を窺うことができる。
(11)　『出三蔵記集』巻一二所収の陸澄の『法論目録』(大正五五・八二b—八五b)参照。また、道宣の『大唐内典録』巻四(大正五五・二五七c)に「沙門竺道生七部七巻論」と記し、『同』巻一〇(大正五五・三三〇c)に具体的に七論の名を挙げている。
(12)　『法華経疏』下・釈寿量品(続蔵二乙・二三・四、四〇九左)。
(13)　智顗の『法華文句』巻九下(大正三四・一二七ab)に僧叡・道朗・慧観と共に道生の『法華経疏』の法身説を引用し紹介している。吉蔵もまた『法華玄論』巻二(大正三四・三七七a)に道生の同文を引用している。吉蔵は「評曰、道朗僧叡但明常義耳。生公注経明非常非無常義也」と論評している。
(14)　湛然の『法華文句記』巻九下(大正三四・三二八b)に「生公意云、一身之処三身備矣。云々」と解説している。
(15)　『法華経疏』(続蔵四〇六右上、四〇八左上、四一一右下)および『注維摩経』(大正三八・四〇五a、四一〇b、三四三b)。
(16)　例えば、塩田義遜『法華教学史の研究』(塩田教授古稀記念出版、一九六〇年)一三六頁参照。
(17)　『注維摩経』巻二(大正三八・三四三a)参照。
(18)　『注維摩経』巻二(大正三八・三四三a)。ちなみに道生は「法身」と「丈六」との相互関係を「従出」「従来」によって論じているが、北魏の曇鸞も「法性」「方便」の二法身の関係を「由生」「由出」によって説明している。
(19)　『注維摩経』巻九(大正三八・四〇五a)。『同書』巻三(大正三八・三六〇a)には「如来身従実理中来、起不由彼」とある。
(20)　『注維摩経』巻九(大正三八・四一〇a)。
(21)　『注維摩経』巻九(大正三八・四一〇b)。
(22)　『法華経疏』巻上・釈序品(続蔵二乙・二三・四、三九八左下)。また『同』巻上・釈譬喩品(四〇二右下)、『同』巻下・釈薬草喩品(四〇三左下)参照。
(23)　『涅槃経集解』巻九・釈長寿品(大正三七・四一九c)。
(24)　『注維摩経』巻八・釈入不二法門品(大正三八・三九八b)。また『涅槃経集解』巻五四・釈師子吼品(大正三七・五四九a)に「体法為仏、法即仏矣」と説いている。

(25)『涅槃経集解』巻五四・釈師子吼品(大正三七・五四九a)。道生はここで「冥合自然」と言っているが、「冥合」のほかにも「冥」「冥符」などの語をしばしば用いている。真理に対する完全な認識を表現したものである。すなわち、「知るもの」と「知られるもの」などの主客の対立がなくなった状態を指している。対立を絶無して、完全に自然と一体になった状態を「冥合自然」と称している。「冥合」「冥符」の概念は、郭象などから影響を受けている。例えば、郭象は『荘子』の徐無鬼篇注に「至理有極、但当冥之、則得其枢要也」と注している。

(26)『涅槃経集解』巻二一・釈文字品(大正三七・四六四a)、『同』巻五四・釈師子吼品(大正三七・五四九a)。

(27)『注維摩経』巻八・釈入不二法門品(大正三八・三九八b)。

(28)『注維摩経』巻三・釈弟子品(大正三八・三六〇a)、『同』巻八・釈入不二法門品(大正三八・三九八b)。なお「理」については、荒牧典俊「中国対仏教的接受―「理」的一大変化―」(中国社会科学院編『中日仏教研究』〈中国社会科学出版社、一九八九年〉)等を参照。

(29)『法華経疏』巻下(続蔵四〇六右上)、『注維摩経』巻二(大正三八・三四五b)、『同』巻五(大正三八・三七五a)、『同』巻三(大正三八・三六三c)、『涅槃経集解』巻一(大正三七・三八〇c)、『同』巻二一(大正三七・四六四a)、『同』巻五四(大正三七・五四七c)等参照。

(30)『注維摩経』巻四・釈菩薩品(大正三八・三六二a)。

(31)『注維摩経』巻八・釈入不二法門品(大正三八・三九八b)。

(32)『法華経疏』巻上(続蔵四〇二右下)、『同』巻下(四〇五左下)。

(33)慧達撰『肇論疏』巻上・折詰漸第三(続蔵二乙・二三・四、四二五左上)に「竺道生法師大頓悟云、夫秤頓者、明理不可分、悟語照極、以不二之悟符、不分之理、云々」とある。

(34)『法華経疏』巻上(続蔵三九六左下―三九七右上)。

(35)『注維摩経』巻二・釈弟子品(大正三八・三四六c)。

(36)『注維摩経』巻八・釈入不二法門品(大正三八・三九六c)。また『同書』巻九・釈菩薩行品(大正三八・四〇四c)にも「苟達其一、衆事皆畢」と述べている。

(37)『涅槃経集解』巻二一・釈文字品に「当理者是仏、乖則凡夫」(大正三七・四六四a)とあり、また『同書』巻五四には「背道非実、名為凡夫」(大正三七・五四五c)ともいう。

（38）『法華経疏』巻上（三九六左下）。ちなみに「至像無形」は『老子』四一章の「大象無形」の句を借りたものである。

（39）例えば、『注維摩経』巻四の僧肇の釈に「法身無為而無不為」（大正三八・三六〇a）とある。

（40）『大乗四論玄義記』巻六（続蔵一・七四・一、四〇右上）。

（41）『注維摩経』巻二・釈方便品（大正三七・三四三a）。また『涅槃経集解』巻九にも「法者無復非法之義也」（大正三七・四一九c）と説いている。

（42）『涅槃経集解』巻九・釈長寿品（大正三七・四二〇a）。なお道生の感応については、森江俊孝「竺道生の感応思想」（『印度学仏教学研究』二一―一）、菅野博史「竺道生における機と感応について」（『印度学仏教学研究』三二―一）参照。

（43）『涅槃経集解』巻九・釈長寿品（大正三七・四一七b）。

（44）郭象『注荘子序』（南華真経旧序）参照。

（45）『法華経疏』巻上・序品の「一時」釈（続蔵三九七右下）。

（46）『法華経疏』巻上・釈譬喩品（続蔵四〇三右上）。

（47）『法華経疏』巻下・釈観世音品（続蔵四一二右下）。

（48）前注の直前の文。『法華経疏』巻下（続蔵四一二右下）。

（49）『注維摩経』巻九・釈阿閦仏品（大正三八・四一一b）。

（50）涼州朗法師撰『大涅槃経序』（大正五五・五九b）。

（51）『涅槃経集解』巻三一・釈聖行品（大正三七・四八七b）。

（52）吉蔵撰『勝鬘経宝窟』巻上末（大正三七・一五c）。

（53）『注維摩経』巻三・釈弟子品（大正三八・三五八c）。

（54）慧達撰『肇論疏』（続蔵二乙・二三・四、四二一右上下）。

（55）『出三蔵記集』巻九所収の『泥洹経』の「出経後記」に「一切衆生悉成平等如来法身」（大正五五・六〇b）とを記している。

（56）『注維摩経』巻七・釈仏道品（大正三八・三九二a）。

（57）『注維摩経』巻七・釈仏道品（大正三八・三九二ａ）。
（58）『法華経疏』巻下・釈見宝塔品（続蔵四〇八右下）。
（59）謝霊運撰『弁宗論』・『広弘明集』巻一八（大正五二・二二五ａ）。

竺道生の「新説」とその背景

一　問題の所在

竺道生は東晋代から宋代にかけて活躍した学僧である。彼の伝記を記載する僧祐の『出三蔵記集』巻一五、慧皎の『高僧伝』巻七には、宋の元嘉十一年（四三四）冬十一月、廬山精舎に卒すと記している、その年歳については伝えていないので彼の生年を明らかにすることはできない。しかし後世の『釈氏通鑑』には、その根拠を明確にはしていないが、竺道生は「寿八十」で寂したとなしている。(1)本章の考察のいちおうの目安として、かりにこれにしたがえば、竺道生は東晋の永和十一年（三五五）の生まれということになる。廬山の慧遠が東晋の咸和九年（三三四）に生まれ義熙十二年（四一六）に八十三歳で卒した人であるから、竺道生は慧遠のほぼ二十年の後輩である。この竺道生が、当時の仏教界にあって独創的な種々の「新説」を主張し、のちの仏教思想の展開に大きな影響を与えたことはつとに知られている。例えば曇無讖訳の『大般涅槃経』が建康に伝わる以前に、未だ一闡提の成仏の明文のない六巻本の『泥洹経』によって「闡提成仏説」を説いたことや、「頓悟成仏説」「善不受報」「法身無色論」「仏無浄土論」など、次々に「新説」を打ち出している。旧い説にしたがう「旧学」の人々や、経文に拘泥する「守文の徒」は、いずれも竺道生の「新説」に対して「嫌嫉」を生じ、「邪説」として排斥したという。(2)

僧祐の『出三蔵記集』巻一五には、「遊学積年、備に経論を総べ、龍樹の大乗の源を妙貫し、兼ね提婆の小道の要を綜べて、博く異聞を以て、約するに一致を以す。乃ち喟然として嘆じて曰く、夫れ象は以て意を尽し、意を得れば則ち象を忘る。言は以て理に寄り、理に入れば則ち言息む。経典東流してより訳人重阻し、多く滞文を守り、円義を見るもの鮮し。若し筌を忘れ魚を取らば、則ち与に道を言るべしと。ここに於て空有を校練し、因果を研思し、乃ち善不受報及び頓悟の義を立つ。旧説を籠罩として、妙に淵旨あり。守文の徒は多く嫌嫉を生じ、与奪の声、紛然として互いに起こる」と記している。

慧皎の『高僧伝』もほぼ同様な記事を載せ、彼の「新説」は「言外に徹悟」し「忘象得意」によって得られたものであるといっている。それゆえに、竺道生の「新説」は「孤明、先ず発り、独見、衆に忤らう」ものであったという。伝記が伝えるとおり、竺道生はその著述の中で「夫未見理時、必須言津、既見乎理、何用言為。（中略）魚兎既獲、筌蹄何施」と語り、文にとらわれる「守文」「滞文」の徒では経の「円義」を捉えることができぬと主張する。(3)

『高僧伝』に「入廬山幽棲七年、以求其志、常以入道之要、慧解為本」と示しているように、七年に及ぶ廬山の隠棲中に竺道生は「入道の要は、慧解を本となす」との確信を得たのである。すなわち、竺道生の「新説」は彼の卓越した論理の力、慧解によるものであることは当然のことであるが、その慧解は修道に裏づけられたものである。したがって竺道生の「新説」は、ただ経典の文言のみを根拠として主張されたものではない。

このように見てくると、竺道生の「頓悟成仏説」などの「新説」は、「慧解」より以上に「戒学」や「定学」を重んじる人々や、「意を尽くす」ことや「理に入る」ことよりも経典の表面的な文字にとらわれている「旧学」「旧説」「守文の徒」に対する冷徹な批判ということになる。

竺道生は単に天才的な閃きで、次々に「新説」を打ち出していったのではなく、そこには「旧学」「旧説」を批判するという明確な目的があった。竺道生の伝記を録している慧皎も僧祐も共に語っているように竺道生の「新説」は、「旧説を籠罩する」ものであった。竺道生の「新説」の直接的な「因」は、言うまでもなく彼の修道によって裏打ちされた論理の力、忘象得意の慧解であるが、彼をして「新説」を主張せしめる間接的な「縁」すなわち背景があるはずである。

しからば竺道生の「新説」に対して「旧説」の側にあったのは果たして誰か。結論的に言えば、それは竺道生より二十年の先輩で、江南仏教界の重鎮であった廬山の慧遠と考えられる。

梁・宝唱の撰になる『名僧伝』の「説処」によれば、竺道生は慧遠と共に廬山において僧伽提婆に就いて「有宗」すなわち説一切有部の教学を学んでいることが分かる。(4) しかも、竺道生も慧遠も共に（直接・間接の相違はあるが）長安の鳩摩羅什から大乗の学も学んでいるのである。しかし、この羅什の大乗学と僧伽提婆の小乗学との両者の関係に対する理解の仕方が、竺道生と慧遠とでは決定的に相違する。

慧琳の撰した竺道生の誄にも「中年遊学、広捜異聞。（中略）羅什大乗之趣、提婆小道之要。咸暢斯旨、究挙其奥。（中略）既而悟曰、象者理之所仮、執象則迷理。教者化之所因、束教則愚化」とあるように、鳩摩羅什と僧伽提婆から、それぞれ大小乗の学を真剣に学んだ竺道生は、次のように悟ったのである。すなわち、

象は理の所仮、象に執われれば、則ち理に迷い、教は（教）化の所因、教に束れれば、則ち愚に化す。

と領解するに至ったのである。先に引いたように、慧琳よりのちの僧祐や慧皎もまた竺道生の思想の遍歴をほぼ同様に語っている。

一方、慧遠は竺道生と同じく羅什から大乗・空の学を、提婆から小乗・有の学を学び、新来の羅什の大乗般若学

を重んじたことはもちろんであるが、同時に提婆の小乗有部の学もまた極めて重視している。ことに慧遠の要請で僧伽提婆が三九一年に廬山で訳出した『阿毘曇心論』などは慧遠の修道や学問に重大な影響を与えたのである。

僧伽提婆が訳出した有部の論書である『阿毘曇心論』について慧遠は「管統衆経、領其宗会」ものであり、それゆえに「遠亦実而重之」と述べ、高い評価を与えている。(5) この有部の論書に対して慧遠自らが「遠も亦、実としてこれを重んじる」と告白している。実際に彼の著述を読むと、その業報説、禅観の行位の解釈、法性説など、実に多方面にわたって僧伽提婆の有部の教学から重大な影響を受けているのである。

提婆の教学も羅什の教学も共に仏教として重視する慧遠は、大乗と小乗、有と無との間で混迷混乱するのはむしろ当然である。慧遠は仏典の文字を極めて忠実に受けとめ、それに拘泥している。そこで慧遠は、有も無も、大乗も小乗も、共に等価で仏教として等しく是認しなければならなくなる。

若此之流、乃出自聖典、安得不信(6)

これが慧遠の聖典に対する基本姿勢である。小乗も大乗も、有も無も「此の若きの流、乃ち聖典より出ず、安んぞ信ぜざらんや」というのが慧遠の不動の考えである。

これに対して竺道生は「教を化の所因」となし、経典の文字はあくまでも教化の手段であり、「教に束れるのは愚に化す」と考えている。このような経典観を有する竺道生と、聖典に書かれている以上は「どうしても信じないわけにはいかない」と考えている慧遠とでは、有・無に対する考えが根本的に相違するのは至極当然のことであろう。

(1) 理無二実、而有二名。如其相有、不応設二、如其相無、二斯妄矣。(7)

(2) 若世諦即第一義者、唯有第一義、無世諦也。(8)

(3)　法性常住、為無耶、為有耶。若無如虚空、則与有絶、不応言性住。若有而常住、則堕常見。若無而常住、則堕断見。若不有不無、則必有異乎有無者。弁而結之、則覚愈深愈隠。(9)

ここに見られる(1)(2)の竺道生の「理」や「二諦」に関する考えは極めて明瞭であるのに、(3)の慧遠の見解は、有無に迷い「覚りは愈深く、愈隠る」と述べている。これは「守文」「滞文」の最たるものである。

竺道生の「新説」には一々慧遠の名をあげてはいないが、慧遠に代表される「旧学」に対する痛烈な批判をしているのである。

二　慧遠の法性節

竺道生の「新説」は「闡提成仏説」「頓悟成仏説」「仏無浄土論」など多岐にわたるが、その根拠は「理不可分」「法与法性、理一而名異」「万法雖異、一如是同」などと彼自身が語っているように「理」の絶対性にある。「理」が唯一にして絶対であるなら、それは不可分であり、(その「理」をさとる)「悟」もまた不可分である。唯一で不可分なる「理」を部分的に「悟」ということは不可能である。したがって「悟」は「漸悟」ではなく、必ず「頓悟」でなければならない。これが竺道生の「頓悟成仏」の「新説」である。竺道生は「有」と「無」とをそれぞれ別体別異なものとせず「二」なる「理」の顕現として観じている。絶対の「不可分の理」に徹底するならば、「断」か「未断」か、「覚」か「未覚」か、そのいずれかであり、段階的な「断」や「覚」はなく、部分的な「悟り」というものは存在しないというのが、竺道生の「頓悟説」の核心である。

また「理」が唯一なるものであるからこそ、万法に遍満しており、当然「一闡提」も例外ではなく、その成仏が可能となるのである。この「理」の絶対性、唯一性を根拠として「闡提成仏」の「新説」が説かれているのである。

竺道生の見解にしたがえば、前述のように「理」は「不可分」で「唯一」なるものであり、しかも実体的、本体的な「実有」ではなく「無相」なるものである。そこで「理」は「無相」であるという見解を根拠として主張したのが、彼の「法身無色」「仏無浄土」の「新説」である。

慧遠は「有」と「無」とを実体的・本体的に捉えて、有無を（唯一の「理」として、有無の対立を超えて）一観することなく、それぞれ別体別異なものと見ており、竺道生のように「理」の唯一性に徹してはいない。そこで慧遠は「訓必有漸、知久習不可頓廃」(10)と述べ、竺道生とは対極に立つことになる。結局、これは竺道生と慧遠との「理」あるいは「法性」「真理」に対する見解の相違に起因する。

慧遠には『法性論』と称する著述があったことは、すでに『出三蔵記集』や『高僧伝』などに記されているが、今日は散逸して伝わらない。しかし他の書物に引用される『法性論』から慧遠の法性に対する見解のおおよそを知ることができる(11)。

「法性」は「諸法の真実の本性」「法の自性」の意であり、大乗仏教における「真理」を示す重要な語で、「真如」「法界」「法身」などと同義である。

法性について論じた著述の中で慧遠は「至極以不変為性、得性以体極為宗」と述べ、「至極」なるものは「不変」をもって「性」となし、その「性」を得て「至極」を「体証」することが大切な「宗」であるという。慧遠の見解にしたがえば「法性」は「不可壊」なもので「不変」の「実有」である。すなわち、「法性」は「黄石の中の金の性」のように「万物の内部の自性」と慧遠は解しているのである。

さらに慧遠は「現象」と「理」あるいは「法性」との関係を「衆流」と「海」との関係によって理解している。

千差万別の現象は「衆流」のように「多」であり、「末」である。これに対して万物の本性は「海」のように「一」であり、「本」である。ことに慧遠は「本無与法性同実而異名」[12]と述べ、「法性」をもって「本無」となしていることは重要である。「法性」が「本無」であるのに対して、「因縁の所有」すなわち因縁所生のあらゆる現象は「末有」であり、両者は「本と末」「無と有」というように別体別異なるものとなしている。要するに慧遠は「本無」である「法性」をもって「法」すなわち「存在」の「真の性」と考えている。この慧遠の見解は、実は僧伽提婆訳の『阿毘曇心論』の実有的な「己性」「自性」に基づいているのである。[13]もしも「本無」である「法性」が「実有」なるものであるならば、当然、「末有」も「実有」であり、「本無」も「末有」も共に「実有」であり、両者は別体別異なものとなる。

三　竺道生の「理」の見解

この慧遠の「法性」に対する見解は、竺道生の「新説」の根拠である「理」の「不可分」「唯一性」「諸法における理の遍満」「無相」などの考えと根本的に相違するもので、両者の「理」の見解は異質なもので、互いに相容れないものである。

竺道生は『注維摩経』所収の釈に「夫縁有者、是仮有也。仮有者則非性有也」と明言しているように因縁所生のものは仮有であり、決して「性有」とはなしていない。すなわち、慧遠のように諸法は「実有」とは考えず、「仮有」であり、「性」として「実有」なるものとはなしていない。[14]

大乗の悟りについて、竺道生は、

それ大乗の悟は、本より近くの生死を捨てて、遠くに更に之を求めざるなり。これはこれ生死の事の中にあって、即ち其の実を用て悟と為す。苟もその事にあって、其の実に変じるを悟の始めとなす。豈に仏の萌芽は生死の事より起こるに非ずや。(15)

と説いている。ここで竺道生は「その事」すなわち現実を「変」じて「その実」を顕すのが「悟」であるという。慧遠が「本無」と「末有」とを「実有」と解し、両者を別体別異となすのとは異なり、竺道生においては「その事」と「その実」とは本来的に別体でなく一体なるものである。そこで竺道生においては「変じる」という質的な転換が重要な問題となるのに対して、慧遠においては「無」と「有」は別体であり、常に「末有」から「本無」に返る（「反本」）という量的な問題が課題となるのである。慧遠にとって仏道修行などの課題は、どうしても量的な事柄として問題とせざるをえないのである。慧遠が持戒や禅定を極めて重視しているのに対して、竺道生は「入道の要は、慧解を本となす」といい、戒学・定学に比して智慧を最重要視しているのとは根本的に相違する。

四　竺道生の立場

竺道生の考えている「理」は「唯一」にして「不可分」なるものであり、かつ「無相」である。この絶対の「理」に徹底した竺道生が、その「理」の立場から修道や仏性について論じたのが彼の「頓悟義」や「闡提成仏」などの「新説」であった。当然、この主張は未だ唯一にして絶対の「理」に徹底せず、僧伽提婆の「有」の教学と鳩摩羅什の「空」の教学との間で混乱迷惑する先輩の慧遠の「理」あるいは「法性」に関する見解に対する明確な批判なのである。

註

（1）宋本覚編集『釈氏通鑑』巻四（続蔵四〇五右上）。
（2）竺道生の伝記は、僧祐の『出三蔵記集』巻一五（大正五五・一一〇c—一一一d）および慧皎の『高僧伝』巻七（大正五〇・三六六a—三六七a）参照。
（3）『妙法蓮華経疏』分別功徳品（続蔵四一〇左上）。
（4）『名僧伝抄』（続蔵一五右上）。
（5）慧遠撰『阿毘曇心論序』（大正五五・七二c）。
（6）『大乗大義章』巻中（大正四五・一三三a）。
（7）『涅槃経集解』巻三二（大正三七・四八七a）。
（8）『涅槃経集解』巻三二（大正三七・四八七b）。
（9）『大乗大義章』巻中（大正四五・一三五c）。
（10）慧遠撰『明報応論』（大正五二・三四c）。
（11）『高僧伝』巻六（大正五〇・三六〇a）、慧達撰『肇論疏』（続蔵四八三左下）、元康撰『肇論疏』（大正四五・一六五a）等参照。
（12）慧達撰『肇論疏』（続蔵四二九左上下）。
（13）『阿毘曇心論序』（大正五五・七二c）および『阿毘曇論』界品一（大正二八・八一〇b）等参照。
（14）『注維摩経』巻二（大正三八・三四六c）。
（15）『注維摩経』巻七（大正三八・三九二a）。

法雲の仏身説

一　はじめに

仏教とは、仏の教えすなわち仏の自覚内容である真理を教えるものであり、しかもまた仏に成るための教えでなければならぬ。その場合、教えを説いたのは仏であり、その教えの究竟理想もまた仏である。ことに大乗経典に至っては仏が自らの教説として仏を説いている。この教えを説く者と、教えの内容すなわち仏のさとった内容、それに仏の教えを聞き仏に成るために実践修行する人々、この三宝こそ内容形式のいずれの面から見ても仏教を構成するもっとも大切な要素である。したがって仏を離れて仏教を考えることは全く不可能である。仏教者にとって「仏とは何であるか」ということは徹底的に究めつくすべき重要な問題である。その点で仏教思想の発達展開は、すべて仏をいかに考えるかという仏教徒の仏身観の変遷ともいいうる。

仏陀釈尊が直接に教えを説いた根本仏教から釈尊滅後の仏教への発展において、釈迦入滅という歴史的事実を契機として、残された仏弟子の仏陀観が漸次反省されていった。仏弟子たちにとって教主としての歴史的仏陀は、同時に仏陀自身の説くところの究極理想を具現した永遠の理想的仏陀でなければならなかった。この有限と無限という両性格を一身に具備した仏陀も、入滅という事実を通して仏陀観が変わっていった。八十歳という有限な生涯をおえて老い死んだ人が本当の仏陀であろうか。仏陀の入滅後、幾世紀も経ったあとでは、かつてこの世に在った歴史的な仏陀は次々と理想化され、有限の仏から無限の仏へと理想化はとめどもなく進み、大乗仏教に至っては種々の仏身論を生み出すに至っている。根本仏教から原始仏教へ、さらに大乗仏教への発達展開の原動力は、実に仏陀への追慕と仏陀の本質究明との過程に見られる仏身観であった。仏身観こそは仏教徒の実践修行に可能根拠を与えるものであり、同時にまた仏教思想の発達を促すバネであった。したがって歴史上の現身仏の考察から始まった仏身論は、仏教の伝播変遷と相応して二身説・三身説あるいは五身・十身などいろいろに説かれるに至ったのである。仏身観の発展にしたがってその内容もますます複雑化の一途をたどることになる。

中国においても後漢の時代に仏教が伝来し、その当初は思想研究よりも礼拝対象としての金色の仏像に関心をもち中国の聖人と仏教の仏陀とが常に対照された。思想研究が行なわれるようになると道安や羅什・慧遠らが般若学を主軸とした法身に多大の関心を抱き議論が展開された。さらに南北朝時代になると中国思想から独立して仏教思想の中で仏陀の意義を考えることは当時の仏教者に課せられた使命であった。この時代には未だ三身説を説く経論が流布していなかったので、仏教者は各自の責任において仏身の問題を整理し体系づける必要があった。かかる時期を経過し隋唐時代に至り中国独自の仏教を生み出すに至ったのである。

本章ではかかる意味で南北朝時代の代表的仏教者の一人である光宅寺法雲（四六七―五二九）の仏身説をとりあげて考察してみたい。法雲は梁の三大法師の一人として当時第一等の仏教学者であっただけでなく、その仏身観は後世の発達にとって基点をなすと考えられるからである。法雲の仏身論を論ずることは仏教思想史の上からみて重要であるばかりでなく、法雲自身についてもその仏身観を離れて彼の教学の基礎は明確にはならぬと考えられる。

二　法雲の法華経観

まず法雲の仏身観を明らかにする手掛かりとして彼の法華経観の概要をみておくことにする。法雲の見解にしたがえば、『法華経』は一乗の因果、すなわち仏に成る因と仏に成った上の果という二大要目を明かすものであるという。すなわち『法華義記』の劈頭に経題の「妙法」を釈し、『法華経』は爾前の諸経と比較して成仏の因とその仏果とにおいて各々三種の優れた点があるという。爾前の諸経は因果ともに麁であるのに対し、『法華経』は体義用の三点から因果ともに妙である。すなわち成仏の因という点についていえば、昔日の経は三界外の治道に及ばないが、法華の場合は三界の内外にわたる（因体長）。これを横に論ずれば、昔日は成仏の因として六波羅蜜しか説かないが、今はあらゆる善が成仏の因である（因義広）。また昔日は四住地の煩悩を断ずるのみであったのに対し、無明住地の煩悩にまで及ぶ（因用勝）。『法華経』の前半の眼目である一乗の因を爾前の諸経に対比すれば以上のようである。

しからばその仏果についてみればどのようであろうか。仏果についてもその因と同様に三種の優れた点がある。すなわち昔日の経においては仏寿が八十歳、あるいは七百阿僧祇劫であったのに対して仏寿長遠である（果体長）。また昔の無為果は分段生死を断ずるのみであったのに対し、今は両種の生死を断ずる（果義広）。さらにその作用からして昔日は小々の説法であったが、今日は種々の形像を変じ三界六道の中に現れて教化する神通益物である（果用勝）。

成仏のための因からいっても、またその仏果からいっても『法華経』は爾前の諸経が麁であるのに比して妙である。

そこで体義用の三義をもって妙と判ぜられる仏果とはいかなる仏身なのであろうか。以下少しく考察を加えてみよう。法雲は一ヵ所にまとめて自己の仏身観を体系的に説いているわけではない。『法華義記』はその性格からいっても随文随釈であり、そこに散説するところを整理すれば、彼は仏果の本質を二つの観点より究明し理論づけていたと考えられる。今はかりに次のように名づけておくことにする。すなわち一つは神通延寿の説であり、一つが十方相望の説である。まず神通延寿の説から検討してみたい。既述のごとく法華の仏果を妙と判じた根拠の中心は、仏寿の長短すなわち果体の長短である。果義の広狭、果用の勝劣は、いわばそれを空間的にあるいは作用の面から表現したものである。法華所明の仏果が勝れている根拠は、爾前の諸経が仏寿を八十ないし七百阿僧祇劫となすのにくらべて仏寿長遠とする点にある。彼は「所以言今日果体長者、但昔言果止言寿命八十七百阿僧祇、今日明果寿命長遠復倍為数(1)」という。すなわち法華の仏果は、久遠の昔に菩薩行を修し無量阿僧祇劫の寿命を得たが、仏果に至ってはさらにその倍の寿命を得たという。したがって昔日の八十歳や七百阿僧祇の仏寿とは比較にならぬほど長遠で住世は無量劫である。この仏寿長遠にして住世無量劫なる仏果の用とは、化物のほかには考えられない。現に法雲は「然此果更無別用、祇是殊形万象神通益物(2)」という。無量劫の長きにわたって世に留まって神通益物するをもって法華の仏果となすのであるが、それはいかにして可能なのか、またその根拠は何であろうか。法雲は次のように解している。

于時則応入無余涅槃至寂然之地、但大悲之意不限、度人之心無窮、近藉神通之力、遠由大衆万行之感、遂能延金剛心留住於世、寿命無窮益物無崖、故能常応在三界之中殊形入六道之内、使見色聞声之徒生莫二之大福(3)

要するに仏果を得たならば、無余涅槃に入り寂静の境地に入るべきはずである。しかし衆生を救済化度しようとする大悲の心には限りがない。仏の無限の慈悲はどんな場所にもいかなる時にも必ず遍在する。そこで仏果所得の神通力と衆生の機感とに応じ、涅槃に安住することなく寿命を無限に延長し、三界六道に形をかえて現れ衆生を救ってゆくのである。度人の大悲が無窮であるがゆえに涅槃に住することもなく、神通の力を藉りて寿命を延ばし、世に留住し常に六道に応現して無辺の衆生を救うのを法雲は法華の仏身とみたのである。これがいわゆる神通延寿の仏身説である。

ところで法雲は、何を論拠としてこのような説を主張したのであろうか。もちろん、前来の法華教学から継承するところは多々あったであろう。しかし彼が神通ということに着目した直接の根拠は『法華経』であった。すなわち涌出品に説くところの「諸仏自在神通之力、諸仏獅子奮迅之力、諸仏威猛大勢之力」をもって諸仏の過去現在未来の三世にわたる常在教化の力用と解したところに根拠する。この三句を釈するに当たり、法雲は涌出品を果門の別序となし、

次有三句欲顕三世神通益物也、如来今欲顕発者此明開近、明八十年仏非是実仏、宣示諸仏智慧者明顕遠義、即是復倍上数也、後三句者諸仏自在神通之力此明如来過去神力益物、諸仏師子奮迅之力此明如来現在益物之力、諸仏威猛大勢之力此明如来未来益物之力、此中密明此三種義端至寿量中方顕此義(4)

と述べている。彼は寿量品長行を法説と譬説とに両分し、それぞれに過現未の三世の神通益物を明かすものとなし、開近顕遠の仏の本懐は三世にわたる益物教化にありとした。かくして涌出品の諸仏自在神通之力等の三力を三世益物の力として配当したのである。換言すれば、八十で無余涅槃に入った仏は実仏に非ずして開近顕遠の仏こそが実仏であり、その法華の実仏とは過去から未来にわたって常に救済にあたる仏である。三世の益物をほかにして実仏の本領はなく、その益物を可能にするのは仏果所得の自在神通之力などの三力だという。また寿量品の「如来秘密

神通力」も仏寿無窮の可能根拠であり、仏寿の無窮はとりもなおさず常在教化の慈悲の象徴にほかならない。

法雲は法華の実仏の実仏たるゆえんを時空を越えてすべての衆生を仏たらしめようとする大慈悲心と解した。そしてその本懐を達するためには仏寿無窮でなくてはならぬ。そこで彼はその仏寿無窮の可能根拠を検討し、それを『法華経』に説く自在神通の力であるとしたのである。

さて次に問題となるのは、この神通延寿の仏は具体的にいかなる仏身を指すかという点である。法身なのか、報身なのか、あるいは応身なのか。経はこの三身の別を明示していないが、今はその中のいずれにあたるのか。法雲はこの神通延寿の仏を法身仏と名づけている。すなわち『法華義記』巻五に「延金剛心久住世者以為法身(5)」と説き、神通の力を藉って金剛心を延べ久しく世に留まるいわゆる神通益物の仏を法身仏となしている。通常、大乗仏教の完成された仏身論からすれば法性・真如の理法や理体をもって法身となすのである。ところが今の神通延寿の法身は理法や理体を指していうのではない。『法華義記』にしたがえば、八十年の寿命を尽くして入滅された釈迦仏は実仏に非ずして応身仏である。その応身釈迦仏の八十年の寿命を現しえた本源の実仏こそが法雲のいう法身仏なのである。顕遠を釈し「我実成仏以来無量無辺下、明応家之本身寿命長遠之相、即是顕遠義(6)」と説く。寿命八十の応身釈迦仏をあらしめる因を尋求するとき、その本源には、静止的な理法としての法身ではなく、因願果徳の報身仏を考えざるをえない。現に法雲は「如来捨法身智慧功徳相好(7)」、あるいは「如来法身慧命養育衆生(8)」といい、法身の内容として真如や法性ではなく果徳の智慧・功徳・相好を説いているのである。要するに神通延寿の仏を法雲は法身となすのであるが、その法身とは法報応の三身説でいうところの報身にほかならない。世親の『法華経論』では三身を説き、それぞれに法華の経文を当てているが、法雲自身はまだそのような法報応の三身を説く経論に接していないから報身の語を用いないだけのことであり、内容的にはすでに報身を指向しているのである。

法雲のいう法身が、実に報身を内容とするものであることはその仏寿観をみればさらに明瞭になるであろう。前述のごとく彼は法華の仏を寿命長遠といい、住世無量劫というが、しからばこれは常住の意に解してよいかといえば決してそうではない。

就此経所明長寿之義、但昔七百阿僧祇為短今復倍称位長、然今者更無別長只続昔七百阿僧祇為長(9)

という。すなわち法華の仏寿長遠とは、法華以前の『首楞厳三昧経』の七百阿僧祇の仏寿に比して長寿というにすぎず、復倍上数の有限なるものであるという。長さ五丈の柱のうち二丈が埋もれ、現れている三丈を短となし、残りの二丈を合して長となすがごとくであると彼は譬えている。法華の仏寿は有限なる数量であって、数量を越えた絶対の常住ではないと見ている。同じく法身といっても『法華経』のそれと『涅槃経』の常住法身とは本質的に異なると解しているのである。彼はしばしば、

此経明法身不同常住経所明法身(10)

といい、『法華経』と『常住経』(『涅槃経』)所明の法身との相違を強調している。今、法雲の『大涅槃義記』(11)は現存しないので、彼による『涅槃経』の法身観を知る十分な資料を持ち合わせないが、『涅槃経』が法身般若解脱の三徳を具備する大涅槃をもって仏の体となしそのような仏は不滅であるとし如来常住無有変易を説くのは法報応の三身中の法身に該当する。そして同じく法身といっても神通延寿の修証法身は報身に当たるから両者の差異は明らかである。

報身の考えは理仏としての法身を想定して初めて徹底する。そして法報二身の関係が明確になって初めて三身説が形成されるのである。法雲の場合、同じ法身の語を用いながら法華と涅槃のその区別を強調するのは、すでに内容的には法身と報身との別が考えられていたのである。法雲の仏身説は法報未分の二身説ではあるが、すでに三身

説の胚胎が認められる。

三　神通延寿説

普通に法雲の仏身説といえば神通延寿の説といわれる。それは智顗や吉蔵が法雲の仏身説を論難しようとするとき、彼の説を神通延寿といい、その点についてのみ批判したことによるのである。その後は皆それにしたがい、十方相望の説は全く看過されてきた。しかし神通延寿の説は法雲の仏身説の半面である。十方相望の説を離れて彼の仏身論は決して正しく理解できないであろう。この十方相望の説は往々にして看過されがちであるが、実にこれこそが法雲の仏身説としてもっとも重要なものである。しからば十方相望説とはいかなる主張なのであろうか。

一言でいえば十方の諸仏が更互に相望して法身となるというのである。『法華義記』巻五に、

正総十方諸仏更互相望、故知無量寿即時在西方教化未来此間、此間望彼彼即是法身、然応身本有形有像、法身本無形像、仏既未来此間於此間即無形無像、即是法身、若来応此間即於此間是応身、他方望此間即持此間作法身也(12)

とその見解を述べている。無量寿仏は彼の西方世界に在って教化にあたり、未だ此の間に来ないが、此の間から彼を望めば彼はすなわち法身となる。もし彼の土の仏が此の間に来応すれば此の間においては応身である。この説によれば形像があるのが応身であり、形像がないのが法身である。彼の土の仏は見ることができないが、此土の仏は見ることをうる。可視的な仏を応身、非可視的なのを法身となすというのである。

このような法身についての見解は寡聞にして未だ知らない。『法華経』の中にも直接そのような所説はないよう

である。それでは無文無義の妄解であろうか。あるいは何か依拠するところがあったのであろうか。

この十方相望説は譬喩品の火宅三車の譬および信解品の長者窮子の譬の釈に用いられる。さらに寿量品のいわゆる六或示現の釈に転用されている。そうであれば火宅三車と長者窮子との両譬に関係があるであろう。周知のごとく火宅の譬とは、三界の苦を火宅に譬え、火宅からの解脱を希わず火宅中に遊ぶ諸子を父の長者が門外に羊鹿牛の三車を仮定し門外に誘引する。その上で大白牛車を皆に平等に与えるというはなしである。長者窮子の譬もその主旨は全同である。

法雲は、この火宅・窮子の二譬に方便品の法説を照応せしめその意義を委しく表そうとしている。すなわち譬喩品の火宅喩の中にある「長者、火の起るのを見る」と信解品の窮子喩の中にある「長者、子を見る」とを、方便品の五仏章の中の釈迦章の開三顕一の「仏、法身の地にあって、衆生の五濁のために惛まさるを見る」の文に照応せしめている。父の長者は言うまでもなく仏を譬えたものである。その長者が「火の起るのを見」、また「流浪のわが子を認め」ても、その子は父が「わが子を火宅から救いたい」また「自分の子であることを知らせたい」という願いを持っているのに気づかない。そのように長者の願いとその子のおかれている状況とがあまりにも違いすぎる。長者に喩えられる仏の益物の慈悲を、子に喩えられる衆生はまだ機が熟さず知ることができないでいる。

このようにして三世益物の大慈悲を有しながら、衆生の応機が未熟なために未だ誘引の手だてを用いることのできない長者すなわち仏を法身となしたのである。それは火宅に遊ぶ諸子や流浪の窮子の素質・能力が十分に熟していないだけのことであって、他方父が子を思う気持ち、救いたいという願いにはかわりはない。子どもがそれを知らないだけである。これは彼の土の仏に形像を認めないのと同じではないか。彼の土の仏もこの世界にいては形像を認めることができないけれども、そうでありながらやはり三世益物を念とする仏の慈悲に異なりはないのである。

さらに法雲は信解品の「時に富める長者、師子座に於いて子を見て便ち識りぬ」とある文を釈し、

今於獅子座者是第一明見子之処、内合如来在法身無畏之座也(13)

という。これによれば仏は法身地にあって衆生を見出すという。すなわち獅子座にありながら子を見る長者をもって、如来法身に内合せしめていることに注意しなくてはならない。また長者が「瓔珞細輭の上服、厳飾の具を脱ぎ」、「麁弊垢膩の衣を著て」わが子に近づくというくだりを、

明長者捨貴人服飾、内合明如来捨法身智慧功徳相好也(14)

明長者受賤人之服、内合明如来示受応身同凡夫之体、作太子之形(15)

と釈しているのである。ここに至って形像なき法身が六道に入り各々の姿をとって教化することが明らかとなる。この娑婆世界の仏は凡夫の体、太子の形をとって応現の仏となるのである。このようにして衆生に対するか否か、すなわち化物に就くか否かによって論をなし、他土にあって形像なき時を法身と、此土に来応して太子の形をとる時を応身となすのであることが知られる。

要するにこの説は、法身釈迦仏と応身釈迦仏との本質的同一を明かすとともに昔教の教主と今の法華の教主とが別でないことを明らかにしようとしたものである。法応の別、昔教と今教の教主の不同は衆生の機の熟未熟、すなわち化物の上から論をなすためであって仏自体においては別ではない。法身をはなれて外に応身の存在するものではないことを述べたものと解することができよう。

この十方相望説をもって単に此土他土、形像の有無、可視不可視により応身と法身の区別をなすものと解するならばそれは表面的な理解であり、妥当な見解ということはできない。何となれば此土他土や形像の有無等は、衆生の機の自覚の現実と、それに応ずる仏の教化という感応の関係を、象徴的に表現したものである。衆生の機の浅深

にしたがって法身と応身との別が生ずる。仏の側において法応の別があるのではない。長者の子に対する関わり方いかんによって、すなわち仏を見る衆生の機の熟否いかんによって法応二身の別が生ずるのであるから、彼は同じ一仏の上に法身と応身との両面が具わっていることを見出しているのである。

法雲がこの説をたてた最大の理由は、昔教の教主釈迦と今法華の教主釈迦とが、仏自体において異なるものではない、法身釈迦を離れて応身釈迦はなく、応身釈迦のほかに法身釈迦の存しないことを明かさんが為であった。このように理解するならば、彼の十方相望説を無文無義の妄解であるとか、長者をもって法身無量寿仏となしたとか、あるいは無量寿仏を法身、釈迦を応身とする立場に立ち両者の円融性が十分に表れていない等々の学者の評(16)は全く当たらないであろう。

四　十方相望説

われわれは法雲の説を「十方相望説」と名づけてきた。これは彼が「十方諸仏更互相望」というのにしたがったのである。ところがこれを「二身相望」と名づける学者もある(17)。しかしこの説はやはり「十方相望説」の方が内容的により妥当であろう。法雲は『法華経』寿量品のいわゆる六或示現を釈するに際し次のごとくいう。

今者第一或示己身者或示自己身為他身、故如此国土人物八部大衆然皆釈迦所化衆生、法主応是釈迦、而法座上者遂是無量寿仏此即示己身為他身、或示他身者即是示他身為己、故如西方国土人物四衆皆是無量寿仏所化之衆、但法座上応是無量寿仏、而法座上者遂是釈迦形容(18)

西方国土の無量寿仏も前述の釈迦仏と同様に衆生の機に応じて法身を捨て応身を受け衆生教化にあたる。無量寿仏は西方世界にあって此土に来応せざる限りは此土の衆生にとって応身ではなく法身であるが、彼の西方世界においては彼の土の衆生に対し応身仏として釈迦と同じ道を歩むのである。したがって無量寿仏といっても、全く釈迦の形容にほかならないのである。同様に此土の釈迦仏はわれら衆生に応現した応身仏であるが、西方の八部大衆から眺めるとき応身仏ではなく法身仏としてある。

法雲のいう法身は「応家の本身」すなわち生滅を現ずる応身仏の本源を指すのである。要するに応身仏の根本たる仏の化意をもって法身となすのである。仏の仏たるゆえんは、一切の衆生を全て成仏せしめようという大慈悲心そのものであって、決してその肉体にあるのではない。十方の諸仏は全てこの願いをもって各々生滅の身をとり世界に現れたのである。その根本の願いこそが生滅を現ずる応身仏の根元であり、法身なのである。法雲が他土の形像なきを法身となしたのは、かかる意を具象的に表した一表現なのである。もししかりとすれば、他土の諸仏をただ西方の無量寿仏のみに限るべきではなく、広く諸大乗経典に説く十方恒沙無量の諸仏も、皆釈迦仏と同じ願いをもつものであり、法身釈迦の形容にほかならない。釈迦仏を中心とすれば他土の十方恒沙の諸仏は悉く釈迦の分身であり、釈迦の願いすなわち法身の具象にほかならぬものである。また同時に無量寿仏を中心とすれば、釈迦もまた十方恒沙の諸仏の中の一仏で、十方の諸仏は皆その影像といいうるのである。それゆえ法雲が「十方諸仏更互相望」といったのはそれ相応の深い意味がある。

以上のごとく考察してくると、この法雲の説は、浄土教の釈迦弥陀二尊の説のごとく全一なる報身仏を無量寿仏となし釈迦仏をもって応身仏となす説とは、本質的に異なることが知られるであろう。法雲によれば無量寿仏といっても西方世界の時間的空間的な制約の中にある、ある特定の一仏であるにすぎない。無量寿仏は釈迦仏と同様に時空のうちの個別的な仏である。だから釈迦仏も無量寿仏もともに多くの応身仏の中の一仏で、その根元には法身が存し、その法身において諸仏は同体である。

五　法雲の仏身説の背景

かようにして法雲はいわゆる十方相望説を主張したのであるが、法雲のこの説は彼が『法華経』を講ずるに当たって常に念頭にあったと思われる『首楞厳三昧経』や『涅槃経』などの説に負うところが少なくない。すなわち『首楞厳三昧経』巻下には、釈尊の八十入滅をもって衆生教化のための方便示現となし、実の仏寿は東方荘厳世界の照明荘厳自在王如来と同じ七百阿僧祇劫の仏寿であると説き、また東方荘厳世界の照明荘厳自在王如来および上方の一灯明世界の示一切功徳自在光明王如来は共に此の世界の釈迦仏自身であると説いている。さらに首楞厳三昧に住してはじめより移動せず、しかも能く遍く無量の世界においてその世界の衆生の所楽に随ってその身を示現し為に法を説くという。法雲の十方相望の説と同様の主旨ではないか。『首楞厳三昧経』の仏寿七百阿僧祇劫説は、法雲が『法華経』の仏寿長遠説を考える上で、両者の関連につき何らかの説明を計らねばならぬところであった。その上、他土の照明功徳自在王仏や示一切功徳自在光明仏が実は此土の釈迦仏と同体の異名であるとされているのであるから、こうした事情への解答が結局上述の十方相望説を生み出したのではなかろうか。

『首楞厳三昧経』とともに法雲の仏身説に多大の影響を与えたと考えられるものに『涅槃経』の説がある。すなわち『涅槃経』巻二四に、

西方去此娑婆世界、度四十二恒河沙等諸仏国土、彼有世界名曰無勝、彼土何故名曰無勝、其土所有厳麗之事、悉皆平等無有差別、猶如西方安楽世界、亦如東方満月世界、我於彼土出現於世、為化衆生故、於此土閻浮提中

現転法輪(19)という説がある。徳王菩薩が浄仏土について問うたのに対し、仏はこの土は不浄であるが、実に他土の浄土に在って浄仏土の功徳を完備していると答え、西方に向ってこの娑婆世界を去ること四十二恒河沙の仏国土を過ぎた所に無勝世界があり、我は常に彼の土に在るが、衆生を化益せんがためにこの閻浮提に来たって法輪を転ずるという。

釈迦仏の本土が西方の無勝世界に存するというのは奇異な説であるが、釈迦の法身（報身）が他方の世界に在って、この世界に応身として出現するというのは、先述の法雲の説と極めて近い。また、法雲が「十方諸仏更互相望」といいながら唯西方の一世界のみを指示するのは、この『涅槃経』の影響であるかもしれない。いずれにもせよ法雲の十方相望による法身説を考察する時、『首楞厳三昧経』の影響を無視することはできず、さらに『涅槃経』の無勝浄土の説もあるいはこれに示唆を与えたのではないかと考えられる。

要するに法雲の仏身説は十方相望説というべきである。この十方相望説は、釈迦仏の上に法身と応身とを分け、両者は不二一体であることを示し、それによって昔教の教主と今法華の教主とが別でないことを明かそうとしたものである。さらにそれを空間的に十方に広げ此土の報身釈迦仏と他土の応身無量寿仏とが此土他土の別を越えて法身において一致同道であることを明かしたものである。

先の神通益物すなわち神通延寿の法身説は、時間的に三世益物の可能根拠を追求し、三世にわたる法身の普遍性を明かすことに重点を置いたのに対して、今の十方相望の法身説は空間的に十方の諸仏が全一なる法身を根底として応現したものであることを表している。法雲が二種の法身説を説いたのは、深い底意があってのことで両説によって時空を越えた法身と時空内の個々の応身とが不即不離の関係にあることを明かすためであった。

六　むすび

法雲の仏身説は上にすでに述べたとおりである。ここでは彼の先駆思想および後世への影響や反論についてはふれることができなかった。例えば神通延寿の説はすでに竺道生が『法華経疏』中に迷いの衆生の為に神通をもって長寿を現じたといい、また寿量は上品奮迅諸仏の神通であるとの旨を説いている。このように法雲の説も素材として江南の法華学の伝承に負うところがあったであろう。また法雲の所説はのちの智顗や吉蔵から文意を知らぬ者とされ過酷な糾弾を受けるが、彼らは果たして法雲の真意を理解していたのであろうか。また批判の対象となるということはそこに同質のものがある為であり、かえって影響を与えたのではなかったか。これらの諸点については論求することができなかった。

また十方相望の説は『首楞厳三昧経』『涅槃経』の示唆を受けて組織づけたものであるが、当時の学界の動向もまた看過することのできぬ問題をふくんでいる。すなわち斉梁代に至り『無量寿経』の講説や浄土往生を欣求する者が少なくなかったことが『梁高僧伝』によって知られる。

『梁高僧伝』によれば、法雲の師宝亮は『無量寿経』を講ずること十遍に近かったというし、法華学者の慧基は西方浄土に生まれることを誓い、法淋は『無量寿経』を誦した等々、浄土教の研究がその端を啓くに至っていた。ことに彼が住した光宅寺には天監八年、当時最大の丈九の無量寿金像が鋳造され安置されたという(20)。思想は時代の子であり、この機運に動かされて無量寿・釈迦の二仏の関係を論証しようとして十方相望説が生まれたと見るのはあながち不自然ではないであろう。

浄土教との関係などの諸点の検討は他日にゆずり、今は法雲の所説の原意把握に留めたい。

註

（1）『法華義記』巻一（大正三三・五七三b）。
（2）『同』巻一（大正三三・五七三c）。
（3）『同』巻一（大正三三・五七二c—五七三a）。
（4）『同』巻八（大正三三・六六七a）。
（5）『同』巻五（大正三三・六二九a）。
（6）『同』巻八（大正三三・六六八a）。
（7）『同』巻六（大正三三・六三八b）。
（8）『同』巻五（大正三三・六三五a）。
（9）『同』巻一（大正三三・五七三c）。
（10）『同』巻五（大正三三・六三五c）。
（11）『同』巻一（大正三三・五七四a）。
（12）『同』巻五（大正三三・六二九a）。
（13）『同』巻六（大正三三・六三六b）。
（14）『同』巻六（大正三三・六三八b）。
（15）『同』巻六（大正三三・六三八b）。
（16）山川智応『法華思想史上の日蓮聖人』（新潮社、一九三四年）、花山信勝『法華義疏の研究』（山喜房仏書林、一九三三年）等参照。
（17）幸村法輪「光宅の天台及び聖徳太子に及ぼせる影響について」（『宗教研究』新第五巻第六号）参照。
（18）『法華義記』巻八（大正三三・六六八c—六六九a）。
（19）『大般涅槃経』巻二四（大正一二・五〇八c—五〇九a）。
（20）『高僧伝』巻一三、法悦伝（大正五〇・四一一b）。

業報説の受容と神滅不滅

一　はじめに

業報説は輪廻転生の思想と密接な関係を有している。人間がこの世で行なう身口意の業にしたがって未来世の在り方が左右され、未来がそうであるように現世もまた過去の業の力のしからしむるものとなる。かくして生きとし生けるものは、自らの業の力に引かれて生死流転する。この業報輪廻の思想は、人間の生と死とを生死の大海と考え、あたかも海の波のうねりのごとく生と死は無限の彼方まで続き、果てる時がない。そこで仏教はその解脱を説くわけである。この生死流転の考え方は、もともと中国の伝統思想にはなかった。中国人の思惟は現世中心的で、生と死とは本来的に区別されるべきものであった。生を明らかにすることのできぬものが、死を問題にすることはできない。孔子が死について問われたとき、「未だ生を知らず、いずくんぞ死を知らむ」と答えている。このような現世中心的な考え方は儒家も道家も法家も変わらないのである。(1)

道家においても現世を長生する養生法を生み、独自な生死観を有している。それは決して生と死とを一大海と考えるようなものではなくて、どこまでも現在の生を中心とするものである。現世の生活がよき未来を迎えるための準備であるという考えはなく、あくまでも現世中心的である。したがって中国の伝統思想の中には罪業や原罪とい

う観念はない。当然そこには仏教のような解脱の思想もない。(2)

仏教の伝来によって中国は業報輪廻の思想を受容するわけであるが、それは何もない白紙のところにそっと置かれたのではなく、すでに独自の文化基盤の上においてなされた。仏教はそっくりそのまま中国に入り込んだのでは決してない。受容する中国側からの批判、拒否の反応があり、伝来した仏教もまたそれに応じて自己の一部を改変したりして順応していった。もちろん世界宗教としての仏教の普遍性は保っていた。だが仏教が順応し妥協した部分に時として仏教の重要な思想が含まれており、伝来したものと受容したものとの間に差違を生ずる。この相違点を超克して初めて仏教が土着し、中国仏教としての発展展開がある。仏教には地域の差を越えた人類宗教としての普遍性があったことは申すまでもない。この普遍性と特殊性とが微妙にからみあいながら仏教思想史を形成するのである。今問題にしようとする業報輪廻の思想は、従来中国側に全く持ち合わせない特殊の思想であるだけにとりわけ多くの問題が生ずるのである。そこで中国において業の思想が仏教の中でいかに位置づけられ理解されたのか。また従来なかった異質の思想であるだけに固有の伝統思想の側の人々はどのような反応を示したのか。中国の仏教徒はいかなる態度をとったのか等の点について考察してみたい。

二　中国伝統思想と仏教

仏教が中国に伝わったのは前漢の末頃であるが、広く社会に理解され影響を与えるようになるのは東晋のことである。その間に仏教は中国社会への適応の準備をしていたといってよいであろう。また中国側からは外来の宗教に対する拒否反応を示していた時期であった。だがこの時期を経過して初めて仏教は、中国の伝統思想である儒教や道教と対峙する基礎資格を得たのである。その場合も仏教はあくまで異国の宗教であり、中華意識の強い中国に根を下ろすためには夷夏の議論をはじめ解決せねばならぬ多くの課題があった。

このような時期に牟子は『理惑論』(3)を著し、儒仏道三教の異同を明かし、仏教の優位を論述しようとしている。この論文は三十七条から成り仏教と儒教道教との相違を概括的に論じている。かりに要約していえば次のようである。すなわち㈠仏教の思想は、虚無神秘で尨大である。㈡儒教は孝の教えを説くが、仏教は人倫礼教を明かさない。㈢儒教道教では現身の養生法を問題にするが、仏教にはそれがない。㈣儒教は人が死ぬと神（霊魂・精神）も滅するというが、仏教は神は不滅にして業報によって輪廻するという。

ここで牟子はどれだけ仏教についての正しい知識をもっていたかは不明であるが、中国の人倫礼教・養生法の世間主義、現世主義と仏教の出世間主義、超現世（三世）主義との相違を指摘していることは明瞭である。㈣の神の滅不滅の問題は、業報輪廻に関するものであるが、それも実はこのような発想の相違に関連するものである。

梁の僧祐は『弘明集』の後序(4)の中で六朝時代の俗士の六疑を挙げている。六疑とは、

㈠　経説迂誕、大にして徴する無きを疑う。
㈡　人死して神滅し、三世有るなきを疑う。
㈢　真仏を見る莫く、国治に益無きを疑う。
㈣　古に法教無く、近く漢世に出でたるを疑う。
㈤　教の戎方に在りて、化は華俗に非ざるを疑う。
㈥　漢魏は法微にして、晋代始めて盛なるを疑う。

この六種の疑問は、六朝時代の一般人が仏教に対して抱いた疑いであった。僧祐はさらに「此の六疑を以って信心

樹たず、将に溺れんとするを宜しく拯うべし」という。すなわち先の疑義は当時の知識人が誰しも抱き、それを避けて通ることのできぬ疑問であった。この疑問に対する解答を得て初めて仏教の信仰に入ることができるというのである。これこそ仏教が土着するための第一関門であった。

㈠の経説迂誕は『理惑論』でも問題としているところであるが、中国の仏教は、伝訳された経論の理解解釈から出発したのであるから、インドのように発生的な順序をふまず大小乗の経論を同時に与えられたのである。そのため経論の研究が進むにつれてますます仏教教理の本質は何かを疑わねばならなかった。だが年代が下るにしたがって、ようやく大小乗の区別が明らかとなり、教判を生み出し教理の帰趨が示されていった。(5) これは中国仏教の伝訳の偶発性から生ずる疑問であった。㈣㈤㈥は中国思想の側のいわば感情的な疑義である。伝統の有無の問題で、結局は一種の中華意識の表明である。㈢は経国済民を基調とする儒家との相違をいったものである。この点は当時の士大夫、儒教的政治家の意識の根底には常にはたらいていた。のちに国治に益なしとの理由により廃仏の主張がしばしば繰り返されたことによっても知られる。㈡の神の滅不滅は『理惑論』でもいわれていたが、周孔の典をもって教養とする人々にとっては、人の死と俱に神は滅すと考えられ三世を通貫する神の実在に積極的証明を見出すことはできなかった。また道家も現世における寿命の長遠を説くが、過現未の三世にわたる業報輪廻など思いも及ばぬ思想であり神の不滅はもとより認めぬところである。中国思想の側からすれば、神が肉体を離れることが死であり、形（肉体）の滅は神（精神）の滅である。あたかも形と神とは薪尽火滅するがごとくであるという。

先の六疑のうちこの㈡の神の滅不滅に関する点は他の疑義とは異なり、仏教の重要な教説――業報輪廻という特定の思想に対して提示されているだけにとりわけ重要である。いずれにせよこのような内容の仏教批判は六朝ではもっとも普通に行なわれていたのである。顔之推がその『家訓』の帰心篇に(6)「俗の謗る者は大抵五あり」といい、迂誕や損国など世俗で仏教を非難する理由を五つ挙げている。それはすでに述べたものと大同小異である。
これらの非難の中で教義に直接関わるものとして何故に業報輪廻だけがことさらにとりあげられたのであろうか。この問題を考えるにあたり、およそいつごろから業―輪廻の思想が中国の社会に受け入れられはじめたのか。またその頃この思想が仏教の中でいかに位置づけられていたかについて考えるのが順序だと思う。

三　三世業報説

一四七年安息の世高が洛陽に来て『安般守意経』など小乗経典を翻訳し、一七九年には月氏の支婁迦識が同じく洛陽で『道行般若経』『般舟三昧経』などの大乗経典を翻訳した。仏教が伝来した漢末には、儒教はすでに早く国家公認の学としての公の地位を確立していた。他方、隠逸の老荘道家の思想も民衆の間に隠然たる勢力を保持していた。中国の思想界は、仏教の伝来の最初期にそうした状況にあったから仏教が儒家道家より批判の対象となるのは当然であり、その標的として業報輪廻、三世業報の説が注目されていたようである。漢末の蒼梧太守の牟子の作という『理惑論』[7]は、先に述べたごとく神の滅不滅の問題をとりあげ、「道あれば死すと雖も、神は福堂に帰す。悪を為して既に死せば、神その殃に当る」[8]といい、業報思想を紹介している。

また袁宏の『後漢記』[9]にいう。

人死して精神滅せず、随って復た形を受く。生きる時行なうところの善悪みな報応あり。ゆえに貴ぶところは善を行ない道を修めもって精神を錬りてやまず。（中略）然れども玄微深遠に帰し、得て測りがたし。故に王公大人も死生報応之際を観ては、矍然として自失せざるはなし。

この記事にしたがえば、後漢の頃すでに仏教の業報の説が士大夫の社会に知られており、彼らに対してこの業報がいかに大きな衝撃であったかが知られる。こうして仏教の伝来した当初からすでに業報説が非常に注目されていたことを知るのであり、さらに南北朝に至ると仏教に関心を抱く人々にとって三世にわたる業報の説こそ仏教のもっとも特色ある教義として認められていたのである。

例えば『魏書』の釈老志に(10)「凡そ、その経旨大抵言う。生々の類は皆行業に因りて起る。過去当今未来あり、三世を歴して、識神常に滅せず。凡そ善悪を為さば必ず報応あり」と記している。仏教の大要を述べるのに、すべての生類のあり方は、皆自ら行なった善悪の業に因って起るのであり、仏教では三世を説き、善悪の行為には必ず報応があると紹介しているのである。顔之推もまた三世業報こそ仏教を代表するもので、儒家にも道家にもみられないものであるという。

このように三世業報説は、仏教伝来のはじめから知られ、仏教を代表する独自な教説として認められていた。それは当時の人々の精神生活にも大きな影響を与えるものであったことを意味している。

東晋の末、廬山東林寺に在って弟子の指導にあたっていた慧遠を中心として道俗百二十三名からなる西方願生の念仏結社がつくられた。その結社を代表して劉遺民が阿弥陀仏像前に捧げた誓文は、その中で、

惟斯一会之衆、夫縁化之理既明、則三世之伝顕矣。遷感之数既符、則善悪之報必矣。推二交臂之潜淪一、悟二無常之期切一。審二三報之相催一、知二険趣之難一レ抜。此其同志諸賢、所二以夕惕宵勤、仰思攸済一者也。(11)

といっている。慧遠をはじめ慧永・慧持・宗炳・周続之・雷次宗・劉程之等の当時における代表的知識人の浄土往生の願いが、三世業報、輪廻転生の教説に驚き、それからの解脱のためであったことを知る。それほど業報説が当時の中国社会、ことに知識人の精神生活に多くの影響を与えたのである。

ところで何故に、仏教の教説の中から三世業報説のみが問題とされるに至ったのであろうか。その理由としては次のようなものが考えられるであろう。まず第一には過去現在未来の三世にわたって、行為の善悪によって生死流転の輪廻を続けるという個人的応報説は、従来中国にはなかった。これはインドの仏教と中国の儒教道教等との非常な相違点である。相異なるがゆえにことさらに注目され強調されたのである。

第二には社会的要因である。すなわち三国から晋末にかけての戦乱は、神の不滅とか、来世の有無、業報とかについて考える条件を生み出した。[12] 例えば干宝の『捜神記』などに生死不明の肉親に偶然再会した話とか、墓中で生存し続けた話、死者が復活した話など奇異の説話を伝えている。干宝自身、父の婢が死後十数年を経て蘇生したことに感じて、この説話集を編纂したという。これらのことは戦乱の時代にしばしば見られることであるから、これらを説明するのにどうしても三世や業報の考えが必要となり、神不滅説に立つ三世業報の思想が暗黙の中に人々の意識に浸透していったものと見られる。乱世によくみられる悪人が栄え善人が禍いを受けるという現実社会の不合理は良識ある人々にとってはどうしても説明のしようのない矛盾であった。この不合理もまた仏教の三世にわたる業報の説によるとき辛うじてその解決が見出される。

ところで疑問に思うのは、この現実があったとしても当時すでに鳩摩羅什等により般若系の大乗の経論が陸続と翻訳されて「空」の研究が盛んであったにもかかわらず、それと異なる次元において仏教徒の間に業報に関連し三世にわたる神の不滅が、仏教の主要な教義のごとく見なされているのは何故であろうか。羅什に学んだ僧叡すら「此土先出諸経、於識神性空、明言処少、存神之文、共処甚多」[13] と述懐している。

これはすでに指摘されているごとく「鳩摩羅什以後と雖も、一切の性空に徹する空観の理解の如きは少数の専門的学匠によってとげられ、一般的には精神は不滅で、その精神が現在の生涯になした善悪業によって次の善悪の生へ再生輪廻してゆくことを教えることこそ、仏教の大抵の教旨であるとせられたのであり、かかる教義こそ両晋南北朝の人々の心を動かし、多数の人々を仏教信奉に誘引した所以であった」[14]のかもしれない。

かくして業報輪廻の思想が、仏教伝来の当初から注目され、両晋南北朝のころには仏教の代表的教説とされるに至り、新たな思想的問題を提起する。すなわち現世の身を越えて三世に輪廻し、因果応報する基体とは何かという点である。仏教徒は、輪廻業報の主体となるものを「神」と名づけ、肉体（形）は滅んでも精神（神）は滅ぶことはないとして神不滅（形滅神不滅）説を主張し、中国思想の側の人々は、不滅の神を認めず神滅（形神俱滅）説を強調した。互いに各々の意図をもって決して譲ることのない論争をつづけたのである。その意図とは何であったのか。

四　神滅論

仏教の業報説が中国に根を下ろしてゆくとき知識人によって疑義や反論が提示された。ことに儒教の教養を有する人々から死後も存続する不滅の神は存しないという神滅論が主張された。その神滅論は、自己の信ずるところにしたがって仏家に疑義を呈し、真意を質すことのみを目的とするものではなく、別な意図あるいは背景があったことは明らかである。

最初期の教団は、西域出身の外国沙門が中心で微々たるものであった。東晋になると仏図澄・道安らの活躍で中国人の出家者も増え、社会的に無視し看過することのできぬ存在となっている。そこで為政者によって種々の制限が設けられる程になっていた。神滅論はこのような国家政策上の理由を背景として出現したものと考えられる。仏教の代表的教説と見なされる業報輪廻の前提となる神を否定することにより仏教を陶汰しようとしたのが神滅論者の内に秘めた意図であった。したがって神滅論は単なる教理にまつわる論争ではなかった。このことは神滅説が儒教を奉ずる政治家によってなされていることによっても理解できるであろう。『白黒論』の慧琳(15)、『達性論』の何承天(16)、『神滅論』の范縝(17)等がその例である。『白黒論』は散佚しているが、慧琳その人は世祖孝武帝に重んじられたと伝えるし、慧琳に続いて仏教を弾呵した何承天は衡陽の太守であった。また神滅論者の中でももっとも影響力のあった范縝は晋安の太守を勤め、さらに尚書殿中郎にのぼり、のち中書郎国子博士になった人である。

そこで次に神滅論者の代表ともいうべき范縝の論調をみてみよう。『南史』巻五七によってその要旨を述べれば次のごとくである。

神即ち形なり、形即ち神なり。形存すれば則ち神存し、形謝すれば則ち神滅す。形は神の質にして神は形の用なり。形と神とは相異ることを得ず。神の質に於けるは猶お利の刀に於けるが如く、形の用に於けるは猶お刀の利に於けるが如し。利の名は刀にあらず、刀の名は利にあらざるなり。然り而して利を捨てて刀は無く、刀を捨てて利無し。未だ刀没して利存することを聞かず。豈に形亡くして神存るべけんや。

と『南史』は彼の所論を載せている。さらにこの論が出でてのち「朝野諠譁」といわれているのは、いかにその反響が大きかったかを物語るものである。范縝にしたがえば、形は神の質で、神は形の用である。それは刀身とその刀の切るというはたらき（利）の関係であって、形と神とは相即する一つのものの両面である。利というのは刀そのものを意味しないし、刀は利を意味しない。しかし利（切るというはたらき）を外にして刀はなく、また刀を外にして利はない。この刀と利との関係と同様に、肉体（形）が滅んで神（精神）だけ残るということはあるはずがない、というのである。

この范縝の主張は極めて常識的で、それだけに一般に対し説得力に富む。だがこれを仏教の正しい理解に立っての議論といえるであろうか。そもそもこの論は、仏教を信奉する文宣王蕭子良と仏教について対論したが、意見の対立を解くことができず、この『神滅論』を著したという。それならば仏教についての十二分の研究が必要である。だがなされていないのは、彼には理由があった。すなわち范縝の意図は、仏教教理に関する理論闘争というよりは、現実の教団を念頭においての論なのである。『梁書』巻四八、列伝第四二に范縝の伝とともにその著『神滅論』を収めている。それによれば、

問うて曰く、此の神の滅を知らば何の利用か有るや。

答えて曰く、浮図政を害し、桑門俗を蠹にす。風驚き霧起り、馳蕩休まず。吾は其の弊を哀しみ、其の溺を拯はんことを思う。云々。

と述べ、続いて仏教教団の非をあげている。[18] これに対し范縝の外弟である蕭琛が『難神滅論』を著した。その中で「子（范縝）云く、釈氏は俗を蠹にし化を傷り、貨を費し、役を損すと。此れ惑者之を為すなり。仏の尤には非ざるなり。仏の教えを立つるや、本以って生を好み殺を悪む。善を修め施を務む云云」[19] と范縝を難じ、仏教を弁護している。だが実際には当時の教団は尨大な数に増え、国政を圧迫する程になっていた。真剣な求道心から出家する者もあったであろうが、なかには教団に属することにより租税や傜役から遁れるために出家するものも多かった。梁武帝の『断酒肉文』[20] によれば魚肉を喰い、酒を飲み、甘味豊饒に飽き、行乞を軽んずる僧尼があったという。また多くの寺院の建立は経済生活に甚大な関係を持つことは事実である。こうした教団の実態は、為政者からすれば何よりも経済・治安・軍事などの面から看過することのできぬ問題であった。

儒教の治国済民を信ずる范縝は、この堕落した仏教を排除するのに、当時仏教の代表的教説と考えられていた三世業報説に焦点を当てたのである。彼の論は形式的には形神倶滅の立場に立ち神の不滅を否定するところに力点を

置くが、その実は仏教の不当を鳴らし排仏を意図するものである。神滅論は同時に排仏論なのである。神をめぐる議論のようであるが、実は儒家、ことに政治に関わる人々によってなされた排仏論がいわゆる神滅論なのである。

ところで范縝は単に現実教団の堕落のみをとりあげて排仏を主張したのか。彼の心には常に中華意識がはたらいていたことであろう。その中華意識は具体的には儒教の根本である孝の問題となって表れる。『神滅論』の中では、仏は戎神であるとか、出家の父母妻子を棄てるのは不孝である等のことをいわない。だが范縝が『難神滅論』の著者蕭琛に答えた一文の中に、

子貢死して知有ると問えば、仲尼云く、吾、死して知ありと言わんと欲すれば、則ち孝の子は生を軽んじて以って死に殉ぜん。吾、死して知無しと言わんと欲すれば、則ち不孝の子は棄てて葬らざらんと。子路鬼神に事えんことを問えば、それ子は云く、未だ人に事うること能はず、焉ぞ能く鬼に事えんや、と。(21)

これは各々『説苑』弁物篇と『論語』先進との文であるが、これを引き「適言㆓以鬼享㆒之、何故不㆑許㆓其事㆒耶。死而有㆑知軽㆑生以殉是也」という。知も鬼も広義の「神」を意味するであろう。死して知（神）あれば、すなわち神不滅であるなら生を軽んじてしまう。したがって現世において「孝」を全うすることができぬ。これは中国伝統思想である儒教の教えに背くものである。現世の孝を重んずる儒家の范縝が仏教の三世業報を認めるはずはない。かかる点から范縝は神滅論すなわち排仏論をなすのである。

五　神不滅論

これに対して仏教徒は神不滅論をもって対抗した。神滅論が神の存続を否定し、三世業報を認めぬ以上、仏教徒

は三世輪廻説を守る為に神の不滅を説かざるをえなかった。それにしても無常・無我を建前とし常住な存在を認めない仏教が何故に不滅の神を説くのか。その理由はいろいろ考えられるが、一つには仏教の入門として一般大衆に呼びかける便法としてであろう。二つには因果律の上から善をなすことにより幸福を得、悪を行なうことにより苦を受けるという公正な果報の要求からであろう。現実にこの公正な因果が乱れたように見える時がある。そこで三世にわたる神を説き、果報も三世にわたって果遂されると説くことによりある種の不満を和らげ、不合理を正そうとしたのであろう。神不滅論者の慧遠が、『三報論』を著し、その著述の動機を「俗人が善悪には現報無しと疑うに因って作る」(22)と述べていることによっても知られる。宗炳も『明仏論』に「積善余慶積悪余殃と称し、而も顔冉の夭疾するが如きありて理通すべからず」(23)という。世人にとって顔回や冉伯牛はすぐれた聖人であったにもかかわらず三十そこそこで若死するのは因果律、道徳律の上からいかにも不合理で説明のつかぬものであったのだろう。これに応えるに神の不滅をもってしたのであろう。

だが仏教徒は自ら積極的に神不滅を主張したのではない。あくまでも神滅論の駁論としてであった。神不滅論があって神滅説が生まれたのではなく、神滅論の反駁として神不滅が説かれたのである。慧遠の形尽神不滅篇は形を離れ神が存することを疑う者に対して出されたのであり、宗炳の『明仏論』もまた世間の神滅論に対する駁論であった。僧含の『神不滅論』(24)は『無三世論』の著者に対し、竺僧敷の『神無形論』(25)は異学の徒に対する駁論であった。梁武帝のそれも同様であった。

しからば神不滅論者はいかなる方法で神滅論に対応したのであろうか。その方法は、一つは神の意味を拡大解釈することにより、また一つは、中国古典の中から三世業報に類する記載を尋ね、神滅論者の拠り所を逆用する方法であった。第一の方法によれば、神は時として鬼神であったり、魂魄であったり、あるいは仏性、如来蔵を意味するものであったり、その時々で自由に解釈される。第二の方法では、古典の祖先の祭礼に関する記事や、鬼神の記事の中にも三世業報の意味を見出し、神不滅の証拠とするものである。これは一種の格義であり、仏教思想の理論的根拠を中国古典に求めるのであるから仏教と儒教との調和一致説となる。仏教徒は儒教に対しては一種の調和を求めるが、道教に対してはこれを排斥する。儒教は中国古代より人心に深く根づいているのであり、これに反対することは不利である。仏教が儒教と一致調和したからといって、儒教は世間主義で宗教的要素に欠けるので仏教の教義には何ら影響を及ぼすものではない。また、論争する時、自己の拠り所である仏教の経論を材料として論を進めては相手を説得することはできぬ。そこで相手と共通の中国古典に準拠しての議論でなくてはならない。宗炳の『明仏論』などこの方法の好例である。

神不滅論の論旨を整理すれば大体この両様に集約されるであろう。われわれは梁武帝の神不滅の論調にこの両様の方法を認めるのである。武帝には法雲はじめ王公朝貴の意見を求め、自ら撰した『勅答臣下神滅論』がある。また『弘明集』には、彼の仏性に関する見解を述べた『立神明成仏義記』が収載されている。この書はその標題のとおり仏性に関するものであるが、当時の仏教徒を刺激して止まなかった范縝の神滅論に対する反駁として書かれたものであることは間違いない(26)。

この書は成仏の根拠すなわち人間の仏性について説く。そして仏性を、人の神が連続し不滅であるという事実の上で論証しようとする。もし人に仏性があり、成仏が可能であるなら、それは神が不滅であるためで、神が滅すれば仏性も滅せざるをえぬという。要するに『立神明成仏義記』は、武帝の仏性論であると同時に神不滅論なのである。

そこでこれらの書によってしばらく神不滅論者の代表として梁武帝の所論を概観しよう。まず『立神明成仏義記』から検討する。従来、この論争は形と神との一異が論点の中心であった。しかし武帝はここで新たに体用の論理を用いたところに特色がある。すなわち神（心）について性（体）と用とを分け、神の本性は不滅で、心の作用に神明と無明とがあるという。心は常に生滅を繰り返す、刹那も止まるものでない。しかしもし心にそのような興廃変化があるなら、成仏の可能性がなくなる。ところが心に生滅興廃があるのは、心の境に対する作用においてである。経にも「若与㆓煩悩諸結㆒倶者、名為㆓無明㆒。若与㆓一切善法㆒倶者、名㆑之為㆑明(27)」というとおりである。心の用には生滅興廃があるが、心の本性（体）には変化がなく不滅である。この不滅の心（神）こそが成仏の根拠であるとして次のごとくいう。

> 経云、心為㆓正因㆒終成㆓仏果㆒。又云、若無明転則変成㆑明。案㆓此経意㆒理如㆑可㆑求、何者夫心為㆓用本㆒、本一而用殊、殊用自有㆓興廃㆒、一本之性不㆑移、一本者即無明神明也(28)。

心は対境により無明、神明の別があり、生滅するが、それは心の用で、心の本である心性（神）は不移不滅である。無明と神明とを併せ有する心（神）を不滅とするのである。そしてこの不滅の心の上に成仏の根拠を見出すのである。したがってこの神とは結局仏性にほかならない。これは先に述べた第一の方法で、『涅槃経』によって心（神）を仏性と解し、その不滅を説こうとするものである。

他方、武帝はこれとは全く異なる方法で神の不滅を証明しようとしている。彼はその『勅答臣下神滅論』の中において、

> 観㆓三聖設㆑教、皆云㆓不滅㆒、其文浩博難㆑可㆓具載㆒。止挙㆓二事㆒試以為㆑言。祭義云、惟孝子為㆓能饗㆑親。礼運云、三日斎必見㆑所㆑祭。若謂饗㆑非㆓所饗㆒、見㆑非㆓所見㆒、違㆑経背㆑親言誠可㆑息、神滅之論朕所㆑未㆑詳(29)。

これは先の『立神明成仏義記』とは異なり、仏典を引かず外典に準拠し論を進めている。『礼記』祭義の文や、『礼

記』礼運（礼運にはこの文はない。郊特性の文か）を引いて神不滅の証拠としようとした。それは祖先の祭礼に関する記事であり、そこに三世にわたる神を見出しているのである。さらに「孟軻有云、人之所レ知不レ如二人之所一不レ知、信哉」(30)と、『孟子』を利用し自己の所論の憑拠としようとしている。ここでは神不滅の証を中国古典の中に求めている。古典に祖先の祭礼が説かれているのは、神の連続不滅を認めてのことではないか。それは中国古典においても仏教の三世業報を肯定するものではないか。これこそ神不滅論者の常套であった。『喩道論』の孫綽は「古今禍福の証を歴観するに皆由縁あり」(31)となし『左伝』『列異記』などの古典から死者報生の記事を求め神の不滅を明かそうとしている。鄭道子も宗炳も同じ方法をとっている。宗炳のごときは「孔老如来雖二三訓殊一レ路、而習レ善共レ轍」(32)という。これは先に言った第二の方法で、三世業報・神不滅を仏典によって論証するのではなく、自明のこととし、中国古典にそれに類する記載があればそれで足るとしている。神滅論すなわち排仏論に対するに仏教徒のとる態度は大抵右のような儒仏一致という方法であった。伝統思想に立っての排仏論に応えるのに、仏典の中だけで解答することは許されず、同じ基盤で争う時、どうしても中国の古典が必要であった。

五　むすび

この神の滅不滅の論争は、仏教の業報説に関するものであったが、仏教徒は儒仏一致というところにその解決を見出そうとした。これは格義仏教を脱し、独自な中国仏教を形成しようとする歩みに逆行するものであった。それは、この論争が教理に名をかりながら、その実は排仏とその弁護という性格を有していたからである。この論争の問題点自体は、仏教思想の理解が深まるにしたがって自ら解消される。すでに指摘されるように仏性の理論と浄土教の転生往生説によって吸収されてしまう。[33]

要するに三世業報説は、仏教伝来の初期から仏教を代表する教説のように受けとられ、六朝の士大夫等の精神生活に大きな衝撃を与えた。また業報にまつわる論争も盛んに行なわれた。だが業報説は、中国仏教の精華である隋唐の仏教ではその主流に留まることはできなかった。それは仏教の入門的な教説にすぎず、三界内の果報を得る教えであるとして「人天教」[34]と名づけられるに至る。だがそれは当然のことと言わねばならない。なぜなら仏教は業報・輪廻を説くが、それを人間の宿命として諦観するのではない。三世の業報輪廻を超克し、解脱への道を説くのが仏教の基本的立場だからである。

註

（1）津田左右吉『道家の思想とその展開』（津田左右吉全集第一三巻、岩波書店、一九六四年）第四篇第二章、養生説と生死観など参照。
（2）中村元「東洋人の思惟方法」（『中村元選集』第二巻〈春秋社、一九七六年〉、一三四頁等）参照。
（3）牟子の活躍年代については学界に異説があり一定でない。今は漢末として考える。『理惑論』は、『弘明集』巻一（大正五二・一b—七a）所収。その要約は西順蔵「仏教と中国思想」（『講座仏教』Ⅳ〈大蔵出版、一九五八年〉所収）を参照した。
（4）『弘明集』後序（大正五二・九五a）。
（5）横超慧日「中国仏教に於ける大乗思想の興起」（『中国仏教の研究』〈法蔵館、一九五八年〉所収）等参照。
（6）『広弘明集』巻三（大正五二・一〇七b）所収。『顔氏家訓』巻五帰心篇に次のごとくいう。
俗之謗者大抵有五。其一以世界外事及神化無方、為迂誕也。其二以吉凶禍福或末報応、為欺誑也。其三以僧尼行業多不精純、為姦慝也。其四以糜費金宝減耗課役、為損国也。其五以縦有因縁、而報善悪、安能辛苦今日之甲、利益後世之乙乎為異人也。
（7）註（3）を参照。

（8）『広弘明集』巻一（大正五二・三b）。
（9）『後漢記』巻一〇。
（10）『魏書』巻一三〇、塚本善隆『魏書釈老志の研究』（塚本善隆著作集第一巻、大東出版社、一九七四年）九七頁以下参照。
（11）『出三蔵記集』巻一五慧遠法師伝（大正五五・一〇九c）および『高僧伝』巻六（大正五〇・三五八c—三五九a）。
（12）宮川尚志『六朝史研究』宗教篇（日本学術振興会、一九五六年）一四頁参照。
（13）『毘摩羅詰提経序』（『出三蔵記集』巻八　大正五五・五九a）。
（14）塚本善隆『魏書釈老志の研究』一〇三頁。
（15）慧琳の伝記は、『高僧伝』巻七釈道淵伝（大正五〇・三六九a）参照。『高僧伝』では世祖孝武帝に重んぜられたと伝えるが、『南史』巻三四顔延之の伝には「沙門慧琳才学を以って文帝に賞せらる」といい、太祖文帝となす。
（16）『宋書』巻六四、『南史』巻三三参照。
（17）『梁書』巻四八、『南史』巻五七参照。
（18）『弘明集』巻九の蕭琛の難神滅論にも引用されている。
（19）『弘明集』巻九（大正五二・五七c）。
（20）『広弘明集』巻二六（大正五二・二九四c）。
（21）『弘明集』巻九（大正五二・五九ab）。
（22）『弘明集』巻五（大正五二・三四b）。
（23）『弘明集』巻二（大正五二・一四c）。
（24）『高僧伝』巻七（大正五〇・三七〇b）。
（25）『高僧伝』巻五（大正五〇・三五五b）。『大唐内典録』巻三（大正五五・二四八c）。
（26）湯用彤『漢魏両晋南北朝仏教史』（中華書局・一九五五年）第一七章南方涅槃仏性諸説、および森三樹三郎『梁の武帝』（サーラ叢書5、平楽寺書店、一九五六年）参照。
（27）（28）『弘明集』巻九（大正五二・五四bc）。

（29）（30）『弘明集』巻一〇（大正五二・六〇b）。
（31）『弘明集』巻三（大正五二・一六c）。
（32）『弘明集』巻二（大正五二・一二a）。
（33）梶山雄一「慧遠の報応説と神滅不滅論」（『慧遠研究』研究篇〈京都大学人文科学研究所研究報告、創文社、一九六二年〉所収）。
（34）例えば宗密の『原人論』斥偏浅第二（大正四五・七〇八c）に人天教を説明し「一には、仏、初心人の為に、しばらく三世の業報、善悪の因果を説く」という。人天教については湯用彤『漢魏両晋南北朝仏教史』八一一頁以下参照。

Ⅲ 維摩経訳出の諸問題

鳩摩羅什の訳経

一　序

中国仏教はインドに興起した仏教を受容し、それを全く独自の方法で消化して民族の性格に合うように展開させたところに成立したものである。その場合、仏教の教理を伝える仏典が胡語のままであっては中国人には理解し咀嚼することができず是非とも翻訳して自国の漢語に改めねばならなかった。また、仏教を受容する中国と仏教の興起したインドとの間には、地理的にも文化的にも多くの障壁がある。ことに受容する側の中国はすでに高度な独自の文化を有しており中華の意識が強く、かつ文字を重んずる国であったから経律論にわたり厖大な数の聖典を持つ仏教を伝えようとすれば、どうしても訳経すなわち仏典の翻訳ということが極めて重要な事業となる。

古く漢魏代の訳経はもっぱら洛陽が中心であったが、その後西晋の竺法護が主に長安において重要な経典を訳出するに至って長安はにわかに訳経の要地となった(1)。苻秦の治政下にあった四世紀後半の長安は、曇摩難提・僧伽跋澄・曇摩侍らによって阿含・律・毘曇の訳出がなされたことにより、中国の訳経史上に新たに偉大な成果を生み出す要所となった(2)。だが未だ何分にも政情が不安定で、関中は擾乱していた折でもあり、また仏教界自体も未熟で受け入れ態勢が十分でなかった為に、長安における新仏典の翻訳から得た知識を消化し、新たに教学を構築するまでには至らなかった。苻秦の滅亡後、長安は姚秦の占拠するところとなり、暫くの間は仏教学上の空白の期間を迎えたのであるが、やがて仏教学にも造詣の深い姚興によって治安を確立すると共に、ふたたび政治権力の保護の下に、仏典翻訳の要衝として驚異的な成果を上げることになった。その姚秦も姚泓のときに至り僅か三代であたかも鳩摩羅什の活動を外護するためにのみ出現したかのごとく彼の歿後、数年にして滅亡することになる。

そののち、北涼の都である涼州姑臧や東晋の都の建康などが訳経の中心として大きく中国仏教界の注意を引くに至る。長安、姑臧、建康の三所における仏教学はやがて建康において統一の努力がなされ中国仏教を飛躍的に発展させることになる。

長安を中心として活発な訳経活動を行なった西晋竺法護が歿して八十五年後、また長安仏教界の重鎮として後進の指導にあたった釈道安が歿して十六年後の姚秦弘始三年（四〇一）に、鳩摩羅什が長安に至り、道安の遺弟らに助けられながらすでに竺法護らによって翻訳されていた大乗経典を再度翻訳し、また新たに大乗論書を訳出するなど、長安に在った数年の間に大乗の経論を精力的に翻訳し、中国仏教学の勃興の基礎を築いたのである。彼の翻訳した多くの経典の中では大小品の『般若経』『維摩経』『法華経』がもっとも著名なものであるが、これらの経典は彼によって初めて伝訳されたものではなく、すでに訳され研究されていたものの再訳である。ところが一たび鳩摩羅什によって再訳されたのちには、それが圧倒的な勢力をもって仏教界で研究されることになり、これより以降の中国仏教界においてこの三経は実に計り知れない影響を与えることになる。そのほかにも『首楞厳経』『思益経』『十住経』『阿弥陀経』『弥勒下生経』『坐禅三昧経』など、後世の中国仏教学および仏教信仰の上に極めて重要な役割を果たした経典は決して少なくはないが、鳩摩羅什の訳経——この場合の訳経とは広義に経・律・論にわたる仏典の翻訳全体を指すものである——の中で他の何人をも代わることのできない偉大なる功績は、大乗の論書を中心とする論蔵の翻訳である。それは『大智度論』百巻であり、また『中論』四巻、『十二門論』一巻、『百論』二巻のいわゆる三論であり、さらには『成実論』十六巻である。『大智度論』は「龍樹菩薩造」と称して龍樹の著作と伝えられているが、その全部が果たして龍樹の手になるものであるか否かについては今日も疑問がもたれている。今はこの興味ある問題は暫く置くが、インドの偉大な論師によってなされた『大品般若経』の釈論である『大智度論』の訳出は、当時の経典研究にとってもっとも権威のある指導書が提供されたことになり、このことにこそ絶大な歴史的意義を有しているのである。従来の中国の仏教学は般若経研究を主軸として展開してきたことは広く指摘されているところであり、その『般若経』に対する釈論である『智度論』が訳出されたことは、経典の研究や解釈に一定の基準を与え、その後の仏教研究に決定的な方向性を与えることになったのである。

『中論』『百論』などの大乗論書の翻訳は中国仏教史上における中観仏教の初伝である点で重要な意義を有することはもちろんであるが、同時にこれまでの中国の仏教学が、『般若経』を中心として学習研究されながらも、その般若の根本義の把握に苦慮していたときに、それに明確な指針を与えたことに三論の伝訳が有する大きな意義がある。要するに『智度論』が経典の文々句々の逐字的解釈を指導したのに対して『中論』等は般若教学の根本義の把握に的確な指針を与えるものであった。

これらの論書に比して『成実論』は、仏教教理を組織的に理解する上で整然とした指導書を提供したことになるであろう。『般若経』『維摩経』は般若の空義や空の実践たる無執着を説き、『法華経』は一乗を明かすように、それぞれ独自の教説・主張を持ち、必ずしも仏教の教理の全体像を組織的に示しているものではない。すでに前秦の時代に長安では『阿毘曇心論』など一連の論書が翻訳されていたが、それらの論書はいわゆる、小乗の論書であり、『智度論』など大乗論書から批判の対象となっているものである。また『中論』等は大乗の主張を要約して示しているけれども、未だ全仏教の教理を理論的体系的に説示するものではない。それに対して『成実論』は、いちおう全仏教を苦集滅道の四諦の型でもって組織的に整理して説いており、しかも毘曇を批判し空についても言及しており、未だ明確に大乗とも小乗とも決し難い内容を有している。後世、智顗や吉蔵によって『成実論』は小乗論と断定されるが、それ以前の中国仏教界においては、鳩摩羅什によって翻訳された論書として南北朝時代に、特に江南において盛んに修学され一学派を形成したことはいわば当然の趨勢といいうる。(3)

このように中国の訳経史上に果たした鳩摩羅什の功績は実に多方面にわたるが、『般若』『法華』『維摩』など主要な大乗経典の重訳と、大乗の釈経論である『大智度論』および大乗の釈義論としての『中論』などの三論の伝訳と、および仏教の理論体系の書としての『成実論』の翻訳などがことのほかに重要であると考えられる。これは三論宗・四論宗・成実宗の成立など、のちの中国仏教の展開に照らしても明確な事実である。しかし、鳩摩羅什の訳経そのものを課題とするとき、右のほかにも『十住経』や『十住毘婆沙論』、あるいは『十誦律』のように仏教史の上で、重要な地位を占めるものではあるが、その翻訳に際しては仏陀耶舎や曇摩流支などほかの訳経三蔵の助力を待ってなされた経論も存するのである。これらの、どちらかといえば看過されがちな彼の訳経の実態についても是非とも考察が加えられなければならないであろう。(4)

鳩摩羅什の卒年については異説があり、定説を見出すことはできないが、(5)彼と同時代の長安にはなお多数の三蔵によって新しい仏典が伝訳されていた。当時の長安仏教界の盛んな様は、鳩摩羅什の弟子である僧肇が、廬山の慧遠の下にあった居士劉遺民に送った書翰によって詳しく知ることができる。その書翰の中で活発な仏典翻訳に接して、

貧道、一生猥しく嘉運に参じ、この盛化に遇ふ。自ら釈迦祇桓之集を観ざるを恨むのみ、余は復た何をか恨ま

ん。(6)

と述べている。彼は仏在世に仏説の場に預りえなかったことは致し方ないが、それ以外は何も思い残すことはないとまで感激を述べているのである。

中国仏教の黎明期に鳩摩羅什の訳経が果たした役割は絶大であり、その間の諸事情については種々の観点から十分に考察されねばならない。鳩摩羅什の訳経が至大の成果を得たのは多くの理由が考えられる。まず、外的には当時の仏教学の中心地であった長安が、ようやく政治的に安定し、その上国主姚興とその一族が仏教の素養深く、仏教界に理解を有していたこと等が挙げられる。また姚秦はいわゆる胡族の国家であり、中華の意識が強烈な知識階級は南の東晋に移っており、外来の宗教たる仏教が受容されやすい状況にあった。さらに長安の地は竺法護や釈道安によって訳経および仏典研究に長い伝統があり、西域との交通の要衝に当たっており、西方文化に接しやすい地位にあったことなどが主たる理由と考えられる。また、内的には、釈道安による仏教学研究の伝統がようやく仏教界全体に滲透し次第に成果を上げ始めていたことや伝訳者たる鳩摩羅什自身が大小乗にわたる広くかつ深い仏教学の教養を有し、仏教学の指導者・啓蒙家として最適任の人物であったことなどが考えられる。この鳩摩羅什の訳経をとりまく事情の一々について論述する遑はない。現に訳経史上における彼の地位や周囲にいかなる影響を与えたか等については、すでに横超慧日博士をはじめ多くの先学による論稿がある。(7)しかし、古来から名翻訳家という令名の下に、鳩摩羅什の訳経の事実経緯に関して多くのことが隠蔽されている。そこで拙論では鳩摩羅什の主要経論の翻訳に関する具体的事情を検討し、その訳経活動の実態を解明したいと思う。

二　鳩摩羅什の訳出経論

外来宗教たる仏教を受容した中国仏教において訳経三蔵が占める地位は極めて大きいものがある。ことに鳩摩羅什と玄奘とは、それぞれ「旧訳」「新訳」と称され、中国訳経史上に新生面を開く一代の名訳経家である。訳出経論の巻帙においては唐の玄奘の方が遥かに鳩摩羅什を凌ぐものであった。貞観十九年（六四五）正月、インド留学から京師に帰った玄奘は、その年の二月六日から龍朔三年（六六三）までおよそ十九年間に一日の暇逸もなく継続して訳業に従事し、大小乗の経律論等七十五部一千三百三十五巻を訳出したのである。[8] 特に顕慶五年（六六〇）から龍朔三年に至る晩年の四カ年間は平均して月に十四巻をも出し、年に一百七十巻もの翻訳をなしたのである。

鳩摩羅什の訳業は、その数量において玄奘には到底及ぶものではないが、訳出経論の範囲と後世の仏教学への影響力という点では玄奘も遠く及ばないような大きな足跡を仏教史上に残している。鳩摩羅什の訳経が中国仏教の形成に果たした功績は計り知れないものがある。ところが、その鳩摩羅什の訳出経論の正確な部帙ですら実は明らかとは言い切れないのである。従来、現存最古の経録である梁僧祐の『出三蔵記集』を無上のものとして信頼し、そこに根拠を求めて無条件に鳩摩羅什の訳経を三十五部二百九十四巻となしていた。[9] 確かに『出三蔵記集』は貴重な資料ではあるが、その『出三蔵記集』の中においてすら鳩摩羅什の訳出経論の部帙について定説がなく異説が認められるのである。『出三蔵記集』巻二の『新集経論録』には「三十五部、凡二百九十四巻」を鳩摩羅什の訳出となしているが、『同』巻一四の「鳩摩羅什伝」では、『大品経』のほかに三十二部「三百余巻」（ただし、元版明版では「呵色」を加えて三十三部）となし、都合三十三部をもって鳩摩羅什の訳出と判じているのである。また巻二の『新集経論録』に鳩摩羅什の訳として列挙する『菩薩呵色欲経』、『雑譬喩経』各一巻については、巻一四の僧伝の部では全く言及していないというような相違が存する。(10)

梁慧皎の『高僧伝』巻二には、鳩摩羅什の訳出経論の部数については明記していないが、のちに表示するように「小品」以下三十一部の経論名を列した上で「凡三百余巻」となしており、本文中の「大品」を加えると合計三十二部を数えることができる。僧祐の「鳩摩羅什伝」と慧皎の「鳩摩羅什伝」との記載とを比較すると経論名の配列・記載の仕方が相似し、ほぼ類同であるにもかかわらず、慧皎は僧祐の記載から「華手」「諸法無行」「称揚諸仏功徳」の三経を削除し、「呵欲経」と「菩薩戒本」との二部を追加しているのである。

梁の天監十七年（五一八）に勅命でもって『衆経目録』四巻を編纂した宝唱は、その『名僧伝』に鳩摩羅什三蔵の訳出経論について「三十八部、二百九十四巻」と記している。(11)ただし、今日では宝唱の『衆経目録』も『名僧伝』も散佚し、その一々の経論名を知ることはできないけれども、僧祐の『新集経論録』とは部数において三十五部と三十八部との相違があるが、総巻数においては「二百九十四巻」と両者の間で完全に一致しているのである。鳩摩羅什の訳経成果については『出三蔵記集』をはじめとする中国仏教初期の資料による限り三十数部三百巻前後と見ることができるのである。

隋代以降の資料では、その部数は飛躍的に増大するが、鳩摩羅什の訳経を考える上で基礎となり、かつ比較的に信頼度の高い僧祐や慧皎の記録にしたがって鳩摩羅什の訳出経論を整理して示せば次頁のごとくである。

	『出三蔵記集』二	『出三蔵記集』一四	『高僧伝』二	『二秦録』記載	備考
1	新大品経二十四巻	大品経	大品経	有	僧叡「大品経序」
2	新小品経七巻	小品経	小品経	有	僧叡「小品経序」
3	新法華経七巻	法華経	法華経	有	慧観「法華宗要序」 僧叡「法華経後序」
4	新賢劫経七巻	新賢劫経	新賢劫経	有	
5	華首経十巻	華首経		有	
6	新維摩詰経三巻	維摩経	維摩経	有	僧肇「維摩詰経注序」 僧叡「毘摩羅詰提経義疏序」
7	新首楞厳経二巻	首楞厳経	首楞厳経	無	
8	十住経五巻	十住経	十住経	有	
9	思益義経四巻	思益経	思益経	有	僧叡「思益経序」
10	持世経四巻	持世経	持世経	有	
11	自在王経二巻	自在王経	自在王経	有	僧叡「自在王経後序」
12	仏蔵経三巻	仏蔵経	仏蔵経	有	
13	菩薩蔵経三巻	菩薩蔵経	菩薩蔵経	有	
14	称揚諸仏功徳経三巻	称揚諸仏功徳経		有	
15	無量寿経一巻	一分無量寿経	小無量寿経	有	
16	弥勒下生経一巻	弥勒下生経	弥勒下生経	有	

17	弥勒成仏経一巻	弥勒成仏経	弥勒成仏経	有	
18	金剛般若経一巻	金剛般若経	金剛般若経	有	
19	諸法無行経一巻	諸法無行経		有	
20	菩提経一巻	菩提無行経	菩提無行経	無	
21	遺教経一巻	遺教経	遺教経	無	
22	十二因縁観経一巻	因縁観経	因縁観経	無	
23	菩薩呵色欲一巻		呵欲経	無	
24	禅法要解二巻	禅要解	禅法解	無	
25	禅経三巻	禅　経	禅　経	有	僧叡「関中出禅経序」
26	雑譬喩経一巻			無	
27	大智度論百巻	大智論	釈　論	有	僧叡「大智釈論序」
28	成実論十六巻	成実論	成実論	有	（成実論記）
29	十住論十巻	十住論	十住論	有	
30	中論四巻	中　論	中　論	有	僧叡「中論序」 曇影「中論序」
31	十二門論一巻	十二門論	十二門論	無	僧叡「十二門論序」
32	百論二巻	百　論	百　論	有	僧肇「百論序」
33	十誦律六十一巻	十誦律	十誦律	無	

34	十誦比丘戒本一巻	戒　本	十誦戒本	無	
35	禅法要三巻	禅法要	禅法要	無	
			菩薩戒本	無	
	三十五部	三十三部	三十二部	（二十四部）	

鳩摩羅什の訳出経論について考察する場合、今日の学界においてもっとも信頼される資料は右にあげた僧祐の『出三蔵記集』巻二『新集経論録』であるが、そこに記載する三十五部の中でもすでに他の資料との間に若干の出入りがあり十二分に検討されねばならない。のちに『開元釈教録』[12]が指摘しているように**35**の『禅法要』は先に弘始四年（四〇二）に訳した『禅経』（すなわち『坐禅三昧経』）をのちに弘始九年に至り重ねて校正したもので同本の重載である。また**23**の『菩薩呵色欲』と**26**の『雑譬喩経』の二部二巻については同じ僧祐の『出三蔵記集』の中でも巻二と巻一四とで異同の存することは前記のごとくであり、『出三蔵記集』といえどもなお誤謬なしとは断定できずさらに検討が必要である。僧祐が『出三蔵記集』を編集したのは鳩摩羅什の活躍の時代からすでに一世紀近くを経過した南斉の建武年間（四九四―九七）のことであり、その間に錯誤や誤伝の生じたことは想像に難くないであろう。

その点でもっとも確実な資料は、鳩摩羅什の身近にあって直接師事した門下の記録である。僧叡、僧肇、曇影らの序あるいは後記の存する経論は鳩摩羅什の翻訳としてもっとも確かなものであることは言うまでもない。ことに前表に示したように僧叡の『二秦録』に記録する『新大品経』などの二十四部こそが鳩摩羅什の訳出経論として確実に信頼しうるものであろうと筆者は考えている。

学者の中には大胆に「二秦録なるもの」は信頼できないという評価を下すものもあるが、おそらくそれは『二秦録』が散佚し直接に手にすることができないために『二秦録』に対する基本的認識の欠如からくる評価とも考えられる。[13]『二秦録』は詳しくは『二秦衆経録目』といい、その二秦とは、釈道安の進言を受け入れ亀玆の鳩摩羅什を関中に迎える契機をなした符堅ら符氏一族の前秦（符秦）と弘始三年（四〇一）に国師の礼をもって常安に鳩摩羅什を招いた姚興ら姚氏一族の後秦（姚秦）とを指すものである。しかも、この『二秦録』の撰者は、前秦の世に在って釈道安に師事し、のちには長安で親しく鳩摩羅什の訳業に参与した僧叡である。僧叡は入関間もない鳩摩羅什に『禅経』の翻訳を要請し、それを得て日夜修習につとめた真摯な学僧であった。その上、彼は鳩摩羅什の主要な訳出経論である『大品経』『小品経』『法華経』『維摩経』『思益経』『自在王経』『禅経』『大智度論』『中論』『十二門論』等の「序」を撰し、それが現存しているのである。鳩摩羅什自ら「吾、経論を伝訳し、子（僧叡）と相値うことを得て真に恨む所無し」[14]と称して僧叡を歎じたように彼は鳩摩羅什の訳業において極めて重要な役割を果たしているのである。しかも僧叡は鳩摩羅什の寂後も生存しており、師の訳経活動の始終を目の当たりに知りうる立場にあったのである。それゆえ、僧叡の『二秦録』（『二秦衆経録目』）こそは鳩摩羅什の訳経を考える上で欠くことのできぬもっとも権威ある重要な資料となるのである。すでに散佚した僧叡の『二秦録』は、直接に参照することができないのははなはだ遺憾であるが、その内容は幸にして『歴代三宝紀』巻八や『大唐内典録』巻三等に引用するところによって知ることができるのである。

僧祐が鳩摩羅什の訳出経論として三十五部（律の二部を含む）を掲げている中で二十四部は実に『二秦録』に記載するものである。おそらく梁の僧祐は僧叡の『二秦録』を直接の資料としてこれによって記録したものと考えられる。[15]すでに『二秦録』に記載しており、鳩摩羅什の翻訳と考えてまず間違いのない二十四部とは、先の表にも掲

げているとおり⑴新大品経、⑵新小品経、⑶新法華経、⑷新賢劫経、⑸華首経、⑹新維摩詰経、⑺十住経、⑻思益義経、⑼持世経、⑽自在王経、⑾仏蔵経、⑿菩薩蔵経、⒀称揚諸仏功徳経、⒁無量寿経、⒂弥勒下生経、⒃弥勒成仏経、⒄金剛般若経、⒅諸法無行経、⒆禅経、⒇大智度論、㉑成実論、㉒十住論、㉓中論、㉔百論である。

そこで僧祐が記載する三十五部のうち『二秦録』記載の二十四部を除く他の九部の経論（律の二部を除外）は実は梁代に至って僧祐によって初めて鳩摩羅什の訳出経論と判定され追加されたものである。僧祐は『出三蔵記集』の中でこれら九部をいかなる理由でもって鳩摩羅什訳と断定したのかについてはその根拠を全く示してはいないが、梁の僧祐以降の経録はそれをそのまま継承している。そこで我々は僧叡の『二秦録』に記載がなくて、のちに梁の僧祐が鳩摩羅什の訳出と判定したところの九部の経論については是非とも慎重に検討を加えねばならないのである。

一 **『首楞厳経』二巻**。この経に関しては僧叡の『二秦録』に記録がなく、また鳩摩羅什直弟の筆になる経序、後記の類も全く存在しない。宋陸澄の『法論目録』にもやはりこの経に関する何らの記載もない。その点で他の鳩摩羅什の翻訳になる『大品経』や『法華経』『維摩経』等とは全く事情が異なるようである。しかし、『出三蔵記集』巻二の『新集異出経録』(16)には、この『首楞厳経』の同本異訳として後漢の支讖、呉の支謙、曹魏の白延、西晋の竺法護、西晋の竺叔蘭、姚秦の鳩摩羅什および失訳の七部を挙げている。さらに『同書』巻七所載の未詳作者の『首楞厳経後記』(17)によれば、右のほかに月支の支施崙の訳があったことを記している。あるいは僧祐のいう失訳に相当するものとも考えられるが、すでに散佚しているのでそれを決することができない。

ところで僧祐は一体何を根拠として『首楞厳経』を鳩摩羅什訳と断定したのであろうか。それは劉宋代の弘充の作になる『新出首楞厳経（法解）序(18)』によったことは明らかである。僧祐自らがこの序を『出三蔵記集』中に収載していることによっても理解できる。弘充のこの序は劉宋の大明二年（四五八）に作られたものであるが、その中

に、

羅什法師、弱齢にして道を言べ、思を法門に通ず。昔、関右を紆歩して此の経を訳出す。

と記しているのにしたがったものと考えられる。小野玄妙博士もこの弘充の序文を根拠として『首楞厳経』を鳩摩羅什の訳と断定しているのである。[19]今は小野博士の説にしたがい、『首楞厳経』を鳩摩羅什訳と考えたい。

二　『菩提経』一巻。この『菩提経』は『文殊師利問菩提経』といい、また『菩提無行経』、『伽耶山頂経』とも呼ばれている。『開元釈教録』巻一二[20]には、鳩摩羅什訳『文殊師利問菩提経』一巻、元魏の菩提留支訳『伽耶山頂経』一巻、隋の毘尼多流支訳『象頭精舎経』一巻、唐の菩提流志訳『大乗伽耶山頂経』一巻の四経を同本異訳となしており、現に四経ともに『大正新脩大蔵経』第一四巻経集部一に入蔵されて現存している。鳩摩羅什訳が第一訳であるが、これを鳩摩羅什の翻訳との断定をなしたのは僧祐である。しかも、僧祐がかく断じた理由は僧馥の『菩提経注序』に「耆婆法師入室之秘説也[21]」とあるのによったものと考えられる。この序の作者である僧馥は宋の元嘉年中（四二四―五三）に卒した鳩摩羅什の門下の慧観と共に同時期に建康の道場寺に住した僧で、慧観の伝に「もと澧泉の人、専ら義学に精しく、勝鬘経に注す[22]」と伝えられているが、彼の生卒年や事蹟を詳らかにすることはできない。

僧祐はこの僧馥の序を根拠として『菩提経』をもって鳩摩羅什訳との判断をなしたのであるが、僧祐のこの判断にしたがうことは躊躇せざるをえない。僧馥の序にはこの経の訳出年時について全く言及していないことや鳩摩羅什のことを「耆婆法師」と呼んでいること、またこの経を「耆婆法師入室之秘説」となしていること等はいずれもこの序の内容を疑わせるものである。

僧馥のいう「耆婆法師」の耆婆は鳩摩羅什の母の名であり[23]、彼のことを耆婆と称す例は他の資料に見られない。

しかも、同じ道場寺に住した鳩摩羅什門下の慧観は「外国法師鳩摩羅什[24]」といっているのであり、同学ともいうべき僧馥が「耆婆法師」と呼ぶのは極めて不自然である。さらにこの経を耆婆法師の入室の秘説であり親しく承くるもの寡く、それゆえに「世に行はれること罕し」と述べているのは、鳩摩羅什の訳場の実態を知らぬものである。例えば僧叡の『大品経序』などによるとき、鳩摩羅什の訳場は極めて自由な雰囲気であり「入室の秘説」など全く考えられないのである。[25]

常盤大定博士は僧馥の『菩提経注序』によって「羅什の訳たりしは、疑なしといふべし[26]」と論定されているが、前述のごとく僧叡の『二秦録』にその記載がないこと、他の鳩摩羅什門下の経序等に言及されていないこと、序の内容が前述のごとく非常に不自然であること、鳩摩羅什訳の大乗経典は『法華』『維摩』等いずれもが竺法護らによってすでに訳出されて長安に伝わっていた経典の再訳であるのに対してこの経の既訳は存在せず本経が初訳であることなどを勘案するとき鳩摩羅什の訳出となすことに大いに疑問を感ぜざるをえないのである。

三　『遺教経』一巻。現に『仏垂般涅槃略説教誡経』と題して『大正新脩大蔵経』中に収められているが、この経題は『僧祐録』に『仏垂般泥洹略説教誡経』とあり、のちに泥洹が涅槃と称されるようになったと考えられる。この経にはサンスクリット原典や西蔵訳は存在せず、漢訳もこの鳩摩羅什訳のみが唯一の存在である。すでに多くの先学によって指摘されているように、この経は梵本からの翻訳とは考えられず、中国で成立したいわゆる偽経とされている。[27]したがって本経は梁代以前に鳩摩羅什に仮託して作られたものであり、彼の訳出経典となすことはできないのである。

四　『十二因縁観経』一巻。『出三蔵記集』巻一四の『鳩摩羅什伝』や『高僧伝』巻二には「因縁観経」と略称されている。[28]僧祐の『新出経論録』は明確に「闕[29]」と記しており、すでに梁代には欠本となっている。

同名の経典としてはすでに後漢の安世高や西晋の竺法護の訳が存したことを『出三蔵記集』巻二の『新集異出経録』[30]に記録している。僧祐は鳩摩羅什訳をもってその第三訳とはなしていないが、この記事を受けて唐明佺等の『大周刊定衆経目録』巻八には「十二因縁観経一巻　第三出」[31]と記している。しかしいずれも現存しないのでその内容の検討ができないのははなはだ遺憾で、右の三経を性急に同本異訳となすことには十分な注意が必要である。なぜなら『大周刊定衆経目録』の宋・元・明の三本には鳩摩羅什訳については「十二因縁観法」となして「経」とは称していないのである。僧祐が「十二因縁経」として記すものも実には「経」と称すべきものではなく、「十二因縁観法」というべきもので、その内容も経典の形態をとらず観法の綱要を記したものと考えられる。筆者は本経をもって鳩摩羅什訳『持世経』巻三の十二因縁品第五を抄出したいわゆる抄経と考えている。『持世経』巻三の十二因縁品は「持世、何謂菩薩摩訶薩善観択十二因縁[32]」で始まるが、この十二因縁観法の部分のみを抄出して十二因縁観法と称していたものと考えられるのである。それが「経」の名目で流布するに至ったのは偏に鳩摩羅什の名声の然らしむるところである。

実はこの『十二因縁観経』が菩薩の習禅法として鳩摩羅什が自身の訳した『持世経』によって撰出したものであることは僧叡の『関中出禅経序』によって確認することができるのである。僧叡は『関中出禅経序[33]』に、

菩薩の習禅法中、後に更に持世経に依り十二因縁一巻、要解二巻を益し、別時に撰出せり。

と述べている。それゆえ、僧叡は『二秦録』に本経のことを記録しなかったものと考えられる。要するに僧祐が鳩摩羅什の訳出経典として挙げている『十二因縁観経』一巻は『持世経』の一部分を抄出編集したいわゆる抄経である。

五　『菩薩呵色欲』一巻。費長房の『歴代三宝紀』には『菩薩呵色欲法経』と「経」字を加えて記している。本

経もまた、鳩摩羅什の令名をもってのちに「経」字が附加されて流布するに至ったものである。現に『大正新脩大蔵経』第一五巻に収める『菩薩訶色欲法経』は鳩摩羅什訳となしているが、僅かに十九行の短文であり五成就などの経典の形式を備えてはいない。その巻頭に「女色とは世間の枷鎖、凡夫の恋著するところにして自ら抜くこと能はざるなり」(34)と説き、内容・形式ともに経といいうるようなものではない。もとの経典を特定することはできないがやはり抄経の類であろう。なお、鳩摩羅什訳として伝わる『禅秘要法経』の中にもこの経と極めて近似の文が散見する。

六　『禅法要解』二巻。『大正新脩大蔵経』第一五巻に収める。前引の僧叡撰『関中出禅経序』に見える『要解』二巻とは本書を指すものである。本書はまず婬欲多き者に不浄観を与うべしと説き、順に四禅、四無量心、四無色定、四諦、八正道、神通等について明かしている。僧叡の序によれば、本書は『持世経』によりて鳩摩羅什が撰出したと明言しているが、単に『持世経』のみではなく後漢失訳の『禅要経』からの引用もあり種々の経論から抄出されたものである。また、本書中には「如是等四無量義、如摩訶衍中説」、「如是等種種神通義、如摩訶衍神通義中広説」(35)などと述べて『摩訶衍論』すなわち『大智度論』にその詳説を譲っている。

『大智度論』の後記(36)によれば、

四年の夏、逍遥園中の西門閣上に於て、姚天王（姚興）の為に釈論を出だし、七年十二月二十七日をもって乃ち訖れり。其の中に兼ねて経本、禅経、戒律、百論、禅法要解を出だし、五十万言に向んとす。

といわれている。すなわち、本書は『大智度論』百巻の翻訳に併行して弘始四年から七年までの間に撰述されたものので、後記の言葉は『禅法要解』と翻訳中の『大智度論』との関連について言及したものである。後漢失訳の経文と全く同一の文が認められるなどやや不自然な点も存するが、僧叡の言にしたがえば菩薩の習禅法の一として鳩摩羅什によって撰出されたものである。したがって鳩摩羅什の訳出経典の一となすことはできない。

七　『雑譬喩経』一巻。　この経は種々の因縁譬喩によって善悪業報を説くものであり、『大正新脩大蔵経』には第四巻に収める。ただし、高麗版と宋・元・明の三本との間では内容・形式の上で顕著な相違を示している。高麗版は『雑譬喩経』といい、巻数は一巻であるのに対し、宋・元・明版では「経」字を附せず「衆経撰雑譬喩」と称し、巻数も上下の二巻である。所収の譬喩についても高麗版は三十九譬（ただし、『大正大蔵経』の編者は誤って三十七譬に分けているが、実際には目次のとおり三十九譬を収める）、宋版等の三本は四十四譬で、両者の間で共通する譬喩は九譬にすぎないのである。さらに高麗版は訳者について記していないし、鳩摩羅什の名も全くなく、単に「比丘道略集」となしているが、宋本は「比丘道略集」となしながらも巻上は失訳、巻下は鳩摩羅什訳となしている。ただし、元・明の二本は上下両巻とも鳩摩羅什の訳となしている。実に訳者についても三通りの伝承があることになる。高麗版と三本では所収の譬喩・訳者・巻数ともに異同が存し、とても同本とは認められず流布の系統を異にする別本のごとくである。そのうち特に注目すべきは高麗版が訳人を記さず単に比丘の道略集となしていることである。また、宋版は巻上を失訳となしているのに、巻下のみを鳩摩羅什の訳と断定し、のちの元・明二本は上・下の両巻ともに鳩摩羅什訳となしているが、何を根拠としてこのような判断をなしたのかは不明である。

高麗版も三本も共に本経を比丘道略集となし、僧祐も『出三蔵記集』に「比丘道略所集」[37]と注記している。ところがこの道略の生卒年時・事蹟・出自等については現存資料では全く不明である。慧皎の『高僧伝』等にもその名を認めることはできないが、わが随天は『縁山三大蔵総目録』巻中に本書を記録し、「私云、道略者非也」[38]と断じて「比丘道毘集」なりとの見解を発表している。随天の『縁山三大蔵総目録』は、目録という書物の性格からして詳しい論証を示してはいないが、大いに傾聴すべき見解である。随天の見解にしたがって本書が道毘の所集であるとすれば、それは劉宋代に霊基寺に住した道毘であると考えられる。この道毘についても慧皎の『高僧伝』中には全くその名を見出すことはできないが、梁宝唱の『名僧伝』巻第二五に「宋霊基寺道毘」の伝を収めていたことを宗性の『名僧伝抄(39)』の目次によって確認することができる。三本が衆経撰を冠しており、編集者が道毘で、劉宋代の僧である点より推して、僧祐が鳩摩羅什の訳として挙げる『雑譬喩経』は、諸経論の中から善悪業報を明かす譬喩を蒐集し、宋斉代に霊基寺の道毘が編纂したものと考えて不可ないであろう。三本が単に雑譬喩と称しているのもその間の事情を窺わせるものである。また、その出典も経典に限るものではない。実に智旭の『閲蔵知津(40)』は『衆経撰雑譬喩』を大乗の論蔵に収めているのである。

宋代に成立したと考えられる本書は、当然のことながら僧叡の『二秦録』に記載されることはないが、宋斉代には鳩摩羅什に仮託されて流布していた為に僧祐によって取り上げられたと考えられる。かつて常盤大定博士は「疑問の余地多きを以て暫らく之を保留するを可とすべし(41)」と述べられたが、今や鳩摩羅什の訳出経論の中からは除外すべきである。

八 『十二門論』一巻。『十二門論』は『中論』『百論』とともに三論として研究され学派をも形成したのである。龍樹の作となすや否やは古来から問題となっているが(42)、訳者については鳩摩羅什であることが疑われることはなかった。僧祐が『出三蔵記集』の中で本論を鳩摩羅什の訳として挙げていることはもちろんであるが、前来から述べているように鳩摩羅什の訳業を論定する基準ともなる僧叡の『二秦録』にはその記載がないのである。僧叡の『二秦録』に鳩摩羅什訳として『十二門論』を記載していないのに、僧祐は何を拠り所として『十二門論』を鳩摩羅什訳となしたのであろうか。われわれはつねに『出三蔵記集』の記載を信頼して『十二門論』が鳩摩羅什の翻訳であることを疑ったことはないが、『二秦録』が記録していない以上は前記の諸経などと同じように改めて訳者および翻訳の経緯について検討しなければならない。

僧祐が『十二門論』を鳩摩羅什訳と断定した根拠は、おそらく『出三蔵記集』巻一一に収載する「僧叡法師」の作になる『十二門論序』(43)によるものと考えられる。この論序はその本文中に訳者として鳩摩羅什の名および訳出年時については全く言及していない。論序の形式としては異例であるが、その最末尾に、

羅什法師以秦弘始十一年於大寺出之

という注記がある。この序の注記によって『十二門論』が弘始十一年(四〇九)に「羅什法師」の訳出となされたのである。しかし、この末尾の割注は本文の作者のものでなく後人の加筆である。右の注記が本文とは別のものであることは、㈠影法師の『中論序』(44)にも、右の注記と同様の文が最末尾に付されており、それは影法師の文とは別のものであること、また㈡『出三蔵記集』巻一一所載の『十二門論序』には右のごとき「羅什法師、秦弘始十一年云々」の注を記すが、『大正新脩大蔵経』所収の『十二門論』の巻頭に付された同じ『十二門論序』(45)にはかかる記事がないこと、㈢さらに後述するように『十二門論序』の作者といわれる僧叡は「羅什法師」なる呼称を全く用いないこと等によって明らかである。

末尾の割注が後人の加筆であるとしても『十二門論序』の本文が僧叡の作であればあるいは鳩摩羅什訳の証左となる。しかし、もしそうであるなら何故に僧叡は『二秦録』中に『十二門論』を記載しないのかという新たな疑問が生ずることになる。しからば『十二門論序』の本文は果たして僧叡の作であろうか。筆者は『出三蔵記集』所収の「僧叡法師作」といわれる『十二門論序』は種々の理由から僧叡の作となすことに大いに疑問をもっている。

その理由は、まず㈠僧叡の他の序文(46)(『出三蔵記集』所収の九序)とは明らかに文体および内容等が相違すること。㈡さらに、もし僧叡が『十二門論』の序を撰したとすれば自らの『二秦録』に当然記録すると考えられるのに『二

秦録』に記載がないこと。現に三論の中で『中論』『百論』は『二秦録』に記されている。㈢宋陸澄の『法論目録[47]』には、この『十二門論序』以外、『出三蔵記集』所収の僧叡の序はすべてが記載されている。すなわち、権威ある資料によるときこの序は宋代には存在しなかったが、梁代に至って突然に出現したことになり極めて不自然であること。㈣僧叡は『大品経序』など他の序文では自らを「予」と称しているのに、この『十二門論序』に限り「叡」と自称しているのははなはだ異例であること。㈤その上に僧叡の他の序文においては一つの例外もなく鳩摩羅什のことを「究摩羅（什）法師[48]」と称し、その功績を讃歎し、それぞれの経論の訳出経緯について言及しているのに、『十二門論序』のみは「究摩羅法師」および『十二門論』の翻訳について触れていないこと、等々である。以上の理由によって現存する『十二門論序』は宋・斉代にある必要性から僧叡に仮託して偽作されたものと考えられるのである。

したがって『十二門論序』は到底、僧叡の作とは認められないが、僧叡は『中論序[49]』の中で『十二門論』について言及しているのである。すなわち、

百論は外を治め以て邪を閑め、斯の文（『中論』）は内を祛いて以て滞を流す。大智釈論の淵博なる、十二門観の精詣なる。斯の四を尋ぬれば真に日月懐に入って朗然として鑒徹ならざること無きが若し。

ここに僧叡が「十二門観」というのは『十二門論』を指すと考えられる。彼が『百論』『中論』『大智釈論』『十二門観』の四論を併せ論じているところは興味深い。『十二門論』が「中論と異ならないもので、いわば中論の入門書[50]」であるとすればあるいは「十二門観」が本来の名称であり、前述の十二因縁観のごとく、鳩摩羅什の撰作とも考えられる。サンスクリット原典・チベット訳ともに伝わらない『十二門論』は、新来の龍樹作の大乗論を翻訳したものではなく、鳩摩羅什の編纂とも考えられるのである。のちに鳩摩羅什の名声のゆえに「論」として流布する

に至り、その内容の上から龍樹の作となり、さらにその権威を保つために宋代以降に僧叡の名を借りて『十二門論序』が作られたものとも推測される。真偽の性急な断定は慎しまねばならぬこと申すまでもないが、『出三蔵記集』所収の『十二門論序』が僧叡の真撰ではなく偽作であることは明らかであり、もしも僧祐がこの『十二門論序』のみによって『十二門論』を鳩摩羅什の翻訳との判断をなしたとすれば、それは認めることはできないのである。さらに総合的な検討が必要となる。のちに改めて考察するであろう。

九　『禅法要』三巻。本書について僧祐は『出三蔵記集』に「弘始九年閏月五日重校正[51]」という割注をなしている。のちの『開元釈教録』もまた、「(僧)叡序を製し、既に先訳の重校と云う。其の二名存すべからず。僧叡の経序に准ずるに即ち坐禅三昧経これなり[52]」と注記している。かくして『開元釈教録』は本書をもって『禅経』すなわち『坐禅三昧経』の重載として删除しているのである。なお、『開元釈教録』にいう「僧叡序」とは『関中出禅経序』のことである。

僧叡は『関中出禅経序』に、弘始三年(四〇一)に入関して間もない鳩摩羅什から直接に禅法を受け、尋いで衆家の禅要である『禅経』三巻の訳出を蒙り、その後、弘始九年にそれを再治したことを述べ、さらに、

此の(禅)経を出して後、弘始九年閏月五日に至り、重ねて検校を求め、初受の審かならずして、之を一毫も差へば、将に千里の降有らんことを懼れて、詳らかに之を定めたり。輒ち復た多く正す所有り、既に正し、既に備りて間然するところ無し[53]。

と記している。鳩摩羅什の最初の翻訳である『禅経』が六年を経て弘始九年に再治され、前本と後本とでは文字の異同の存したことを如実に語っている。『禅法要』と『禅経』とは『開元釈教録』もいうように重載ということになる。

以上、僧叡の『二秦録』には記載されていなかったが、梁代に至り僧祐によって初めて鳩摩羅什の翻訳経論と判定された九部について検討した。

鎌田茂雄博士は鳩摩羅什の翻訳活動について論究し、彼の訳出経論として、「まず第一に信用しなければならないのは『出三蔵記集』巻二に述べられている三十五部二九四巻である」(54)との見解を披瀝されているが、梁代以前の伝承である僧叡の『二秦録』や陸澄の『法論目録』を参照して検討すれば、僧祐の『出三蔵記集』によって鳩摩羅什の翻訳として追加された九部の経論の中にもすでに録家の誤載、重載が認められるのである。

梁僧祐の『出三蔵記集』ののち、隋の費長房は『歴代三宝紀』に「別録」「李廓録」「呉録」および僧祐の「疑経偽撰雑録」などの中から六十四部もの経論を選び出して鳩摩羅什の翻訳として追加し、僧祐の挙げた三十五部の中から『十誦律』を除く三十四部と合わせて九十八部四百二十五巻をもって鳩摩羅什の訳経の全体となしたのである。(55)その中で費長房が「別録」等によって追加した大部分は、実に梁僧祐がすでに失訳と断定していたものを悉く鳩摩羅什の訳となしたのである。(56)したがって、それら諸経論を無条件で鳩摩羅什の訳となすことはもとよりできない。

そののち、唐の智昇は『開元釈教録』において費長房の『歴代三宝紀』所載の九十八部から別生、重載などの理由をもって三十四部を削除した上で、新たに「法上録」をはじめ、「真寂寺録」などによって『清浄毘尼方広経』などの十部を追加して差し引き合計七十四部三百八十四巻を鳩摩羅什の訳業のすべてとなしたのである。(57)『開元釈教録』はこの七十四部のうち二十二部がすでに欠本で、残りの五十二部を「有本」となし、鳩摩羅什による翻訳経論の現存部数と断定したのである。この『開元釈教録』が「有本」とした五十二部に『十誦律』一部を加えた五十三部は、鳩摩羅什の訳として現に『大正新脩大蔵経』に入蔵されているのである。(58)五十三部中で前来の考察以外で明らかに鳩摩羅什の訳出に非ざるものとして学界に認められているものに『仁王般若経』『梵網経』等がある。これらは隋代に『歴代三宝紀』によって鳩摩羅什の訳出として加上されたものである。

また、現存の五十三部のうちで『海八徳経』『摩訶般若波羅蜜大明呪経』『千仏因縁経』『清浄毘尼方広経』『善臂菩薩経』『集一切福徳三昧経』の六経は、唐代の『開元釈教録』において初めて鳩摩羅什の翻訳と断定されたものであるが、ほとんどそれを認めることはできない。例えば『海八徳経』はおそらく竺法蘭の訳と考えられるが、『大正新脩大蔵経』では『開元釈教録』の判定にしたがって、鳩摩羅什訳となし、経の末尾に、

此の経文を按ずるに決して羅什の訳には非ず。是れ後漢の経に似たり。疑らくは此れは是れ彼の竺法蘭の失本たるものなり。蔵中に錯って羅什の訳と為す。(59)

との識語を付したままで入蔵しているのである。このほかにも『須摩提菩薩経』など大いに疑問があり十二分の検討を要する。ここでは学者によって「第一に信用しなければならない」とされる『出三蔵記集』に記録する三十五部についてのみ検討したが、その後の資料における加上分については限られた紙幅の中ではその一々について調査検討を加えることができないが、その実態は十分に推測できるのである。

三　訳出経論の類型

鳩摩羅什による訳経事業は当時の社会の切なる要求であった。確かに彼の訳経は一方では自らの仏法弘通の熱情に基づく内なる要請によるものであろうけれども同時に当時の仏教界の願望でもあった。慧皎はその間の事情を裏書するかのように『高僧伝』巻三の訳経篇の論賛(60)において次のごとく述べている。

鳩摩羅什、碩学鉤深、神鑒奥遠なり。中土を歴遊し備さに方言を悉くす。復た支竺の所訳は、文製古質にして

未だ善美を尽さざるを恨み、廼ち更に梵本に臨み重ねて宣訳をなす。故に今古の二経をして言殊に義一ならしむるを致す。

文謙や竺法護の訳する経文の中には過誤があり、意味の通ぜざるところの存することは古より今に至るまで広く指摘されているところではあるが、慧皎が述べるように直接に鳩摩羅什自身が、支謙の翻訳や竺法護の訳文に対する不満があって訳経事業に従事したわけではないであろう。ただ、鳩摩羅什の訳経について考察する場合に彼が入関するよりもほぼ一世紀以前に、同じ長安を主舞台として精力的に活動を展開した竺法護の訳経との関わりこそははなはだ重要であり、決して無視することができないのである。実際に鳩摩羅什が訳出した大乗経典は、竺法護所訳の経典と極めて密接な関係を有しているのである。

（西晋竺法護訳）	**（後秦鳩摩羅什訳）**
光讃般若波羅蜜経十五巻	摩訶般若波羅蜜経二十七巻
維摩詰経二巻	維摩詰所説経三巻
正法華経十巻	妙法蓮華経七巻
賢劫経十二巻	新賢劫経七巻
首楞厳経二巻	首楞厳経三巻
漸備一切智徳経五巻	十住経五巻
持心梵天所問経四巻	思益梵天所問経四巻
持人菩薩経四巻	持世経四巻

弥勒下生経一巻　　　弥勒下生成仏経一巻

鳩摩羅什訳の主要な大乗経典は、すでに竺法護によって長安等で訳出されていた経典であることが明らかとなるであろう。それゆえのちには竺法護訳の『須摩提菩薩経』一巻、『等集衆徳三昧経』三巻、『文殊師利浄律経』一巻などの存在によって、それと同本異訳である『須摩提菩薩経』一巻、『集一切福徳三昧経』三巻、『清浄毘尼方広経』一巻などが鳩摩羅什の訳出と判定されるに至ったのであろう。ところで永く長安仏教界で用いられていたこれら竺法護訳の経典に対する社会の評価はいかなるものであったか。鳩摩羅什が訳出した大乗経典の中で般若・維摩・法華の三経はことのほかに著名なもので、その後の仏教界ではなはだ重要な地位を占めているが、すでに当時の長安仏教界では竺法護訳の『般若経』等の諸経典が広く道俗に読誦されていたのである。国師の礼をもって鳩摩羅什を長安に迎えた後秦の国主姚興すら西晋代に出された竺法護訳の諸経典に深く親しんでいたのである。

『出三蔵記集』巻八に掲載する僧叡の『大品経序』(61)に、

(究摩羅什)法師、手に胡本を執り、口に秦言を宣べ、異音を両釈し、文旨を文弁せり。秦王(姚興)は躬ら旧経を攬り、其の得失を験し、其の通途を諮ひ、其の宗致を坦にす。

と姚興のことを伝えている。大品経は鳩摩羅什が長安に迎えられて一年有余を経た弘始五年(四〇三)に翻訳を開始したものであるが、姚興も日頃親しんでいた旧経を持って訳場に臨み、旧経では未だ宗致を明らかにできなかったが、この度の鳩摩羅什による新訳によってようやく宗致を坦《たいらか》にしえたというのである。このことは姚興をして旧経の竺法護訳に対して不満をつのらせていたことを物語るものである。

姚興は『般若経』のみならず『維摩経』についても同様の感想を有していたようである。僧肇の『維摩詰経注序』[62]に、大秦天王姚興について次のように述べている。

大秦の天王、俊神世に超え、玄心独り悟る。至治を万機の上に弘め、道化を千載の下に揚ぐ。毎に茲の典（維摩経）を尋翫して以て、棲神の宅と為す。而も支・竺の出す所、理は文に滞るを恨み、常に懼るは玄宗の訳人に墜んことを。

支謙・竺法護の訳出した『維摩経』に日頃から親しみ棲神の宅となしていた後秦の国主姚興は、旧経は翻訳者の理解が未だ不十分であるために理が文に滞り、経の奥深い玄宗が伝わらぬことを遺憾としていたというのである。先述した『高僧伝』論賛の評も、鳩摩羅什の恨事というよりは、実は長安に在って常に竺法護訳の諸経典に接していた人々の等しく感じていた痛恨であったと考えられるのである。

さらに右のような姚興の所懐は『法華経』等についても同様であったと推測される。僧叡の『法華経後序』[63]に、

秦司隷校尉左将軍安城侯姚嵩、韻を玄門に擬し、心を世表に宅し、誠を斯の典に注ぎ、信詣弥よ至り、其の文を思尋する毎に深く訳者の失を識れり。

と述べている。ここで僧叡は秦主姚興について直接に言及はしていないが、姚興の弟で仏教に対する篤い信仰を有していた姚嵩が、すでに鳩摩羅什の入関以前に早くから『法華経』に親しんでおり、訳者の過失や学識が不十分である為に正しく経の真義が伝わらぬことを恨んでいたという。おそらくは姚興も旧経の『法華経』に対して同じ所感を有していたことと考えられるのである。つねに『正法華経』および『光讃般若経』を講じていた曇影[64]を通して仏教を学んだ姚興であってみれば、『法華経』に対して姚嵩とその想いを同じくしていたこと想像に難くない。『般若』『維摩』『法華』の三経についてこのような状況であったとすれば他の諸経典についてもまた同様であったとみられる。よって欠陥の多い既存の経典を是正すべく、改めて鳩摩羅什に請うて「重ねて正本を訳せしめる」ことと

なるのはいわば当然である。俗権の頂点に立ち鳩摩羅什の訳経事業を外護した姚興の仏教信仰は五胡諸国の君主とはやや異なるものがあり、十分に検討すべき課題を残すものであるが、右の概観によって彼は旧訳の諸経典の改訳を熱望していたことが知られるのである。当時の出家の仏教者においてもまた同じように経典の翻訳上の不備を概嘆していたことは先学によって指摘されており、筆者も釈道安のかかる長歎について本書第Ⅰ部で考察した(65)。

鳩摩羅什の多方面にわたる訳経活動の中で一類型を形成するものは、姚興や釈道安の遺弟ら広く道俗からの正確な再訳を請う熱望に応えたものであった。先に挙げたように竺法護が訳出した経と相応する多数の同本異訳の経典は、かかる要請にしたがったものである。中国に未紹介の経典や論書を翻訳して新知識を提供するよりも、すでに広く流布し研究されていた経典の改訳こそが鳩摩羅什に与えられた最大の使命であった。それゆえに当時は彼が改めて出した経典には『新大品経』『新法華経』などのように「新」字を冠して既訳経典と異なり新たに訳出された権威ある決定訳であることを社会に対して示したのである(66)。

鳩摩羅什は社会の要請に応じて翻訳に従事したが、同時に彼自身の願望に基づく仏典翻訳も盛んに行なったのである。それは未だ中国に紹介されていなかった大乗論書の新たな翻訳である。龍樹、提婆や訶梨跋摩の著作の訳出である。たとえ、秦王姚興や中国仏教界の切々たる要請がなくても彼自身が是非とも翻訳して提供したかったのが『中論』『百論』等の大乗の論書である。例えば『出三蔵記集』巻一一所収の僧肇(67)の『百論序』によれば、

天竺沙門鳩摩羅什あり。器量は淵弘にして俊神超邈なり、鑽仰すること累年にして転た測るべからず。常に斯の論を味詠し、以て心要となす。

と記している。この『百論序』によれば大秦司隷校尉安城侯姚嵩が、弘始六年（四〇四）に理味の沙門を集め鳩摩羅什に本論を訳出せしめたという。しかしこのことに関してはのちにも論究するように他者の要請によらず鳩摩羅

什が自らの意志でもってその前々年の弘始四年（四〇二）にすでに『百論』の翻訳をなしていたのであるが、入関して間もないことでもあり「方言、未だ融ならず、思尋者をして謬文に躊躇せしめ、標位者をして帰致に乖迕せしむるに致る」(68)ものであったが為にのちに再び姚嵩が改訳を請うたものである。

『成実論』についてもこれと同様のことを指摘しうる。論の後記たる『成実論記』(69)に、

大秦の弘始十三年、歳次豕韋九月八日、尚書令姚顕、請うて此の論を出さしめ、来る年九月十五日に至りて訖れり。外国法師拘摩羅耆婆、手に胡本を執り、口に自ら伝訳し、曇晷筆受せり。

と記しているが、これもまた、のちに検討するように鳩摩羅什による改訳について述べているのである。実は鳩摩羅什による『成実論』の翻訳は二度にわたって行なわれている。彼の『成実論』の初訳はあくまでも自らの発意によるものであったと考えられる。

鳩摩羅什の大乗論書の翻訳についての従来の見解は、弘始四年の『百論』以外、『中論』『十二門論』が弘始十一年に、『成実論』が同十三年に訳され、いずれも彼の晩年の訳出となされていたが、実はこれらの論書はいずれも一回限りの翻訳ではなく、彼自身が以前に訳出したところを晩年に再度改訂して治定したものと考えられる。このことは看過されがちであるが、極めて重要である。鳩摩羅什は、入関して間もなく未だ方言をよくせざるうちからこれらの論書を是非とも中国仏教界に提供したいと願って翻訳していたものと考えられるのである。

体系的に仏教の思想を説き、しかも空について言及し毘曇を批判している『成実論』も含めて『中論』『百論』『大智度論』などは、先の『般若』『法華』などの大乗経典とは異なる背景のもとで訳出されているのであるから、ここではいちおう、第二類型となすことができるのである。ただ、同じ龍樹による釈経論であっても『大智度論』と『十住毘婆沙論』とでは翻訳の事情が全く異なるので『十住毘婆沙論』は前の第二類型とは異なる類型の経論に

含めるべきであろう。鳩摩羅什の訳経活動の主流をなす第一・第二の類型に属する大乗経典や大乗論書とはやや翻訳事情を異にする第三類型の経論としては、㈠『禅経』に代表されるように「経」として流布しているが実は鳩摩羅什の編纂になるもので、後世、彼の名声によって「経」と称されているものや、㈡『十住経』や『十住毘婆沙論』に代表されるように、鳩摩羅什が自らの「心要」となす三論など中観仏教の系統の論書とはその思想傾向を異にし、彼の独力では訳了することが容易でなく他の協力者を必要とし、いわゆる共訳によって訳出されたものである。『十住毘婆沙論』は、仏陀耶舎の助力を得てすら完訳することができなかったのである。『十誦律』の翻訳などもこの類型に属するであろう。(70)

訳経は時代の要請と訳経者の学識との関わりの中でなされる営為であるとすれば、便宜上、右の三類型に分けて考察することができるであろう。ただし、限られた紙幅の中では禅経や十二因縁観経などのように鳩摩羅什が撰出・抄経したものや、彼の不得手な分野で、他の協力者の助力によって訳出された『十住経』や『十住毘婆沙論』など第三類型の経論については十分に検討を加えることができないので本論においては割愛し後日を期したい。

四　大乗経典の翻訳

㈠般若経

弘始三年（四〇一）十二月二十日、常安に迎えられた鳩摩羅什は、翌年正月から早速に訳経を開始した。弘始四年正月五日には『禅経』（『坐禅三昧経』）を出しているが、これは道安の下で修禅に励んだ僧叡の請いに応えたものであった。僧叡はインド伝来の正統なる大乗の禅法を学びたいと願い、これに応えたのが鳩摩羅什による『禅経』

の訳出であった。しかし、この『禅経』は「経」と称されているがその内容からいって実は鳩摩羅什が大乗の禅法を整理し編纂して成ったものである。『歴代三宝紀』によれば『禅経』の訳出から一カ月後の弘始四年二月八日に『無量寿経』（一名阿弥陀経）一巻を出したというが、『出三蔵記集』には訳出年を明記してはいない。さらに費長房は、この年の三月五日には『新賢劫経』七巻、十二月一日には『思益梵天所問経』四巻を出したと伝えている。またこの年にはほかに『弥勒成仏経』一巻なども訳出している。『賢劫』『思益』『弥勒』等の諸経はいずれも西晋の竺法護が、すでに訳していた旧経の再訳である。これら諸経典と共に鳩摩羅什がもっとも情熱を傾けて翻訳にとりかかったのは『般若経』であった。かつて中国仏教界の指導者道安が研究に没頭しながら多くの未解決の問題を残しており、中国仏教界においてもっとも要請されていたのが『般若経』の改訂再訳であった。『新大品経』の訳出については道安の遺弟で鳩摩羅什の訳場に参与した僧叡の序に詳しい。僧叡は『大品経序』[72]に次のごとく記している。

弘始五年、歳は癸卯に在り。四月二十三日、京城の北逍遥園中に於て此の経を出す。法師、手に胡本を執り、口に秦言を宣べ、異音を両釈し、文旨を交弁す。秦王、躬ら旧経を攬り、其の得失を験し、其の通途を諮し、其の宗致を坦にす。諸の宿旧義業の沙門、慧恭・僧䂮・僧遷・宝度・慧精・法欽・道流・僧叡・道恢・道檦・道恒・道悰等五百余人、其の義旨を詳らかにし、其の文中を審らかにし、然る後に之を書し、其の年の十二月十五日を以て出し尽す。校正検括は明年四月二十三日乃ち訖る。

ここに「文旨を交弁す」と述べているように鳩摩羅什は自ら胡本を漢訳し、その文旨を講義したのである。秦主姚興は躬ら竺法護訳の『光讃般若波羅蜜経』や無叉羅・竺叔蘭共訳の『放光般若波羅蜜経』の「旧経」をもって訳場に臨席したという。その際の鳩摩羅什の講義は旧経に対する改訳・改訂の理由をも併せて解説したものであろう。[73]

その上、五百余の学僧が国主姚興の下で論義をたたかわせ、その義旨を詳らかにし、四月二十三日から十二月十五日まで八カ月を要して翻訳をなし、翌年四月二十三日までを費して校正を完了したのである。さらに『大品般若経』の翻訳には一層の正確をきすためインドの権威ある大乗論師である龍樹の詳細を究めた釈経論たる『大智度論』に照らして進められたのである。先の『大品経序』の続きの文に、

文、粗ぼ定まると雖も、釈論を以て之を検するに猶お尽さざること多し、是を以て其の論を出すに随いて之を正す。釈論既に訖り、爾して乃ち文定まる。

とある。このように『大品経』の翻訳がいちおう完成したが、龍樹の釈経論たる『智度論』と対照するになお不十分のところが多く、釈論の訳出にしたがって当該経文の校正をなしたので論の翻訳が終了したとき、経の訳文もまた決定することになったのである。その労は尋常ではなく鳩摩羅什がいかにこの経の翻訳に力を尽くしていたかを如実に物語るものである。釈論たる『大智度論』百巻の翻訳には弘始四年夏より同七年十二月二十日までを費している。(74)『大品経』の翻訳がいちおう完成したのは弘始五年であったから実に満二カ年もの間、新たに出された経文に対して慎重な検討を続けていたのである。

僧叡はこの間のできごととして次のような事実を伝えている。これは鳩摩羅什の翻訳を考える上で注目すべきものである。

之を定むること未だ已らざるに、已に写して伝える者あり。また意を以て増損し、私《ひそか》に「般若波羅蜜」を以て題と為す者ありて文言を舛錯し、前後不同ならしむ。(75)

『大品般若経』の翻訳の完成を待たないで、草稿訳のままを書写して外部に公表されたというのである。しかも経の題目を私に「般若波羅蜜経」となして依用した為に、草稿訳の経本と、のちに釈論の完了を待って治定した決

定訳の経本との前後両本が存することになり、文言に乖錯不同が生ずるに至ったという。この僧叡の記事によれば鳩摩羅什の『大品経』の訳場は公開されており出入りがかなり自由で、翻訳の完了を待たずに翻訳に参加した学僧によって私に書写されており、その公表についても厳重な規制がなされていなかったようである。国主姚興が臨席してなされた訳経であったにもかかわらず完訳を待たずに流布したということは鳩摩羅什による『大品経』の訳出が中国の仏教徒にとっていかに待望久しいものであったかを如実に物語るものである。

この僧叡の記事は鳩摩羅什の訳場の実態を明かすものとしてははなはだ興味深く、彼の他の諸経論の翻訳を考える上でも非常に示唆に富むものである。(76)

前述のように『大品経』の訳文はいちおう弘始五年に定まったが、その決定は弘始七年の『大智度論』の完成を待たねばならなかった。しかも前述のごとくこの期間中に鳩摩羅什は『禅経』『戒律(十誦律)』『百論』などを併行して翻訳していたのである。『大智度論』の後記(77)の文に、

(秦の弘始)四年の夏、逍遥園中の西門閣上に於て姚天王の為に釈論を出だし、七年十二月二十七日、乃ち訖る。其の中に兼て経本、禅経、戒律、百論、禅法要解を出す。

とある。ここにいう戒律とは『十誦律』のことであるが、『出三蔵記集』(78)によれば弗若多羅が弘始年間(三九九―四一五)に『十誦律』の胡本を暗誦して関右に来たりて鳩摩羅什と共に訳出を開始したという。『十誦律』の訳出開始の時期を慧皎の『高僧伝』(79)では弘始六年(四〇四)十月十七日のこととなしているが、三分の二を訳したときに弗若多羅の死によって訳業が中断し、弘始七年秋に曇摩流支と鳩摩羅什とが協力してようやく翻訳を完成した。鳩摩羅什は「文煩にして未だ善からざるを恨めり」(80)と述べているがいちおうは弘始七年に完訳しているのである。『大品経』の経文を校訂している途中に出された『十誦律』の草稿訳もまた実は完成を待たずに訳場に列した人々

によって書写されて外部に持ち出されていたのである。西涼の建初元年（四〇五）乙巳十二月五日の跋を有する敦煌写本の『十誦律』が大英博物館の敦煌文書の中に存在することはすでに平川彰博士によって報告されている(81)。西涼の建初元年は長安における『十誦律』の翻訳開始の翌年に相当し、『十誦律』の翻訳が完了し治定本ができた前年に当たる。『十誦律』は完訳を待たずに早々にして草稿訳のままで書写されて西域の地まで齎されたのである。このような草稿訳の『十誦律』の写本の存在や『大品経』翻訳の途中における書写の事件は、この頃の鳩摩羅什の訳場の様子を窺う上ではなはだ興味深いできごとである。国主の臨席を得て、いわば国立訳経所においてなされる訳経事業であるから唯一の決定訳本の完成までは一切が秘匿されて外部への公表もかなり規制があったようにも考えられるが、実際には自由な雰囲気の中で仏法の流布を第一義として訳経がなされていたことが了解されるのである。

そののち、鳩摩羅什は弘始十年（四〇八）に至り、二月六日から四月三十日までの二カ月余を費して『小品般若経』七巻を訳出した。この『小品経』に対しても僧叡は『経序』(82)を記している。

秦に太子有り。跡を儲宮に寓し、韻を区外に擬らへ、斯の経を翫味し、夢想を増至す。大品を准悟し深く訳者の失を知れり。会々究摩羅法師、其の文を神授し、真本の猶お存するを聞き、弘始十年二月六日を以て請て之を出さしむ。四月三十日に至りて校正都て訖れり。之を考るに旧訳は真に荒田の稼芸、其の半を過ぐるが若く、未だ詎ざること多し。

と述べている。僧叡の序によれば、秦の太子は『大品経』の新訳に値遇して『新大品経』と旧経との間の差異を明瞭に認識するに及んで改めて『小品経』の再訳を要請するに至ったのである。この経もまた、すでに竺法護に『小品経』七巻の翻訳があり、それ以前にも支婁迦讖の『道行般若経』十巻、支謙の『大明度無極経』六巻などの旧経が存したのである。これら旧経の訳文の誤りを是正して新たに決定訳を世に出すことこそが鳩摩羅什に強く要請されていたのである。

かくして訳出された『大品』『小品』等の諸経にはことさらに経題に「新」字を冠して旧経と厳密に区別し権威のある決定訳であることを明示して世に出したのである。僧叡の『二秦衆経録目』を引きながら道宣は次のように説明しているのである。

故に二秦録に什の所定のものを称して新大品となす。即ち知る、旧あること明らかなり。諸の此の例二十余部ありて並びに新部の字を標し題首に在り。後人は年遠して多く新字を省く。今は並びに悉く無し。(83)

『二秦録』によれば鳩摩羅什と四方の義学僧とによって再訳された大乗経典は、既存の旧経の過誤を正した決定訳であることをその経題に「新」字を冠することをもって示したのである。しかもその全体量を「二十余部」と称しているのである。かかる記録は鳩摩羅什の訳経の意義とその規模とを如実に示すものである。

この『般若経』の新訳に関してもっとも注目すべき点は『般若経』に対する詳細な注釈として龍樹の『大智度論』百巻を並行して訳したことである。否、実は弘始五年四月の『大品経』の翻訳開始の以前に、すでに長安に入った翌年の弘始四年夏から『大智度論』の漢訳を開始していたことが論の後記(84)によって知られる。『智度論』の完訳は三年余の歳月を要して弘始七年十二月に至って成った。『大品経』の訳がいちおう完成して三年後のことである。それゆえ、僧叡は「経本既に定り、乃ち此の釈論を出す(85)」と述べているのである。このことをいかに理解すべきか。常に「玆の論を杖となし(86)て宗を明かし、「斯の論を翫服し、之を佩すること弥々久し(87)」い鳩摩羅什であれば、『大智度論』を単に『大品経』の釈経論としてのみ翻訳に着手したのか否か大いに検討を要する。『大品経』の釈論としてよりも広い立場の大乗仏教思想概説として『智度論』の翻訳を決意したのではなかろうかとも推測される。このことは㈠『大品経』の翻訳開始以前にこの論の翻訳に着手していたこと。㈡また、実際に中国仏教の側は、この論を釈論としてよりも「摩訶衍論」や「摩訶衍経」として尊重し受容していたこと等によって推測されるのである。

弘始四年から三年半を費して『大智度論』の翻訳がなされたが、果たして最初から終始一貫して『大智度論』と題してなされたか否かもまた疑問である。鳩摩羅什が長安に迎えられる以前から師事し訳者鳩摩羅什のもっとも身近にいた僧肇は、その論文集たる『肇論』の中でしばしばこの論を引いている。『不真空論』(88)には、

摩訶衍論云、諸法亦非有相亦非無相。中論云、諸法不有不無者第一真諦也。

と、摩訶衍論と中論とを並べて引用している。鳩摩羅什の訳になる龍樹の『中論』と共に引く『摩訶衍論』とは何か。これは単に摩訶衍すなわち大乗のある論というような一般的な呼称ではなく『中論』と同じく龍樹の造になる『大智度論』を指す固有名詞であることは明らかである。現に僧肇が『不真空論』に引用する当該箇所は元康の『肇論疏』(89)の注釈を待つまでもなく明らかに『智度論』巻六(90)の鏡中の像についての偈からの引用である。また、僧肇は『物不遷論』(91)にも、

摩訶衍論云、諸法不動、無去来処。

と『摩訶衍論』を引いているが、これもまた明らかに『智度論』巻五一(92)からの引用である。このほかにも『肇論』中に『摩訶衍論』の引用は存するが、それらはいずれも現存の『大智度論』中の文である。これとは逆に僧肇は『大智度論』あるいは釈論などと称して引くことは皆無である。要するに鳩摩羅什の最初期の弟子である僧肇は現存の『大智度論』のことを常に例外なく『摩訶衍論』と呼んでいたのである。

僧肇の見解が北魏仏教に多くの影響を与えていることはすでに指摘されているが、四論の学系に属するという北

魏の曇鸞も『無量寿経優婆提舎願生偈註』巻上に、(93)

摩訶衍論中言、仏土種々不同、云々。

と、『摩訶衍論』を引用しているのである。この文も実は『智度論』巻三四(94)の取意の引用である。さらに北斉の法上も『大智度論』のことを明らかに『摩訶衍論』と呼んでいたのである。(95)正史たる魏収の『魏書』釈老志も同様に鳩摩羅什の訳出経論を列挙するとき『摩訶衍論』の名をもって明示しているが『大智度論』の名はないのである。このように、ことに北地の仏教においてではあるが『大智度論』はもっぱら摩訶衍論と称され広く流布していたのである。

江南の仏教における『智度論』の扱いは、これとはやや異なるものではあったが、北地における流布の仕方はあるいは訳者の期待が如実に反映しているのではなかろうかと推測される。ことに訳者鳩摩羅什に直接師事した僧肇の本論の取り扱いにそのことが窺えるのである。さらに鳩摩羅什の思想を知る上で貴重な資料である『大乗大義章』に『智度論』の説が顕著に盛り込まれていることはすでに指摘されているとおりである。また、『注維摩経』の中に見られる「什曰」と称する鳩摩羅什の注釈を仔細に研究するとき、その中の多くが『智度論』に根拠していることを考え併せると彼の『智度論』訳出はただ単に『大品経』の釈論のみに留まるものではなかったようである。それゆえにこそ鳩摩羅什は長安に迎えられた翌年、日もまだ浅く方言も不十分であったにもかかわらず百巻という大部の論書の翻訳に着手したのである。しかも『大品般若経』の翻訳に先立って国主の要請ではなく「逍遥園中の西門閣上において姚天王の為に」翻訳したのである。前述のごとく『大智度論』の翻訳中に鳩摩羅什によって撰出された『禅法要解』の中で彼自ら『大智度論』のことを『摩訶衍論』と称している。したがって直弟僧肇が『摩訶衍論』と呼んでいるのは明らかに鳩摩羅什の意向を受けているのである。

㈡法華経

中国における法華経の伝訳については『開元釈教録』巻一一有訳有本録に、

妙法蓮華経八巻　姚秦三蔵鳩摩羅什訳
正法華経十巻　西晋三蔵竺法護訳
妙法蓮華経七巻　隋天竺三蔵崛多笈多二法師添品

の三経を挙げ「右三経同本異訳」となしている。さらに『同書』巻一四有訳無本録には、

法華三昧経六巻　呉外国三蔵支彊良接訳
薩芸芬陀利経六巻　西晋三蔵竺法護太始年訳
方等法華経五巻　東晋沙門支道根訳

と、欠本の三経を列挙し「三存三闕」と付記している。[96] これによれば中国の仏教史上で『法華経』の翻訳は闍那崛多、笈多共訳の『添品妙法蓮華経』を含めて都合六訳ということになるが、竺法護訳に二本存するなどはなはだ疑問の点が多い。結局学者の指摘のように訳出されたのは三訳のみであったとするのが妥当であろうか。さらに検討を要する。現に『出三蔵記集』巻二[97]の『新集異出経録』第二には失訳の『薩芸分陀利経』、竺法護訳の『正法華経』十巻、鳩摩羅什訳の『新妙法蓮華経』七巻のみを記している。これら諸訳の中で仏教史上において計り知れない影響を与えたものは何と言っても鳩摩羅什訳の『妙法蓮華経』である。本章の課題とするところももちろん鳩摩羅什の訳出経論についてであり、その訳出状況を検討する。

まず『出三蔵記集』巻二『新集経論録』第一[98]の鳩摩羅什の条に、

新法華経七巻（弘始八年夏於長安大寺訳出）

とあり、また慧観や僧叡など彼の門下が撰した序文も等しく弘始八年（四〇六）の訳出となしている。[99] その後の『歴代三宝紀』巻八、『大唐内典録』巻三、『開元釈教録』巻四、『貞元新定釈教目録』巻六なども悉く、これにしたがっている。現存の『妙法蓮華経』が弘始八年に訳出されたという点については全く疑義を挟む余地はないようである。

しかし、僧叡の『法華経後序』や慧観の『法華宗要序』などをより仔細に検討するとき種々の疑問がないわけではない。まず慧観の序から考察する。『出三蔵記集』巻八所収の『法華宗要序』[100] に次のごとく述べている。

外国法師鳩摩羅什なるものあり。（中略）秦の弘始八年夏、長安大寺に於て四方の義学沙門二千余人を集め、更めて斯の経（法華経）を出し、衆と詳究せり。什自ら手に胡経を執り、口に秦語を訳す。曲さに方言に従い、而も趣は本に乖かず。即ち文の益《ま》せる亦た已に半ばに過ぐ。復に霄雲、翳を披き、陽景、倶に暉くと雖も、未だ喩ふるに足らざるなり。

什、猶お謂う、語は現われて理沈み、事近くして旨遠し、と。また、言表の隠を釈して以て探頤の求めに応ず。冥扉、未だ開かずと雖も、固より已に其の門を得たり。

慧観の記すところにしたがえば、秦の弘始八年（四〇六）の夏、長安の大寺に四方の義学僧「二千余人」を集め、「更めて」『法華経』を訳して衆とともに詳究し、その結果時の人々からは譬えようもない名訳であると評されるに至ったが、訳者自身は「語は現わるも理は沈む」と自省の言葉を発したと記している。ところが、同じ鳩摩羅什の門下でありながら僧叡はやや趣の異なる記述をなしている。『法華経後序』[101] に曰く。

経、茲の土に流れて復た百年に垂及とすと雖も、訳する者は其の虚津に昧く、霊関は之を啓くもの或ること莫く、談ずる者は其の准格に乖き、幽蹤を得て履むこと罕なり。徒らに復た捜研し皓首なるも、並て未だ其の門を窺う者有らず。秦の司隷校尉左将軍安城侯姚嵩、韻を玄門に擬し、心を世表に宅して、誠を斯の典に注ぎ、信詣弥よ至り、其の文を思尋する毎に深く訳者の失を識れり。既に究摩羅法師に遇う。之が為に伝写し、其の大帰を指たり。真に重霄を披いて高蹈し、崐崙に登り俯眄するが若し。時に聴受領悟の僧八百余人、皆是れ諸方の英秀にして一時の傑なり。是の歳、弘始八年歳次鶉火。

この記事によれば安城侯姚嵩はかねて『法華経』に思いを寄せており、経の訳者（竺法護）の過失を知っており、鳩摩羅什に遇ってその是正を請い、鳩摩羅什は姚嵩の為に『法華経』を伝訳書写して『法華経』の大帰を指し示したというのである。いま鳩摩羅什の新訳を得て初めて重なった雲が晴れた崐崙山から下界を俯観しえたようであると喜んだという。

慧観と僧叡とは共に鳩摩羅什門下の英俊で、しかも『法華経』に精通していた両者が経の訳出経緯を語っているのである。その両者が経の訳出事情に言及するとき、いささか相違する記述が認められるのである。すなわち、㈠慧観は訳場が長安大寺となしているが、僧叡はそれについては全く記していないのである。㈡逆に僧叡は安城侯姚嵩のことを述べているが、慧観は姚嵩との関わりを全く語ってはいない。㈢さらに僧叡は鳩摩羅什以前の『法華経』の訳者に関して「其の虚津に昧く」と慨嘆しかつ批判しているのに対して慧観の方は「更めて斯の経を出し」と述べてはいるが、旧訳について批判するところは全くないのである。したがって彼のいう「更めて」が竺法護ら旧訳に対していうものか、あるいはもっと別の意味があるのか明瞭でない。㈣また、『法華経』に中国全土から参集した義学僧について慧観は「四方の義学沙門二千余人」といい、僧叡は「諸方の英俊八百余人」となしている。訳場に集まった義学の僧の数については若干の誇張があるとしても、全く同一の訳場の様子を述べるにしてはやや相違が大きすぎるようにも思われるのである。

かかる相違点は一体何を物語るものであろうか。筆者の結論からいえば、僧叡の語るところは鳩摩羅什の『法華経』の初訳についてであり、慧観のそれはのちになされたいわば決定訳について述べるものと考えられる。両者ともに『法華経』の訳出年時を弘始八年となしてはいるが、慧観はその序文の本文中に明記しているのに対して僧叡の場合は「于時聴受領悟之僧八百余人、皆是諸方英秀、一時之傑也」と述べて序文を結び、その最末尾に「是歳弘始八年歳次鶉火」と記している。文脈の上からもやや不自然に感ぜられるのである。そこであるいはこの部分は後人の加筆かとも考えられる。実はこれと全く同じような例として前記の僧叡の『十二門論序』の最末尾に付された別人の筆になる「羅什法師以秦弘始十一年於大寺出之」の一文を指摘することができる。

鳩摩羅什の『法華経』訳出を弘始八年となすことは従来からの定説であり、異論を挟む余地など全くないようであるが、仔細に検討するとき『法華経』の序文の間においてすら事実関係に関して右のごとき異同が認められ、その点から必ずしも鳩摩羅什による『法華経』の訳出が弘始八年ただ一度のみであったとは決して断定できないのである。実は定説となっている弘始八年の前年の弘始七年に鳩摩羅什はすでに『法華経』の翻訳をなしていたと筆者は考えている。

そこで次に記録の上から検討しようと思う。唐明佺等の『大周刊定衆経目録』巻二[102]の大乗訳経目に、

妙法蓮華経一部七巻一百七十五紙

右後秦弘始七年沙門羅什於長安逍遥園訳。出長房録。

と記している。明佺らの伝えるところにしたがえば『法華経』は弘始七年に長安逍遥園で訳出されたことになる。前述のごとく『出三蔵記集』巻二、『歴代三宝紀』巻八、『大唐内典録』巻三、『開元釈教録』巻四、『貞元釈教録』巻六などは悉く『法華経』をもって弘始八年に長安大寺における翻訳となしているのである。訳出の年次のみなら

ず訳場についても両者の間で相違するのであるから軽卒に弘始七年は八年の誤記などと考えるべきではない。

費長房の『歴代三宝紀』[103]は『同書』巻八では『法華経』の訳出を弘始八年となしながらもその巻三では弘始七年の訳出と明言している。明佺らの経録が弘始七年説をとりながらしかも「出長房録」と注記するのは『歴代三宝紀』巻三の記述によるものである。確かに経録類の上では弘始八年説をなすものは圧倒的に多いが、いずれも前代の経録の説をそのままに継承するものであるから単に多をもって是とすべきではないことは言うまでもない。

唐僧詳の『法華伝記』は十分な資料批判を必要とすること周知のとおりであるが、『同書』巻一[104]に伝訳年代を論じて『法華経』は仏滅後の一千三百五十三年に相当する弘始七年甲辰（ママ）に天竺沙門鳩摩羅什によって長安の逍遥園で訳出されたものと述べ、さらにその訳者について詳論した際にも「弘始七年冬」「僧叡等筆受」と記している。

これら弘始七年説に立つ資料のほかに常盤大定博士が紹介された敦煌写本の『妙法蓮華経』にも極めて注目すべき識語が認められる。常盤博士が『後漢より宋斉に至る訳経総録』の巻頭図版として示された『法華経』巻六薬王品末尾の識語に次のごとく伝えている。

此経是偽秦弘始七年三月十六日、羅什法師於長安大明寺翻訳之、又別録及慧遠法師所記日月小不同。

これは七世紀を下る敦煌写経の識語であり、その取り扱いは慎重でなければならないが、記事の内容は非常に興味深いものである。常盤博士はここに異伝として挙ぐる「別録」とは『二秦録』であることは疑いないと述べ、その他留意すべき諸点を整理して次のように示されている。[105]すなわち、

一は訳時、弘始七年三月十六日なり。

二は訳所、長安大明寺なり。

三は異伝、別録及慧遠法師所記なり。

などと指摘されている。特に筆者が注目するところは「慧遠法師所記」という記述であるが、博士はこのことに言及して「後記に於て問題とすべきは、恐らくは長安大明寺と慧遠法師所記とならん。大明寺は或は大寺の誤記、慧遠は或は法華宗要序を作りし慧観の誤記にあらざるかを思はしむるものありと雖も、兎も角研究の新資料としての古記たるを失なわず」との見解を述べ、あたかも「慧遠云云」がこの古記録の資料価値を減ずる瑕疵のごとくなしているが、この「慧遠の所記」は決して『法華宗要序』の撰者慧観を誤り記したものではなく正しく廬山の慧遠が記した『法華経』訳出に関する記事のことを指すものである。ここに慧遠の記すところとは、必ずや宋の陸澄の『法論目録』第六帙に伝えるところの慧遠の『妙法蓮華経序』のことと考えられる。(106) 今は、鳩摩羅什訳の『妙法蓮華経』に関する序文としては僧叡の『後序』と慧観の『宗要序』が現存しているが、実に『妙法蓮華経』の序は請われて慧遠が著したのである。後序等ではなくいわば正式の経序である慧遠の『妙法蓮華経序』に記す日月との不同についてのみことさらに言及するところにこそ注目すべきである。識語に「別録及慧遠法師所記日月小不同」と述べるところから推測すると、『別録』や慧遠の『妙法蓮華経序』も識語と同じく弘始七年の訳出となしており、その年の日月のみが相違していたとも考えられる。権威ある資料を無視することもなく、それを認めた上で記録しているところにこの識語の伝える内容はかえって信憑性を有しているともいえる。

慧遠の『妙法蓮華経序』が現存しない以上、事柄の詳細を明らかにしえないのははなはだ遺憾であるが、実は後世の資料からその一端を知ることができるのである。やや時代は下るが荊渓の湛然が『法華文句記』巻八之四(107)に『法華経』の訳出について、

東安法師云、七年三月十六日訳訖。慧遠経序同。或云、弘始十年二月訳竟。不同之事未レ可二追尋一。

と記している。『法華経』の訳出年に関して弘始七年、同十年などの異説を挙げて追尋すべからずと述べている。

ここに東安法師と称する人物は誰か。この東安法師とは鳩摩羅什門下の四哲でのちに長安から建康に還り東安寺に住した慧厳のことである。梁の宝唱の『名僧伝』一三に「宋東安寺釈慧厳」の目を挙げており、また慧皎の『高僧伝』巻一三法平伝中にも「東安厳公」と称し、『同書』巻三仏駄什伝には景平元年（四二三）、江南龍光寺における『五分律』訳出に言及して、

龍光道生・東安慧厳、共執筆参正。

と記している点(108)などから推して東安法師は、江南の名刹東安寺に止住し、元嘉二十年（四四三）同寺に示寂した慧厳のことである。鳩摩羅什・仏駄什などの訳業に参与し、『涅槃経』の再治にも関与した慧厳の言葉であればあながち無視できぬであろう。鳩摩羅什の門下にあって道生・慧叡・慧観と共に四哲に数えられる英俊が『法華経』の訳出を弘始七年となしているのであるから是非とも耳を傾けねばならない。

湛然はその慧厳の説とともに廬山の名僧慧遠の説にも言及して彼もまた、鳩摩羅什による『法華経』の訳出を弘始七年となしていたことを断言しているのである。湛然のいう慧遠の経序とは、かの『妙法蓮華経序』と考えて不可ないであろう。鳩摩羅什に師事した慧厳および鳩摩羅什と親交を結んでいた慧遠の『法華経序』が共に鳩摩羅什の『法華経』の訳出を弘始七年三月十六日に訖れりとなしている。前記の敦煌写本が弘始七年三月十六日訳出と述べながら「慧遠法師所記日月小不同」となしている点をいかに会通すべきか困惑するが、『法華経』をもって弘始七年の訳とする説が信頼すべき資料に語られて伝承していることだけは確かである。

検討を必要とする若干の問題を残してはいるが、慧遠の『法華経序』や『敦煌本法華経』の識語などにいう弘始七年説を是認するとき、必ずや常盤博士の述べる次の結論に到達せざるをえないであろう。常盤博士は『法華経』訳出に関する異説について「この古記を重視して弘始七年三月十六日を以て法華経の翻訳の初めて成れる時とし、

弘始八年を以て繕写の正に終れる時と為すに於て特に矛盾あるを見ざるなり」(109)と論じている。従来、鳩摩羅什の訳経はいずれもただ一回限りのものであり、同一経典を再度翻訳したとは考えられず、博士の見解もほとんど看過されていたが、実に卓見である。

信頼すべき資料である慧観の『法華宗要序』はその本文中に「秦弘始八年夏」と明記しているのであるから鳩摩羅什が同年に『法華経』を訳出したことは間違いのない厳然たる事実であるが、続けて「四方の義学沙門、二千余人を集めて、更めて斯の経を出だし、衆とともに詳究す」と述べているのは、あるいは前年の弘始七年に（僧叡の後序が弘始七年に訳された法華経に対するものであるとすれば、八百人の僧と共に）出した経を、あらためて二千余人の義学沙門と共に改訂し治定したものと考えられるのである。

なお、僧叡が『法華経』に対する経序を撰述せずにあえて『法華経』の後序を著したのは、弘始七年訳出の『法華経』には当時の第一等の学僧であった慧遠の『妙法蓮華経序』が存した為とも推測されるのである。

鳩摩羅什の大乗経典の訳出に関してはなお多くの検討すべき事柄が存するが、紙幅の都合で割愛せざるをえない。鳩摩羅什訳の『維摩経』も今の『法華経』と同じ状況のもとに翻訳されたと考えられる。『維摩経』について筆者は「維摩詰経と毘摩羅詰経」と題し、本書第Ⅲ部においてすでに詳しく考察を加えた。すなわち、『維摩経』もまた草稿訳が存し、今の『法華経』の翻訳の場合と軌を一にするものであることを論証した。筆者の『維摩経』に関する論考と併せ考えるとき『法華経』の再訳説が了解されるであろう。これらの事実は鳩摩羅什が大乗経典の翻訳にいかに慎重であったかを物語るものである。

五　大乗論書の翻訳

(一)中論

鳩摩羅什による翻訳事業の中で特筆すべきものは大乗の論蔵の訳出にある。三十六部四十八巻の訳経をなした呉の支謙も、一百五十四部三百九巻の翻訳をなしたという西晋の竺法護も未だ経典の翻訳のみで論書を訳出してはいない。[110] 東晋の僧伽提婆は釈法和の請によって『阿毘曇八犍度（論）』二十巻、『阿毘曇心（論）』十六巻、『鞞婆沙阿毘曇』十四巻などを出してはいるが、[111] 未だ大乗論書は中国に全く紹介されていなかったのである。鳩摩羅什は周知のごとく龍樹の『中論』や提婆の『百論』などを翻訳し、初めて大乗の中観仏教に関する主要論書を中国の仏教界に提供したのである。

『中論』が鳩摩羅什の訳出であることを疑う資料はないが、その訳出年時については僧祐の『出三蔵記集』も慧皎の『高僧伝』等も全く言及していないのである。経録類を見るに費長房は『歴代三宝紀』巻八[112]に、

中論八巻或四巻。龍樹菩薩造。弘始年出。見二秦録。僧叡制序。

と記録し、『大唐内典録』巻三にそのまま継承されている。ところが、唐智昇は『開元釈教録』巻四[113]に次のように記している。

中論四巻亦云中観論。或八巻。弘始十一年於大寺出。僧叡製序。見二秦録。及僧祐録。兼前智度論並龍樹菩薩造。

この資料によれば鳩摩羅什訳『中論』は長安大寺において弘始十一年に訳出されたものである。この説が今日まで定説となっている。『歴代三宝紀』や『大唐内典録』がともに「弘始年」となすのみで訳場も年時も特定しては

いない。智昇は「見二秦録」と注記しているが、『僧祐録』や『二秦録』の撰者僧叡の『中論序』などは『中論』の訳出年時については何ら言及していないのである。それでは智昇は一体何を根拠として『中論』の翻訳を弘始十一年と断定したのであろうか。

　おそらくは曇影の『中論序』によったものと考えられる。『中論』の序には二種が現存する。同じ鳩摩羅什門下の僧叡と曇影との両序で、共に『出三蔵記集』巻一一に収められている。一つの経論に対して二種の序が存するということははなはだ奇妙なことである。この二序のうち僧叡の『中論序』には訳場、訳出年など翻訳経過を物語る記載は全く認められない。曇影の『中論序』もまた、その本文中には訳出年などに関して何ら言及するところはないが、最末尾に割注して、

羅什法師以秦弘始十一年於大寺出

と付記しているのである。(114)これと同様な注記は僧叡の撰として伝わる『十二門論序』の最後にも付されている。『十二門論序』の末尾に付された割注は明らかに別人が記したものであり、曇影の『中論序』に付された割注も後人の加筆と考えて間違いないのである。智昇の『開元釈教録』は、実はこの曇影の『中論序』に付された注記によって『中論』の翻訳を弘始十一年と断定したのである。かくしてこれが学界においても定説となっているのである。しかし、結論的に言えば『中論』の訳出年は不明というのがもっとも実態に近く、その訳出年を限定しえないのは、『中論』の訳出がただ一度のみでなく数次にわたって翻訳された為であると推測される。実際にわれわれは現行の『中論』とは明らかに相違する別の論文を認めることができる。鳩摩羅什門下の僧肇が『物不遷論』『不真空論』『般若無知論』『涅槃無名論』の四論文を著し、これらは合して『肇論』と称され流布している。僧肇が『肇論』の中で『中論』を引用すること六度に及んでいる。これら引文の一々についてはすでに学者によって現行の鳩摩羅什

訳『中論』の文に比定されている。[115] 京都大学人文科学研究所の塚本善隆編『肇論研究』の成果にしたがって一括して示せば次のごとくである。[116]

(1)［肇論］　観方知彼去　去者不至方　（物不遷論）
［中論］　已去無有去　未去亦無去
　　　　　離已去未去　去時亦無去　（観去来品第一偈）

(2)［肇論］　諸法不有不無　（不真空論）
［中論］　有若不成者　無云何可成
　　　　　因有有法故　有壊名為無　（観有無品第五偈）

(3)［肇論］　物従因縁故不有　縁起故不無　（不真空論）
［中論］　衆因縁生法　我説即是無
　　　　　亦為是仮名　亦是中道義　（観四諦品第十八偈）

(4)［肇論］　物無彼此　（不真空論）
［中論］　法若無自性　云何有他性
　　　　　自性於他性　亦名為他性　（観有無品第三偈）

(5)［肇論］　物従因縁有故不真　不従因縁有故即真　（般若無知論）
［中論］　衆因縁生法　我説即是無
　　　　　亦為是仮名　亦是中道義　（観四諦品第十八偈）

(6)［肇論］　涅槃非有　亦復非無
　　　　　言語道断　心行処滅　　（涅槃無名論）
［中論］　諸法実相者　心行言語断
　　　　　無生亦無滅　寂滅如涅槃　（観法品第七偈）

『肇論』の引用文の中、(1)—(5)は「中観云」「中論云」となし、(6)は「論曰」と称しているが、明らかに『中論』からの引用であり、(3)と(5)とは同文の引用である。『中論』の訳者鳩摩羅什の直弟で解空第一と称讃された僧肇が引用する『中論』の文が、現行の鳩摩羅什訳の『中論』とかくも大きく相違するのは非常に奇異なことである。学者によって右のように比定された『肇論』所引の『中論』の文と現行の『中論』とを比較するとき妥当か否か、その当否に関しては慎重にならざるをえないのである。常に鳩摩羅什の講筵に侍し聴講につとめた僧肇にとって『中論』の趣意は一々行文に照らすことをまたずとも十分に自らのものとして駆使しうるまでに理解されていたと言われているけれども余りにも引文と典拠たる『中論』の文とが相違しすぎていることもまた拭うことのできない事実ではなかろうか。[117]

僧肇が『不真空論』と『般若無知論』とに二度にわたって引く「中観云」の論文は前掲のごとく(3)は七字一句、(5)は八字一句となっている。これを『肇論研究』では、『中論』観四諦品の第十八偈の「衆因縁生法　我説即是空亦為是仮名　亦是中道義」の引用であると判定されているが、僧肇が引くところの「中観（論）」は「物は因縁に従って有であるから真ではなく、因縁によって有であるのではないからそのまま真である」と説くのみであり、いわゆる三諦偈あるいは三是偈と称される根本意趣とははなはだ相違したものとなっている。[118]そこで僧肇の引くところの『中論』の偈文は『肇論研究』において比定せられた『中論』観四諦品の第十八偈ではなく、あるいは別の偈文からの引用ではないかとも考えられるのである。

実は僧肇が引用したのは、現行の『中論』とは別に鳩摩羅什が次のように翻訳した偈文に根拠するものと筆者は考えている。すなわち、鳩摩羅什が『智度論』巻六において「如偈説」として訳した次のような偈文である。(119)

若法因縁生　是法性実空
若此法不空　不従因縁有

この『智度論』所引の「若し法、因縁生ならば、是の法の性は実に空なり、若し此の法、空ならずんば、因縁に従って有にあらず」という偈文は、現行本の『中論』観因縁品第十五偈に相当するものと考えられるが、(120)同じ鳩摩羅什の翻訳でありながら訳文はかなり相違したものとなっている。僧肇の『肇論』における『中論』の引用が『智度論』からなされたということを主張するわけでは決してないけれども、ただ鳩摩羅什自身においても同一偈文の訳文にもかなり出入りの存することを指摘したいのである。

また、『涅槃無名論』に引く(6)の「論曰、涅槃非有、亦復非無、言語道断、心行処滅」は、涅槃は有でもなく、また無でもない、言語で説明するすべもなく、心のはたらきの及ぶ範囲でないと説くのであるが、前述のごとくこの偈は『中論』観法品第七偈「諸法実相者、心行言語断、無生亦無滅、寂滅如涅槃」に比定されている。この『涅槃無名論』における『中論』の引文は、『中論』観法品第七偈と考えて不可ないが、この偈文を鳩摩羅什は実に種々に翻訳しているのである。『智度論』百巻の中で三度にわたってこの『中論』の文が引かれているが、鳩摩羅什は同一の偈文を三通に翻訳しているのである。しかも『涅槃無名論』の(6)引文とはいずれも一致しないのである。現行の『中論』の訳文と併せて四通もの訳文が存することになる。それを示せば次のごとくである。(121)

(1)語言尽竟　心行亦訖
不生不滅　法如涅槃　（智度論巻一）
(2)言語已息　心行亦滅
不生不滅　如涅槃相　（智度論巻五）
(3)不常不断　亦不有無
心識処滅　言語亦尽　（智度論巻六）
(4)諸法実相者　心行言語断
無生亦無滅　寂滅如涅槃　（中論観法品）

『中論』も『智度論』も同一訳者の翻訳でありながら『智度論』所引の『中論』と現行の『中論』の偈頌との間で一致するものは全く存しない。このような偈文の訳文の相違はあるいは『智度論』および『中論』の原典に関わる問題とも考えられるが、今は暫く置く。『智度論』の翻訳は弘始七年で、『中論』は同十一年であるから訳文の相違は訳者の年代的差異によるものといちおうは考えられる。両論の訳出年が右のごとくであるとすれば鳩摩羅什は『中論』の偈を『智度論』の中において漢訳し、のちに『中論』を漢訳したけれどもそののちに改めて両論の間の訳文上の相違について調和を計るような努力が全くなされなかったことによるようである。

僧肇が弘始七年（四〇五）頃に著した『般若無知論』に『中論』の引用が存することは、この一偈に限ればあるいは『智度論』からの孫引の可能性もあるが、むしろそのように考えるべきではなく現行の『中論』とは別にすでに『中論』が訳出されていたと考える方がより自然であり、それは現行本から見れば初訳本あるいは草稿本と称すべきものであったと推考される。すなわち、鳩摩羅什訳の『中論』に新旧の二種の訳本が存したのである。僧肇が引く『中論』と現行本の『中論』との右のごとき相違はそのことの証左でもある。

さらに、このことを如実に物語るのが『出三蔵記集』巻一一に収める二種の『中論序』の存在である。長安僧叡の『中論序』と曇影法師の『中論序』との二種が存するということははなはだしく奇異であることは先にも述べたが、もし鳩摩羅什に二種の『中論』の訳本が存在したとすればむしろ至極当然のこととなる。

現に筆者の見解を傍証する資料として大安寺安澄の『中観論疏記』第一本[122]に次のごとき問答を記しているのである。

問、叡師云二中論一、影師云二中観論一。云何相違。答、述義云、然此論有二広略二本一、雖レ広不レ増、雖レ略不レ減。

僧叡は「中論は五百偈あり。龍樹菩薩の所造なり。云云」[123]と序の中で述べ、曇影の序には「中観と云うは直ちに観を以て心を弁じ、論は口に宣る」[124]と説き、それぞれが「中論」と「中観論」と相違した論名を用いていることを問題としたものである。安澄は「述義」によって『中論』に広本と略本の二本が存し、広本といっても量的に増広されているわけではなく、略本といっても削減されているわけではないことを明かしている。

なお、「述義」とはその具名を『中観論疏述義』といい仙光院智光の著であるが、遺憾ながら散佚して伝わらない。

『中論』の翻訳に関して第一次資料となる僧叡や曇影の両序はいずれもその訳出の年時について本文中には何も記していない。ただ曇影の序の末尾に歳時を示す割注があるが、これは後人の加筆である。しかしこのほかには別に『中論』の訳出年に関する資料もないので『開元釈教録』以来、今日までいちおうこの弘始十一年説を採用しているのである。『高僧伝』によればこの年は鳩摩羅什の歿年とされており、『中論』は彼の最晩年の訳出と解されているが、それより四、五年前に著された僧肇の『般若無知論』等にすでに『中論』の引用がある。このことは前述のように『中論』に草稿訳本と改訂訳本との二本が存したことを端的に示すものであり、『出三蔵記集』所載の両序や『中観論疏記』の記述がそのことを如実に証している。

この事実もまた、前述の『法華経』や次章で考察する『維摩経』の訳経などと併せ考えるとき鳩摩羅什の経論翻訳の実態を示すものである。さらに『百論』や『成実論』の翻訳について考察するとより明らかになるであろう。

(二)百論

僧肇の伝えるところによれば、鳩摩羅什はつねに『百論』を味詠し、自らの「心要」となしていたという。[125]また彼はかつて西域に在って須利耶蘇摩に遇って小乗から大乗に転じ広く大乗の義要を求めて中・百二論を誦していたと伝えられている。[126]鳩摩羅什にとって『百論』は『中論』とともに自らの「宗」とするところであり、かりに後秦王の要請がなくとも彼個人の課題として是非とも漢訳して中国仏教界に提供しなければならぬ意義を有するものであった。

この論書の翻訳事情に関しては資料の上で特別に問題はないようである。『出三蔵記集』巻二所収の『新出経論録』[127]には「百論弘始六年訳出」と明記している。僧祐の『新集経論録』に鳩摩羅什の訳出経論として三十五部を挙げている中でも訳出年を明記しているのは僅かに七部で『百論』のほかには『新大品経』『新小品経』『新法華経』『新維摩経』『自在王経』『禅法要』である。このことより推して『百論』の翻訳、ことにその歳時に関しては疑問とすべき点はないようである。費長房も「百論二巻　提婆菩薩造。弘始六年出。見二秦録。[128]」と記し、僧叡の『二秦録』にも記録されていたことを伝えている。のちの『大唐内典録』巻三、『開元釈教録』巻四なども悉くこの弘始六年説を継承しておりその他の異説は認められない。また学界においても従来から何ら問題とはなっていないのである。ところが、陸澄撰の『法論目録』[129]にしたがうとき、この『百論』についても僧叡と僧肇との二種の『百論序』の存在を伝えている。ただし、今日では僧叡の序はすでに散佚して伝わらない。

僧肇は現存の『百論序』[130]において「百論は蓋し是れ聖心に通ずるの津塗、真諦を開くの要論なり」と述べ、鳩摩羅什は先に一度『百論』を漢訳したが方言が未だ通じなかったので、のちに改めてその治定本を出したことを伝えている。すなわち、

天竺の沙門鳩摩羅什あり。（中略）常に斯の論（百論）を味詠し、以て心要と為す。先に親しく訳すと雖も而も方言いまだ融ぜず、思尋者をして謬文に躊躇せしめ、標位者をして帰致に乖迕せしむるを致す。大秦の司隷校尉安城侯姚嵩は、風韻清舒にして冲心簡勝なり。博く内外に渉り、理思兼ねて通ず。（中略）毎に玆の文を撫《たも》ちて慨くところ良に多し。弘始六年、歳寿星に次《やど》るを以て理味の沙門を集め、什と与に正本を考校し、陶練覆疏し務めて論旨を存す。質にして野ならず、簡にして必ず詣り、宗致は劃爾として間然するところ無からしむ。

この僧肇の序によれば鳩摩羅什は先に一度『百論』を漢訳したが、未だ十分に中国の方言に通じなかったので訳文に誤謬が存し論趣に背くところがあった。安城侯姚嵩はつねに『百論』に親しんでいたが、論の義旨が通ぜず慨くところが多かったので弘始六年（四〇四）に至って教理に精通した理味の沙門を集め『百論』の正本を考校して決定せしめたのである。したがって弘始六年に訳出された『百論』はそれ以前に一度漢訳された旧訳本に謬文が多かったので改めて再訳したものである。鳩摩羅什による『百論』の旧訳本と新訳本との両訳本の存在を如実に示しているのが陸澄の『法論目録』に記録する僧叡と僧肇との二序の存在である。

『百論』に対する現存唯一の注釈である吉蔵の『百論疏』は隋の大業四年（六〇八）に成ったものではあるが、

その巻初に『百論序疏』を付し僧肇の序について詳細な注釈をなしている。そこで吉蔵は『百論』に両序の存することを明言している。

百論有二序。一叡師所制、一肇公所作。(131)

このことを記した上で興皇和上はつねに僧肇の序のみを講じたことを述べ、その理由を次のように説明している。

叡師の序は是れ弘始四年の前翻なり。什師、初めて（長安に）至り方言未だ融ぜず。此が為に序を作るも猶お未だ中にして詣らず。

肇師の序は即ち是は此れ文は六年の重翻なり。文義既に正す。序を作るも亦た好し。所以に恒に肇公の序を読むなり。

吉蔵の見解にしたがえば僧叡の序は弘始四年の前翻の序であり、鳩摩羅什の翻訳自体が不十分であった為に序もまた欠けるところがあったのに対し、僧肇の序は弘始六年の重翻の序であり、文義ともに正しい『百論』の重翻の際に撰せられたものである。したがって僧肇の序文こそは言は巧で意は玄にして妙に論旨に符合するものである、と言うのである。さらに僧肇の序にいう「先に親しく訳すと雖も而も方言未だ融ぜず」を釈した吉蔵は『百論』の翻訳と檀越について二人二処二時の説(132)を紹介している。すなわち、

初めは是れ天子姚興を旦越と為す、次は是れ姚嵩なり。初めは逍遥園西明（ママ）閣上に在り、次は是れ草堂寺なり。

初は是れ弘始四季四月、後は是れ六年なり。

弘始四年の『百論』の前翻は姚興を檀越として逍遥園西門閣上で行なわれ、のちの弘始六年の重翻は姚興の弟姚嵩によって推進され場所も草堂寺でなされたというのである。鳩摩羅什は丘茲裁から涼州に来て十八年を経て弘始三年に長安に至り、同四年の正月に『百論』の翻訳につき四カ月を費して同年四月に完了したが、いちおうの言を

識るのみで未だ十分には通達せず言を尽くさなかったので『百論』の翻訳は文謬・理失の両失を犯すこととなった。姚嵩はその失を知り自ら檀越となって理味の沙門すなわち解義の流を草堂寺に集め『百論』の重翻をなした。これが今日流布している『百論』であり、いわば『百論』の治定本である。

なお、弘始四年の訳出をもって途中で翻訳を中止したものとの解釈もあるが、その際の序が存したということは文義の上で若干の不備が存したとしてもいちおうは『百論』を完全に翻訳したものと理解すべきである。

『出三蔵記集』巻一〇に収める『大智論記』(133)なる資料には、弘始四年の夏、逍遥園中の西門閣上において釈論の翻訳をなし、七年十二月二十七日に校了したことを記録しているが、その間に兼ねて『禅経』『戒律』『百論』等を出し五十万言になんなんとすと述べているので『百論』の訳場が吉蔵のいうように果たして草堂寺であったか否かについては改めて検討を必要とする。

いずれにせよ、この『百論』もまたより完全な翻訳を目指して鳩摩羅什は再度改訳をなしたのであり、訳者鳩摩羅什の仏典翻訳に対する真摯な態度を窺うことができるのである。

㈢十二門論

『中論』『百論』『十二門論』の三論は中観仏教の綱要を示すものであり、かつ訳者鳩摩羅什の「宗」とするところである。『般若』『維摩』『法華』など既存経典の再訳とは事情が異なり、全く未紹介の大乗論書である三論はそれなりに鳩摩羅什としては期するところがあったと考えられる。前述のように『中』『百』の二論については鳩摩羅什自らが再度の翻訳をなし、それぞれ権威のある決定訳を出しているのであるが、三論の一たる『十二門論』はいかがであろうか。

『十二門論』が鳩摩羅什の訳書であることは僧祐の『出三蔵記集』、慧皎の『高僧伝』等の諸伝がひとしく認めるところである。ただし、その訳出年時については少なからぬ問題がある。『出三蔵記集』巻二の『新集経論録』の鳩摩羅什の条に『十二門論』の名を出しているが、翻訳年等に関する何らの注記もない。『歴代三宝紀』も『大唐内典録』も『十二門論』については、梁天監十七年（五一八）に成った宝唱撰の『衆経目録』にその名が見えており、僧叡の序が存することを記すのみである。費長房も道宣も『中論』『百論』については僧叡が編集した『二秦録』によっているが、この『十二門論』については何ら記してはいない。前述のごとく僧叡の『二秦録』には鳩摩羅什の訳出論書の中に『十二門論』を記載していないのである。『二秦録』には『十二門論』を記載していないが、『二秦録』の撰者僧叡の序が存在していることについてはすでに考察したとおりである。

費長房の『歴代三宝紀』巻八(134)は鳩摩羅什が訳出した三論について次のように記している。

中論八巻　或四巻。龍樹菩薩造。弘始年出。見二秦録。僧叡制序。

百論二巻　提婆菩薩造。弘始六年出。見二秦録。

十二門論一巻　龍樹菩薩造。見宝唱録。僧叡制序。

道宣の『大唐内典録』も二、三の文字の異同はあるが、費長房の記録をそのまま継承している。三論の中でただ『十二門論』のみが『二秦録』に記載されていなかったということは『十二門論』の訳出事情に特殊なものがあったのではないかと推測される。

『出三蔵記集』巻一一に僧叡法師作として収める『十二門論序』は、宋斉代に僧叡に仮託して偽作されたものであることはすでに検討を加えた。したがって『出三蔵記集』所載の『十二門論序』によって本論の翻訳事情を考察することはできないのである。

唐の智昇は『開元釈教録』巻四には[135]「弘始十年於大寺出」と記しているが、果たして何に根拠するのか不明である。また唐の法蔵は『十二門論宗致義記』[136]に『十二門論』の伝訳縁起を論じ、次のように述べている。

三蔵法師鳩摩羅什は此に童寿と云う。梵本を齎し此に至る。大秦の弘始年を以て逍遥園中に於て、生・肇・融・叡等の諸徳と共に玆の論を訳す。叡公筆受す。

この法蔵の記述もまた、一体何によってなされたものか不明で他の資料で傍証することはできない。法蔵のいう逍遥園は鳩摩羅什の最初期の訳場であるが、智昇の伝承とは相違する。訳業に対する関与の仕方も道生や道融に比して僧叡や僧肇ははるかに緊密であるが、それらを同列に論じているところに法蔵のいう伝訳縁起は鳩摩羅什の訳業の一般を単に最大公約数的に記述したものにすぎないのである。

鳩摩羅什訳『十二門論』が僧叡の『二秦録』には何ら記載されず、その上に僧叡撰『十二門論序』の真撰が疑わしいとすれば『十二門論』の訳出事情はかなり特異な状況でなされたと考えられる。

三論の一である『百論』は鳩摩羅什が弘始三年十二月二十日に長安に至りその数十日後の四年正月から翻訳にとりかかっている点から推して彼はすでに涼州滞在時代から訳経活動をなしていた可能性もある。鳩摩羅什は母国亀玆が呂光の軍に敗れて以来（三五八年）、姚興によって国師の礼をもって長安に迎えられる（四〇一年）まで十七、八年の歳月を涼州姑臧で過ごした。もしも『十二門論』がその涼州滞在時代の翻訳であるとすれば、僧叡が鳩摩羅什に師事する以前のことでもあり、翻訳の経緯や事情が判然とせずそれゆえに『二秦録』に記すことを憚ったとも考えられる。

真偽の程は別として智昇の『続集古今仏道論衡』は、[137]鳩摩羅什はすでに涼州に在るとき自翫のため経典の訳出をなしたことを指摘している。さらに鎌田茂雄博士は「『中論』『十二門論』という龍樹の著作は羅什が涼州滞在時代にすでに草稿を作っており」[138]と『十二門論』の涼州訳出を推定されているのである。のちに解空第一と称讃される僧肇は涼州時代にすでに鳩摩羅什に師事しており、かかる弟子は高名な僧肇ひとりではなく無名の多数の門下があったであろうから鳩摩羅什としては自らの心要とする三論を訳出し指導していたことは容易に推測される。

また一方では、先に考察したごとく、僧叡の『十二門論序』が後世の偽作であり、僧叡の『二秦録』に記載されていないにもかかわらず、僧叡は『中論序』の中で『百論』『大智釈論』とともに「十二門観」の名を挙げている点を勘案するとき、『十二門論』は、あるいは鳩摩羅什による翻訳ではなく、彼が『持世経』を訳出してのちさらに別時に『十二因縁観』を撰出したのと同様に、『中論』等をもとに鳩摩羅什が編纂したものとも考えられるのである。筆者はこの可能性は極めて大きいと考えているが、論証に必要十分な資料が与えられていないのは誠に遺憾である。後日改めて検討したい。

㈣成実論

『成実論』の翻訳に関しては極めて多くの問題を孕んでいる。翻訳の歳時を決定することが武断であるとさえ評されている。その問題の所在の要点は、『出三蔵記集』巻一一所収の『成実論記』[139]（出論後記）に弘始十四年九月十五日訳出と明記しているが、慧皎の『高僧伝』には鳩摩羅什の歿年をもって弘始十一年となしていることとの撞着にある。もし『高僧伝』の弘始十一年をもって鳩摩羅什の歿年であるとすれば『成実論記』の説はもちろんのこと成立しない。逆に『成実論記』の説を認めれば『高僧伝』の所説と背反するのである。したがって鳩摩羅什の歿年を弘始十一年となす限り、『成実論』の訳出年を決することは武断ともいいうる。

この問題を考える上で資料の整理が必要である。まず僧叡の『二秦衆経録目』には鳩摩羅什の訳出経論として

『成実論』の名目を記録しており、僧祐の『出三蔵記集』巻二の『新集経論録』にも「成実論十六巻」の名を挙げているが、訳出の年時に関する注記はない。(140) ところが隋の費長房は『歴代三宝紀』巻八には次のように記録している。

　成実論二十巻　或十六巻。弘始八年出。曇略筆受。見二秦録。此論仏滅後八百余年訶梨跋摩造。

初唐の道宣はこの記載をそのままに継承して『大唐内典録』に記録している。(141) ただし「叡講序」の三字を追加している。費長房も道宣も弘始八年の訳出となし「見二秦録」となしている。

次に智昇の『開元釈教録』を見るとこれらと全く異なる説を挙げている。『同書』巻四(142)に、

　成実論二十巻　或二十四。或十六。或十四。弘始十三年九月八日尚書令姚顕請出。至十四年九月十五日訖。曇晷筆受。仏滅後九百年訶梨跋摩造。見僧祐録。

となしている。智昇は『成実論』の訳出を弘始十四年、論の作者訶梨跋摩を仏滅後九百年の人となし、費長房とは異なる見解を示している。この相違は智昇が『二秦録』（すでに散佚していたと考えられる）によらずに『僧祐録』すなわち『出三蔵記集』に根拠を求めたためである。僧叡の『二秦録』は現存しないので記載の実際を確かめることはできないが、費長房らの記すところにしたがえば『成実論』を弘始八年の訳となし、訶梨跋摩を仏滅後八百余年の人となしていたと考えられる。

費長房が伝えるところは僧叡の『二秦録』の説に根拠するものであるが、智昇はこれとは異なる伝承にしたがったのである。それは僧祐の『出三蔵記集』の所伝である。(143)『出三蔵記集』巻一一には江陵の玄暢の作になる訶梨跋摩伝記を収めている。玄暢は訶梨跋摩について、

　宋に師子鎧と称し、仏泥洹の後九百年にして出で中天竺に在りし婆羅門の子なり。

と伝えている。また、『出三蔵記集』巻一一には論の後記たる『成実論記』(144)を収め、次のように訳出年時を伝えて

いる。

大秦の弘始十三年、歳豕韋に次るの九月八日、尚書令姚顕請うて此の論を出す。来年九月十五日に至りて訖ぬ。外国の法師拘摩羅耆婆、手に胡本を執り、口に自ら伝訳す。曇晷筆受す。

この出論後記には『成実論』の訳出を弘始十四年と明記しているのである。智昇はこの記事によって『開元釈教録』に『成実論』をもって弘始十四年訳出と記録し、その上で「見僧祐録」と付記したのである。『成実論記』によれば『成実論』は尚書令姚顕の要請により弘始十三年九月から一年間を費して翌十四年九月十五日に至って訳了し、曇晷が筆受の任に当たったという。曇晷とはいかなる人物か。彼の名前はこの『成実論記』以外には認められないが、曇晷とは曇影のことである。[145]ところがのちに梁僧祐が新たに撰した『略成実論記』[146]には「曇晷筆受、曇影正写」と両者を別人となしている。僧祐にとって両者が同人であることの判断がつかなかった為に両人をそれぞれ「筆受」と「正写」というように類似の役割に両分したものと考えられる。当然のことながら曇晷なるものの伝記は存在せず、曇影の伝は『高僧伝』巻六に収められている。それによればある時に彼は『成実論』に関する見解を鳩摩羅什に呈示したところ「深く我が意を得」るものとして「大いに善し」と賞嘆されたと伝えられている。[147]

以上のような考察から『成実論』の翻訳については『二秦録』による弘始八年説と『出三蔵記集』所収の『成実論記』による弘始十四年説との両説が存することになる。

『高僧伝』巻六の曇影伝によれば鳩摩羅什は『法華経』訳出以前に『成実論』を翻訳しており、曇影がその内容の支離を恨み五番に整理し鳩摩羅什に呈したと伝えている。すなわち、

興、勅して逍遥園に住せしめ什を助けて経を訳す。初め成実論を出す。凡そ諍論問答、皆次第往反す。影、其の支離なるを恨み、乃ち結んで五番と為し、竟に以て什に呈す。什曰く、大いに善し、深く吾が意を得たり、

と。什、後に妙法華経を出す。

と記している。この曇影伝に忠実にしたがえば明らかに『成実論』は『法華経』の翻訳以前に訳出されたことになる。慧皎の『高僧伝』巻六にはこの曇影伝に引き続き僧叡伝があり、その僧叡の伝記中では『法華経』訳出ののちに『成実論』が出され僧叡は『成実論』の講義をなし、鳩摩羅什から「子と相値うことを得て、真に恨む所なし」と称歎されたと伝えている。慧皎の『高僧伝』(148)にいう。

什の翻ずる所の経、叡並びに参正す。昔、竺法護の出せる正法華経受決品に云う「天人を見、人天を見る」と。什、(法華)経を訳し、此に至りて乃ち言う。此の語西域の義と同じ。但だ言質に過ぐる在り、と。叡曰く、将に「人天交接し両ながら相見るを得る」に非ずや、と。什、喜んで曰く、実に然り、と。其の領悟標出は皆此の類なり。後に成実論を出し、叡をして之を講ぜしむ。

『高僧伝』巻六僧叡伝によれば、先の曇影伝とは反対に鳩摩羅什はまず『法華経』を翻訳してのちに『成実論』を訳出したことになる。この両伝のいずれが正しいのかあるいはいずれもが正しいのか。実はこの両伝の記事が矛盾なく認められるのは『成実論』が弘始八年に訳出された場合のみである。『法華経』は再度にわたって翻訳されたことはすでに述べた。『法華経』の「初翻」は慧厳や慧遠がいうとおり「弘始七年三月」であり、その「重翻」は僧叡や慧観がいう「弘始八年夏」であった。『法華経』の初訳と再訳との間は僅か一カ年余であるが、この期間中の弘始八年の春に『成実論』が訳されたとすれば曇影伝と僧叡伝との矛盾はいちおう解消する。そこで『成実論』の翻訳は僧叡の『二秦録』などに伝承される弘始八年のことと認めてよい。

しからば次に残る問題は弘始八年説と弘始十四年説との相違をいかに解決するかである。この両説について筆者は『法華経』などの場合と同様に『成実論』の初訳草稿と再訳治定との関係にあったと考えている。梁代の成論師である開善寺智蔵は、『成実論』に「前本」と「後本」との両本が存することを実際に論文の異同を示しながら伝えていることが何よりの証左となるであろう。

中観澄禅の『三論玄義検幽集』巻三は、[149]智蔵の『成実論大義記』の文を引いて次のように述べている。

秦主姚興の弘始十三年に尚書令姚顕、彼の法師を請じ長安に於て始めて此の論を訳す。聴衆三百、亦た影、筆受す。其の初めて国語に訳し未だ治正する暇あらざるに沙門道嵩便ち齎して宣流す。改定するに及ぶも前伝已に広る。是の故に此の論ついに両本倶に行る。其の身受心法を「念処」と名けるは前の本なり。名けて「憶処」と為すは後の本なり。

この智蔵の説くところで注目すべき点は、『成実論』の訳場における聴衆を三百と述べ他の翻訳の場合に比してはなはだ少数であることと、『成実論』の「前本」と「後本」との両本の具体的な相違事例を示していることである。梁代には『出三蔵記集』巻一一所載の『成実論記』のような（弘始十四年に『成実論』が訳出されたとなす）後記をもった『成実論』が実際に流布し、智蔵もまたそれを見ていたのである。そこで智蔵は『成実論』の翻訳を弘始十四年となしたのである。

ところが智蔵のやや後輩の慧皎は『高僧伝』において鳩摩羅什の歿年を弘始十一年となしている。この慧皎のいう鳩摩羅什の歿年と『成実論』の訳出年との差異ははなはだ深刻な問題として残る。この点に関して塚本善隆博士は「法華経の訳は弘始八年五月であるから、その前後に成実論の初の訳稿が出たとすれば、歴代三宝紀や大唐内典録の弘始八年訳の註を認められてよいかも知れぬ。再治本が出たのは、少くとも数年の後であらう。什の歿後に公にされたとしてもよい」と論じている。[150]博士の推論のとおりであるとすれば、博士は言及されてはいないが、次の吉蔵の言葉と符合し信憑性を増す。

昔、羅什法師、成実論を翻じ竟りて、僧叡に命じて之を講ぜしむ。什師没して後、叡公其の遺言を録して論の序を製す。(151)

この『三論玄義』にしたがえば僧叡の『成実論序』なるものは鳩摩羅什の歿後に著されたということになり、それは博士のいわれる論の再治の際ということになる。ただし、吉蔵が伝える僧叡の『成実論序』と称するものは宋の陸澄の『法論目録』に記録されていないし、また『出三蔵記集』にも収録されていない。したがって到底僧叡の真撰とは考えられないが、鳩摩羅什の歿後に序が撰せられたという伝承が存するところが、『成実論』の訳出を考える上で貴重な示唆を与えるのである。

それにしても弘始十一年に鳩摩羅什が死亡したとすれば、やはり『成実論』の訳出を弘始十四年となす『成実論記』や智蔵の『成実論大義記』の説は成立しないであろう。そこで塚本博士も先の論考とは別の論文において次のような解釈を示されている。すなわち、「弘始十一年が鳩摩羅什の病臥の年で、般若や法華等の時のように二千人とか三千人とか多数の聴者を前にして翻訳講義の活動ができなかったけれども、病臥のままでわずかの側近と翻訳をつづけ得たとすれば成立し得る」(152)と。この見解が認められるとすれば智蔵の『成実論大義記』の「聴衆三百、亦た影筆受す」という言葉が信憑するに足るものとして十分に認められるのである。

このいずれかに是非を決することは容易なことではない。ただ鳩摩羅什訳の『成実論』に新・旧両本が存し流布していたことだけは事実である。そこで最後に僧祐の筆になる「新撰」の『略成実論記』(153)の文に注目したい。

成実論十六巻は羅什法師、長安に於て之を出す。(中略)(曇)影、文をして玄ならしめんと欲し、後に自ら転して五幡と為し、余は悉く旧本に依る。

前来の考察と併せてこの文を読むとき、鳩摩羅什が長安で『成実論』を訳出したのは弘始八年のことで「後に」

曇影自らが五幡——現行本『成実論』の発聚・苦諦聚・集諦聚・滅諦聚・道諦聚の五聚——に改篇して改定本を作ったのが弘始十四年のことであったと考えられるのである。曇影らの『成実論』の改篇は鳩摩羅什の歿後のことであった(154)が、この五聚の改訂本も鳩摩摩什が直接に関与したかのごとく伝承された為に前来の異説が生じ種々の混乱を生み出し、やがて僧叡の『成実論序』なるものまで捺えるに至ったものと考えられるのである。

六 結

鳩摩羅什の訳経を梁の慧皎は「長安の所訳、欝として称首となす」と絶讃している。(155)確かに彼は中国仏教史上において卓絶した訳経家のひとりであった。その訳業は頗る広汎にわたり、しかも翻訳は今日に至るまで名訳の誉れが高く、まさに一時代を画するものである。その鳩摩羅什をして至大の成果を得せしめるには理由があった。彼は教義理解と語学との両面にわたり卓越した能力を有していた上に、その訳業に直接参加協力した僧叡・僧肇ら数千にも及ぶ俊英沙門の力と、それを保護奨励した国主姚興らの力との和合の結果としてかかる大業をあらしめたのである。これら鳩摩羅什の訳業の背景等についてはすでに先学によってその成果が提供されている。そこで本章は従来から権威ある資料であるがゆえにとかくそのまま無批判に是認されがちであった『出三蔵記集』等について若干の検討を加えたのである。その結果、多少の訂正すべき事柄を見出しえた。

鳩摩羅什の多くの訳業の中で、とりわけ主要なものは『般若』『維摩』『法華』の諸経と、『大』『中』『百』『十二門』の四論および『成実論』である。これらの経論が後世の仏教に与えた絶大なる影響についてはいまさら喋々するまでもないが、かえってこれらの経論の訳出経緯などについてはあたかも自明のこととして未だ十分な検討が加えられない恨みがあった。そこで彼の翻訳になる主要経論の訳出事情、ことに従来はその存在についてほとんど知られていなかったその草稿訳について考察した。

国主姚興も旧経をもって自ら訳場に臨んだ『般若経』の翻訳の際も、訳業に参加した沙門によって私《ひそ》かに草稿訳のままで書写され公表されていた事実を勘案するとき、『般若経』等の改訳を熱望していた当時の仏教界の実情と、仏法の宣布を第一義としてそれに応じた鳩摩羅什の訳経の実態を窺うことができるのである。『法華経』の翻訳も旧経の改訳を目指してなされたものであるが、その際にも鳩摩羅什は予想外に真摯な態度で臨んでいる。すなわち、彼の『法華経』の訳出は後秦弘始八年が定説であるが、実はその前年にすでに訳出されており、その上で自らの訳文を改訳していたのである。次章で考察するので本章においては割愛した『維摩経』についても草稿訳と治定訳との両本が存したのである。これら主要経典の訳出について考察するとき、鳩摩羅什は慎重かつ真摯な態度でもって臨んでいたことが明らかとなるのである。

鳩摩羅什による大乗論書の訳出は、中国の仏教においてことのほか、大きな歴史的意義を有している。『中論』等の三論あるいは四論は、中観仏教の中心的論書で、訳者たる鳩摩羅什の「心要」とするところであり、彼はその思想内容について絶対の自信を有していたにもかかわらず、それらの諸論書に対しても、それぞれ初翻と重翻との両訳本の存することが明らかとなったのである。これは鳩摩羅什の仏典翻訳に対する殊勝な態度として評価できるのである。

従来、訳経家鳩摩羅什については、特に尊大豪語の面がとりあげられ、自己の能力を過信する性格と、亀茲国以来の貴族としての思い上り等が指摘されがちであった(156)。しかし、自らの「宗」とする『中論』等の論書の翻訳においてすら草稿訳が存するということは、彼の中にも訳経家として仏法流布の為に極めて真摯な精神が躍動していたことを看過してはならないのである。

『高僧伝』の鳩摩羅什伝[157]を見ると、彼は臨終に際し、衆僧に対して別れを告げ「凡そ所出の経論三百余巻あり、唯だ十誦一部未だ删煩に及ばず」と語ったといわれている。一面から見ると厳正に遵守すべき律蔵にも手を加えるという極めて不遜の振舞ともみられるが、彼の翻訳はただ一回限りのものではなく、主要経論について検討したように、それぞれ草稿訳をなし、さらに決定訳を出するという訳経方法と併せ考えるとき、この律蔵についてもさらに決定訳を出すことを願っていたものと考えられる。いずれにせよ鳩摩羅什の仏典翻訳に対する慎重かつ敬虔な態度を看過してはならぬのである。

註

（1）竺法護の訳経の活動は、長安をはじめ敦煌・酒泉・洛陽など広範な地域にわたるが、『光讃般若経』や『正法華経』など主要経典は長安で訳出された。佐々木孝憲「竺法護の訳経について」（坂本幸男編『法華経の中国的展開』〈平楽寺書店、一九七二年〉所収）、岡部和雄「竺法護伝再構成の試み」（『仏教史学』第一二巻第二号）等参照。

（2）曇摩難提・僧伽跋澄・曇摩侍らの翻訳に関する事蹟は、『出三蔵記集』巻一三（大正五五・九九a―一〇〇a）参照。

（3）境野黄洋「成実大乗義」（常盤博士還暦記念『仏教論叢』〈弘文堂書店、一九三三年〉所収）参照。

（4）『十住経』『十住毘婆沙論』や『十誦律』など外国の訳経三蔵の協力によって訳出された仏典については本論中に考察を予定していたが紙幅の都合で今回は割愛せざるをえなかった。

（5）鳩摩羅什の卒年については、『高僧伝』巻二（大正五〇・三三二a）の鳩摩羅什伝や『広弘明集』巻二三（大正五二・二六四c）所収の『鳩摩羅什法師誄』などによって後秦弘始七年（四〇五）、同八年（四〇六）、同十一年（四〇九）、同十五年（四一三）などの諸説が認められる。また、『開元釈教録』巻四（大正五五・五一五b）等にも「什公卒時、諸記不定」と説いている。塚本善隆「仏教史上における肇論の意義」（『肇論研究』〈法藏館、一九

五五年〉一三〇―一三五頁)、鎌田茂雄『中国仏教史』第二巻(東京大学出版会、一九八二年)「羅什の生歿年の決定」(一二三―一二六頁)、横超慧日・諏訪義純『羅什』(大蔵出版、一九八二年)等参照。

(6) 僧肇・答劉遺民書、『肇論』(大正四五・一五五c)。

(7) 鳩摩羅什の訳経とその背景および特色などについてはすでに横超慧日博士に「鳩摩羅什の翻訳」(『中国仏教の研究』第二所収)があり、多く示唆を得た。また、塚本善隆博士の「鳩摩羅什論」㈠、㈡(『結城教授頌寿記念仏教思想史論集』〈大蔵出版、一九六四年〉、『干潟博士古稀記念論文集』〈干潟博士古稀記念会、一九六四年〉所収)、横超慧日・諏訪義純『羅什』等参照。

(8) 『開元釈教録』巻八(大正五五・五五五b―五六一c)等参照。『開元録』に「七十六部」となすも『西域記』十二巻を含んでいる。

(9) 鎌田茂雄『中国仏教史』第二巻(東京大学出版会、一九八三年)二六三頁等参照。

(10) 『出三蔵記集』巻二(大正五五・一〇c―一一b)、同巻一四(大正五五・一〇一bc)。また『高僧伝』巻二鳩摩羅什伝(大正五〇・三三二b)参照。

(11) 梁宝唱の『衆経目録』および『名僧伝』は共に散佚して今日伝わらない。ただし、宗性の『名僧伝抄』の末に付された「名僧伝説処」に「羅什三蔵訳法華等諸経論三十八部二百九十四巻」(続蔵経、新文豊公司本巻一三四、二七頁下―二八頁上)と記録している。

(12) 『開元釈教録』巻四(大正五五・五一五c)。

(13) 僧叡の『二秦録』については、『歴代三宝紀』巻八(大正四九・八一c)に「二秦衆経録目」と称し、また『大唐内典録』巻三(大正五五・二五四b)に「二秦衆経録」と記録している。また、『開元釈教録』巻一〇(大正五五・五七三a)や『貞元新定釈教目録』巻一八(大正五五・八九七b)の古今諸家目録にも僧叡の『二秦録』を挙げている。今日散佚して伝わらないが、その内容は費長房の『歴代三宝紀』巻八(大正四九・七七b以下)や智昇の『開元釈教録』巻四(大正五五・五一二a)等の引用によってその内容の一端を知ることができる。鎌田茂雄『中国仏教史』第二巻二一二頁、常盤大定『後漢より宋斉に至る訳経総録』(東方文化学院東京研究所、一九三八年)第一章経録総説など参照。

(14) 『高僧伝』巻六僧叡伝(大正五〇・三六四b)。なお、僧叡に関しては横超慧日「僧叡と慧叡は同人なり」(『中国仏教の研究』第二所収)、古田和弘「僧叡の研究」(『仏教学セミナー』第一〇号・一一号)参照。
(15) 常盤大定博士も「僧祐は訳経として三三部(三五部中律の二を除く)を掲ぐる中、その二四部は実に「二秦録」に出るものなり。以て祐が「二秦録」に拠りしを察せしむるものなり」(『後漢より宋斉に至る訳経総録』二八頁)との見解を述べている。
(16) 『新集異出経録』、『出三蔵記集』巻二(大正五五・一四c)。
(17) 『出三蔵記集』巻七(大正五五・四九bc)所載の後記に「于時有月支優婆塞支施崙手執胡本(中略)出首楞厳云云」と記している。
(18) 釈弘充作『新出首楞厳経序』、『出三蔵記集』巻七(大正五五・四九c)。
(19) 小野玄妙『仏書解説大辞典』(大東出版社、一九三六年)別巻、仏教経典総論(八七頁)。
(20) 『開元釈教録』巻一二(大正五五・五九六b)。
(21) 僧馥『菩提経注序』、『出三蔵記集』巻九(大正五五・六五a)所収。
(22) 『高僧伝』巻七慧観伝(大正五〇・三六八b)。
(23) 『出三蔵記集』巻一四の鳩摩羅什伝に「什父鳩摩炎、母字耆婆」(大正五五・一〇二a)とある。
(24) 『法華宗要序』、『出三蔵記集』巻八(大正五五・五七b)。
(25) 鳩摩羅什の訳場において「入室の秘説」などというものは認められず書写などかなり自由であった。例えば僧叡の『大品経序』によれば『大品経』の訳文が決定する以前に「写して伝うる者有り」(大正五五・五三b)と伝えている。また、『十誦律』の訳出の際にも完訳をまたずに書写され西域まで齎された事実もある。現に大英博物館にその写本が存する。『大品』や『十誦律』の翻訳においてすらかくのごとくであったとすれば『菩提経』の翻訳において「入室之秘説也」とは到底考えられない。
(26) 常盤大定『後漢より宋斉に至る訳経総録』(東方文化学院東京研究所、一九三八年、八六〇頁)。
(27) 松本文三郎『仏典批評論』(弘文堂、一九二七年)等参照。
(28) 『出三蔵記集』巻一四(大正五五・一〇一b)、『高僧伝』巻二(大正五〇・三三三b)。
(29) 『新集経論録』、『出三蔵記集』巻二(大正五五・一一a)。
(30) 『新集異出経録』、『出三蔵記集』巻二(大正五五・一四c)。

（31）『大周刊定衆経目録』巻八（大正五五・四一六a）。
（32）鳩摩羅什訳『持世経』巻三（大正一四・六五五c以下）。
（33）僧叡『関中出禅経序』、『出三蔵記集』巻九（大正五五・六五b）。
（34）『菩薩訶色欲法経』（大正一五・二八六ab）。
（35）『禅法要解』（大正一五・二九二b、二九七c）。
（36）『大智論記』、『出三蔵記集』巻一〇（大正五五・七五b）。
（37）『出三蔵記集』巻二（大正五五・一一a）。
（38）随天『縁山三大蔵総目録』巻中（『昭和法宝総目録』巻二、五九頁）。
（39）宗性『名僧伝抄』によれば宝唱の『名僧伝』巻二五に「宋霊基寺道昆」の伝が存していたという。『名僧伝抄』（続蔵経巻一三八、新文豊公司本八頁）。
（40）『閲蔵知津』（『昭和法宝総目録』巻三、一二二五頁）。
（41）常盤大定『後漢より宋斉に至る訳経総録』（東方文化学院東京研究所、一九三八年、八四九頁）参照。
（42）例えば安井広済「十二門論は果して龍樹の著作か」（『中観思想の研究』〈法蔵館、一九六一年〉所収）。
（43）『十二門論序』、『出三蔵記集』巻一一（大正五五・七七c―七八a）参照。
（44）影法師『中論序』、『出三蔵記集』巻一一（大正五五・七七ab）。
（45）『十二門論序』（大正三〇・一五九b）。
（46）僧叡撰の序として『出三蔵記集』に収めるものは、『十二門論序』を除いて次の九序である。㈠『大品経序』（『出三蔵記集』巻八）、㈡『小品経序』（『同』巻八）、㈢『法華経後序』『同』巻八）、㈣『思益経序』（『同』巻八）、㈤『毘摩羅詰提経義疏序』（『同』巻八）、㈥『自在王経後序』（『同』巻八）、㈦『関中出禅経序』（『同』巻九）、㈧『大智釈論序』（『同』巻一〇）、㈨『中論序』（『同』巻一一）。なお、『法論目録』にはこの九序のほかに僧叡の『百論序』を記録しているが散佚して伝わらない。このほかに僧叡の作として『成実論序』（散佚）の名が伝わっているが『法論目録』には記載されていない。『成実論序』については、吉蔵が『百論序疏』や『三論玄義』にその名を出している。
（47）宋明帝勅中書侍郎陸澄撰『法論目録』、『出三蔵記集』巻一二（大正五五・八二c―八五b）。

(48) 僧叡は鳩摩羅什のことを常に「究摩羅（什）法師」と称している。したがって、「僧叡法師作」として伝わる『十二門論序』の「羅什法師以秦弘始十一年於大寺出之」の割注は到底僧叡の筆とは考えられないのである。
(49) 僧叡『中論序』、『出三蔵記集』巻一一（大正五五・七七a）。
(50) 宇井伯寿『印度哲学史』（岩波書店、一九三二年、三〇〇頁）。
(51) 『出三蔵記集』巻二（大正五五・一一a）。
(52) 『開元釈教録』巻四（大正五五・五一五c）。
(53) 『関中出禅経序』、『出三蔵記集』巻九（大正五五・六五ab）。
(54) 鎌田茂雄『中国仏教史』第二巻（二六二頁）参照。
(55) 『歴代三宝紀』巻八（大正四九・七九a）。高麗版は九十七部となすも三本は九十八部である。
(56) 費長房の『歴代三宝紀』は「見別録」と注記して王后為蜣蜋経、往古性和仏国願行法典経、開化魔経、過去無辺光浄仏土経、過魔法界経、観世音経、虚空蔵菩薩問持経得幾功徳経、雀王経、水牛王経、陀羅尼法門六種動経、太白魔王堅信経、兎王経、東方善華世界仏座震動経、仏謦咳徹十方経、仏斎化生菩薩経、仏心総持経、仏跡見千輻輪相経、仏弟子化魔子偈頌経、仏変時会身経、仏問阿須倫大海有減経、菩薩身為鴿王経、魔王変身経、魔業経、弥勒菩薩本願待時成仏経、獮猴与婢共戯致変経、仏昔為鹿王経、無量楽仏土経の二十七経を鳩摩羅什の訳出となしたが、これは僧祐が『出三蔵記集』巻四の『新集続撰失訳雑経録』に失訳として列挙するものである。『開元録』ではこれを悉く鳩摩羅什の訳出経典から削除している。常盤大定『後漢より宋斉に至る訳経総録』（八六九頁）参照。
(57) 『開元釈教録』巻四（大正五五・五一三c）。
(58) 『開元釈教録』にしたがって『大正大蔵経』において鳩摩羅什訳として入蔵している現存の経律論は次の五十三部である。その中で(1)から(31)までは梁の『出三蔵記集』において鳩摩羅什訳とされているもの。(32)から(47)までの十六部は隋の『歴代三宝紀』により、(48)から(53)までの六部は唐の『開元釈教録』において新たに鳩摩羅什の訳出として追加加上されたものである。
(1)摩訶般若波羅蜜経、(2)小品般若波羅蜜経、(3)金剛般若波羅蜜経、(4)菩薩蔵経、(5)自在王菩薩経、(6)十住経、(7)妙法蓮華経、(8)維摩詰所説経、(9)思益梵天所問経、(10)持世経、(11)諸法無行経、(12)阿弥陀経、(13)弥勒成仏経、(14)弥勒下生経、(15)文殊師利問菩薩経、(16)首楞厳三昧経、(17)華手経、(18)仏垂涅槃略説教誡経、(19)仏蔵経、(20)大智度論、

(21)中論、(22)十二門論、(23)百論、(24)十住毘婆沙論、(25)十誦比丘戒本、(26)十誦律、(27)成実論、(28)坐禅三昧経、(29)菩薩訶色欲法、(30)禅法要解、(31)雑譬喩経、(32)仁王護国般若波羅蜜経、(33)須摩提菩薩経、(34)荘厳菩提心経、(35)大樹緊那羅王所問経、(36)孔雀王呪経、(37)不思議光菩薩所問経、(38)梵網経、(39)大荘厳経論、(40)発菩提心論、(41)放牛経、(42)禅秘要経、(43)灯指因縁経、(44)思惟要略法、(45)馬鳴菩薩伝、(46)龍樹菩薩伝、(47)提婆菩薩伝、(48)摩訶般若波羅蜜大明呪経、(49)善臂菩薩経、(50)集一切福徳三昧経、(51)千仏因縁経、(52)清浄毘尼方広経、(53)海八徳経。

(59)　『海八徳経』（大正一・八一九c）。

(60)　『高僧伝』巻三（大正五〇・三四五c）。

(61)　『大品経序』、『出三蔵記集』巻八（大正五五・五三b）所収。

(62)　『維摩詰経注序』、『出三蔵記集』巻八（大正五五・五八b）所収。

(63)　『法華経後序』、『出三蔵記集』巻八（大正五五・五七c）所収。

(64)　『高僧伝』巻六（大正五〇・三六四a）。

(65)　拙稿「釈道安の弥勒信仰」（『大谷学報』六三—四、本書第I部所収）。

(66)　鳩摩羅什の訳出経典に「新」字を冠したことについては僧祐の『出三蔵記集』巻二の鳩摩羅什の条（大正五五・一〇c）に見られる。また、道宣の『大唐内典録』巻三に「更出大品、使什持梵本、興自執旧経以相讐校、新文異旧義悉円通、衆心恢伏、故二秦録称什所定者為新大品、即知有旧明矣。諸此例有二十余部、並標新部字在於題首、後人年遠多省新字、今並悉無」（大正五五・二五三c）と記している。

(67)　『百論序』、『出三蔵記集』巻一一（大正五五・七七bc）所収。

(68)　『百論序』、『出三蔵記集』巻一一（大正五五・七七bc）所収。

(69)　『成実論記』、『出三蔵記集』巻一一（大正五五・七八a）所収。

(70)　『出三蔵記集』巻一四（大正五五・一〇二c）、『高僧伝』巻二（大正五〇・三三四ab）の仏陀耶舎伝参照。

(71)　『歴代三宝紀』巻八（大正四九・七八a）。『無量寿経』については『出三蔵記集』巻二（大正五五・一一a）に「無量寿経一巻或云阿弥陀経」と記しているが、『同書』巻一四（大正五五・一〇一b）では「一分無量寿経」と称している。この「一分無量寿経」は、『出三蔵記集』巻三（大正五五・一五a）に「一巻無量寿経」とあるから「一分」は「一巻」の誤記である。

(72) 『大品経序』、『出三蔵記集』巻八（大正五五・五三b）所収。
(73) 筆者は鳩摩羅什の訳場における講義については、彼の『維摩経』の翻訳をとりあげて若干の考察を加えた。拙稿「維摩詰経と毘摩羅詰経」（『仏教学セミナー』第四二号、本書第Ⅲ部所収）。
(74) 『大智論記』、『出三蔵記集』巻一〇（大正五五・七五b）所収。
(75) 『大品経序』、『出三蔵記集』巻八（大正五五・五三b）所収。
(76) かかる事実を示す例として『十誦律』の翻訳等が考えられる。平川彰「敦煌写本十誦律の草稿訳と敦煌への伝播」（『岩井博士古稀記念典籍論集』〈岩井博士古稀記念事業会、一九六三年〉所収）参照。
(77) 『大智論記』、『出三蔵記集』巻一〇（大正五五・七五b）所収。
(78) 『新集律来漢地四部序録』の薩婆多部十誦律の条、『出三蔵記集』巻三（大正五五・二〇ab）所収。
(79) 『高僧伝』巻二、弗若多羅伝（大正五〇・三三三a）。
(80) 『高僧伝』巻二、曇摩流支伝（大正五〇・三三三b）に「流支既得遠書及姚興敦請、乃与什共訳十誦都畢。研詳考覈条制審定。而什猶恨文煩未善、既而什化不獲删治」と記している。
(81) 註(76)参照。
(82) 『小品経序』、『出三蔵記集』巻八（大正五五・五五a）所収。
(83) 道宣『大唐内典録』巻三（大正五五・二五二c）。
(84) 『大智論記』、『出三蔵記集』巻一〇（大正五五・七五b）所収。
(85) 僧叡『大智釈論序』、『出三蔵記集』巻一〇（大正五五・七五a）所収。
(86) 註(85)参照。
(87) 慧遠『大智論抄序』、『出三蔵記集』巻一〇（大正五五・七六a）所収。
(88) 『肇論』（大正四五・一五二ab）。『不真空論』中にはほかにもう一度摩訶衍論の名の下で『智度論』巻八〇の引用がある。
(89) 元康『肇論疏』（大正四五・一七二b）。
(90) 『大智度論』巻六（大正二五・一〇五a）。
(91) 『肇論』（大正四五・一五一b）。

(92)『大智度論』巻五一（大正二五・四二七b）。
(93)『無量寿経優婆提舎願生偈註』巻上（大正四〇・八三〇c）。
(94)『大智度論』巻三四（大正二五・三一一c）。
(95)『歴代三宝紀』巻一二（大正四九・一〇五a）。法上は高麗王の質問に答えて「摩訶衍論、是龍樹菩薩造云々」と述べている。
(96)『開元釈教録』巻一一（大正五五・五九一bc）。および『同書』巻一四（大正五五・六二八c―六二九a）。
(97)『新集異出経録』、『出三蔵記集』巻二（大正五五・一四a）所収。
(98)『新集経論録』、『出三蔵記集』巻二（大正五五・一〇c）所収。および『歴代三宝紀』巻八（大正四九・七七c）、『大唐内典録』巻三（大正五五・二五二a）、『開元釈教録』巻四（大正五五・五一二b）、『貞元新定釈教目録』巻六（大正五五・八〇九b）参照。
(99)慧観『法華宗要序』、『出三蔵記集』巻八（大正五五・五七b）。および僧叡『法華経後序』、『同書』巻八（大正五五・五七c）。
(100)註(99)参照。
(101)註(99)参照。
(102)『大周刊定衆経目録』巻二（大正五五・三八五c）。
(103)『歴代三宝紀』巻八（大正四九・七七c）。また『同書』巻三（大正四九・四〇b）には、弘始七年の下に『妙法蓮華経』『仏蔵経』を訳出した旨を記している。
(104)『法華伝記』巻一（大正五一・五〇c）。
(105)常盤大定『後漢より宋斉に至る訳経総録』（東方文化学院東京研究所、一九三六年、八六三頁）。
(106)慧遠の『妙法蓮華経序』については従来から看過されがちであったが、『出三蔵記集』巻一二（大正五五・八二b―八五b）所収の宋明帝勅中書侍郎陸澄撰『法論目録』によれば法論第五帙解脱集に僧叡の『法華経後序』、慧観の『妙法蓮華経宗要序』とともに慧遠の『妙法蓮華経序』を記録している。また、隋法経等の『衆経目録』巻六（大正五五・一四六b）、『大唐内典録』巻三（大正五五・二四八a）にも慧遠の『妙法蓮華経序』を記している。
(107)『妙法蓮華経文句記』巻八之四（大正三四・三一二c）。

(108)『名僧伝抄』(続蔵経、新文豊出版公司本巻一三八、四頁)。『高僧伝』巻一三法平伝(大正五〇・四一三c)、『高僧伝』巻三仏駄什伝(大正五〇・三三九a)参照。
(109)常盤大定『後漢より宋斉に至る訳経総録』(東方文化学院東京研究所、一九三六年、八六三―六五頁)。
(110)支謙については『出三蔵記集』巻二(大正五五・七a)、竺法護については『同書』巻二(大正五五・九b)を参照。
(111)『出三蔵記集』巻二(大正五五・一〇c)。および『同書』巻一三の僧伽提婆伝(大正五五・九九b―一〇〇a)参照。
(112)『歴代三宝紀』巻八(大正四九・七九a)。また『大唐内典録』巻三(大正五五・二五三c)参照。
(113)『開元釈教録』巻四(大正五五・五一三a)。
(114)曇影『中論序』、『出三蔵記集』巻一一(大正五五・七七b)。
(115)服部正明「肇論における中論の引用をめぐって」(『肇論研究』二三〇―三七頁)。
(116)(1)『物不遷論』(『肇論研究』八頁)・『中論』巻一観去来品(大正三〇・三c以下)、(2)『不真空論』(『肇論研究』一七頁)・『中論』巻三観有無品(大正三〇・二〇a)、(3)『不真空論』(『肇論研究』京都大学人文科学研究所研究報告、法藏館、一九五五年、一九頁)・『中論』巻四観四諦品(大正三〇・三三b)、(4)『不真空論』(『肇論研究』二一頁)・『中論』巻三観有無品(大正三〇・二〇a)、(5)『般若無知論』(『肇論研究』三一頁)・『中論』巻四観四諦品(大正四〇・三三b)、(6)『涅槃無名論』(『肇論研究』六〇頁)・『中論』巻三観法品(大正三〇・二四a)。
(117)服部正明「肇論における中論の引用をめぐって」(前掲書二三二頁)。
(118)『肇論研究』「肇論とその訳注」(三一頁)。
(119)『大智度論』巻六(大正二五・一〇五a)。なお『大智度論』所引の『中論』に関しては、三枝充悳博士の「大智度論所収偈頌と中論頌」(『印度学仏教学研究』第一五巻第一号)参照。
(120)『中論』巻一観因縁品第十五偈(大正三〇・三b)。前掲の三枝論文を参照。
(121)(1)『智度論』巻一(大正二五・六一b)、(2)『同書』巻五(大正二五・九六c)、(3)『同書』巻六(大正二五・一〇七a)、(4)『中論』巻三観法品(大正三〇・二四b)。
(122)安澄『中観論疏記』一本(大正六五・二一a)。

(123)　僧叡『中論序』、『出三蔵記集』巻一一（大正五五・七六c）。
(124)　曇影『中論序』、『出三蔵記集』巻一一（大正五五・七七b）。
(125)　僧肇『百論序』、『出三蔵記集』巻一一（大正五五・七七b）。
(126)　『出三蔵記集』巻一四の鳩摩羅什伝（大正五五・一〇〇c）。
(127)　『新集経論録』、『出三蔵記集』巻二（大正五五・一一a）参照。
(128)　『歴代三宝紀』巻八（大正四九・七九a）。また『大唐内典録』巻三（大正五五・二五三c）、『開元釈教録』巻四（大正五五・五一三a）参照。
(129)　『法論目録』、『出三蔵記集』巻一二（大正五五・八三a）所収。
(130)　僧肇『百論序』、『出三蔵記集』巻一一（大正五五・七七bc）。
(131)　吉蔵『百論疏』（大正四二・二三二a）。
(132)　吉蔵『百論疏』（大正四二・二三六a）。
(133)　『大智論記』、『出三蔵記集』巻一〇（大正五五・七五b）。
(134)　『歴代三宝紀』巻八（大正四九・七九a）。また『大唐内典録』巻三（大正五五・二五三c）参照。
(135)　『開元釈教録』巻四（大正五五・五一三a）。
(136)　法蔵『十二門論宗致義記』（大正四二・二一八c）。
(137)　智昇『続集古今仏道論衡』（大正五二・四〇二c）。
(138)　鎌田茂雄『中国仏教史』第二巻（二八二頁）参照。
(139)　『成実論記』、『出三蔵記集』巻一一（大正五五・七八a）所収。
(140)　『歴代三宝紀』巻八（大正四九・七八c）。『成実論』の下に「見二秦録」と記している。また、『出三蔵記集』巻二（大正五五・一一a）参照。
(141)　『大唐内典録』巻三（大正五五・二五三c）。および『歴代三宝紀』巻八（大正四九・七八c）参照。
(142)　『開元釈教録』巻四（大正五五・五一三a）。
(143)　江陵玄暢『訶梨跋摩伝序』、『出三蔵記集』巻一一（大正五五・七八b―七九b）。
(144)　註(139)参照。

(145) 塚本善隆「仏教史上における肇論の意義」(『肇論研究』一三三頁)に『成実論』について「曇碧即ち曇影」の筆受となしている。また、智蔵の『成実論大義記』などに曇影を筆受者となしているから、おそらく『成実論記』にいう筆受者曇碧とは曇影のことであろう。
(146) 『略成実論記』、『出三蔵記集』巻一一(大正五五・七八a)。
(147) 『高僧伝』巻六曇影伝(大正五〇・三六四a)。
(148) 『高僧伝』巻六僧叡伝(大正五〇・三六四ab)。
(149) 中観澄禅『三論玄義検幽集』巻三(大正七〇・四一八a)。
(150) 塚本善隆「仏教史上における肇論の意義」(『肇論研究』一三四頁)。
(151) 『三論玄義』(大正四五・三c)。
(152) 塚本善隆「鳩摩羅什論」(二)(『干潟博士古稀記念論文集』所収)参照。
(153) 『略成実論記』、『出三蔵記集』巻一一(大正五五・七八a)。
(154) ただし『高僧伝』巻六の曇影伝と事実関係において相違がある。
(155) 『高僧伝』巻二(大正五〇・三四五c)。
(156) 鎌田茂雄『中国仏教史』第二巻(二七四頁)。
(157) 『高僧伝』巻二鳩摩羅什伝(大正五〇・三三二c)。

維摩詰経と毘摩羅詰経

一　序

姚秦の鳩摩羅什が訳出した経論はのちの中国仏教に至大の影響を与えている。彼の経論の翻訳は『般若』『法華』『維摩』などの既訳経典の再訳と『中論』『百論』などの中国に未紹介の論書の新訳とに両分される。『成実論』や『中論』などの三論の未紹介論書に関する予備知識は、経典研究が中心の当時の仏教界においては望むべくもなく、新来の論書を求める期待は決して大きいものではなかった。当時、『般若経』『維摩経』などの経典は盛んに研究されていたが、翻訳に不備があり、仏教研究の上で障害となっていた。そこでかかる経典の改訳こそが急務であった。

中国仏教の初期において計り知れない足跡を残し、晩年を長安で過ごした釈道安は、その生涯をとおして『般若経』の研究を精力的に推進していた。『出三蔵記集』巻八所載の『摩訶鉢羅若波羅蜜経抄序』(1)によれば、道安は襄陽における十五年間、年に二度の『般若経』の研究講説を欠かすことなく行なっており、のちに符堅によって前秦の都長安に迎えられて以後もそれを継続していたのである。このように晩年の二十年間をもっぱら『般若経』の研究にささげた道安ですら訳語・訳文の不備のため経の意味が通じないところがあり、『光讃般若経』の訳者竺法護や『放光般若経』の訳者無叉羅に見えて不明の箇所を問い質すことのできぬことを恨み歎いているのである。そこで経典翻訳の不備を少しでも補うために道安は、同じ般若経類に属する同本異訳の経典の比較研究を考え実行したのである。道安の『般若経』の比較研究の一端は、『道行経序』(2)『合放光光讃略解』(3)『摩訶鉢羅若波羅蜜経抄序』(4)などによって知ることができるのであるが、そこではつねに既訳経典の翻訳上の過誤を指摘している。仏教学界の指導的地位にあった道安にとって翻訳の不備・学問上の疑義はそのままに放置することができず、是非とも火急に解決を図らねばならぬ眼前の課題であった。経典翻訳上の不都合は道安にとって自己の努力のみではいかんともなし難い問題であり、その根本的な解決策として梵漢両語に通じ、かつ仏教学に精通した学匠すなわち亀茲の鳩摩羅什の招聘を国主符堅に提言して将来に備え、今日ただ今の解決策としては自ら兜率天に上生し弥勒の決疑を得ようとしたのである。(5)

このように既訳の経典の翻訳上の誤謬・過失に基づく仏教学上の混乱は『法華経』や『維摩経』等においても同様であった。道安に師事し親しく仏典の研究法を学び、のちに鳩摩羅什の入関の知らせを聞くに及んで訪ねてその訳業に深く参与した僧叡は、『法華経後序』(6)において鳩摩羅什以前に訳出された竺法護の『正法華経』等を評し、訳者の原典に対する理解が不十分であり、訳出した経文に大きな誤りが存し、その誤りは俗人の左将軍安城侯姚嵩ですら「深く訳者の失を知れり」という状態であったと記している。『般若』『法華』に限らず既訳の『維摩』『思益』『賢劫』などの諸経典もまた、同様の状況にあったのである。その中で僧俗に広く受け入れられた『維摩経』については、すでに東晋の支敏度によって同本異訳の経を一本にまとめ『合維摩経』五巻となし、それぞれの経典の翻訳上の欠を補う努力がなされたのである。(7)支敏度の『合維摩詰経序』によれば、『維摩経』は呉の支恭明(支謙)、西晋の竺法護、竺叔蘭の三人の訳者により先後に伝訳されて三経が行なわれているが、辞句異同・有無離合などが生じ文義に著しい混乱が生じている。そこで支敏度は次のように述べている。

若し其れ一経に偏執すれば、則ち兼通の功を失い、広く其の三を抜けば、則ち文煩にして究め難し。(8)

支謙・竺法護・竺叔蘭の既訳三本の『維摩経』はともに不正確であり、いずれか一本だけによっていては十分に経の奥深い意味を汲み取ることができない。しかし三本を併せ繙くことは煩しくかえって混乱を来たし、経の真義を究めることができないと支敏度は語っている。そこで合本の『維摩経』を作って欠を補うことに努めたのである。

僧肇の『維摩詰経序』(9)によれば、後秦の国主姚興はつねに『維摩経』を尋翫し栖神の宅となしていたが、支・竺の訳出するところのものは「理、文に滞るを恨み、常に玄宗の訳人に墜んことを懼る」と述べ、旧来の訳経の不備を指摘したと伝えている。

僧叡もまた、『毘摩羅詰提経義疏序』(10)に、究摩羅法師の翻訳を蒙って初めて前訳の謬文が経の本趣を傷つけ、乖くものであったことが知らされた、と述べている。

僧肇や僧叡に限らず、当時の仏教界の心ある人々は皆、既訳経典の不備を切実に感じ、そのままでは仏教学の発展は望むべくもないことを嗟嘆し、経典の正確な再訳と、その講説指導をなしうる人材を熱望していたのである。まさにその時に仏教学にも造詣が深く、旧来の経典に不満を持っていた国主姚興によって国師の礼をもって迎えられた鳩羅摩什こそは、仏教界の絶大な期待に応えうる人材であった。そこで鳩摩羅什の訳経の実態を『維摩経』の訳出を事例として若干の考察を加えたいと思うのである。

二　毘摩羅詰経とは何か

鳩摩羅什訳の『維摩詰所説経』（以下、『維摩詰経』）三巻は、古来より名訳の誉が高く道俗に広く受け入れられて中国の思想・文学・芸術などに多くの影響を与えた。[11] 鳩摩羅什による『維摩詰経』の訳出経緯に関しては僧肇の『維摩詰注経序』に詳しい。大秦天王姚興が大将軍常山公姚顕、左将軍安城侯姚嵩に訳場の管理を命じ、弘始八年（四〇六）常安の大寺に義学の沙門千二百人を集めて鳩摩羅什を訳主として翻訳されたのが『維摩詰経』三巻である。僧肇の序に記録するところによって『維摩詰経』三巻の訳出年時等に関して定説が確立しているのである。それ以降、梁の僧祐も『出三蔵記集』巻二の『新集経論録』の鳩摩羅什の条に、

新維摩詰経三巻　弘始八年於長安大寺出[12]

と記している。さらに、隋の費長房の『歴代三宝紀』[13]、唐の道宣の『大唐内典録』[14]、智昇の『開元釈教録』[15]など諸経録もひとしく「弘始八年、於大寺出」と注記しており、この経の訳出に関しては何ら疑問を挟む余地がない。鳩摩羅什の訳出経論の中でも翻訳経緯の明らかな数少ない経典の一である。僧祐は『新集経論録』に鳩摩羅什訳として三十五部の経論を記載しているが、[16] その中で『維摩経』のほかに、『大品経』『小品経』『法華経』『自在王経』『百論』『禅法要』の六部にのみ訳出年次を注記しているのである。すなわち、鳩摩羅什訳の『維摩詰経』は、国主姚興の保護の下、弘始八年に長安大寺において訳出されたとするのが定説となっている。しかし、いま改めて鳩摩羅什訳の『維摩経』について検討すると種々なる疑問が生じてくるのである。

㈠まず、鳩摩羅什の門下にあって深く訳経に参与した英俊僧叡の撰になる『毘摩羅詰提経義疏序』[17]の存在である。僧叡[18]ははじめ釈道安に師事し、のちに鳩摩羅什が長安に至るや訪ねて『禅法要』の訳出を請い、鳩摩羅什から彼の入関後、最初の漢訳経典である『禅経』を与えられ、それにしたがって日夜修習につとめた。爾来、鳩摩羅什の訳場に列して参正を勤めた。周知のごとく『法華経』の翻訳にあたっては自らの訳文を進言し、「実に然り」と鳩摩羅什から歎ぜられたという。また、『成実論』の訳出の際にも、直ちに『成実論』を講じ、鳩摩羅什をして「吾、

経論を伝訳し、子（僧叡）と相値うことを得て真に恨む所なし」と称歎せしめたという。
　鳩摩羅什が出した経論に対してもっとも多くの序を撰し、その中で現に十一部が『出三蔵記集』に収載されている。[19]その序の中で、僧叡は鳩摩羅什の『維摩経』の翻訳に出遇った感激を、
　玄指を先匠（釈道安）に稟くるも亦復、未だ其の絶往の通塞を識らざるなり。既にして究摩羅法師、玄文を正し、幽指を摘くを蒙りて、始めて前訳の本を傷つけ謬文の趣に乖くを悟るのみ。[20]
と述べている。その彼が鳩摩羅什の講筵に列して「講次に於いて疏して以て記と為し」たものが『毘摩羅詰提経義疏』である。しかも、僧叡は師の鳩摩羅什が訳出した経典の題目を、
　此の経「毘摩羅詰所説」を以て名となすは、其の人を尊び、其の法を重んずればなり。[21]
と釈し、鳩摩羅什新訳の経名が「毘摩羅詰所説経」であることをはっきりと言明しているのである。このことはいかに考えるべきであろうか。現行の鳩摩羅什訳の経題はVimalakīrti を維摩詰と音写し、「維摩詰所説経」と呼ばれていることは周知のとおりであり、それは僧肇が序にいうところにも一致する。単に音写の相違といえばそれまでであるが、ともに『維摩経』の訳者鳩摩羅什の高弟である僧肇と僧叡とが、同じく鳩摩羅什の講説の聴次に預って著した注疏[22]が、一は「維摩詰経注」であり、他の一は「毘摩羅詰経義疏」と称し、両者のいうところの経名が異なるのは奇妙といえばはなはだ奇妙なことである。
　㈡宋明帝の勅命を受けた中書侍郎陸澄が編纂した『法論』十六帙一百三巻は、当時の仏教界における種々な学問的論義・論文等を集めたもので極めて貴重な資料であったが、今日は散佚して伝わらない。ただし『法論』の目録のみは現存する。その『法論目録』の第三帙般若集に、
　　維摩詰経注序　釈僧肇

毘摩羅詰提経義疏序　釈僧叡(23)

と、『維摩経』に関する両序を並記している。この目録によって僧叡の序は当初から右のごとく呼ばれており、のちに改称されたり、伝承の途中で誤伝されたものでないことは明らかである。尊敬する師の鳩摩羅什が、僧叡自身にとっても待望久しい経を新たに訳出したのであれば、その経名を誤記することなど全く考えられないのである。その点から僧叡の序における『毘摩羅詰提経』という名称は十二分に注意を払うべきである。さらに僧叡は他の経論の序においておおむね翻訳の年時を記録しているのに対して『毘摩羅詰提経義疏序』では経の訳出年次に関して全く言及していないのである。一方、『維摩詰経注序』を著した僧肇は「弘始八年歳次鶉火」と経の訳出年を記している。この歳に鳩摩羅什は『妙法蓮華経』も翻訳しているのである。僧叡は『法華経後序』の文に「是歳弘始八年歳次鶉火(24)」と明記しているのに、同年に訳された『維摩経』については何ら述べてはいないのである。このことは『毘摩羅詰提経』と称する経の訳出が『維摩詰経』が訳出された弘始八年とは別時であることを示唆するものではなかろうか。

㈢廬山の慧遠と長安の羅什とは南北仏教界の重鎮として指導的立場にありながら互いに密接な交渉を有していた。その両者の間で大乗仏教の要義をめぐって交わされた往復文書はのちに集録され『大乗大義章(25)』と称して現存している。これは学徳一世を風靡した高僧慧遠が質問者の立場に立ち、『般若』『維摩』『法華』などの諸経を翻訳して長安仏教界において名声をほしいままにしていた鳩摩羅什に仏教学上の疑問に対する解答を求めたものである。ともに著名な両者がたまたま質問者と解答者の立場に在ったとしてもそこには互いにとるべき態度がある。ことに質問者の立場にあった慧遠は新たに鳩摩羅什が訳出した経典に対して特別の関心を有しており、旧訳の諸経とは明確に区別をなしていたと考えられる。

『大乗大義章』は法身に関する論義が主題となっているが、その巻上第二章において真法身たる法性生身は妙行によって成ずるという鳩摩羅什の見解に対して慧遠は『毘摩羅詰経』の経文を引きながら改めてその理由を尋ねているのである。(26)この『毘摩羅詰経』の引用をいかに考えるべきであろうか。慧遠が『大乗大義章』の中に『毘摩羅詰経』として引く経文は現存の支謙訳にも鳩摩羅什訳にも一致する経文を見出すことができない。所引の経文はあるいは記憶による取意かもしれないが、経名までもが相違するということは、解答者がその経の訳者であればなおさらに質問者たる慧遠の態度は奇妙であり配慮を欠くものである。鳩摩羅什に質問するのに鳩摩羅什訳を依用しないのははなはだ奇異である。(27)『般若』『維摩』など従来の学界で重視されていた旧訳諸経の欠を補い、明快・暢達な訳文で再訳した鳩摩羅什訳の諸経典に対する当時の仏教界の反応は迅速で、新訳の経論はすぐに廬山にもとどけられたのである。『般若経』の釈論たる『大智度論』百巻を初学者の便を考えて二十巻の論抄を作り、(28)『法華経』の訳がなるとすぐに『法華経序』(29)を撰した慧遠であれば、鳩摩羅什の翻訳があるのにあえて別訳の経典をもって鳩摩羅什に諮問するとは考えられないのである。鳩摩羅什へ慧遠が最初に質問の書状を送ったのは弘始九年のことであり、すでに『維摩詰経』も翻訳されていたことを併せ考えるとき、慧遠の引用する『毘摩羅詰経』とは一体何か、十分な検討が必要である。

㈣鳩摩羅什の訳になる『大智度論』百巻の中には『法華』『維摩』『首楞厳』『思益』など鳩摩羅什自らが訳出した経典が引用されている。ことに『法華経』に次いで多く引用されている経典は『維摩経』であり、都合十一回に及んでいる。(30)そこに引用されている箇所は、仏国品三回、弟子品三回、不思議品一回、仏道品一回、入不二法門品二回、菩薩行品一回とほぼ『維摩経』全体に及んでいる。そこで『維摩経』を引用する場合、その経名は一つの例外もなくいずれもが「毘摩羅詰経」と訳されており、決して「維摩詰経」とは称していないのである。僧肇らの伝えるところによれば『維摩詰経』の訳出は弘始八年で、『智度論』の翻訳が完了したのは、その前年の弘始七年であった。[31]その間に一年の開きがあると雖も、経も論もいずれも鳩摩羅什の翻訳であることを勘案すれば、そこに何らかの事情が介在していると考えられる。

要するに前来の諸の疑点は、鳩摩羅什の『維摩経』の訳出に直接関わりを有するものである。従来の定説では鳩摩羅什訳の『維摩経』はただ弘始八年に長安大寺で出された『維摩詰経』一巻のみであるとなしているが、ここで改めて現存の『維摩詰経』とは異なる鳩摩羅什訳『毘摩羅詰経』の存在について検討を加えようとするのが小論の目的である。

三　注維摩経所引の別本

先に指摘した数々の疑点は一見不可解なものであるが、もしも鳩摩羅什に現存の『維摩詰経』のほかに『毘摩羅詰経』なる経の翻訳があったとすれば、いずれの疑義も瞬時に氷解するものである。鳩摩羅什訳の経論の中で弘始八年訳出が定説である『妙法蓮華経』にしても実はその前年の弘始七年にすでに一度翻訳されていたと考えられるし、弘始六年訳が定説の『百論』もまた、実は再訳であってすでに鳩摩羅什の入関間もない弘始四年に初訳されていたのである。[32]これら鳩摩羅什の訳経の実態に関しては、ここでは言及をひかえるが、『維摩経』についても弘始八年のただ一度の訳ではなくて現行の『維摩詰経』以前にすでに『毘摩羅詰経』と称する経が存した可能性がはなはだ大きい。しからば弘始八年以前のいわば初訳本ともいうべき『維摩経』においては、実際にいかなる翻訳がなされており、現行本といかに相違していたのであろうか。『毘摩羅詰経』が鳩摩羅什による『維摩経』の初訳であるとすれば、のちに弘始八年に訳出された現行本よりもはるかに支謙訳などの旧経の影響がより顕著で訳語の上でも近似するものであったと推測される。右の推定を考証するためには是非とも『毘摩羅詰経』の経文を提示せねばならぬであろう。

中国における大乗経典の翻訳はすでに後漢代からなされており、その数量も決して少なくはなかったが、訳文が未熟で十分に文意が通じない点があった。五世紀初頭に長安に迎えられた鳩摩羅什に与えられた最大の課題は、既訳の諸経典における訳文の過誤を正して経意が完全に通じるように改訳することにあった。したがって鳩摩羅什の訳経はただ単に将来の胡本を翻訳するのではなく、むしろ以前の旧経の過失を改正して適切なる解釈を与えながら権威ある経文を決定するものであった。鳩摩羅什の訳場には国主姚興自ら旧経をもって臨み、つねに旧経との比較検討をなしながら訳文が定められたのである。かくして鳩摩羅什によって出された決定訳には経題に「新」字を冠してその権威を示したのである。(33)『維摩経』の訳出に際しても当然のことながら以前の旧経を参照しているのである。

鳩摩羅什訳『維摩詰経』に対する最古の注釈である『注維摩経』に「別本云」と称する引文がしばしば認められる。それは三字ないし十二字の経文であり、全体で二十七カ所に及んでいる。初品の仏国品の注釈中に比較的多く見られるが、ほぼ各品にわたって散見する。『注維摩経』における「別本」引用のパターンは次の四類型である。

(1)経文―「肇曰」・「別本云」・「什曰」(十五回)
(2)経文―「別本云」・「什曰」(八回)
(3)経文―「肇曰」・「生曰」・「別本云」・「什曰」(三回)
(4)経文―「生曰」・「別本云」・「什曰」(一回)

先学は別本云の引用が肇注の直後にあることに特別の意義を見出して論究されているが、この類型によって見るとき「生曰」の竺道生の注に続く場合もあり、むしろ「別本云」の引用文は必ず「什曰」の鳩摩羅什の注の前につくものである。この別本に対する徹底的な究明は『注維摩経』の成立を考える上でも極めて重要な課題であるが、未だ学界において確定的な見解をうるには至っていないようである。近年の成果を筆者の管見の及ぶ範囲で発表年にしたがって整理すれば次の三種類にまとめることができるであろう。

㈠まず、第一の説は別本をもって梵語原典となすものである。第一説の論者は『注維摩経』の中でサンスクリット原典に言及する場合に「梵本」として指摘するものと、「別本」として指示する場合とがあり、別本とはサンスクリット原典のことであるという。(34)

㈡第二の説は、名のある門弟の筆録した羅什の『維摩経疏』を別本となすものである。すなわち、第二説の論者は「羅什の注解は門弟達によって筆録されたものであるから数種類あったことになる。僧叡の義疏がそれであり、別本といわれるものや道融の筆録になったものも羅什の注解である」(35)との見解が発表されている。

㈢第三の説は、鳩摩羅什以前のいわゆる古訳の『維摩経』を別本となすものである。この説には古訳の中で特に竺法護訳の『維摩経』に特定するものと、単に鳩摩羅什以前の古訳の『維摩経』となすものとがある。(36)

この三説のうち「別本云」の内容を第一説および第三説は、それ以下の経文のみに限定しているのに対して、第二説では経文とそれに続く鳩摩羅什の注をも含めて考えているところに特色がある。これらの見解に一々論評を加える紙数は与えられてはいないが、右の諸説のいずれもが、鳩摩羅什の翻訳は、ただ一回限りのもので、ただ一本のみが存すものとの予断に立っているのに対し、筆者はこの場合の別本とは鳩摩羅什の『維摩経』翻訳における「別時の訳出本」の謂であり、したがって別本の文は経文のみを指すものと考えているのである。要するに、「別時訳出本」すなわち「別本」とは、呉の支謙訳らの『異訳維摩経』を指すものではなく、鳩摩羅什が『維摩詰経』を翻訳した弘始八年とは別時に訳出した『維摩経』を指すものである。

すでに学者によって指摘されているように鳩摩羅什訳の『維摩詰経』は、その文・理の許す限りにおいて支謙訳『維摩詰経』に則っているのである。(37)ところが現存の支謙訳は梁代の経録にはすでに欠本と断定されている等、(38)訳経史上から十二分の検討を要するものであるが、このことは暫く置き、いちおう支謙訳となして論を進めることとする。そこで鳩摩羅什訳に絶大な影響を与えている支謙訳『維摩経』と別本の経文と現行本の鳩摩羅什訳『維摩詰経』の三者を比較研究するとき極めて興味ある結論に達するのである。

四　別本と鳩摩羅什訳維摩詰経

『注維摩経』の「別本云」の下にある注において訳者鳩摩羅什は、現行本の経文と別本との差違を念頭におきつつ注釈している例を示すことによって「別本」が鳩摩羅什自身の別時の訳出本であることを明らかにしたい。『注維摩経』巻一仏国品の経文「衆所知識」の釈に曰く。

別本云、衆所敬仰。什曰、梵本云、多知多識。顕徳応㆑時故物咸知識、物咸知識故敬㆑之者衆、此義則出也。(39)

仏国品の菩薩の徳を顕す箇所は現行本では「衆所知識」と訳されているが、別本では「衆所敬仰」とある。これに対する鳩摩羅什の見解は、梵本を直訳すれば「多知多識」となるが、顕徳はそれぞれ時に応じてなされねばならないから多くの対告衆を挙げる時においては、物すなわち衆生がことごとく菩薩のことを知っていることを言えば顕徳となり、皆に知られているということは敬う者が衆いということであり「衆所知識」と訳しても別時に訳した

「衆所敬仰」の義は表出されているというのである。

また、『同書』巻六不思議品の「諸仏菩薩有解脱名不思議」の下に別本の経文を挙げて、

別本云、神足・三昧・解脱。什曰、同体異名也。夫欲レ為而不レ能則為レ縛也。応レ念即成二解脱一、無レ不レ能名為二解脱一、能然而莫レ知レ所二以然一、故曰不思議也。(40)

と注釈している。現行本では単に「解脱」と訳すところを、別本では「神足・三昧・解脱」となしている。そこで鳩摩羅什の注は、まず別本にある神足・三昧・解脱の三は同体の異名であると解釈し、次に解脱について、解脱をなさんと欲してしかもそれをうることができなければ三界に束縛されるが、解脱をなさんと欲して現にそれを成就しうることが解脱である。『荘子』達生篇に説くところの「命」と同じようにしかるゆえんを知らずしてしかもしかるものが解脱であり、それゆえに解脱のことを「不思議」というのである。この鳩摩羅什の注釈は別本の「神足・三昧・解脱」の経文と現行本の「有解脱、名不思議」の経文とを併せ論じ会通をはかったものである。

別本がもし鳩摩羅什以前の支謙らの旧経であるとすれば、鳩摩羅什は別人の訳について訳出の経緯やゆえんを釈していることになる。そのようなことが絶対にないとは言えないが、はなはだ不自然なことである。この点からも別本が「別人の訳出本」などを指すものではなく、鳩摩羅什自らの「別時の訳出本」であることが頷けるであろう。

さらに次のような例を指摘することができる。『注維摩経』巻一に仏国品の「念・定・総持・弁才不断」を注釈し、

別本云、其念不遠断乃至弁才成就。什曰、念者無上道念也。不断不二中断一也。不断義通二貫下三法一也。菩薩得二此四法一、深入堅固、逕レ身不レ失歴レ劫愈明、故言二不断一也。(41)

と述べている。別本の「其念不遠断乃至弁才成就」の下の「什曰」の注は、先の二例とは異なり、別本の文には言

及しないで現行本の「念・定・総持・弁才不断」にしたがって釈をなしている。このことは「別本云」が、「什曰」以下の注釈を含むものではなく、別本とはただ経文のみに限るもので、鳩摩羅什の『維摩経疏』を指すものでないことの証左である。

　鳩摩羅什の訳経は常に翻訳とその講釈とを併せ行なうものであった。おそらく弘始八年の『維摩詰経』訳出の際

表I

	旧経（支謙訳維摩詰経）	**別本（注維摩経所引）**	**鳩摩羅什訳維摩詰経**
(一)	菩薩三万二千皆神通菩薩。[42]	菩薩三万二千得大神通。[43]	菩薩三万二千。[44]
(二)	興隆三宝能使不絶。[45]	興隆三宝能使不絶。[46]	紹隆三宝能使不絶。[47]
(三)	其念及定総持諸宝悉成其所。[48]	其念不遠断乃至弁才成就。[49]	念定総持弁才不断。[50]
(四)	仏国清浄之行。[51]	仏国清浄之行。[52]	浄土之行。[53]
(五)	知非我不断忍。[54]	以無我法起忍。[55]	以無我法起羼提波羅蜜。[56]
(六)	懈廃之人。[57]	楽少之人。[58]	楽小法者。[59]
(七)	見人而悦、奉事聖衆。[60]	心不厭倦。[61]	教化衆生終不厭倦。[62]
(八)	得世際感聖賢。[63]	(修)四無量令生梵天。[64]	修四無量開梵天道。[65]

にも、訳場における講筵に列した門弟が、すでに流布していた鳩摩羅什の別時訳出の『維摩経』を持参してそれを「別本」と称して新たに訳出した経文との異同を諮したのである。これに対して訳主の鳩摩羅什は、別本の経文と比較し、時には胡本（梵本）を引きながら詳しく説明を加えたのである。それが『注維摩経』における「別本云」とそれに続く「什曰」として記録されたのである。したがって現行本の『維摩詰経』が弘始八年になされた治定本であるのに対して別本は鳩摩羅什の初訳本あるいは草稿本と考えて間違いない。それゆえ、現行本に比べて別本の経文の方に鳩摩羅什が参考した異訳旧経の影響がより顕著であり、のちの改訳によって旧経の影響がより薄くなるのは事柄の趨勢からいっても当然である。そこで旧経として呉の支謙訳『維摩詰経』、『注維摩経』所引の別本、現行本の鳩摩羅什訳『維摩詰経』の三本を対照して示せばより明瞭にそのことが確かめられるであろう。

表Ⅰの㈡および㈣は別本と旧経の経文とは一致する。これは鳩摩羅什が訳経の際、ことにその初訳においては、すでに漢訳されていた旧経の文を理の許す限り則ったことの証左である。また、㈠の別本における「得大神通」や㈢の別本における「成就」などは、旧経の「神通菩薩」や「悉成其所」の経文に導かれた訳語である。

次に挙げる別本の諸例は、前記のものとは異なる視点から別本が鳩摩羅什の初訳本で、その経文は既訳の旧経の存在を抜きにしては考えられぬものであり、さらに現行の治定本において改訳を加えたことを示すものである。翻訳者としての鳩摩羅什の特色の一は、自己の見解によって経論の一部を取捨選択して翻訳するところにある。僧肇が「此の土に無益となすが故に闕いて伝えず(66)」と記しているように鳩摩羅什は翻訳に際して大胆に原典の一部分を删略している場合がある。次の諸例は鳩摩羅什が翻訳の際に参照した「旧経」と自らの初訳たる「別本」と改訳治定本との関係を示す興味ある資料となるであろう。

表Ⅱ

	旧経（支謙訳）	別　本	鳩摩羅什訳維摩詰経
(一)	菩薩以無求於国故、於仏国得道、以不言我教照人民生于仏土。菩薩以善性於国故、於仏国得道、能成衆善為人重任生于仏土。菩薩弘其道意故、於仏国得道、恒以大乗正立人民得有仏土(67)。	直心深心菩提心(68)	直心是菩薩浄土、菩薩成仏時、不諂衆生来生其国。深心是菩薩浄土、菩薩成仏時、具足功徳衆生来生其国。菩提心是菩薩浄土、菩薩成仏時、大乗衆生来生其国(69)。
(二)	以如事入応無所入憶識信而皆為立終始不動、不動則六無猗(70)。	法同如法性実際(71)。	法同法性入諸法故、法随於如無所随故、法住実際諸辺不動故(72)。
(三)	不見仏不聞法、是亦有師。不蘭迦葉、摩訶離瞿耶、婁阿夷耑基耶、今離波、休迦旃先、比盧特尼犍子等、又賢者彼師説猗為道、従是師者為住諸見(73)。	不見仏乃至随六師所堕(74)。	不見仏不聞法、彼外道六師富蘭那迦葉、末伽梨拘賖梨子、删闍夜毘羅胝子、阿耆多翅舍欽婆羅、迦羅鳩駄迦旃延、尼犍陀若提子等、是汝之師因其出家、彼師所堕汝亦随堕(75)。
(四)	決従如起耶、従如滅耶(76)。	従如起滅(77)。	為従如生得受記耶、為従如滅得受記耶(78)。

㈤	又問、六十二見当於何求。答曰、当於如来解脱中求。又問、如来解脱者当於何求。答曰、当於衆人意行中求。(79)	六十二見諸仏解脱衆生意行。(80)	又問、六十二見当於何求。答曰、当於諸仏解脱中求。又問、諸仏解脱当於何求。答曰、当於一切衆生心行中求。(81)

ここに示した例は、旧経の訳文を念頭において、それを刪略して訳出し、のちに改訳したと考えられるものである。おそらくこの別本の場合はそこに旧経の経文があってこそ初めてなしうる省略の仕方であり、直接に胡本から翻訳したものとは考えられない。**表Ⅱ**の㈢の別本において六師の名を略しているのは、鳩摩羅什の翻訳における常套的手段である「此の土に無益となすが故に闕いて伝えず(82)」の例であろう。だが、それでは十分に文理を尽くすことができず、改訳に際しては六師の名の一々を列したのであるが、その場合、西域の訛音を可能な限り、天竺の正音をもって正したものである。僧叡が『大品経序』に「胡音を失せる者は、之を正すに天竺を以てす(83)」と鳩摩羅什の翻訳法について伝えているが、これはその好例である。**表Ⅱ**の㈠および㈡等の旧経は意味がとりにくく、僧叡の言葉をかりるならば「訳者その虚津に昧く霊関之を或いは啓くことなき(84)」ものであり、この経文では「徒らに復た捜研し皓首なるも、並びに未だその門を窺う者あらず(85)」ということになる。ことに㈡の旧経の文は、その傾向が顕著である。そこで鳩摩羅什は別本で法は「如・法性・実際に同ず」と訳しているのはまさに彼の独自の訳語であるが、このままでは文理において不十分で、のちに現行本のごとくに改訳したのである。この別本の下に、鳩摩羅什は「此の三、同じく一実なり。観ずる時に深浅あるに因りての故に三名あり。始め其の実を見、之を如と謂う。転た深まり、之を（法）性と謂う。其の辺を尽す、之を実際と謂う(86)」と注釈している。この注は明らかに彼の翻訳になる『大智度論』の所論にしたがったものである。『智度論』巻三二に、問答を設けて次のように説いている。

問曰、如法性実際。是三事為㆑一為㆑異、若一云何説㆑三、若三今応㆓当分別説㆒。
答曰、是三皆是諸法実相異名。(87)

この『智度論』の所説によって旧経の訳文を大幅に改めて別本のごとくなしたのである。

また『大乗大義章』巻中を見るに、慧遠が「如・法性・真際を問う」(88)たのに対して鳩摩羅什は如と法性と実際との三は同じく諸法実相であるが、未得無生忍の時の所観を「如」、得無生忍以後の所見を「法性」、成仏の時の所観を「真際」というのであると三位にしたがって名づけられたものであると説明している。さらに鳩摩羅什の門下にあって解空第一と称された僧肇も、鳩摩羅什の釈と同じく「観を用いるに深浅あるが故に別に三名を立つ」(89)となし、諸法実相の異名たる如・法性・実際の関係を、まず遠くに樹を見て明らかにこれが樹であることを知るのが「如」に相当し、次に樹を近くに見て是れが何の木かを知るのが「法性」に当たり、さらに樹の根茎枝葉をことごとく知るのが「実際」であると説いている。これは僧肇が鳩摩羅什の講筵に列し親しく聴いたものであろう。よって、鳩摩羅什の法・法性・実際に関する見解は、『般若経』や『智度論』等の所説を整理してすでに自らの思想にまで昇華されていたものと見ることができる。

表Ⅱの㈡別本では、如・法性・実際と訳していることに注目すべきである。古訳の『放光般若経』等では「真際」と訳しているところを、鳩摩羅什の『大品般若経』では「実際」(90)と訳しており、「実際」は彼の独自の訳語である。したがって**表Ⅱ**㈡の別本は明確に鳩摩羅什の翻訳であり、彼以前の竺法護らの訳文とは考えられないのである。

以上の考察によって『注維摩経』所引の「別本」とは、鳩摩羅什が現行の『維摩詰経』とは別に訳出した『維摩経』の草稿訳であることが明らかとなる。治定本たる『維摩詰経』の訳出以前に出された未潤色の経が「別本」であり、それは『毘摩羅詰経』と呼ばれて流布していたのである。

五　結

姚秦の鳩摩羅什によって訳出された多数の経論の中でも『維摩詰経』はことのほかに広く道俗に受け入れられた。僧肇や僧叡らも鳩摩羅什に師事する以前から古訳の『維摩経』に接していたし、姚秦の国主姚興もつねにこの『維摩経』を尋翫し棲神の宅となしていたという。それゆえ、正確で権威ある『維摩経』の翻訳こそは実に待望久しいものであった。姚秦の弘始八年に国主の外護を得て、国立の訳場である長安大寺に僧肇ら千二百人の義学沙門を集めて訳出された『維摩詰経』については、その訳出の経緯を語る記録も確かであり、訳出年次などについて定説が確立している。ところが、前来の考察から鳩摩羅什には弘始八年以前に、すでに『毘摩羅詰提経』と称する『維摩経』が訳出されていた。その『毘摩羅詰提経』は、訳場に国主を迎えてなされるような公的な訳業ではなく、訳文も支謙訳など旧経の影響を大きく受けたものであったと考えられる。僧叡はそれに注釈を加え『毘摩羅詰提経義疏』を著したのである。そののち、弘始八年に至って国主の命を受けた姚顕、姚嵩の管理の下で鳩摩羅什は『維摩経』の決定訳たる『維摩詰経』を訳出し、その際に別本たる『毘摩羅詰提経』との異同にも留意して講義したのである。

最後に、筆者の見解を傍証するものとして隋の吉蔵の説を引いて筆を擱くことにする。吉蔵は『法華経』に対して多くの注釈をなしているが、『維摩経』についても『浄名玄論』八巻、『維摩経義疏』六巻などを遺している。博覧をもって知られる吉蔵はその『維摩経略疏』に、明らかに鳩摩羅什訳の『維摩経』に二本ありと述べ、実際に経文の相違を示しているのである。

その中から一例を示せば、『維摩経』見阿閦仏国品の「我観如来、前際不来、後際不去」[91]を釈して「三世の観に就いて、大品に明す。過去を前際と為し、未来を後際と為し、現在を今際と為す、と。若し爾らば、いま云何が前際来らず、後際去らず、と言うや。解して云く、経に二本あり。一には大品に同じ、此の本は大品に異る。云々」[92]と説いているのである。この吉蔵の説によれば現行の『維摩詰経』とは異なる別本が存在し、経文も相違していたことになる。さらに吉蔵は『同書』巻二には弟子品阿難章の経文についても同様に「経に二本あり」[93]と明言しているのである。三論宗の祖である吉蔵は三論の訳者たる鳩摩羅什には畏敬の念を有しており、その彼が鳩摩羅什の訳出経典に二本ありとの発言は必ずや余程の根拠があってのことである。

従来から鳩摩羅什の『維摩経』訳出について論じたものは決して少なくはない。その多くは西蔵訳の『維摩経』に根拠をおき、鳩摩羅什の翻訳を批判的に論ずるものが多い。時には西蔵訳をもって唯一の権威となし、鳩摩羅什訳に基づく古来の理解は誤りで僧肇以下、経を読み誤ったとの論評までが存する。それらの評は鳩摩羅什の訳経の経緯およびその背景が未だ十分に明らかになっていないが為とも考えられる。そこで本章は特に維摩経を手掛りとして鳩摩羅什の訳経の実態解明を試みたものである。

註

（1）『出三蔵記集』巻八（大正五五・五二b）。
（2）『出三蔵記集』巻七（大正五五・四七a―c）。
（3）『出三蔵記集』巻七（大正五五・四七c―四八b）。
（4）『出三蔵記集』巻八（大正五五・五二bc）。

(5) 拙稿「釈道安の弥勒信仰」(『大谷学報』六三—四、本書第Ⅰ部所収)参照。

(6) 『出三蔵記集』巻八(大正五五・五七bc)。

(7) 僧祐は『出三蔵記集』巻二の『新出経論録』(大正五五・一〇a)には「合維摩詰経五巻 合支謙竺法護竺叔蘭所出維摩三本合為一部」と記し、支謙訳『維摩詰経』二巻、竺法護訳『維摩詰経』一巻、竺叔蘭訳『維摩詰経』二巻の三経を合して一本となしたように記している。しかし、『出三蔵記集』巻八(大正五五・五八bc)所収の支敏度の『合維摩詰経序』には「余、是を以て両を合し相附せしめ、(支恭)明の所出を以て本と為し、(竺叔)蘭の所出を以て子と為し、章を分ち句を断じ、(中略)上を瞻、下を視、彼を読み此を案じ、以て乖迂を釈くに足る」と述べ、支恭明すなわち支謙の訳出本と竺叔蘭の訳出本とを上下二段に対照したことを明かしている。おそらくは、僧祐のいうように三本を合したのではなく、序にいうように同本異訳の三経が存するが、その中の二本を合本にしたものであろう。

(8) 『合維摩詰経序』、『出三蔵記集』巻八(大正五五・五八bc)。

(9) 『出三蔵記集』巻八(大正五五・五八ab)所収。この僧肇の序を梁僧祐は『出三蔵記集』巻八に「維摩経序」と名づけて掲載しているが、『同書』巻一二(大正五五・八二b)の宋明帝勅中書侍郎陸澄撰『法論目録』によれば「維摩詰経注序」とある。したがって、僧肇の序は正しくは「維摩詰経注序」である。

(10) 『出三蔵記集』巻八(大正五五・五八c—五九a)。

(11) 鳩摩羅什訳『維摩詰所説経』は『大正新脩大蔵経』第一四巻経集部一所収。なお、『維摩経』の中国における受容については横超慧日「維摩経の中国的受容」(『橋本博士退官記念仏教研究論集』清文堂出版、一九七五年所収)参照。

(12) 『出三蔵記集』巻二(大正五五・一〇c)。

(13) 『歴代三宝紀』巻八(大正四九・七七c)。

(14) 『大唐内典録』巻三(大正五五・二五二c)。

(15) 『開元釈教録』巻四(大正五五・五一二b)。なお、唐明佺の『大周刊定衆経目録』巻六(大正五五・三八六b)等も「後秦弘始八年」と記録している。ただし、隋の法経等の『衆経目録』巻一(大正五五・一一九a)や彦琮の『衆経目録』巻二(大正五五・一五六c)は単に「後秦弘始年」とのみ記している。

(16) 『出三蔵記集』巻二(大正五五・一〇c)。

(17)『出三蔵記集』巻八（大正五五・五八c—五九a）。僧祐の『出三蔵記集』巻八には「毘摩羅詰提経義疏序」となすも宋の陸澄の『法論目録』には「毘摩羅詰経義疏序」となす。

(18)『高僧伝』巻六（大正五〇・三六四ab）。僧叡については横超慧日「僧叡と慧叡は同人なり」（『中国仏教の研究』第二〈法藏館、一九七八年〉所収）、古田和弘「僧叡の研究」（『仏教学セミナー』第一〇号・一一号所収）参照。

(19)僧叡の序で現存するものは次の一〇部である。『大品経序』『小品経序』『法華経後序』『思益経序』『毘摩羅詰提経義疏序』『自在王経後序』『関中出禅経序』『大智度論序』『中論序』『十二門論序』が現存し、いずれも『出三蔵記集』に収める。なお『出三蔵記集』巻八所収の『思益経序』は、陸澄の『法論目録』には「思益経義疏序」となしており、これが正しい名称である。右の十一部の中には僧叡の撰としてははなはだ疑わしいものも存する。後日改めて検討する。

(20)『出三蔵記集』巻八（大正五五・五八c—五九a）。

(21)『出三蔵記集』巻八（大正五五・五八c—五九a）。

(22)僧肇は『維摩詰経注序』（大正五五・五八b）に「余、闇短を以て時に聴次に預り、参玄に乏しきことを思うと雖も、然も麁ぼ文意を得たり。輒ち所聞に順て之が注解を為し、成言を略記して述して作すこと無し」と述べている。僧叡もまた『毘摩羅詰提経義疏序』（大正五五・五九a）に「講次に於て疏して以て記と為す」という。

(23)『出三蔵記集』巻一一（大正五五・八三b）所収。

(24)『出三蔵記集』巻八（大正五五・五七c）所収。

(25)『大乗大義章』については木村英一編『慧遠研究』遺文篇・研究篇（京都大学人文科学研究所研究報告、創文社、一九六〇年）および横超慧日「大乗大義章における法身説」「大乗大義章研究序説」（『中国仏教の研究』第二所収）等参照。

(26)『大乗大義章』巻上（大正四五・一二三bc）。または『慧遠研究』遺文篇、七頁。

(27)松山善昭「支那における南北仏教交流の一視点—羅什と慧遠—」（『日本仏教学会年報』第二一号）参照。松山氏も「殊更に支謙訳によらねばならぬ内容のものではない。又、羅什に質問するのに羅什訳を依用しないのもおかしい」と説いている。なお、慧遠の鳩摩羅什に対する心情は、『梁高僧伝』巻六（大正五〇、三五九b）または『慧遠研究』遺文篇（八一頁）所収の「遺書通好鳩摩羅什」などによって知ることができる。

(28) 慧遠『大智度論抄序』、『出三蔵記集』巻一〇（大正五五・七五b—七六a）所収。

(29) 慧遠の『法華経序』は現存しないが、『出三蔵記集』巻一一の陸澄撰『法論目録』に「妙法蓮華経序　釈慧遠」（大正五五・八三c）と記載しており、かつて『法論』第六帙教門集に収められていた。また『大唐内典録』巻三（大正五五・二四八a）等参照。

(30) 橋本芳契『維摩経の思想的研究』（法藏館、一九六六年、一七頁）には『智度論』に『維摩経』を引用すること九回となすも仔細に見ると次の十一回である。『智度論』の巻数と所引の『維摩経』の品目を示せば次のごとくである。『智度論』巻九（弟子品）『同』巻一五（入不二法門品）、『同』巻一七（弟子品）、『同』巻二八（弟子品）、『同』巻三〇（仏国品）、『同』巻三〇（不思議品）、『同』巻八五（仏国品）、『同』巻八八（菩薩行品）、『同』巻九二（仏国品）、『同』巻九五（入不二法門品）、『同』巻九八（仏道品）。

(31) 『大智論記』〔『出三蔵記集』巻一〇（大正五五・七五b）〕、『大品経序』〔『出三蔵記集』巻八（大正五五・五二c—五三b）〕等参照。

(32) 吉蔵『百論序疏』（大正四二・二三二a）等参照。

(33) 例えば『大唐内典録』巻三には「二秦録称什所定者為新大品、即知有旧明矣。諸此例有二十余部。並摽新部字在於題首。後人年遠多省新字、今並悉無」（大正五五・二五三c）と記している。

(34) 一例として橋本芳契『維摩経の思想的研究』第七章「註維摩経の思想構成」を参照。ただし、これは橋本博士の決定説ではなく、「註維摩経の羅什説について」（『印度学仏教学研究』第二一巻第二号）や『註維摩詰経問疾品講讃』では、別本を「羅什以前の古維摩経」となす。

(35) 三桐慈海「羅什の維摩疏は道融の筆録か」（『印度学仏教学研究』第一八巻第二号）。

(36) 丘山新「『注維摩経』所引の「別本」について」（『印度学仏教学研究』第二六巻第一号）および註(34)等参照。

(37) 鎌田茂雄『中国仏教史』第二巻に『維摩経』について論じ、「羅什訳は支謙訳を生かしながら美しい文体で訳されたために、中国の文学にも大きな影響を与えた。云云」（二七六頁）と述べている。また『仏書解説大辞典』（大東出版社、一九三三年）は巻一一（一一九頁）の『維摩詰所説経』の解説に「訳文においても羅什訳は文理の許す限り多く支謙訳に則り、玄奘訳亦屢々羅什の旧訳文を参酌してその全文を踏襲している。云云」と解説している。

(38)『出三蔵記集』巻二（大正五五・六c）に支謙訳出の経典三十六部四十八巻を列する中で「維摩詰経二巻闕」と明記している。
(39)『注維摩詰経』巻一（大正三八・三二八c）。
(40)『注維摩詰経』巻六（大正三八・三八二ab）。
(41)『注維摩詰経』巻一（大正三八・三二九b）。
(42) 支謙訳『維摩詰経』巻上（大正一四・五一九a）。
(43)『注維摩詰経』巻一（大正三八・三二八b）。
(44) 鳩摩羅什訳『維摩詰経』巻上（大正一四・五三七a）。
(45) 支謙訳『維摩詰経』巻上（大正一四・五一九a）。
(46)『注維摩詰経』巻一（大正三八・三二九a）。
(47) 鳩摩羅什訳『維摩詰経』巻上（大正一四・五三七a）。
(48) 支謙訳『維摩詰経』巻上（大正一四・五一九a）。
(49)『注維摩詰経』巻一（大正三八・三二九b）。
(50) 鳩摩羅什訳『維摩詰経』巻上（大正一四・五三七a）。
(51) 支謙訳『維摩詰経』巻上（大正一四・五二〇a）。
(52)『注維摩詰経』巻一（大正三八・三三四b）。
(53) 鳩摩羅什訳『維摩詰経』巻上（大正一四・五三八a）。
(54) 支謙訳『維摩詰経』巻上（大正一四・五二五a）。
(55)『注維摩詰経』巻四（大正三八・三六九a）。
(56) 鳩摩羅什訳『維摩詰経』巻上（大正一四・五四三c）。
(57) 支謙訳『維摩詰経』巻下（大正一四・五三二a）。
(58)『注維摩詰経』巻八（大正三八・四〇〇b）。
(59) 鳩摩羅什訳『維摩詰経』巻下（大正一四・五五二b）。
(60) 支謙訳『維摩詰経』巻下（大正一四・五三三c）。

(61)『注維摩詰経』巻九(大正三八・四〇六b)。
(62)鳩摩羅什訳『維摩詰経』巻下(大正一四・五五四b)。
(63)支謙訳『維摩詰経』巻下(大正一四・五三四a)。
(64)『注維摩詰経』巻九(大正三八・四〇八b)。
(65)鳩摩羅什訳『維摩詰経』巻下(大正一四・五五四b)。
(66)『百論序』『出三蔵記集』巻一一(大正五五・七七c)。
(67)支謙訳『維摩詰経』巻上(大正一四・五二〇a)。
(68)『注維摩詰経』巻一(大正三八・三三五c)。
(69)鳩摩羅什訳『維摩詰経』巻上(大正一四・五三八b)。
(70)支謙訳『維摩詰経』巻上(大正一四・五二一c)。
(71)『注維摩詰経』巻二(大正三八・三四六c)。
(72)鳩摩羅什訳『維摩詰経』巻上(大正一四・五四〇a)。
(73)支謙訳『維摩詰経』巻上(大正一四・五二二b)。
(74)『注維摩詰経』巻三(大正三八・三五一b)。
(75)鳩摩羅什訳『維摩詰経』巻上(大正一四・五四〇bc)。
(76)支謙訳『維摩詰経』巻上(大正一四・五二三c)。
(77)『注維摩詰経』巻四(大正三八・三六一c)。
(78)鳩摩羅什訳『維摩詰経』巻上(大正一四・五四二b)。
(79)支謙訳『維摩詰経』巻上(大正一四・五二五c)。
(80)『注維摩詰経』巻五(大正三八・三七三c)。
(81)鳩摩羅什訳『維摩詰経』巻中(大正一四・五四四c)。
(82)註(66)に同じ。
(83)『大品経序』、『出三蔵記集』巻八(大正五五・五三b)。
(84)『法華経後序』、『出三蔵記集』巻八(大正五五・五七c)。

(85) 註(66)に同じ。
(86)『注維摩詰経』巻二（大正三八・三四六c）。
(87)『大智度論』巻三二（大正二五・二九七c）。
(88)『大乗大義章』巻中（大正四五・一三五c）。
(89)『注維摩詰経』巻二（大正三八・三四六c）。ただし、この「肇曰」以下の注釈を「什曰」として鳩摩羅什の釈となすテキストもある。
(90) 例えば無叉羅訳『放光般若経』巻一二歎深品に「菩薩雖得空無相無願之道、離般若波羅蜜、不持漚惒拘舎羅、便証真際得弟子乗」（大正八・八四b）とあるが、鳩摩羅什訳『摩訶般若波羅蜜経』巻一六大如品に「菩薩摩訶薩雖有道若空若無相若無作法、遠離般若波羅蜜、無方便力故、便於実際作証取声聞乗」（大正八・三三六b）と訳されている。
(91) 鳩摩羅什訳『維摩詰経』巻下（大正一四・五五五a）。
(92) 吉蔵『維摩経略疏』巻五（新文豊出版公司印行本、巻二九、三五三頁）。
(93) 吉蔵『維摩経略疏』巻二（新文豊出版公司印行本、巻二九、二五〇頁）。

付論　注維摩経所引の別本について

『注維摩経』は鳩摩羅什訳の『維摩詰所説経』三巻の経文を一千数百余に分節し、その経文について経典の訳者たる鳩摩羅什と門下の僧肇・道生の注（ただし、道融の注一回を含む）を合糅して編集したものである。この『注維摩経』は鳩摩羅什の注釈を収めており、直接に経の翻訳者の見解を窺うことができるという点で訳経史の上で貴重な資料である。また本書は『維摩経』に関する現存最古の完全なる注釈書であり、初期の中国仏教において仏教と中国思想がいかなる交渉を有したか等、思想史および教理史上の多くの課題を解明するうえでも重要な典籍である。ところが、かかる重要課題はもとより本書の編集や成立などの基礎的問題に関しても未だ必ずしも十分に解明されているとは言い切れない。ここではそれらの課題に比して枝末の問題ではあるが、場合によっては大きな広がりを有する課題、すなわち『注維摩経』中にしばしば引用される「別本」について検討を加えたい。実はこれを手掛かりとして鳩摩羅什の訳経に関しても考察したいのである。

『注維摩経』（大正大蔵経巻三八所収）の中で「別本云」と称する引用文が二十七回認められる。それは三字ないし十二字の経文である。『同書』巻一仏国品の釈にやや多く「別本」の引用が認められ、逆に全く引用のない品もあるが、ほぼ全巻にわたって「別本」が引用されている。『注維摩経』における「別本」引用には種々の類型が認められるが、整理をすれば次の四種類である。

(1)維摩経文―「肇曰」・「別本云」・「什曰」
(2)維摩経文―「別本云」・「什曰」
(3)維摩経文―「肇曰」・「生曰」・「別本云」・「什曰」
(4)維摩経文―「生曰」・「別本云」・「什曰」

第一の類型は、鳩摩羅什訳の『維摩経』の文について「肇曰」として僧肇の注釈があり、次に「別本云」として「別本」の文が引かれ、その下に「什曰」の鳩摩羅什の注釈がある。第二類型の引用は、『維摩経』の経文に続いてすぐに「別本」を引き、その下に鳩摩羅什の注釈のみを挙げるものである。第三類型は、『維摩経』の文の下に「肇曰」・「生曰」の注釈があり、続いて「別本」が引用され、最後に鳩摩羅什の注釈を掲げるものである。第四類型は、この例は僅かに一カ所のみであるが、『維摩経』の文に続いて「生曰」の道生の注、「別本」の引用、鳩摩羅什の注の順で配されるものである。

「別本」の引用が「僧肇説の後段にある」ことに特別な意義を見出して論述している学者もあるが、右の「別本」引用のパターンによって明らかなように「生曰」の道生の注の下に「別本」が引かれている場合もしばしば認められる。むしろ『注維摩経』における「別本」の引用は、必ず「什曰」という鳩摩羅什の注釈の前段にあるところにこそ後述するように特別の意義を有しているのである。

しからば、この鳩摩羅什の注の前に引かれている「別本」とは一体何を指しているのであろうか。この「別本」に関する従来の見解は、㈠別本を梵語の原典となす説、㈡別本を鳩摩羅什門下の筆録になる羅什の『維摩経疏』となす説、㈢別本を『維摩経』の異訳本、すなわち鳩摩羅什以前に翻訳された旧経の『維摩経』となす説等に要約できる。(1) しかるに学界の大勢は、『注維摩経』所引の「別本」を鳩摩羅什以前の呉の支謙、西晋の竺法護、西晋の竺叔蘭が訳出した三種の異訳『維摩経』の中に求めている。『維摩経』の旧訳のうち支謙訳のみが現存するが、「別本云」として引用される経文とそれとは必ずしも一致しないので「別本」をもって支謙訳以外の異訳『維摩経』であると推測しているのである。ことに竺法護の訳出経典と鳩摩羅什のそれとの間に『般若』『法華』『維摩』『首楞厳』『賢劫』など一致する経典が多く、密接な対応関係が認められるところから「別本」をもって竺法護訳の『維摩経』となす説が広く行なわれている。

しかし、果たして『注維摩経』所引の「別本」をもって竺法護訳となすことは妥当であろうか。筆者の見解では否である。現行の鳩摩羅什訳『維摩経』、すなわち『維摩詰所説経』が訳出されたのは姚秦の弘始八年(四〇六)のことであった。ところが、これとは別に鳩摩羅什はすでに『維摩経』を漢訳し、それが一部で流布していたと考えられる。それは彼の『維摩経』の初訳、または草稿訳に相当するものであるが、この草稿訳を『注維摩経』の中では「別本」と称して引用しているのである。従来の学界では、僧肇らの記録によって鳩摩羅什の『維摩経』の翻訳は姚秦の弘始八年ただ一度のみのことであるという予断を持っていた為に、「別本」の経文は鳩摩羅什訳以外の経文でなければならぬ、と考えたのである。現存の支謙訳と「別本」とは必ずしも一致しない。そこですでに散逸して伝わらない竺法護訳をもって「別本」となしているのである。

そもそも鳩摩羅什の訳経は、翻訳と講義とを兼ねたものであったことは僧肇や僧叡らの序文によって知ることができる。姚秦の弘始八年の『維摩経』訳出の場合も鳩摩羅什はかねてその講釈を行なったのである。その講筵の聴次に預った門弟は、すでに流布していた草稿訳の『維摩経』と治定訳との経文の異同について尋ね、これに対して鳩摩羅什は逐一解答した。あるいは訳者の鳩摩羅什自らが前の草稿訳と今の決定訳との相違について釈明を加えたとも考えられる。その鳩摩羅什の応答、講釈が『注維摩経』において「別本云」の下に「什曰」として記録されているのである。したがって「別本云」の下に「什曰」として述べる鳩摩羅什の見解を慎重かつ忠実に読めば、「別本」が他の訳者の訳本ではなく、彼自身の『維摩経』の草稿訳であることが十分に了解されるであろう。

東晋の支敏度が『維摩経』の異訳数種を会合して『合維摩経』を編纂した意図や僧叡らの序文等によって知ることができるように竺法護らの旧訳の『維摩経』は、訳文および訳者の理解が未だ完全でなく、文・理を尽くしたものではなかった。そこでつねに『維摩経』を尋翫し「棲神之宅」となしていた国主姚興が、国師の礼をもって迎えた鳩摩羅什に対して正確で信頼できる『維摩経』の訳出を強く要請したのである。もし「別本」が竺法護らの旧訳『維摩経』を指すものであるとすれば、その下にある「什曰」の注釈の中に「別本」の経文に対する批判、あるいは不当性を指摘する言辞がなければならないであろう。そうでなければことさらに「別本」の経文を引用することの必然性が全く認められなくなる。筆者の考えるように「別本」が鳩摩羅什の草稿訳『維摩経』であるとすれば、「別本云」の下の「什曰」の中に「別本」と現行本との訳語訳文の相違に関する弁明、あるいは説明をなしたものがなくてはならない。

そこで次に『注維摩経』中の「別本」とそれに関する鳩摩羅什の注を検討するとき、そこには「別本」に対する一方的な批判や翻訳上の過失過誤を指摘するような言辞を認めることはできない。むしろ、梵本を引くなどして弘始八年に訳出した『維摩経』と「別本」との間の異同に関する説明や会通がなされているのである。若干の事例を挙げて考察したい。

(一)『注維摩経』巻一では、仏国品の「衆所知識」の釈について次のような「別本」が引用されている。

別本云、衆所敬仰。什曰、梵本云多知多識。顕徳応時故物咸知識、物咸知識故敬之者衆、此義則出也。(大正三八・三二八c)

ここではかつて鳩摩羅什が「別本」において「敬仰」と訳したところを、のちに(現行の維摩経では)「知識」と改訳したことの理由について梵本の直訳を示しながら説明しているのである。菩薩の場合、物すなわち衆生に知識するものが多いということは、同時に敬い仰ぐものが多いということである。したがって「別本」で訳した「衆に敬仰せらる」という意義は、のちに改めて「衆に知識せらる」となした訳文の中に十分に含まれている、というのである。「別本」が竺法護など他の訳者の訳文であれば、右のごとき鳩摩羅什の説明ははなはだ不自然なものとなる。

(二)『同書』巻六では、不思議品の「有解脱名不思議」の下に「別本」を引いている。すなわち、

別本云、神足・三昧・解脱。什曰、同体異名也。夫欲為而不能則為縛也。応念即成解脱、無不能名為解脱、能然而莫知所以然、故曰不思議也。(大正三八・三八二ab)

現行の『維摩経』では単に「解脱」と訳すところを「別本」では「神足・三昧・解脱」となしている。これに対する鳩摩羅什の見解は、まず「別本」の神足・三昧・解脱の三は同体の異名であることを明らかにし、ついで現行の経文について『荘子』達生篇に説く不思議の「天命」説を援用して注釈している。「別本」が鳩摩羅什以前の竺法護ら「別人の訳出本」であるとすれば、鳩摩羅什が他の訳者の訳文訳語について解説していることになる。「別本」が鳩摩羅什の「別時の訳出本」であるからこそ右のような注釈がなされたのである。

㈢さらに次のような「別本」の例を指摘することができる。弟子品の「法同法性入諸法故、法随於如無所随故、法住実際諸辺不動故」の経文について『同書』巻二には「別本」および鳩摩羅什の注を挙げている。この鳩摩羅什の見解は特に注目すべきものである。

別本云、法同如法性実際。什曰、此三同一実也。因観時有深浅故有三名。始見其実謂之如。転深謂之性。尽其辺謂之実際。（中略）故明諸法同此三法。（大正三八・三四六c）

ここで鳩摩羅什は「別本」にいう如・法性・実際について「此の三、同じく一実なり。観ずる時に深浅あり。故に三名あり。」と注釈している。この解釈は明らかに鳩摩羅什の翻訳になる『大智度論』の所論に導かれたものである。『智度論』巻三二に次のように論じている。

問曰、如法性実際。是三事為一為異。若一云何説三、若三今応当分別説。

答曰、是三皆是諸法実相異名。（大正二五・二九七c）

実に鳩摩羅什はこの『智度論』等の所説にしたがって旧経の訳文を大幅に改めて「別本」のごとく全く独自の訳文となし、さらにのちには現行本のように治定したのである。特にこの「別本」にいう「実際」という語は鳩摩羅什の独自な訳語である。支謙や竺法護らは、その訳出経典において「実際」という訳語を使用していないのである。支謙訳の『維摩詰経』はもちろんのこと、竺叔蘭・無叉羅が訳した『放光般若経』や竺法護訳の『光讃般若経』『正法華経』等を詳らかに検索しても「実際」という訳語を認めることはできない（ちなみに竺叔蘭は「真際」といい、竺法護は本際と訳している）。これに対して鳩摩羅什は自らの訳出経論の中でしばしば「実際」の語を使用している。現に『維摩経』の菩薩品に「順是菩提、順於如故。住是菩提、住法性故。至是菩提、至実際故」というように如・法性・実際をもって一具のものとして翻訳している。周知のように『大品般若経』や『智度論』には「実際」等の訳語が頻出し、これが鳩摩羅什の独特の訳語であることを端的に示している。

さらに『大乗大義章』の中で廬山の慧遠の質問に応答して「如・法性・実際」について詳しく論述している。(2)

以上のような考察から「法同如法性実際」という「別本」の文は、竺法護らの訳した『維摩経』とは到底考えることができないのである。明らかに「別本」は鳩摩羅什自身の訳文と考えるべきである。しかも、それは鳩摩羅什が姚秦の弘始八年に訳した現行の『維摩経』とは異なるものであり、したがって彼が別時に訳出した草稿訳と考えられるのである。

ところで『注維摩経』に引く「別本」の中で、その経文が支謙訳と一致するものが僅かながら二例認められるのである。すなわち、㈠仏国品の「浄土之行」は、「別本」では「仏国清浄之行」となっている。これは支謙訳の『維摩詰経』と同文である。(3) ㈡また同じく仏国品の「紹隆三宝能使不絶」は、「別本」では「興隆三宝能使不絶」とあり、これもまた支謙訳の経文に一致する。(4) 実にこれらの例も「別本」が鳩摩羅什の初期の翻訳であり、「別本」が草稿訳であったことを傍証するものである。はじめに「別本」では支謙らの旧経の影響をより顕著に受けていたが、のちの治定訳では旧経の影響を脱して独自の訳文に改めたことを如実に示すものである。この「別本」二例に関する鳩摩羅什の注がそのことを如実に物語っている。

㈠において鳩摩羅什は、「別本」で「仏国清浄之行」と訳し、支謙訳と同文となったことの理由を、梵本を引き、その直訳にしたがった旨の弁明をなしている。㈡の鳩摩羅什の注では、「別本」において支謙訳と同じく「興隆三宝」と訳し、のちに「紹隆三宝」と改訳した理由について「直ちに三宝を顕明し、経法を宣通するの謂には非ず。謂く、能く善を積み功を累ねれば自ら成仏を致す。成仏すれば則ち法有り。法有れば則ち僧有り。不絶の功、事来劫に在り。」と釈している。仏国品では仏法僧の三宝が同時に興隆することを明かすものではなく、仏から法へ、法から僧へと三宝が順次に「うけつぎつつ興る」という意味であるから「興隆」よりも「紹隆」が適切であると述べ、のちに改訳したゆえんを明かしているのである。これらの例も「別本」が鳩摩羅什の最初期の草稿訳であることを如実に示すものである。

しからば、鳩摩羅什の他の経論の翻訳において果たしてこのような例が認められるであろうか。実は『大品般若経』等についても前後二本が存し、いわゆる「別本」が流布していたのである。『出三蔵記集』巻八所収の『大品経序』によれば、僧叡は「之を定むること未だ已らざるに、已に写して伝える者あり。また意を以て増損し、私に般若波羅蜜を以て題となすものありて、文言舛錯し前後不同ならしむ」と述べ、『大品般若経』に「別本」が存在したことを伝えている。(5) また、より厳密な翻訳が要求される律についても、その完訳以前にすでに『十誦律』の草稿訳が西域に流布していたことが平川彰博士によって報告されている。(6) そのほか、紙幅の都合で詳論はできぬが、『中論』や『成実論』などの論書についてもやはり「別本」が存したと考えられる。当面の課題である『維摩経』の「別本」についてもその存在を示す記録が認められる。

まず、僧叡の『毘摩羅詰提経義疏序』である。(7) 鳩摩羅什の門下にあってとりわけ訳経事業に深く参与した僧叡が、尊敬する師の鳩摩羅什の訳出になる『維摩経』の経題を忘失したり、ほしいままに変更したりするとは考えられない。ところが、彼の右の序では『維摩経』のことを「毘摩羅詰経」と称しているのである。これはかつて鳩摩羅什がかかる経題で『維摩経』の草稿訳をなしたことを示すものである。

第二に『大乗大義章』の記載である。(8) 『大乗大義章』の中で廬山の慧遠は鳩摩羅什に対して「毘摩羅詰提経」の経文を引いて法身について尋ねている。『維摩経』について質問する場合、鳩摩羅什の訳出本を用いるのが極めて自然である。しかし、慧遠が引くところの「毘摩羅詰提経」の経文は、現行の鳩摩羅什訳の『維摩経』にも、また支謙訳にも一致しないものである。前述の検討と併せ考えるとき、慧遠の手元にあった「毘摩羅詰経」とは、鳩摩羅什訳『維摩経』の「別本」であったと思われる。

第三には『智度論』の記述である。鳩摩羅什が『智度論』を翻訳したのは、『維摩経』を訳出した姚秦の弘始八年の前年であった。その『智度論』に十数回引用される『維摩経』はいずれも「毘摩羅詰経」と称されている。しかも、そこに引かれている経文は現行の『維摩経』とは異なる訳文となっている。このこともまた、「別本」が「毘摩羅詰経」であったことを示唆するものである。

第四に特に注目すべきものとして吉蔵の『維摩経略疏』の記述がある。[9] 吉蔵は『維摩経略疏』巻五等で実際に異なった経文を示しながら鳩摩羅什訳『維摩経』について「経に二本あり」と称し、「別本」が存在したことを明言している。三論宗の吉蔵は三論の訳者である鳩摩羅什に対して特別に畏敬の念を有しており、その彼が鳩摩羅什の訳出経典である『維摩経』に二本ありとの言は必ずや根拠あってのことである。

前述の理由から筆者は、『注維摩経』所引の「別本」は鳩摩羅什の『維摩経』草稿訳である「毘摩羅詰提経」を指すものと考えるのである。

註

(1) 拙稿「維摩詰経と毘摩羅詰経」(『仏教学セミナー』四二、本書第Ⅲ部所収)。
(2) 大正三八・三二八c。
(3) 大正三八・三三四b。
(4) 大正三八・三二九a。
(5) 大正五五・五三b。

（6）平川彰「敦煌写本十誦律の草稿訳と敦煌への伝播」（『岩井博士古稀記念典籍論集』〈岩井博士古稀記念事業会、一九六三年〉所収）。
（7）大正五五・五八ｃ。
（8）大正四五・一二三ｂｃ。
（9）続蔵経、新文豊出版公司印行本、巻二九、三五三頁。

注維摩経の異本

一　維摩経の翻訳

後秦の弘始八年（四〇六）に鳩摩羅什が漢訳した『維摩詰所説経』三巻は、その後の東アジアの仏教界のみならず広く文化・芸術等の分野においても実に多大の影響を与えている。しかし、中国において『維摩経』への関心が高まったのは決して鳩摩羅什の入関を待って端緒が開かれたのではない。『維摩経』が中国へ伝わったのは三国時代に呉の支謙によってであった。広く六カ国の言語に通じ、かつ中国の古典に関する教養を身につけていた在俗の帰化知識人であった支謙が、呉の都建康において孫権の黄武初年（二二二）から孫亮の建興年間（二五二―五三）に至る間に『大般泥洹経』『瑞応本起経』『阿弥陀経』などと共に『維摩詰経』二巻を訳出したのである。(1)東晋の初めには江南の仏教界や貴族社会でこの経は盛んに読誦され、しばしば講義されたのである。慧皎の『高僧伝』(2)によれば、東晋の支遁が晩年に山陰に『維摩経』を講じたとき、都講の許詢との間で激しい問答応酬が展開されたという。その他にも『世説新語』の文学篇などにも支遁の『維摩経』講義に纏る逸話を伝えている。当時の思想界における『維摩経』への関心がいかに高かったかを如実に示すものである。

さらに西晋時代には西域三十六カ国の言語に通じ万人から敦煌菩薩と尊称された竺法護によって泰始（二六五―

七四）から永嘉二年（三〇八）に至る間に『維摩詰経』一巻が訳出されている。[3]加えて西晋の元康元年（二九一）には竺叔蘭が『維摩詰経』二巻（あるいは三巻）を漢訳している。[4]このように陸続と異訳の『維摩経』が翻訳され、仏教界に提供されるということは、旧来の経典よりも正確で権威のある漢訳仏典を求める社会のはなはだ強い要請に応えるものにほかならない。

『維摩経』を訳出した竺法護はその煩重を厭って『删維摩詰経』一巻を作っている。すでに散佚し正確に内容を知ることはできないが、おそらく偈頌などを删削したものであろう。[5]また、支敏度は当時広く流行していた『維摩経』の異訳諸本を対照して読むことを可能にすべく諸本を合糅して『合維摩詰経』五巻を編んでいる。[6]これらの営為もただ単に竺法護や支敏度の個人的な研究目的に適うものではなく、まさしくその時代の強烈な『維摩経』への関心に呼応したものと理解すべきである。

白衣の居士である維摩詰を主人公として展開する文学的構成と空・無執着の実践を強調する内容とが、無為自然を尚ぶ老荘思想に近似しており、魏晋以来の玄学的風潮によく投合して『維摩経』が持て囃されたのである。玄学流行の時流と相俟って西晋時代からようやく勃興しつつあった維摩経研究は、弘始三年（四〇一）に後秦の国主姚興によって国師の礼をもって長安に迎えられた鳩摩羅什が『維摩詰所説経』三巻を翻訳するに及んで俄かに隆盛を来たしたのである。このことは従来の支謙・竺法護らの訳経は訳文に不備があり、『維摩経』を求める思想界の要請に十分に応えていなかった点を鳩摩羅什の入関を待って補完しようとしたものである。[7]

鳩摩羅什の『維摩経』の訳場に参与した僧肇は次のように語っている。

　大秦天王、俊神超世、玄心独悟。（中略）毎尋翫玆典以為棲神之宅、而恨支竺所出理滞於文。常懼玄宗墜於訳人。北天之運、運通有在也。以弘始八年歳次鶉火、命大将軍常山公・左将軍安城侯、与義学沙門千二百人於常安大寺請羅什法師重訳正本。什以高世之量冥心真境、既尽環中又善方言時手執胡文口自宣訳、道俗虔虔一言三復、陶冶精求務存聖意。其文約而詣、其旨婉而彰。微遠之言於玆顕然。（大正五五・五八b）

国主姚興は鳩摩羅什の入関以前から呉の支謙や西晋の竺法護らによって訳出された旧経の『維摩経』に親しみ自ら「棲神之宅」となしていたが、ただ惜しむらくはこれらの翻訳が完全ではなく意味の通じないところのあることを残念におもっていた。それは訳者の経典に対する理解が未だ不十分で経の真意を誤解していたことに起因するものであった。そこで欠陥の多い旧訳本の『維摩経』の再訳を熱望していた姚興は、鳩摩羅什に『維摩経』正本の重訳を要請し、常山公姚顕並びに安城侯姚嵩に訳場の監督を命じたのである。僧肇にしたがえば鳩摩羅什の『維摩経』重訳の直接原因は、既訳経典の経文に不満を有していた姚興の要請によるものと述べているが、それは単に国主のみの判断に因ったものではなく、広く社会全体が等しく切望するところであった。

多数の鳩摩羅什の門下の中にあってとりわけ深く訳経事業に携わっていた僧叡は、

既蒙究摩羅法師正玄文摘幽指、始悟前訳之傷本謬文之乖趣耳。（大正五五・五八c）

と述べている。かかる社会の状況にあって鳩摩羅什は正確な訳文を提供したのみならず、自ら訳出した『維摩経』について講述し、注経をなしたのである。かくして鳩摩羅什の門下を中心として『維摩経』の研究は最高潮に達することになるのである。

二　鳩摩羅什門下の維摩経研究

鳩摩羅什が『維摩経』の講義をなしたことは、直接にその聴次に預った僧肇の『維摩詰経注序』や僧叡の『毘摩る。

羅詰提経義疏序』によって明白に知ることができるのであるが、さらに慧皎の『高僧伝』には次のように記してい

唯為姚興著実相論二巻、幷注維摩、出言成章、無所刪改、辞喩婉約、莫非玄奥。

（大正五〇・三三二c）

訳経を本領とした鳩摩羅什が、国主姚興の為に実相論を著し、『維摩経』の注釈をなしたのである。のちに天台智顗が晋王楊広の懇請に応じて『維摩経文疏』を著したのと軌を一にする。『高僧伝』の著者慧皎は鳩摩羅什が姚興の為に著した『維摩経』の注疏の具名や巻数を何ら記録していないが、隋の法経らが編纂した『衆経目録』巻六の此方諸徳伝記の下には「維摩経注解三巻　羅什」（大正五五・一四七a）と記録している。師の学問上の関心や課題は、当然その門下にも反映する。鳩摩羅什に倣ってその門下においても活発に『維摩経』の研究がなされたのである。入関して間もない鳩摩羅什を訪ねて師事し、早速に禅経の訳出を請い、また訳出された多くの経論に序文を撰した僧叡も『維摩経』の注釈たる『毘摩羅詰提経義疏』を撰している。『高僧伝』巻六の僧叡伝には『成実論』の講述については伝えているが、『維摩経』のそれには何ら言及していない。しかし、『出三蔵記集』巻八に収める彼の『毘摩羅詰提経義疏序』が、僧叡と『維摩経』との関わりの濃密さを如実に物語っている。僧叡の『義疏序』に、

因紙墨以記其文外之言、借衆聴以集其成事之説。煩而不簡者遺其事也。質而不麗者重其意也。

（大正五五・五九a）

と述べ、

是以即於講次疏以為記、冀通方之賢、不咎其煩而不要也。

（大正五五・五九a）

と結んでいる。彼がしばしば鳩摩羅什の講筵に列し、聴講に基づいて『毘摩羅詰提経義疏』を著したことは明らかである。その逸文は種々の書物に引用されて伝わっている。(8)

さらに鳩摩羅什門下の道融は、かの姚興から奇特の聡明釈子と歎ぜられ、勅によって訳場の参正を勤めた俊英であった。現に鳩摩羅什は道融に対して『中論』や『新法華経』の講義を命じ、自らそれを聴き、「仏法之興融其人也」（大正五〇・三六三c）と称歎しているのである。その道融は『法華』『大品』などの諸経の義疏と共に『維摩経義疏』を著し、共に世に行なわれたことを『高僧伝』巻六の道融伝に伝えている。実際に現行の『注維摩経』にその注釈が僅かに一文のみではあるが引用されているのである。

かの僧肇も『維摩経』に尽瘁し、その注釈をなしたことは周知のとおりである。僧肇はつねに荘老をもって心要となしていたが、『旧維摩経』に接して初めて自らの心の帰するところを知り、出家したのである。しかもかつて入関前に姑臧に在って不自由な生活を送っていた鳩摩羅什を訪ねて師事したのであり、鳩摩羅什の最初期の弟子であった。その僧肇にとって『維摩経』は実に因縁浅からぬ経典であった。それゆえ、『物不遷論』『不真空論』『般若無知論』『涅槃無名論』の諸論文を著すと共に『維摩経』に対する注釈を撰している。

その『維摩詰経注序』に、

余以闇短、時預聴次、雖思乏参玄、然麄得文意、輒順所聞而為注解、略記成言、述而無作、庶将来君子異世同聞焉。（大正五五・五八b）

と述べている。のちに隋の法経の『衆経目録』によれば僧肇の注について「維摩経注解　五巻」（大正五五・一四八a）と記している。しかも、彼の『維摩経』の義疏はトルファンからその一断片が発見されている。(9) さらに彼の注解は『注維摩経』の中に鳩摩羅什らの注釈と共に合わせて編集されている。

その僧肇の『維摩経』研究に刺激されて新説を発揮しようとして『維摩経義疏』を著したのが竺道生であった。彼は『大般涅槃経』の伝訳に先立って一闡提成仏の義を唱え、旧学守文の徒のために長安仏教界から擯斥せらるも、やがて同経が伝来するに及び、その先見性が歎ぜられ、広く秀悟をもって知られている。その竺道生が僧肇の『維摩経』の釈義を見て、さらに新異を顕暢したため講学の匠にとってはなはだ貴重な指針となったのである。『出三蔵記集』巻一五の道生法師伝に次のように記している。

関中沙門僧肇、始注維摩世咸翫味、及生更深旨顕暢新異、講学之匠咸共憲章其所述、維摩法華泥洹小品諸経義疏、世皆宝焉。（大正五五・一一一b）

彼の『維摩経』の義疏は隋の『衆経目録』に「維摩経注解　三巻　竺道生」（大正五五・一四八a）と記録されている。今日その単行本は流伝していないが、『注維摩経』の中に多く引用されており、内容を窺うことができる。

鳩摩羅什の数千に及ぶ門弟の中で後世、関中の四子[10]あるいは四聖と称歎される竺道生・僧肇・道融・僧叡の維摩経研究の状況を概観した。右に述べた諸師の『維摩経義疏』は、はなはだ残念ながらすでに散逸して完本としては伝わってはいない。ただ幸いにして後人の編輯になる『注維摩経』のみが現存している。

三　注維摩経の諸本

『注維摩経』は鳩摩羅什訳の『維摩詰所説経』を一千数百余に分節してその経文を掲げ、経文の下にそれぞれ「什曰」「肇曰」「生曰」などと称して鳩摩羅什・僧肇・竺道生および道融（ただ一回のみ）の注を示している。一経文について什・肇・生の三師の注を掲げる場合もあれば、二師あるいは一師の注の場合もある。文殊師利問疾品の注の中で道融の注を一度だけ載せており、道融の見解の片鱗を窺うことができるが、奇妙なことに現行『注維摩経』には僧叡の注が認められない。このことをいかに理解すべきか、改めて検討を加えねばならぬであろう。唐の道液の『浄名経集解関中疏』には僧叡の注をしばしば引用しているのである。そこで『注維摩経』の研究は、単に一大乗経典たる『維摩経』の現存最古の注釈書としての意義に留まらず、当時の思想界の状況、仏教の受容過程やその流伝展開などを考察する上でも重要である。

『注維摩経』が仏教思想史上の多くの課題を有する資料でありながら、実はその編者はもとより成立の時期や流通の経緯等についても不明な点が多い。そこで『注維摩経』に関する基礎的作業としてまず種々の目録の記載を手掛かりとして検討する。現存最古の経録である『出三蔵記集』によって前述のごとく各師の『維摩経義疏』のことを知ることができるが、同書には未だ各師の注を会合した現行の『注維摩経』のごときものについては全く言及していない。しかし、隋の法経らが開皇十四年（五九四）に編した『衆経目録』巻六の『此土諸徳伝記』に、

「維摩経注解　三巻　羅什」

「維摩経注解　三巻　竺道生」

「維摩経注解　五巻　釈僧肇」

（大正五五・一四七ａ、一四八ａ）

と三書のことを記録している。法経らが目録編纂の時点では未だ三疏は会合されず、各々単行であったことを示している。また、唐道宣の『大唐内典録』巻一〇では、鳩摩羅什について「注維摩、撰実相論」と述べ、僧肇に関して『撰論注経』の中で『般若無知論』などと共に「注維摩経」（大正五五・三三〇ｃ）を挙げてはいるが、それらの内容や巻数については何らの記述もない。竺道生に関しては『維摩経』関係の著述を全く載せていない。

そののち、『大周刊定衆経目録』（六九五年）、『開元釈教録』（七三〇年）、『貞元新定釈教目録』（八〇〇年）等には当該課題に直接関係する記載は認められない。また、九世紀前半に入唐求法した諸師の将来目録を検索するに、最澄の『伝教大師将来台州録』（八〇五年）、『同越州録』（八〇五年）、空海の『御請来目録』（八〇六年）、常暁の『請

来目録』（八三九年）、円仁の『日本国承和五年入唐求法目録』（八三九年）、『慈覚大師在唐送進録』（八四〇年）などには、唐道液の『浄名経集解関中疏』四巻についてはしばしば記載されている。道液の『関中疏』は当時の最新の著述であり、入唐の目的に照らして当然のことであるが、『注維摩経』に関する記載は全く認められない。『注維摩経』はすでに奈良時代に伝来し書写されており、改めて唐に求める必要が無かったのであろう。ただし、常暁が承和六年（八三九）に上表した『請来目録』には唐代の『維摩経』研究の状況について語っている。もちろん、彼の見聞の及ぶ範囲内のことではあるが、はなはだ興味深い記載である。

至開《ママ》中液公、大宗蕪蔓、真極而開。今見大唐真典近代興盛講文学義之類、総此疏等以為指南、是故毎寺講浄名典化度白衣、以液公疏提撕緇徒。　（大正五五・一〇六九c）

当時、道液の『浄名経集解関中疏』が『維摩経』研究の主流にあり、僧俗の間で特に持て囃されていたことが分かる。他の入唐諸家の目録や西域出土の仏典の中にも道液の疏が極めて多いことからも、このことは十分に窺うことができる。もし唐代の仏教界に経の訳者である鳩摩羅什の『維摩経疏』や現行の『注維摩経』のごときものが広く流布していたとすれば必ずや『維摩経』研究の指南となったことであろう。

現存の目録に『注維摩経』の記載が認められるに至るのは、ようやく高麗義天（一〇五五―一一〇一）の『新編諸宗教蔵総録』においてである。すなわち『義天録』の第一に『維摩経関係章疏』の筆頭に、

（維摩詰経）注　十巻　什肇生三注　（大正五五・一一七〇a）

を挙げている。ここでは編者名などはなく「什肇生三注」と付記し全十巻となす点より推して現行の『注維摩経』を指すものである。ほぼ同時期に成った興福寺永超の『東域伝灯目録』にも『注維摩経』を記載している。すなわち、『同目録』の衆経部に次のように記している。

維摩詰経註八巻　僧肇等註　録云羅什三蔵等註　亦名浄名集解
（大正五五・一一五一b）

永超の記述によれば、この『維摩詰経註』はやはり現行の『注維摩経』を指すものと考えて不可ないであろう。ただ、その巻数については先の『義天録』とは相違して「八巻」となしている。その後の諸目録を検索するに、『注維摩経』について十巻本となす『義天録』と八巻本となす『永超録』のいずれかの系統に属しているのである。(11)

十巻本の『注維摩経』とは、現に『大正大蔵経』（第三八巻）や『続蔵経』（第一輯第二七套）の所収本に相当する。しからば八巻本の『注維摩経』とは何か。それはすでに学者が比定しているように『大正大蔵経』が『注維摩経』の比校本として採用した「甲本」すなわち大和多武峯の談山神社所蔵の平安時代書写『浄名経集註』が想定される。残念ながら筆者は未だ実見の機会を得ていないが、『大正大蔵経』の校勘記によれば明らかに「巻第八」で終わっており、八巻本であったことは確かである。この『注維摩経』の八巻本と十巻本との相違はいかに考えたらよいのであろうか。最近の学界の論調を見ると、この相違は単なる調巻の異同とは見ず、僧肇の序文や『涅槃経』の引用の有無などを論拠として八巻本の談山神社所蔵本をもって『注維摩経』の「古形」であると断定し、かかる視点から本書の成立や編集の問題を論じている。学者は「古形」の八巻本から十巻本への改編は唐道液以後のことであるとか、八巻本と十巻本とは成立編纂事情が各々相違し、編者も別々であるなどと論じているのである。

しかし、果たして『大正大蔵経』の対校本に採用された平安時代書写の「甲本」（談山神社所蔵本）が成立の当初から八巻であり、『注維摩経』の「古形」と断定できるのであろうか。たとい、いかに古い時代の書写本であろうとも写本には必ず書写のもとになる原本が存するはずである。その原本もまた、八巻本であったか否かははなはだ疑問である。学者がいうように「その原本がどのようなものであったか、今はどうしようもない」という一面もあるが、ごく僅かの手掛かりを生かして検討するとき、八巻本「甲本」の原本は実は十巻本であったと考えられる。談山神社所蔵の八巻本「甲本」（『維摩経集註』）が鳩摩羅什・僧肇・竺道生の三師の注を引く場合には「什曰」「肇曰」「生曰」と略称でもって示している。ところが、「甲本」の中でも数カ所に限って全く例外的に「羅什曰」「釈僧肇曰」「竺道生曰」と注釈者の具名でもって注釈文を引いているところがある。『大正大蔵経』の校勘記によれば、「甲本」のうち「羅什曰」「釈僧肇曰」「竺道生曰」と三師を具名でもって示している箇所が都合九カ所認められるのである。すなわち、「甲本」の中で⑴仏国品第一・⑵方便品第二・⑶弟子品第三・⑷菩薩品第四・⑸問疾品第五・⑹不思議品第六・⑺香積品第一〇・⑻菩薩行品第一一・⑼法供養品第一三の九カ所である。右の九品において三師の注を多数収める中で各々第一番目の注釈のみが、それぞれ「羅什曰」「釈僧肇曰」「竺道生曰」と具名でもって挙げられている。各品における三師の注の第二番目以降はいずれも「什曰」「肇曰」「生曰」と省略名で示されている。このことが何を物語っているかといえば、各巻の巻頭、すなわち各巻における各師の最初の注に限って「羅什曰」「釈僧肇曰」「竺道生曰」と具名でもって掲げ、次の第二番目以降は略して「什曰」「肇曰」「生曰」と称しているのである。したがって、三師の注を具名でもって引用するところが「甲本」が書写する際に用いた原本の巻頭であったと考えられるのである。しからば「甲本」の書写の為の原本が九巻本であったかといえば否である。実は「甲本」には仏道品第八と入不二法門品第九の両品が欠落している。すでに散逸して今は実際に確認することはもちろん不可能であるが、おそらく仏道品第八の三師の最初の注には必ずや「羅什曰」「釈僧肇曰」「竺道生曰」と具名でもって示されていたことは想像に難くない。このことを基準として推し測るとき八巻本「甲本」のもとになった書写原本は八巻本ではなく、明らかに十巻本であった。

「甲本」八巻本とその原本たる十巻本との関係を図示すれば次のごとくなるであろう。

（甲本）		（書写原本）
巻一	仏国品一	巻一
巻二	方便品二	巻二
巻三	弟子品三	巻三
巻四	菩薩品四	巻四
巻五	問疾品五	巻五
巻五・巻六	不思議品六	巻六
巻六	観衆生品七	巻六
巻六	（仏道品八）	巻七
巻六	（入不二法門品九）	巻七
巻六	香積品一〇	巻八
巻六	菩薩行品一一	巻九
巻七	見阿閦仏品一二	巻九
巻八	法供養品一三	巻一〇
巻八	嘱累品一四	巻一〇

『大正大蔵経』の校勘記によれば、「甲本」の不思議品第六の途中に「維摩詰経不思議品第六集解」とあり、菩薩行品第一一の末に「第六終」と記されている。「甲本」の巻一ないし巻五が各々仏国品から問疾品までの各一品に配されているのに対して、第六巻のみが不思議品の途中から菩薩行品までの合計六品にわたっている。これははなはだ奇妙なことである。しかし、この「甲本」の不自然な調巻については『大正大蔵経』の校勘記にも記されているように「甲本」の仏道品と入不二法門品との両品が欠落していることを念頭におかねばならない。それにしても「甲本」の巻六のみが都合六品に及ぶということは他の巻に比して分量的に非常に増大していることは否めない。そこで「甲本」が書写された上で、その流伝の過程で仏道品八と入不二法門品九とが散佚したのではなく、すでに書写の原本である十巻本の巻第七（仏道品八・入不二法門品九）の一巻が書写の際に存在しなかった為に止むをえずにかかる不自然な調巻になったと考えられるのである。「甲本」の『浄名経集註』は維摩経十四品の注のすべてが書写された上で仏道品・入不二法門品の部分が散佚したのではない。もしもそうであるなら決してこのように分量的に不整合・不統一な調巻にはならないであろう。要するに「甲本」の書写の際の原本は十巻本であり、たまたまその巻七のみが欠落しており、そこで書写に際して一巻当たりの分量の整合を計るために（原本が十巻であったにもかかわらず）八巻に改編したのである。学界の一部において「甲本」八巻本をもって『注維摩経』の原始形態となし「古形」となしているが、「甲本」は右のように特殊な状況の下で成立したものと考えられるのである。八巻本をもって『注維摩経』の「古形」となすことは全く根拠のないことである。

現に「甲本」よりも古いと考えられる『注維摩経』の諸写本はいずれも十巻本である。例えば京都醍醐寺所蔵の奈良時代書写の『浄名経集註』巻九は明らかに十巻本の一部であり、高野山正智院蔵の平安時代初期の写本断片も巻八が見阿閦仏品一二に相当する点より推して八巻本ではなく十巻本であることは明白である。(12)さらに天平十九年七月六日の「荒田井牛養解　申勘出進事」（正倉院文書などの史料も『注維摩詰経』が十巻であることを記録している。談山神社所蔵の「甲本」以外に奈良・平安時代に書写された『注維摩経』で八巻本は認められないのである。そこで、八巻の『維摩詰経註』を記載する興福寺永超の『東域伝灯目録』については検討すべき多くの課題を残している。『東域伝灯目録』は、寛治八年（一〇九四）、八十一歳の永超が自ら校正して青蓮院に献じたものである。その『東域伝灯目録』の成立についてては井上光貞博士ら先学のすぐれた論考があり、当目録の成立の経緯を知ることができる。本録記載の典籍のうち、当時興福寺に所蔵していた奈良時代僧侶の著述百十一部にはほとんど全部注記がないこと等によっても分かるように永超が実見した典籍には付記がなく、そうではなくて他の参考書によって記載した場合には忠実に一々注記しているのである。(13) 井上博士の調査によれば、その時に用いられた参考書としては東寺・安祥寺・梵釈寺などの寺院の目録、『円珍録』などの将来目録、『貞元録』『内典録』などの中国の経典目録、『三言録』など日本の経典目録をはじめ、『続高僧伝』『恵沼伝』『東征伝』『空海僧都伝』など広範に及んでいる。永超はまず自己の周辺の蔵庫の書籍を主として記載して目録をつくり、それに欠けたものを右の参考書でもって補ったのである。

永超は『維摩詰経註』八巻の下に割注の形で「僧肇等註、録云羅什三蔵等註亦名浄名集註」（大正五五・一一五一b）と記している。その記載の仕方から見て永超は周辺の蔵庫で『維摩詰経註』を実見することができず、他の目録や伝聞などによって記載したものである。さらにこのことを裏づけるように『東域伝灯目録』を仔細に検討するとはなはだ奇妙な記載が認められる。衆経部に『維摩詰経註』以下四十九部の『維摩経』の章疏を記し、さらにそれとは全く別処に「古録」によって二十巻『泥洹経』一巻ないし『摩道経記』一巻の十四部を載せた後に、

維摩経註解　三巻　竺道生

同経註解　五巻　僧肇
同経註解　三巻　羅什已上三部可有維摩部　（大正五五・一一五四c）

と記録している。これは隋の法経らの『衆経目録』を参考にして補ったものである。しかもこの記事と先の『維摩詰経註』との関わりについて何らの見解をも示してはいない。すなわち、両方とも永超は実見せず、しかもその内容に関しても十分な知識を有していなかったと考えられる。そうでなければこのような齟齬は生じないであろう。しかるに一旦、『東域伝灯目録』に『注維摩経』が八巻と記されるとその後の諸目録はこれをそのまま継承しているのである。したがって現行の内容を有する『注維摩経』は本来十巻本として伝わっていたと考えられる。ただし、特別な事情の下で書写された談山神社所蔵の「甲本」のみは八巻として伝わったのである。ところが、これとは別に現行の『注維摩経』とは単に調巻上の相違でなく内容構成を異にする流布本が存在する。すなわち、『大正大蔵経』（巻三八）・『続蔵経』（第一輯第二七套）所収本と、『縮刷大蔵経』（呂帙）・『金陵刻経処本』などとは顕著な相違を示している。前者は羅什・僧肇・道生の注が共に多数であり詳密であるのに対して後者は三師の注が共に削減され簡略である。後者は前者の注の中からある意図をもって削略した要約本である。そこで前者を「広本」、後者を「略本」と称することができる。この広略両本は別々に編纂されたものでなく、「広本」がまず成立し、それを簡略にしたのが「略本」である。ただし、「広本」から「略本」への削略に際して三師の注が均等に削減されたわけではない。「略本」において鳩摩羅什と僧肇の注がほぼ半減しているのに対して竺道生の注は顕著に削られており、ほぼ一割の分量に激減している。「広本」では竺道生の注が六百余文も存するが、「略本」では約九割も削られて僅かに六十余文を収めるのみである。このことが「略本」における顕著な特色である。しかし、そのことから「略本」が作られた目的をにわかに判断することはできない。竺道生の注の大部分が削られて僅かに残った注を読むとき、そこには何故に取捨選択されたのか、その必然性が見出せないのである。「略本」の編纂意図についてはなおさらに総合的な検討が加えられねばならないであろう。

ところで、中国で『注維摩経』が入蔵されたのは明の北蔵（明版大蔵経務帙）および清のいわゆる龍蔵（書帙）においてである。その明版および清版の『大蔵経』に収められているのは、『注維摩経』の「広本」ではなくて「略本」である。ただし、同じく「略本」を収めながら明蔵は十巻に、龍蔵は八巻に調巻されている。明蔵では仏国品の注が巻一と巻二とに分かれており、弟子品の注が巻三と巻四とに、見阿閦仏品が巻九と巻一〇との両巻にわたっているが、清版ではこのような不都合を改めて八巻に調巻し直したのである。そののちの『縮刷大蔵経』は明蔵を底本となした十巻本であり、金陵刻経処で刻印刊行されたものは龍蔵による八巻本である。

よって現在流行する『注維摩経』を内容・構成の上から整理すれば、左記のようになるであろう。

一、広本
- 十巻本…『大正大蔵経』所収本、『続蔵経』所収本、貞亨三年刊本等
- 八巻本…談山神社所蔵平安時代書写本

二、略本
- 十巻本…明版大蔵経所収本、『縮刷大蔵経』所収本
- 八巻本…清版大蔵経所収本、金陵刻経処本

近年、学界において『注維摩経』に関する論文が陸続と発表されていることは大変に悦ばしいことである。ところが、その中の幾篇かは奇しくも談山神社所蔵の『浄名経集註』、いわゆる「甲本」八巻本をもって『注維摩経』の「古形」となし、本書の原始形態や成立流伝を論じ、編者について考察するための根拠となしている。しかも、この「甲本」を『注維摩経』の「古形」となすことが徐々に学界の定説のごとくなりつつあるので、あえて本書の異本問題について考察した。その結果、談山神社所蔵の八巻本は、本来、十巻本を原本として書写されたものであ

ることが明らかとなった。『注維摩経』が有する多くの課題の中で思想研究を離れ、やや瑣末の問題に終始したきらいがあるが、右のごとき背景があってのことである。

註

（1）『出三蔵記集』巻一三の支謙伝に「従黄武元年至建興中所出維摩詰・大般泥洹・法句・瑞応本起等二十七経」（大正五五・九七c）とある。『同』巻二の『新出経論録』の支謙の条に、彼の訳出経典三十六部を挙げて「維摩詰経二巻　闕」（大正五五・六c—七a）と記している。梁の僧祐はすでに支謙の『維摩経』を「闕」となしているが、現に『大正大蔵経』巻一六に「支謙訳維摩詰経　二巻」を収めている。竺法護訳との混乱があるのかもしれない。訳語など総合的な検討が必要である。また、支謙の訳出経典の総数についてもすでに『出三蔵記集』の中において二十七部と三十六部の相違を示している。

（2）『高僧伝』巻四（大正五〇・三四八c）参照。

（3）『出三蔵記集』巻二に「自太始中至懐帝永嘉二年云々」（大正五五・九bc）とある。

（4）『出三蔵記集』巻二の『新出経論録』に「異維摩詰経三巻」（大正五五・九c）と記している。『同書』巻二の『新集異出経録』の『維摩詰経』の条に「支謙出維摩詰二巻、竺法護出維摩詰経二巻、又出刪維摩詰一巻、竺叔蘭出維摩詰二巻、鳩摩羅什出新維摩詰経三巻」（大正五五・一四a）とあり、竺叔蘭訳の『維摩詰経』の巻数に異同がある。

（5）竺法護の『删維摩詰経』一巻について梁の僧祐は「先に維摩を出し煩重なり。護、删りて出す。偈を逸するなり」（大正五五・八c）と述べている。

（6）『出三蔵記集』巻二の支敏度の条、『合維摩詰経』五巻の下に「合支謙竺法護竺叔蘭所出維摩三本合為一部」（大正五五・一〇a）と注記して三訳を会合したものとなしているが、『同書』巻八所載（大正五五・五八bc）の支敏度の自序では支謙訳と竺叔蘭訳との両本を合わせ編集したと述べている。自序によるべきであろう。

（7）拙稿「維摩詰経と毘摩羅詰経」（『仏教学セミナー』第四二号、本書第Ⅲ部所収）参照。

（8）僧叡の注は唐道液の『浄名経集解関中疏』に「叡曰」と称して十数回引用されている。また、澄観の『華厳経随疏演義鈔』巻四に「叡公維摩疏釈公」（大正三六・二七c）と称して長文の引用がなされている。『同書』巻三六にも「今但引浄名之言、余略不引、叡公釈云」（大正三六・二七六c）といい、僧叡の注を引用している。しかるに僧叡の注が現行の『注維摩経』に収められていない。この件に関して元興寺の智光は「然叡融二師略為注釈、而不具論、故不入集解中」（日蔵一四・二二五下）と述べているが、おそらく当を得たものではないであろう。後日、改めて検討を加えるであろう。

（9）臼田淳三「維摩経僧肇単注本」（『聖徳太子研究』第一一号）等参照。

（10）例えば『法華玄義釈籤』巻二に「関中四子即生肇融叡」（大正三三・八三七b）と称している。また、『仏祖統紀』巻三六の「羅什弟子有生肇融叡、時号関中四聖」（大正四九・三四二a）等参照。

（11）八巻本を記載する目録はおおむね永超の『東域伝灯目録』を継承する。例えば東武謙順の『諸宗章疏録』などは永超の注記をそのまま転記している。

（12）牧田諦亮「肇論の流伝について」（『肇論研究』二七五頁、田中塊堂『日本写経綜鑒』〈思文閣、一九七四年〉三〇八頁）等参照。

（13）井上光貞「東域伝灯目録より見たる奈良時代僧侶の学問」（『日本古代思想史の研究』〈岩波書店、一九八二年〉所収）参照。

曇寂自筆本『三注維摩詰経私記』

一　はじめに

日頃、刊本や活字本でのみ仏典に慣れ親しんでいる者が著者の自筆本に接するとき極めて深い感動を覚える。著者の自筆本に限らずいかなる筆蹟も、その書写者本人の自筆には相違ない。その意味ではいずれの書写本も他をもって代えることのできないものであり、はなはだ貴重なものである。しかし、著者自らの自筆稿本はとりわけ貴重である。自筆稿本は著者のその課題に対するたゆまぬ強靭な思索の息吹を直截に感ずることができる唯一のものである。ましてそれが未刻稿本であればなおさらである。

大谷大学図書館に所蔵する多数の貴重本の中には、そういった著者の自筆稿本もまた数多く含まれている。なかんずく江戸時代の学僧曇寂（一六七四—一七四二）の自筆本は、その質と量とにおいて特筆すべきものである。すなわち、その内容が顕密二教の多方面にわたり、しかもその数量が極めて多数に及ぶものである。従来、特に紹介される機会もなく、この貴重本が看過されてきたことは誠に不幸なことであった。江戸の元禄の初め洛西五智山に入って以来、そこに隠棲して仏典の研究に専念し、齢五十を過ぎた享保・元文・寛保年間に、百部に近い著述をものにした曇寂の自筆本が数多く現存している。曇寂の仏教学の特色や思想史上の位置づけ等については後述するが、その等身の著作のうち『秘鈔私記』二十六巻をはじめとして「十八部百三巻」にも及ぶ自筆稿本を大谷大学図書館は収蔵しているのである。しかも自筆稿本のみならず空海の『金剛界大儀軌』など曇寂自筆の写本十数部や、唐の法全の『青龍寺軌記』に対する曇寂自筆の校正書入本などをも所蔵している。おそらく曇寂の自筆本をこれだけまとめて所蔵しているのは本館以外には皆無であろう。

曇寂の学恩と貴重本の保存に努められる館員の労苦に報いる為に、曇寂の自筆本『三注維摩詰経私記』十六巻を取り上げて紹介したい。本書は顕密にわたる曇寂の仏教学の特色を端的に示すものであり、しかも十六巻にも及ぶ大作である。この『三注維摩詰経私記』は曇寂の強靭な思索と真摯な学風を如実に窺うことができる点からも、また江戸時代の仏教学を知るうえからも文字どおり貴重な資料である。

二　曇寂の事跡と教学

江戸時代の仏教学、ことにその密教教学史において特異な地位を占める曇寂ではあるが、かつてはその生涯の事蹟が全く不明であった。覚眼の撰になる『曇寂伝』が偶然に学界に紹介されるまでは、実はその出自、寂年すら皆目不明であった。現に鷲尾順敬博士の『日本仏家人名辞典』（明治三十六年刊）には「その出身等不明」と記しているのである。今日、曇寂の事蹟を知る上で第一次資料となるものは「孫弟覚眼」の撰になる『曇寂伝』である。この曇寂の伝記は、明治四十一年に長谷寺地蔵院の聖教調査の折、豊山の富田斅純師によってたまたま発見され、同四十三年に活字化して学界に公開されたのである。伝の撰者である覚眼は曇寂の高弟常明の弟子であり、したがって「孫弟」に当たる。この覚眼の記した伝記によって曇寂の生涯の事蹟を略述しておきたい。

曇寂は、延宝二年（一六七四）備後（広島）の福山に生まれる。法諱は曇寂で、字は恵旭という。年十三で出家し、明王院（福山市）の宥翁の室に入る。ついで元禄二年（一六八九）十六歳で上洛し、京師洛西の仁和寺の塔頭である鳴滝蓮華峰寺の禅杲に師事する。禅杲に就いて顕密二教を学び具支灌頂を受ける。このことが後年に五智山に隠棲永住し著述に専念するそもそもの機縁となるのである。二十四歳の時、師の禅杲と共に本寺の明王院に帰山し、その翌年に明王院の宥翁にしたがい両部の灌頂を受ける。その折に宥翁・禅杲の両師が商議し、明王院の後継者に曇寂を推したが固く辞退する。元禄十六年に五智山の禅杲が寂し（定光が補席）、さらに翌年には明王院の宥翁が示寂するに及びふたたび明王院の虚席の薫住を懇請せられたが、『大日経』など三部の注釈をなし密教の釈書を著す大願のあることを述べて固辞している。さらに重諭を得るも、

貧道、餓死に至るも豈に夙志を改むべけんや。

と性来の自誓を述べて重ねて固く辞退している。生涯決して変わることのない旺盛な研究意欲の発露であり、まさに師の本領を窺うことができる。そこで明王院を法弟の宥弁に委ねて再び研鑽のために上洛し五智山に住する。宝永四年（一七〇七）、曇寂三十四歳の時、五智山の定光が寂するに及びやむなく蓮華峰寺に晋山する。さらに四十一歳の時、明王院を継いだ法弟宥弁が早世し、請われて明王院をも兼務することになる。錫を備州に移すも明王院に僑住すること僅かに三カ年にして明王院を観意に譲り、辞して再び五智山に帰る。以来、もっぱら五智山において仏典の研究と著述に専念する。寛保二年（一七四二）冬十月、卒に微恙を感じ、門弟の勧めで延命院に仮寓して療養するも効なく、十一月十一日に至り、端坐し秘印を結び溘然として示寂する。報齢六十九、法臘五十七であった。

覚眼の撰になる『曇寂伝』は、漢文で書かれた僅かに五百九十余字の短文である。この伝記にはその仏教学の特

色や、『三注維摩詰経私記』などの著述および常明など門下のことについては全く言及していないが、本伝によって初めて曇寂の生卒年など師の事蹟のあらましを知ることができるようになったのである。その点で覚眼の著した伝記は曇寂を知る上で不可欠の史料である。

ちなみに『後日本高僧伝』などには曇寂の伝記は記載されていないが、それらの僧伝を渉猟するに曇寂の門下には、かの根来の常明をはじめ、梵字悉曇の学者として知られる寂厳や智好、智暉などを認めることができる。門下の人々は曇寂の学問を継承し、それぞれ独自の学風を発揮しているのである。ことに常明は高野山で受戒して諸国に巡遊し、南都の高範・園城寺の義瑞・浪華の鳳潭らに学んだが、のちに曇寂に師事するに及んで深く感激し、名を宜観から常明に改めている。彼はのちに曇寂の遺命によって五智山主となっている。これらによってほぼ曇寂の学徳を知ることができるであろう。

曇寂の孫弟である覚眼の『曇寂伝』に「顕密事教の鈔釈を大成す」と伝えているように、確かに曇寂の学問は広範にわたるものである。また、弟子の常明が師の曇寂が示寂した翌年、寛保三年に編んだ『曇寂和上所撰書目』は、あらためて曇寂の教学がはなはだ広汎にわたることを如実に示している。すなわち、

経疏抄記　五十七部三百三巻
事相抄記　二十五部百十二巻
都　合　八十二部四百十五巻

と記している。その後に編纂された『智山学匠著述目録』（智山学会編・昭和十年刊）には八十七部を数えている。さらに『国書総目録』には曇寂の著述として実に九十八部にも及ぶ書目を記載しているのである。その一々を列挙することはもとよりできないが、顕密二教にわたる多数の著述をものにしているのである。その中で下記の十部が

各種の全書や蔵経に収められ後学を裨益している。

大日経住心品疏私記二十巻　（大正六〇）
金剛頂大教王経私記十九巻　（大正六一）
大日経教主義一巻　（大正七七）
即身成仏義私記五巻　（真言宗全書一三）
声字実相義私記三巻　（真言宗全書一四）
吽字義私記三巻　（真言宗全書一五）
金剛界次第私記七巻　（真言宗全書二四）
菩提心論私記四巻　（続真言宗全書一一）
菩提心論追記一巻　（続真言宗全書一一）
秘密念仏私記一巻　（真言宗安心全書下）

これ以外の曇寂の現存の著述はいずれも写本で伝わる。大谷大学図書館が所蔵する曇寂自筆稿本十八部のうちでも僅かに『金剛界次第私記』のみが真言宗全書に収められているだけである。その他はすべて未刻稿本である。ここに挙げた既刊の著述はすべて密教に関するものである。ことに『大正蔵』に入蔵される三部は共に密教教学史の画期的な著述である。曇寂の学風を知るうえで便利であるのでこれらについて概観しておきたい。

まず、『大日経住心品疏私記』二十巻は、前述のごとく密教三部の注釈をなそうとする曇寂の大誓願に基づいて撰述した彼の処女作である。享保三年六月、彼の四十五歳の時、同じく五智山に隠棲していた道空の添削治定を経て世に問うたものである。そののち、再三再四の徹底した推敲と加筆とを経て、享保十一年（一七二六）に至りついに『大日経疏私記』八十五巻の超大作として纏められたのである。現存の『大日経疏私記』の奥書によれば、そののちにさらに元文三年（一七三八）の夏六月、六十五歳の時に再重治をなした旨を記している。したがって、実に二十年を閲して完成した労作である。

次の『金剛頂大教王経私記』十九巻は、不空訳の『金剛頂経』（三巻）を注釈したものであり、密教教学史上において重大な位置を占めるものである。すなわち、曇寂が注釈した不空訳の『金剛頂経』は東密・台密ともに根本所依の経典でありながら不思議なことにその注釈がはなはだ少ないのである。台密の慈覚大師円仁が本経の途中（巻二末）までを釈した『金剛頂大教王経疏』が現存唯一の注釈書であり、東密においては本経の注釈は皆無である。したがって、東密・台密を通じてこの経の一部始終にわたり文々句々を注釈したものは実に曇寂のこの『金剛頂大教王経私記』十九巻以外には存しないのである。本経の研究においては唯一の指南として密教教学史上に不朽の意義と功績とを有するものである。かつて師が明王院の住持を請われたとき本経の注釈をなしたいという志を述べ固辞したが、この『金剛頂大教王経私記』の完成によって本懐を遂げたのである。

さらに『大正蔵経』に収める『大日経教主義』一巻は、『大日経』の教主について詳論したものである。『大日経』の教主をいかに解するかは真言教学の上では極めて重大な問題である。真言教学のうち古義では『大日経』の教主を本地身となし、新義では加持身となしている。従来、この教主義は古義と新義との間で厳しく対立し互いに相入れることはなかった。ところが、曇寂は本書において古義・新義の両義がいうところのそれぞれの仏身は、実は「不二而二」であり、能化に約すれば（古義のいう）本地身であり、所化に約すれば（新義のいう）加持身となるのであると説いている。すなわち、本地加持会通説に立って本地と加持の不二の仏身をもって『大日経』の教主であると主張しているのである。しかも曇寂は古義も新義も共に「各執一義」（大正七七・八五七a）と断じていることは注目すべきである。この教主義に関する見解を通して曇寂の密教教学史上における彼の立場を如実に窺うことができるであろう。

これらの著述は、曇寂の密教研究すなわち宗学の基点となるものであり、その教学史上の意義は大きい。その他、事相に関するものや悉曇・音韻に関するものなどについても決して見逃すことのできぬ重要な著述を残している。その一々を列挙して論評する暇はないが、これら密教関係の著述にもまして顕教に関する章疏を多く残していることが曇寂の教学の特色である。この点こそが密教教学史上における曇寂の独自性を端的に示すものである。

曇寂の顕教に関する著述としては、

三注維摩詰経私記十六巻

起信論義記私記十五巻

などが特に注目すべきものである。

このうち『起信論義記私記』十五巻については写本のみで伝わるものであり、筆者未見につき、その内容についてなんら言及することはできぬが、その書目から推して華厳宗の法蔵が著した『起信論義記』の注釈であろう。曇寂が亮然より地蔵院流による両種灌頂を受けた六十歳より以降、六十九歳の示寂までの間は事相研究に専念し、事相に関する私記の撰述が断然多くなる中で、元文五年の六十七歳の折に撰述されている点は特に注意を要する。若年にして広く顕教を学び、やがて宗学の密教の研究に進んで行ったというのでは決してない。曇寂の仏教学においては、顕教の研究と密教の研究の間に軽重の差を認めて一方を取り他方を捨てるような態度はみられない。宗学研究において陥りがちな頑迷固陋な態度は認められないのである。

次に本章において取り上げようとする『三注維摩詰経私記』は都合十六巻の大著であり、曇寂の全著述の中でも主著の『大日経疏私記』などと並ぶ大作である。ここにいう「三注」とは、鳩摩羅什訳の『維摩詰所説経』に対する訳者鳩摩羅什とその門下の僧肇と竺道生の三注釈をいう。この「三注」を合糅したものは『注維摩詰経』の名で広く流布している。ところが、曇寂は本書の序論の中で自ら語っているように高麗義天の『新編諸宗教蔵総録』（義天録）の記載にしたがって『三注維摩詰経』と称しているのである。確かに『注維摩詰経』というよりも『三注維摩詰経』の標題のほうがより明確に内容を表示する。後述するように本書は曇寂の教学の上でも、また『注維摩詰経』の研究の上でもはなはだ重要な意義を有している。幸いにして大谷大学図書館には曇寂の『三注維摩詰経私記』の自筆本を所蔵するので以下にこれを紹介することにする。

三　『三注維摩詰経私記』

本館所蔵の『三注維摩詰経私記』は、撰者曇寂の自筆稿本である。本書は大本（縦二三・四センチ、横一六・七センチ）袋綴で、全十六巻十四冊（巻七と巻八ならびに巻九と巻一〇は各々合綴）から成り、これを一帙に収めている。紙数は四十四ないし六十二枚で各冊不同であるがおおむね五十五枚（各墨付）である。ここに各冊の数値を示すことは繁雑で煩わしいことであるから省略するが、それを一覧するとき、撰者は五十五枚をもって一冊の基準となしていたようである。また各丁半面は一行二十字で九行詰めである。各一行の字詰および行数は本書全十六巻を通じて一貫しており例外や乱れはない。しかし処々に細字の割注があり、所々に頭注を施し補記や追記をなしている。また朱筆を用いて注記や注釈の段落を示している。

本書の書名は各巻の内題がいずれも『三注維摩詰経私記』であり、これが正式の書名であることは疑いない。各冊は紺の紙表紙に書題箋で「維摩記」とあり、小口には「維記一」ないし「維記十六（終）」と記されている。その撰号は巻頭に「沙門曇寂撰」と法諱をもって記している。また各巻末には曇寂を梵訳した「達磨扇底」の号を書き慣れた梵字で記している。

各巻の巻頭には右上から順に「高倉學寮藏書之記」・「真宗大学寮藏書」・「寄附大坂聞信寺」の各朱印が捺されている。また、巻三・巻六・巻八・巻一〇には「五智山」の朱印がある。そのうち巻三・巻六では「五智山」の印の上に重ねて「高倉學寮藏書之記」を捺している。合綴の巻八と巻一〇の巻頭には「五智山」の朱印のみで「高倉學寮藏書之記」などの捺印はない。これらの印記によって本書の来歴を窺うことができるであろう。

この『三注維摩詰経私記』の撰述は、その奥書によれば享保十七年（一七三二）、同十八年のことであり、曇寂の五十九、六十歳の時である。各巻の末にそれぞれ「擱筆」の歳次月日を記している。繁を恐れず列挙すれば次のようである。

巻一　享保十七年歳次壬子冬十月九日書訖
巻二　享保十七年歳在壬子冬十月十有七日訖巧
巻三　享保十七年冬十月廿有八日閣筆
巻四　享保十七年歳次壬子冬十一月初七日閣筆
巻五　享保十七年歳宿壬子冬十一月十五日閣筆
巻六　享保十七年歳次壬子冬十一月廿有五日閣筆
巻七　享保十七年歳次壬子冬十二月初五日閣筆
巻八　享保十七年歳宿壬子十二月十四日閣筆

巻九　享保十七年歳次壬子冬十二月廿四日閣筆
巻一〇　享保十七年歳次壬子十二月晦日閣筆
巻一一　享保十八年歳丑春正月初九日閣筆
巻一二　享保十八年歳次丑正月十六日閣筆
巻一三　享保十八年歳次癸丑夏五月廿有四日閣筆
巻一四　享保十八年歳次癸丑夏六月朔閣筆
巻一五　享保十八年歳宿癸丑夏六月九日閣筆
巻一六　享保十八年歳次癸丑夏六月十九日閣筆

これらの奥付によれば、前巻の擱筆の後に直ちに次巻の執筆に取り掛かったとして曇寂が一巻の撰述に要した日時は七日ないし十一日である。巻一と巻一三とについては、その起筆の月日を特定することはできぬので幾日を費したかは不明であるが、おおむね八日間で一巻の注釈を完了しているのである。したがって、『三注維摩詰経私記』全十六巻を延べ四カ月間余で撰述していることになる。そのうち巻一〇は享保十七年の十二月の晦日に擱筆し、次の巻一一は九日後の正月九日に脱稿しているのである。おそらく世俗における正月の喧噪を離れて粛々として注釈をなしていたことであろう。さらに巻一二はそれから一週間後の正月十六日に注釈をなし終えている。まさに暮れも正月もなく研鑽に努めているのである。ところが、巻一二を正月十六日に書き終えたのであるが、巻一三の脱稿は夏五月二十四日のことである。巻一二の脱稿の後、なぜか四カ月余の空白があるのである。このことはいかに理解したらよいのであろうか。

享保十八年（一七三三）には『蘇悉地瑜祇口決』一巻、『不動法私記』六巻、『十六道次第私記』四巻、『重位私

記』二巻、『胡拒立大事私記』一巻、『中因記』二巻など特に「事相」に関する著述を積極的に行なっている。これらの「事相」関係の著述は、享保十八年の六月十九日の『三注維摩詰経私記』の脱稿後のことであり、『三注維摩詰経私記』の執筆を中断して著したものではない。

今、問題にしている享保十八年は、すなわち曇寂の六十歳の時に当たる。この年に彼は尾州性海寺で亮然より地蔵院流による両種灌頂を受けているのである。この歳より以降に密教事相の各種「私記」が断然多くなるのは、この灌頂と密接な関係があると考えられる。享保十八年正月十六日以降、ほぼ四カ月間に及ぶ『三注維摩詰経私記』の執筆の中断もまた、実は尾張の性海寺における灌頂の為であったと考えられる。

次に本書の執筆の場所について述べる。本書の巻六や巻一四の奥書には、

於洛西五智山忘慮亭　沙門達磨扇底

と、曇寂自らが記しているのである（「達磨扇底」は梵字）。曇寂は五智山の忘慮亭や補陀洛亭などに住したようであるが、この『三注維摩詰経私記』は忘慮亭において撰述されたことは明らかである。

四　本書の内容とその特色

本書『三注維摩詰経私記』は、その標題が如実に示しているように鳩摩羅什・僧肇・竺道生の三師の『維摩経』の注釈を合糅した『注維摩詰経』を解釈したものである。周知のように『注維摩詰経』は経の訳者である鳩摩羅什の注を含んでおり、訳者自身の見解を直接に窺うことができる点で極めて特異なものである。また、鳩摩羅什の抜群の門弟である僧肇が、その般若学に立って『維摩経』を解釈し、その僧肇の釈を見て、さらに新異の釈義を顕し

たのが竺道生の注である。したがって、これらの「三注」を合した『注維摩詰経』は古来より『維摩経』研究の指標となるものであった。

曇寂は全十六巻の本書のうち、巻一ないし巻四に仏国品を、巻九ないし巻一二に問疾品を解釈している。仏国品・問疾品の両品の注釈にもっとも精力を注いでいる。しかし、他の諸品の注釈を軽視したり省略したりしているわけでは決してない。最後の嘱累品に至るまで堅実かつ忠実に注釈がなされているのである。

曇寂の注釈の特色のうち特に顕著なものとして以下の諸点を指摘することができると筆者は考えている。

① 梵本原典の重視
② 諸訳諸本の対照
③ 博引旁証の釈義

曇寂の注釈の特色として第一に挙げねばならないのは、原典である梵本を極めて重要視していることである。筆者が『三注維摩詰経私記』を読んでまず感銘を受けたのはこの点である。

本書はその注釈の一段落毎に「今按」と称して曇寂自身の見解が述べられている。この「今按」の下で曇寂は、常に梵本を参照して、あるいは梵本を念頭において見解を披瀝している。経題釈や品名釈において常に梵字を挙げつつ論じている。例えば、経題の『維摩詰所説経』について「今按」と称して「准依梵本」として「維摩詰所説者、具梵云阿費摩羅枳里底、此云无垢称」と述べている。また、『維摩詰所説経』の別名である『不可思議解脱経』を解釈する際にも「梵云」として「不可思議」の梵字を一々示し、さらに彼がその注釈に常用する『大日経疏』の第一六巻を引用して「此不可思議、梵音阿真底、亦有阿声」と論じ、「故知不可思議者、阿字義也」と結んでいる。また仏国品の品名を釈する際には「仏国」の原語を問題にして「見梵本阿弥陀経」と述べ、『梵文阿弥陀経』（寛政四年の刊本があるが、当時は写本であったろう）を引いている。また別の箇所では「心経梵本云」といって『般若心経』の梵本をも参照して注釈している。このように常に梵本を考慮しつつ解釈をなしているのである。

仏国品に「唯願世尊説諸菩薩浄土之行」という経文がある。すなわち、世尊に対して「浄土之行」を説くことを願うところで、その「浄土之行」を鳩摩羅什は浄土の「清浄之相」を説くことと釈し、僧肇はこの土を浄め浄土を建立するには必ず行によらねばならないと解し「必由行故請説行也」と釈している。この両師の注釈の相異を曇寂は「今按、肇依行義、什依相義。各々不同」と批評し、「此注即梵本之意、可知」と梵本によって両師の相異を判釈しているのである。

このような梵本を重視する解釈態度は、時として中国の釈家に対する手厳しい批評ともなる。

本書巻一六に菩薩行品の「何謂菩薩不住無為」に対する僧肇の釈について曇寂は次のような見解を示している。書き下し文にして示せば次のとおりである。

然るに肇公は梵本を見ざるに非ざれども、此の注を作す時、偶たま憶えず、只だ翻経にて解す。故に此の説を為すか。

此れに依って験知するに、震旦の諸師、多く梵本を見ず、翻経に就いて解す。恐らくは梵義に違うこと多く有り。

震旦、すなわち中国の諸師は梵本によらず、ただ漢文に翻訳された「翻経」によってのみ解釈しているので原典の真義である「梵義」に相違することが多いと指摘しているのである。江戸中期の学僧の識見として卓越したものである。

このように原典の真義である「梵義」に忠実であろうとする立場からさらに次のような意見が出てくるのであろ

う。

羅什、生まれは亀玆と雖も、五（天）竺を歴遊す。何ぞ梵文を知らざるや。しかるに基師の弾を被る。（基師）自ら梵文を語らずして、而も忝けなくも先徳（羅什）を謗る。罪は莫大なるかな。

玄奘門下の俊才である慈恩大師基は、新訳にたって旧訳を批判している。基師は玄奘訳の「維摩経」である『説無垢称経』を注釈し、しばしば鳩摩羅什の翻訳に対して疑義を呈している。このことを論評して上記のように述べているのである。このような梵本重視の釈義は本書に一貫するものであり、特筆すべき特色である。実は本書のみならず『大日経疏私記』などの彼の全著述に一貫するものである。本書中においても数多くの梵本重視の事例を示すことができるが、繁を避けてあと一文のみを挙げることにしたい。

竊に惟んみれば、一切の経論は梵を翻じて漢と為す。これ翻錦の背と面と倶に花なるに比する。是れ倶に花と雖も、背と面との異り無きを得ず。其れ已に然れば、但だ漢本のみを読み、しかも梵音を鮮くせざれば、猶お徒らに錦の背を見て、面の花の奇絢なるを見ざるが如し。其れ已に見ざれば、豈に仏意を尽さざること無きに非ざるを得んや。これ余の常に慨然し、しかも悲嘆する所以なり。ここを以て不分を忘れ、以て鉛槧に事う。若し同志ありて、偶々披閲を得れば、或は思い半に過ぐる有り。

やや長文の引用で誠に恐縮であるが、曇寂の気持ちをもっとも端的に示すものと筆者は考えている。本章において曇寂のこの言葉を紹介するのは、たまたま本書の披閲を得て曇寂の学恩に報いんとするゆえんのものである。

曇寂の『三注維摩詰経私記』の特色の第二に挙げられるのは、諸訳諸本の対照ということである。周知のことであるが、現存の漢訳『維摩経』には、鳩摩羅什訳のほかに呉の支謙訳と唐の玄奘訳とがある。曇寂が本書を著すに際しては「呉本」「呉訳」「支訳」「支謙訳」「新経」「唐経」「唐訳経」などと称して常に異訳を参照して経文の校訂をなしている。これは近代の文献批判の方法にも通じるものであろう。ところで、曇寂をしてかかる方法を可能にしたのはひとえに大蔵経の流布による。すなわち、曇寂の『三注維摩詰経私記』の撰述に先立つこと、ちょうど五十年以前の天和元年（一六八一）に完成した鉄眼道光の一切経の流布によるものと考えられる。曇寂が異訳諸本を引くときに「明蔵本」「明本」の語が認められることが、そのことの証左である。言うまでもなく鉄眼が完成した一切経は「明本」すなわち明版大蔵経の覆刻である。この大蔵経によってかかる諸訳諸本の対照校訂が可能になったのである。

諸訳を対照し原典を確定するという注釈態度はとうぜん諸本による校訂へと進むことは必然である。次の曇寂の言葉が、彼の注釈の基本的立場を如実に示すものである。

彼の論に多く異本有り。何ぞ必ず流布の一本のみを以て証と為すや。

ただ流布の一本のみを参照あるいは引用してもって字句の異同を論ずる安易な注釈者を厳しく戒めているのである。

さらに曇寂の注釈において特記すべき点は、博引旁証をもって釈していることである。曇寂は本書の全巻を通じて「祥云」「慈恩云」と称して嘉祥大師吉蔵の『維摩経義疏』と慈恩大師基の『説無垢称経疏』との両書を常に参照しながら注釈をすすめている。しかし、曇寂の引用するところは単に両三の書に留まるものでは決してない。それは仏典のみではなく、『王弼易略例』『晋書』『礼記注』『孔安国尚書序』『礼曲礼上』『孔子家語』『周易』『荘子斉物論』『郭象注』『老子』等の多くの外典を引いているのである。外典についてすらこのようであるから内典については一々挙げるまでもなく十分に推測できることであろう。それは顕密の二教、経律論の三蔵、八宗の章疏の広範にわたっている。ただ、所引の内典のうちで顕著な特色は各種の音義類をよく引いていることである。例えば、『華厳音義』『玄応音義』『翻訳名義集』『慧苑音義』などを極めてよく利用していることも曇寂の注釈における特色の一つである。

五　撰述の背景

本書の特色の一端について述べたが、要するに曇寂の仏教学ははなはだ近代的な要素を具備しているということである。そこでただ奇異に感ずるのは、一々の注釈において多数の典籍を引用しているが、唯一の例外を除いて日本撰述の仏典を全く引用していないことである。

曇寂（一六七四―一七四二）と同時代に生きた学僧が『注維摩詰経』の注釈をなしているにもかかわらず、それらには全く関心を示していないようである。曇寂よりちょうど四十歳の先輩で曇寂四十五歳の時に卒した本願寺第二代能化である知空（一六三四―一七一八）は『注維摩経日講左券』を著している。また、曇寂より二十年の先輩で、曇寂の示寂に先立つこと四年にして寂し、ほぼ同時期に活躍した鳳潭僧濬（一六五四―一七三八）もまた『注維摩経会要発矇鈔』を著している。これらは今日においても『注維摩経』研究には常に参照される権威ある注釈書である。ところが曇寂はこれらについては何ら言及するところがない。

実は曇寂の生存中に『注維摩経』の注釈書が多く出版されているのである。現存のものに限って示せば次のとおりである。

『注維摩経事略』延宝九年（一六八一）刊

『注維摩詰経増補事略』貞享三年（一六八六）刊
『注維摩経日講左券』元禄十三年（一七〇〇）刊
『注維摩経序解』元禄十三年（一七〇〇）刊
『注維摩経会要発曚鈔』元禄十六年（一七〇三）刊

現行の『注維摩詰経』の注釈書はほとんどこの時期に著され、かつ刊行されているのである。曇寂自身はこれらに言及していないが、このような時代の風潮と曇寂の本書の撰述とが無関係であるはずがないのである。本書中にはこれらについては触れてはいないが、ただ唯一の例外として「和上記云」としてある『注維摩経』の注釈書をしばしば引いている。それでは、ここにいう「和上」とは誰か。また「和上記」とは何を指すのであろうか。

それを解く鍵となるのは、本書巻一に述べる曇寂の言葉である。すなわち、

余、曽て勢の真応精舎に於いて幻和上に随って此の経を聴味す。それより已往、殆ど三十年。余もまた和上と倶に、跡を此の山に隠す。密蔵に濡首し、秘観を食腴す。ゆえに未だ遑しく重ねて閲せず。今歳壬子の夏、清昼の無人のとき、独り隠几に座し、南窓を推げ薫風に沐す。偶然に疇告を憶え、亦た甘露を受く。尚、歯牙の間に在るが如し。ことにちなんで再閲す。更に秋をへてよりは、遂に自ら庸短を揆からずして、一乗の幽関を探尋し、三師の磐隠を剖析す。以て秘鮮に附づき、之を圏外に置かんとして自ら私記若干巻を撰す。

ここに本書の撰述の由来が述べられている。すなわち、そもそもの契機は三十年以前に「幻和上」の講莚に連なったことである。本書には尊敬を込めて常に「幻和上」と称しており、決して名（諱）を出すことはない。

各種の資料を渉猟するに曇寂と同時代に五智山に隠棲した学僧は如幻とかんがえられる。如幻は広く道空の名で知られる。いずれが法諱であるのかについては異説がある。彼は智積院の運敞の門に学び、学僧として名高い。こ

の如幻もまた郷関、世寿、寂年などは全く不明であった。ところが、第二回大蔵会に展観された舟橋水哉師所蔵の道空自筆の千手陀羅尼などによってその生卒年が明らかとなった。それによると道空は寛文六年（一六六六）に生まれ、寛延四年（一七五一）の三月二十日に示寂している。道空は曇寂の八歳先輩であり、五智山の塔頭に隠棲した学僧であった。その道空の著述を検索するに、当該の『維摩経』に関するものとして左記のものが認められる。

維摩経略秘記　二巻

維摩経三注序考記　一巻

このうち後者はまさしく『注維摩詰経』に付せられる僧肇の序を注釈したものである。これらを勘案するに道空の『注維摩経』の講義が曇寂の『三注維摩詰経私記』の基になっていることは明らかである。本書十六巻を通じて「幻和上記云」の文字が散見しているのが何よりもその証左となる。ことに、本書巻一の「鶉火」の説明において「和上依史記図云」として道空の図記を基にして朱筆を交えて図示している。その他、曇寂が「和上記云」と言って引く道空の所説を読むにいずれも極めて高い識見と学識に基づくものでありはなはだ教えられることが多いのである。

曇寂と道空との間で『大日経』の教主義をめぐって多少の見解の相違などがあったようであるが、両師の関係は良好であり、学問の世界における同学の一典型を示している。先に一言したが、曇寂の主著であり処女作でもある『大日経疏私記』八十五巻のうち最初の五巻を道空が「添削治定」しているのである。この『三注維摩詰経私記』にわが国の学僧のうちただ道空のみを参照しているところに曇寂の道空師に対する敬虔な感情を知ることができるのである。

六　むすび

大谷大学図書館所蔵の貴重図書『三注維摩詰経私記』の一端を紹介したが、若干の言い残したことを述べてむすびとしたい。曇寂は本書『三注維摩詰経私記』において種々の課題を「今按」と称して論じている。ところが、ところどころで「具如理趣釈」「具如理趣釈記弁之」などと言ってその詳論を他書に譲っている場合がある。この『理趣釈』とは、曇寂の自著である『理趣釈私記』十巻を指す。これは曇寂、五十五歳（享保十三年）の撰述である。そののち、さらに本書撰述の前年（享保十六年）に至って『理趣釈追記』三巻を著している。本書はその詳論をこれらの書に譲っているのである。実は、この『理趣釈私記』『同追記』の両書の自筆本もまた大谷大学図書館が所蔵しているのである。これらの貴重書を研究し公開することは、大谷大学図書館の重大な使命であり、大谷大学にかかわる研究者の避けることのできない責務であろう。

Ⅳ　隋唐仏教の種々相

智顗と法蔵

一　はじめに

天台教学と華厳教学とは、隋唐時代に開花した仏教の精華として古来より絶賛を博している。中国仏教を代表する両教学の大成者が天台大師智顗（五三八—九七）と賢首大師法蔵（六四三—七一二）とである。智顗によって大成された天台教学は『法華経』を宗義の中核にすえて教観双備の仏教を繰り広げて精彩を放ち、一方で法蔵の華厳教学は『華厳経』に基づきつつ新訳仏教の思想を摂取し理論の精緻さにおいて異彩を発揮している。それゆえ、両師の教学は中国仏教史上に不動の地位を占め、そののちの東アジア仏教の展開に計り知れない影響を与えている。そこで仏教思想史の解明を志す学徒は、誰しも智顗と法蔵の思想に多大の関心を寄せる。ところが、智顗と法蔵について研究する場合に往々にして両師の個性や宗義の相違にのみ目が奪われがちであるが、しかし決して忘れてはならないのは共に中国仏教の伝統の中で常に一乗仏教の完成を目指していたということである。もしもこのような共通の場が用意されないときは、たとえ中国仏教を代表する最高の思想家である智顗と法蔵について研究したとしても、それは単に宗義の考察に留まり、ついに仏教思想史の解明には結びつかないであろう。本章においてもそれぞれの生涯の事蹟に見られる差異に言及するが、それはあくまでもインドに興起した仏教を受け入れながら中国という歴史的風土の中で「いかにして万人が等しく仏と成ることができるか」という両師に共通する課題を明確にするとともにその課題をどのように達成したのかを解明したいという目標があってのことである。したがって、拙論は中国仏教において智顗や法蔵がいかにして一乗仏教を大成あるいは完成したのかを明らかにするための予備的な考察である。

智顗と法蔵を併せ検討することは仏教思想史の研究に不可欠であるにもかかわらず、従来、この両師を同時に論じた論考は意外に少ない。それには種々の理由が考えられるが、要は偉大な仏教者の深淵な思想を正しく把握することが容易でなく模象に堕すことを畏れるためであろう。それにもかかわらずあえてこの課題に取り組むゆえんは、法蔵の『大乗起信論義記』について考察を行なった際に、智顗と法蔵の間には仏教者として共通する課題を保有しながら、しかもそれぞれが異なる時代に異なる思想状況下で独自の仏教を展開していることに関心をもったからにほかならない。(1)

二 『智者大師別伝』と『法蔵和尚伝』

中国仏教史の基本資料として梁の慧皎・唐の道宣・宋の賛寧らによって編纂された各時代の「高僧伝」が現存する。智顗の伝記は道宣の撰になる『続高僧伝』巻一七の「習禅篇」に「隋国師智者天台山国清寺釈智顗伝」と称して立伝されている。また法蔵の伝記については賛寧に『宋高僧伝』巻五の「義解篇」にはなはだ簡略ではあるが「周洛京仏授記寺法蔵伝」として収載されている。これらの伝記とは別に一宗の祖師である智顗や法蔵にはいわゆる「別伝」が現存する。(2)

智顗の場合には、その法灯を継承した灌頂をはじめ法論・智果・法琳など多くの門弟が各々師の「別伝」を撰述している。『国清百録』の序によれば、智顗の別伝として門弟の渚宮法論・会稽智果・国清灌頂の三人の筆になる「三伝」が流布していた。また、『続高僧伝』にしたがえば、さらにそれとは別に終南山龍田寺の沙門法琳が撰した智顗の行伝があり広く世に行なわれていた。それらの行法のうちで現存するのは僅かに灌頂の撰になる『天台山国清寺智者大師別伝』（以下『智者大師別伝』という）一巻のみである。灌頂（五六一―六三二）は、陳の至徳元年（五八三）に智顗に随い金陵の光宅寺に入り、爾来二十年にわたって師に随奉しながら天台の教観を承習し、その領持した遺教をのちに集記して天台三大部と称される『摩訶止観』『法華玄義』『法華文句』を編纂した。それゆえ、直弟灌頂の筆になる『智者大師別伝』は、智顗の伝記中の白眉である。智顗が没して四年後の開皇二十一年（六〇一）に柳顧言から智顗の俗家や入道の縁由などの委細を尋ねられた灌頂が「皆、識る能わず」という状態であったためにこれを機縁として師の伝記の撰述を決意し『智者大師別伝』を著した。このようにして智顗の歿後、まもなく完成した『智者大師別伝』は、すぐさま外護者であった隋の煬帝に献上されて広く天下に流布された。

道宣が『続高僧伝』の「智顗伝」を著したのは、智顗が歿してのち四十九年を経過した唐の貞観十九年（六四五）のことであった。その際、道宣は灌頂の『智者大師別伝』はもちろんのことほかの門弟の筆になる「別伝」や各種の碑文などを渉猟して智顗の伝記を編んだ。そこで灌頂の『智者大師別伝』と道宣の『続高僧伝』との間に齟齬や異同なども認められるが、両書は智顗の伝記を考察する場合に共に欠くことのできない貴重資料である。この両書の出没の詮索も大切であるが今はひとまず保留し、本章の課題である法蔵との対比を念頭におくとき、優れた仏教史家である道宣が智顗の伝記を「義解篇」ではなくて「習禅篇」に収載し、智顗を義学の僧ではなく禅師として評価していることをまずもって留意しておくべきである。

華厳宗の大成者である法蔵にはどのような伝記が存するのであろうか。賛寧は『宋高僧伝』巻五の「義解篇」に法蔵の伝記を載せているが、道宣が著した智顗の伝に比べるときはなはだ杜撰であり、周知のように法蔵と玄奘との関係など史実の誤認すら認められる。そこで法蔵の伝記資料としてまず第一に挙げるべきものは、唐の閻朝隠が撰した『大唐大薦福寺故大徳康蔵法師之碑』（以下『碑文』という）と新羅の崔致遠の撰文になる『唐大薦福寺故寺主翻経大徳法蔵和尚伝』（以下『法蔵和尚伝』という）とである。唐の秘書少監であった閻朝隠の『碑文』は、法蔵が示寂した翌年に門下に請われて撰述したものであるから法蔵の伝記としては最古のものであるが、ただ残念なことに簡略に過ぎる。そのうえ秘書少監の筆になるためどうしても皇帝との関係が主となっている。そこで法蔵の事蹟を考察する場合にもっとも大切な資料となるのが新羅の文豪・崔致遠の筆になる『法蔵和尚伝』である。本書は法蔵が歿してすでに二百年近い年月が経過した天復四年（九〇四）に完成したものである。成立に至るまで時間の経過からすれば、あたかも智顗が歿して一八七年を経過して唐代の著名な書家である顔真卿が著した『天台山国清寺智者大師伝』に匹敵するものであるが、資料価値においては顔真卿のそれと崔致遠の『法蔵和尚伝』とでは雲泥の差がある。顔真卿がいかに著名な書家であったとしても『天台山国清寺智者大師伝』には何ら新しい記事もなく、灌頂の『智者大師別伝』などの先行資料から要旨をとったものにすぎない。それに比べると崔致遠の『法蔵和尚伝』はいかにも後代のものだとしても法蔵の行伝を考える上で欠くことのできない基礎的資料である。(3)

法蔵伝の中心資料となる『法蔵和尚伝』は、かつて唐に学んだ崔致遠が故郷の新羅に帰国し、晩年に隠棲した海印寺で撰述したものである。義天の『新編諸宗教蔵総録』によれば、崔致遠は同じく新羅出身の僧でかつて唐に学び、法蔵と同学であった義湘の伝記である『浮石尊者伝』一巻を著している。崔致遠は法蔵だけではなく義湘の伝記も併せ撰述しており、中国および新羅の華厳経に関する豊富な資料を有していた。ところが、崔致遠が著した

『法蔵和尚伝』は華厳宗主の伝記でありながら異国の新羅において撰述されたこともあって中国の仏教界では永らくその存在すら知られていなかった。この著名な法蔵の伝記は崔致遠が撰述してから百八十余年を経過した大安八年（一〇九二）に至って奉宣雕造され高麗大蔵経に入蔵されたが、中国には全く伝わっていなかった。そのため中国で作られた各種の法蔵伝に何らの影響も与えていない。

宋の紹興十五年（一一四五）に法蔵の主著『華厳経探玄記』や『華厳五教章』などが宋版大蔵経に入蔵された際に、併せて華厳宗主である法蔵の伝を入蔵しようとしたが、崔致遠が著した『法蔵和尚伝』の存在が知られていなかったためついに入蔵を果たすことができなかった。法蔵が示寂して四百数十年を経過した宋の紹興十九年（一一四九）に至ってようやく崔致遠の『法蔵和尚伝』が知られるようになり入蔵された。当時、華厳宝塔教院の住持であった円証大師義和が『法蔵和尚伝』の跋文に「遂に高麗の善本を獲て」入蔵したことを明記している。(4)

いずれにせよ、崔致遠の『法蔵和尚伝』は華厳宗の大成者である法蔵の諸伝記のうちでもっとも貴重な資料であることについては何人も異論がなく、まさしく智顗の諸伝記中における灌頂の『智者大師別伝』に相応するものである。そこで灌頂の『智者大師別伝』と崔致遠の『法蔵和尚伝』とによって以下の考察に必要な範囲で両師の生涯の事蹟について検討を加えることにする。

灌頂と崔致遠の筆になる著名な別伝は、その一は謦咳に接した直弟子が記したものであり、ほかの一は遥かに後代の著名な学者が著したものである。そこに自ずから執筆の態度に相違が生じる。崔致遠の『法蔵和尚伝』は、法蔵の七十年にわたる生涯を族姓・遊学・削染・講演・伝訳・著述・修身・済俗・垂訓・示滅の十科に区分して記述しているが、灌頂の『智者大師別伝』ではこのような章科を立てることなく昵近の門弟が師の六十年の生涯を感激と報謝の念をもって記録している。灌頂の『智者大師別伝』には常随の弟子として師の学徳に報ぜんとする心情が感じられるが、崔致遠の『法蔵和尚伝』はかつて唐に学んだ大学者が晩年に故国に帰り、法蔵の歿後、相当の時間を経過して可能な限りの資料を渉猟して法蔵の偉大さを顕彰しようとしたものである。崔致遠が十科に分けて『法蔵和尚伝』を著したのは、実は法蔵がその著述である『華厳三昧観』に（『起信論』所説の）直心に「十心」を具すると説いているのにちなんだものである。すなわち、崔致遠は法蔵の徳をその「十心」に擬配して族姓広大心・遊学甚深心・削染方便心・講演堅固心・伝訳無間心・著述折伏心・修身善巧心・済俗不二心・垂訓無礙心・示滅円明心を明らかにしようとしている。(5)

崔致遠によって執筆された『法蔵和尚伝』は、灌頂の『智者大師別伝』に比べると、法蔵の歿後、遥かに後代に執筆されただけに偉人化・超人化の傾向が顕著である。法蔵の生涯の事蹟を「十心」に配したのも実は偉人化の表れである。直接に師の人格に接した門弟の筆になる伝記と謦咳に接することができなかった遥か後代の学者の撰になる伝記とでは自ずから筆致に違いが生じる。直にその人格に接することができない後代の撰者の伝記ほど偉人化・超人化・神秘化が進むのが世の常である。灌頂は直接に智顗の人格に接しているだけことさらに神秘性を強調することはないが、それでも『別伝』の巻末に付された「謹書十条」では智顗の非凡さを強調している。崔致遠の場合には、直に法蔵の人格に接していないだけにより一層の超人化・神秘化の傾向が進行している。

このように灌頂と崔致遠とでは「別伝」撰述の態度や筆法に違いが認められるが、何よりも明らかな違いはその題目にある。灌頂の筆による智顗の伝記は『天台山国清寺智者大師別伝』と題されており天台山で開悟し国清寺を建立して住した智者大師の生涯を記録しようとしているのに比して、崔致遠の法蔵伝はその題目である『唐大薦福寺故寺主翻経大徳法蔵和尚伝』が如実に示しているように都の大寺に住持し著名な三蔵法師の訳場に参じ経論の翻訳に関与した稀有なる「翻経大徳」の業績を顕彰しようとした意図が読みとれる。それぞれの「別伝」には撰者の智顗観や法蔵観がその表題に反映している。

三　訳経に対する関与

崔致遠は法蔵を「翻経大徳」と尊称している。このことが端的に示しているように崔致遠は法蔵の功績あるいは特異性を訳経三蔵との交流を通じて得た新知識によって教学を大成したところに求めている。ところが、灌頂の『智者大師別伝』によれば智顗が訳経に関わったことや訳経三蔵と親しく交際したという事実は全く認められない。智顗は『摩訶止観』巻七下に仏法に融通するために意を注ぐべき十カ条（十意）を挙げ、その中に梵語に通じることの必要を説いている。智顗が理想の仏教学として挙げる「十意」は、今日においてもなお傾聴に値する内容を有するものであるが、その第九意に「翻訳梵漢、名数兼通」を掲げて法教を学ぶことと共に梵語に精通し翻訳に関する知識を有することが仏教学にとって必要であることを認めている。ところが智顗は自ら梵漢の翻訳に関する知識を欠くことを告白している。智顗が「十意」について語る意図は、あくまでも仏教を学びながら講経または修禅の一面にのみ偏する「文字の法師」や「暗証の禅師」を批判するところにあるが、それにもかかわらず自ら経典翻訳や梵語に関する知識に遺憾の点があることを素直に述べている。おそらくこれは智顗の語ではなく灌頂が識したところであろうが『摩訶止観』（巻七上）には次のように語っている。

ただ翻訳、名数のみは、いまだひろく尋ねるに暇あらざるも、九の意は世間の文字の法師と共ならず、また事相の禅師と共ならず。一種の禅師は、ただ観心の一意あり、あるいは浅、あるいは偽にして、余の九はまったくなし。これ虚言にあらず。後賢の眼あらん者、まさに証知すべし。(6)

智顗が目指した仏教は、当時の南地に行なわれていた学解・講経に偏した「文字の法師」とは異なり、また北地の修禅や誦経に偏した「事相の禅師」とも明確に一線を画するものであった。そこで智顗が理想の仏学として提示したのが「十意」である。智顗はそのうち「翻訳梵漢」の一意のみは未だ暇がなく十分に学習することができなかったと悲嘆しているのである。

これに比して法蔵は、あたかも訳経僧のごとくに、当時、長安で行なわれていたほとんど全ての経論翻訳に参加し遺憾なく梵語の学識を発揮している。智顗が活躍した南北朝末から隋代に至る時期は戦乱の時代であり渡来の三蔵法師も少なく、加えて北周武帝の廃仏のため、ことに北地ではとても訳経が行なえる状態ではなかったが、法蔵が活躍した時代は歴史上でももっとも安定した隆盛期であり外国から渡来する三蔵法師も多く当然のことながら訳経事業は盛んであった。

崔致遠は華厳宗の大成者である法蔵を実叉難陀や地婆訶羅などの訳経に関与し筆受や証義をつとめた「翻経大徳」と尊称し、法蔵の名を「達摩多羅」といい、字の賢首を「跋陀羅室利」と梵語で表記している。これははなはだ奇異なことであるが、要は崔致遠の法蔵観を如実に反映したものと解すべきである。(7)

法蔵の示寂直後に門人の要請で官吏の閻朝隠が撰文した『碑文』においても法蔵が実叉難陀の『華厳経』や菩提流支の『大宝積経』の訳経に関与したことを記している。また著名な経録である智昇の『開元釈経録』巻九においても法蔵が実叉難陀・菩提流志のほかに弥陀山・義浄などの訳経に関係したことを記録している。さらに法蔵自身が、その著述で訳経三蔵の日照（地婆訶羅）や提雲般若などとの親密な交際を認めている。このように法蔵が数多くの三蔵法師と交際し、その訳場に参じて筆受や証義をつとめたことは紛れもない事実である。(8)

このようにインド・西域から渡来した訳経三蔵との交流を通じて学習した梵語に関する知識については智顗と法

蔵との間で顕著な違いを示している。そのことは単に梵語の知識の有無や訳経に対する関与の問題のみに留まらず、後述するようにそれぞれの教学の構築にも多大の影響を与えている。

四　出自に関する異同

智顗は生粋の漢人の僧であるが、法蔵はその俗姓が康氏であり、閻朝隠が法蔵のことを康蔵と呼んでいることによっても知られるように祖先は西域の出身者であった。仏教が中国に伝来した当初、西アジアに位置する康居の出身者が多く渡来し康姓を名乗っていた。正史の西域伝にも康居の名が登場するが、後世の史書ではしばしば康居と康国とが混乱している。法蔵の俗姓が康氏であったところから『宋高僧伝』をはじめとして諸伝は法蔵の祖先を康居の人と伝えているが、おそらく年代などからみて康居ではなく康国であったと考えられる。そのいずれにしても法蔵には西域の血が流れていることは事実である。このことが法蔵をして西域の胡本を漢語に翻訳する訳経に対して格別の関心と親しみを覚えさせたと考えられる。

智顗の祖先は潁川の陳氏である。父の起祖は陳の高祖である覇先と同じく江陵の元帝に仕えた同僚であった。すなわち智顗の祖先は陳の王室と同郷の同姓ということになる。このような生粋の漢人僧の智顗と祖父の代に帰化したとはいえ西域康国の末裔である法蔵とでは、やはり異国に興起した宗教である仏教に対する関わり方はもとより解釈や理解に微妙な相違が生じるのは至極当然のことである。父が安息国の人で俗姓が安氏であり、胡吉蔵と呼ばれていた三論宗の開祖吉蔵が『中論』『百論』などインド的な仏教を奉じたのと共通するものがあったと考えられる。また法蔵のやや先輩であり、常に法蔵の念頭にあった法相宗の窺基も姓が尉遅氏であり、その音が示しているように祖先は于闐すなわちホータンの出身である。基は唯識・因明に通じ発想や学問がやはりインド的であった。吉蔵や基と同様に法蔵にも西域の血が流れており、当然、その影響が教学の各方面に現れる。

崔致遠の『法蔵和尚伝』は、法蔵の徳を顕彰して次のように述べている。

　蔵、本と西胤に資り、雅より梵言を善くし、生を東華に寓せ、精かに漢字を詳らかにす。故に初め日照に承ければ、則ち高山に価をほしいままにし、後に喜学に従えば、則ち至海に功を騰ぐ。(9)

賛寧の『宋高僧伝』が、かつて法蔵が玄奘の訳場に在ったとき意見が合わず退出したと記しているのは明らかに誤伝としても法蔵が地婆訶羅（日照）や実叉難陀（喜学）をはじめとして義浄など諸三蔵の訳場において筆受や証義の役を務めたことは事実である。そこで崔致遠は華厳宗の宗主である法蔵が多くの訳経に関与するに至った理由を「本と西胤に資り、雅より梵言を善く」するところに求めた。これは極めて自然な見解であり、まさに当を得ている。

一方、智顗の教学は自己の心中において発明したところの法門といわれている。周知のように『摩訶止観』巻一上に、

　此の止観は、天台智者が己心中に行ぜしところの法門を説きたもう。(10)

と灌頂は記している。智顗の教学は自己の宗教体験に基づく「己心の法門」であり、後述するように、智顗はそれが経論の所説に合致するとの確信に基づいて教学を組織した。智顗の場合には、経論による教証が得られなければ（自己の信ずるところがあったとしても）何も発言できないというのではない。むしろ深い宗教体験によって中国の人々がいかにして覚者になることができるかについて深い省察をなし、それに基づいて独自の仏教を築いたのである。

かつて二十代の智顗が慧思の下で修禅に励んでいたとき、自ら体得した禅定についてその何たるかを知らず、いわんや経に合うものか否かについての自覚もなかったが、師の慧思は「汝が入った定は法華三昧の前方便であり、発した総持は初旋陀羅尼である」との明確な証言を与えた。その際に慧思は、

縦令、文字の法師、千群万衆、汝が弁を尋ぬとも窮むべからず。(11)

と語った。このような体験を通じて智顗は「己心の法門」は必ず経論に合致するものであるとの確固たる信念をもつに至った。

さらに智顗は三十八歳にして都塵から隔絶した天台山に隠棲し、山中のとりわけ淋しい華頂峯に登って独り坐禅に励んだ。そこで父母や師僧の形をした者などから様々な誘惑をうけたが、その難を逃れて明星の出るころに出現した神僧から、

説法の辞は、意を以て得べし、文を以て載すべからず。(12)

との言葉を聞き言下に大悟した。これが広く知られる華頂降魔である。

このような数々の宗教体験を得た智顗であるからこそ『摩訶止観』巻三上に次のような自信に満ちた言葉を表明したのである。

此の如きの解釈は観心に本づくものにして、実に経を読んで安置し次比するに非ず。人の嫌疑を避けんがために、信を増長せしめんがために、幸い修多羅と合せるを、ことさらに引きて証となせるのみ。(13)

この言葉は自信の極致である。智顗は修多羅すなわち仏説とされる経典を読み、その文言の解釈や理解を披瀝しているのではなく、実は自己の宗教体験や信念が仏教に適うものであり正当であることを経典に保証せしめている。智顗は自己の体験が仏の教えと決して齟齬するものではないとの強い確信を有していた。それが「幸いにして修多

羅に合う」という大胆な言葉でもって表明されているのである。このような見解は経論の所説を無視する独断あるいは魔説であると人は考えるかもしれないが、むしろ智顗としては自己の信念を保任するものとして修多羅に絶対の権威と価値を認めているのである。

漢訳された経典（修多羅）に対してこのような態度をとった智顗であるが、梵漢の翻訳については、先にもみたように「翻訳・名数は、未だ暇あらずして広く尋ねず」と語っている。もちろんこれは謙虚の辞ともとれるが、智顗が学ぶ暇あらずとなした経典の「翻訳・名数」に関する学識こそ法蔵の本領とするところであった。もし智顗が外来の三蔵と交流する機会に恵まれ梵語や西域の胡語に精通していたならば、あるいは独特の経典解釈法である四釈（因縁・約教・本迹・観心）の一である観心釈などは採ることがなかったかもしれない。智顗は『法華文句』における解釈に「心を観ずれば理と相似相応す」とか「一一の句、心に入り観を成ずるが故に観と経と合す」などと述べている。このような態度で経典の文句に接していた智顗に対して梵語に精通していた法蔵は梵語の音写語の一々に至るまでゆるがせにせず厳密な態度で経典の解釈を行なっている。法蔵は晋訳『華厳経』の「音義」を編纂している。崔致遠が『法蔵和尚伝』に、

晋経の中の梵語を解して一編を為し、新経梵語華言共成音義一巻自ら叙して読経の士、実に要る所なりと云う。(14)

と記しているように法蔵は梵語に関する豊富な知識を駆使して読経の士に役立つように『華厳経』中の音写語について発音・語義を詳しく解釈した「音義」を作っている。この『華厳経』の「音義」は法蔵の自信の作であった。実にその証拠に法蔵は新羅に帰国した智儼門下の兄弟子である義湘に『別翻華厳経中梵語』一巻を贈呈している。実に法蔵は晋訳のみならず唐訳の『華厳経』についても同様に「音義」を作ったことを自ら『華厳経伝記』巻五の「雑述第十」に記している。

華厳翻梵語一巻　旧経、華厳梵語及音義一巻　新経。
右新旧二経の所有の梵語及び新経の難字、悉く具に翻じ、及び音釈す。
読経の士、実に所要なり。[15]

先の崔致遠の記述は、まさにこの『華厳経伝記』に準拠したものである。

智顗の著述の中には、このような経論の翻訳や梵語に関する著述は全く存在しない。智顗は『摩訶止観』巻一〇上に、諸見と人法について述べる際に、富蘭那迦葉などの六師外道の名を挙げ、『大経』すなわち『涅槃経』聖行品の所説と鳩摩羅什が『維摩経』弟子品を注釈した『羅什疏』（『注維摩経』所収）との間に異同があることに気づいたが、それについて次のように述べている。

これは羅什の疏に出ず。名は大経と同じきも計するところは、三は同じく三は異れり。或いは翻（訳）が誤れるか、或いは別に意あらんか。いま、未だ詳らかにせざるところなり。[16]

これについては多言を要せずとも智顗の立場を知ることができる。法蔵は梵語の音写語に「音義」を作っているが、智顗は梵語に関する知識を欠き「或いは翻（訳）が誤れるか、或いは別に意あらんか」と態度の決定を保留し、未だ詳らかにせずと語っている。漢人僧の智顗は、南北朝時代に隆盛したインドの論師の著作である『成実論』や『十地論』などを研究する成実宗や地論宗などをインド仏教の亜流となし「論人」と称して批判し、いかにして中国の人々が仏と成ることができるかについて熟慮し「己心の法門」に基づいた教観双備の仏教を大成した。それが「幸い修多羅に合う」ものであった。これが智顗の教学をして独創性あらしめ、中国仏教に確固たる地位を占めることになった。一方の法蔵は生まれながらにして玄奘によって将来された三乗の新訳仏教と旧来の一乗仏教とを調和あるいは会通しなければならないという宿命的な課題を有していた。そこで翻訳・名数に関する豊富な知識を有する法蔵の学識が遺憾なく発揮された。まさに新旧の三乗一乗の仏教が合流する時代こそが法蔵の独壇場であった。

五　善知識との値遇

仏弟子の阿難が「善知識は得道の半の因縁なり」と述べたところ、仏はそれを諫めて「まさにしかるべからず。全因縁を具足す」と教訓されたように仏道の修学においては善知識との出遇いが全てを決する。現に智顗は光州大蘇山に慧思を訪ねて師事し、その仏道が決定した。法蔵もまた長安で智儼の講筵に接して出家を決意し、爾来、法蔵の仏学の方向が定まった。

法蔵と師との出遇いについては『法蔵和尚伝』の「遊学因縁」に詳しい。十七歳のとき親を辞し太白山に入りあたかも仙人のように木食の生活を送りながら方等（大乗）を学んだが、のちに親の病を知り都に帰った際にたまたま雲華寺で智儼の『華厳経』の講筵に連なり縁あってその門に投じた。『法蔵和尚伝』に次のように記している。

蔵、既に儼の妙解をくらいて以て真に吾が師と為す。儼もまた伝灶の人を得ることを喜ぶ。(17)

法蔵にとって智儼との値遇は感激的なものであったに相違ないが、伝記作者の崔致遠は常随の門弟ではなかったためその出逢いに関する記述は実に淡々としたものとなっている。これに比べて灌頂の場合には、智顗の昵近の門弟であったため師から常々慧思との出逢いの感激を聞かされていた。そこで『智者大師別伝』において「霊山同聴」の逸話として広く喧伝される感動的なものとなった。かつて大賢山で「法華三部経」を読誦し方等懺を修していた二十三歳の智顗は各地に師を求めたが得られず、はるばる大蘇山に二十四歳年長の慧思を訪ねて初めての真の師を得た。そののち約八年間にわたり起居をともにしながら師教にしたがって修禅に励んだ。その智顗に対して慧

思は、

昔日、ともに霊山に同じく法華を聴く、宿縁の追うところ今また来たる。(18)

と語ったことはあまりにも有名である。また『国清百録』第九三所収の柳顧言撰の『天台国清寺智者禅師碑文』にも、

大蘇山に往きて業を慧思禅師に請う。禅師、見て便ち歎じて曰く、憶うに、昔、霊鷲にて同じく法華を聴けり、と。(19)

とある。灌頂にしても柳顧言にしてもかつて智顗自身から善知識に逢うことができた感銘を常々聞いていたのである。智顗が慧思に初めて出逢ったとき、慧思が語った右の有名な言葉は、北地の廃仏や戦乱の中でやむなく大蘇山に止住し、仏教が潰滅しようとしている現実を直視しながら日夜、修禅につとめ法灯の永続を願っていた慧思が、まさに法嗣を得たことを欣喜した感激の言葉なのである。平和の世にたまたま師資が出逢ったというような状況下で語られたものではなく、強烈な末法意識を有する慧思が素直にその心情を吐露したのである。それゆえに智顗にとって生涯忘れることのできない感激の言葉となった。

真の善知識との出逢いによって弟子たる者の仏道修行の方向が決定する。慧思や智儼の学風が弟子である智顗や法蔵に影響するのは当然である。智顗の師である慧思は「十年常誦、八歳方等、九旬長坐、一時円証」と称された禅師であった。一方、法蔵の師である智儼は法常から『摂大乗論』を学び、至相寺の智正から『華厳経』を学んだ学僧である。さらに伝記によれば智儼は慧光の経疏によって無尽縁起を悟り、ある外国僧に師事して六相円融の旨を悟ったとのことである。

智顗は雄大な教学を組織しながら禅師と称されるのは、言うまでもなく慧思に師事し修禅を重視する実践的な学

風を継承したためである。法蔵もまたあくまで智儼の華厳学を継承しつつ、新仏教の法相宗との緊張関係の中で時機に応じた教学を展開し独自性を発揮した。それぞれ師との値遇によってその仏道の方向が定まったのである。

六　講経における奇瑞

崔致遠は『法蔵和尚伝』第四に「講演因縁」の一科を設け、そこで法蔵の講経に際して奇瑞が現れたことを強調する。法蔵は雲華寺・仏授記寺などで『華厳経』を講義すること三十余遍にも及んだが、その際に口から光明が出現し、また「香風四合、瑞霧五彩」「五雲凝空、六種震動」などの奇瑞・神異が現れたと伝えられる。このような奇瑞を崔致遠が記しているのは慧苑の『華厳経纂霊記』などの典拠があってのことであるが、それは崔致遠自身が法蔵を霊異の人と解していたからにほかならない。崔致遠が法蔵の超人化・偉人化をより一層推し進めていることは明らかである。

これに比べると智顗の場合には、金陵〈南京〉における『法華経』の開題、すなわち『法華玄義』の講述の際にも神異的な奇瑞が生じたことは伝わっていない。またよく知られているように智顗の天台山隠棲の動機となった講経の逸話などにおいても奇跡や霊異のようなことはなく、むしろ真摯な仏教者としての自省の姿勢が伝えられている。

初め瓦官に四十人共に坐し、二十人得法す。次の年、百余人共に坐し、二十人得法す。次に二百人共に坐し、減じて十人得法す。その後、徒衆うたた多く、得法うたた少なし。(20)

金陵における智顗の講筵は、あたかも北周の武帝による廃仏の直後であり、江南の学僧はもちろんのこと、廃仏による難を避けて南地に逃れた北地の学僧も数多く列席していた。このような状況の中で行なわれた智顗の『法華経』の講義は、名声のたかまりとともに聴講者が次第に増加したが、得法者は逆に減少した。このことを深く自省した智顗は「吾が志に従わん」として天台山に隠棲したことはよく知られている。北周の廃仏は大乗仏教の精神が実際に此の地に生かされていないことを口実として断行された。そこで真摯な仏教徒は改めて大乗仏教の真のあり方を根本から問い直すことになった。南北朝末期の混乱した仏教界にあって中国に相応しい真の仏教を求めて苦悩していた智顗に比べるとき、法蔵の置かれた状況は全く異なるものであった。法蔵は出家して以来つねに長安仏教界の超一流の学解の僧として、訳経に際しては証義として加わり、その名声を背景として則天武后などの時の権力者の厚い帰崇を得て諸名刹に住持し、ひたすら栄光の生涯を送った。法蔵が得た名声は言うまでもなく不断の修道と研鑽の賜であるが、戦乱・飢餓・廃仏の混乱の時代とは異なり安定した平和な時代に生きたことが幸いしたことは否定できないであろう。法蔵が活躍した時代は唐の太宗のいわゆる「貞観の治世」であり、次の高宗の時代も則天武后の時代も内政・外交ともに安定し、永い中国の歴史においてもっとも隆盛した時代であった。そのような時代的な背景が実践的な仏道よりも講経の妙や精緻な釈を求めることとなり、法蔵をして学解の僧として活躍する場を与え、さらには講経における神異が吹聴されるようになったのである。

七　むすび

中国仏教を代表する智顗と法蔵の伝記について若干の考察をした。さらに智顗と法蔵の著作の一々について検討し、それに続いて『法華経』をもって「純円独妙」となす智顗が同じく一乗を明らかにする『華厳経』をいかに観ていたのか。逆に『華厳経』をもって至上の経典となし「別教」と判じた法蔵が『法華経』を全仏教の中でどのように位置づけたのか。また両師の教判の基調となる思想や「宗」に対する見解はいかなるものであったのか。本章ではこれらの諸問題の考察を通して最後に智顗および法蔵の一乗思想を解明することを目指していた。さらにその先には中国仏教思想史における両師の位置づけを明らかにしたいと考えていた。これらの諸問題に関する筆者の見解の仔細は今後の別稿に譲るとして、結論めいた見通しを述べて本章の結びにかえたい。

仏教教理の研究に際してはいつも教と理の区別が問題となる。智顗は「教は理を詮わし物（衆生）を化するを以て義と為す」といい、教は理を詮顕しうるものと考えている。智顗はその教を蔵・通・別・円の四教に分け『法華経』をもってもっぱら円教を説くものとなしている。それは単に『法華経』がほかの諸経典に卓越しているというのではなく、ほかの経典の所説は未だ究竟なものではないと退けながらしかもそれらは『法華経』が明かす最高の真理に至るためにどうしても必要な道程としての意義を有していることを認めてより高次の立場から絶対的に肯定しているのである。他の一切の経典が最終的に到達すべき終極を示したのが『法華経』であるからほかの諸経典は完全ではないが、その帰着すべき究極（出世本懐）を顕す『法華経』によってその意義が保証されているのである。すなわち『法華経』がもっぱら明らかにする円教の思想はほかの低劣な蔵・通・別の三教の帰結となるものであるからほかの諸経典もついには最高の円教に包摂される。かかる意趣を表明した智顗の五時八教の教判では、教の説者である仏の意図と所被の衆生の機との関係に深い考察をなしている。智顗の仏教には迷妄の凡夫をはじめ一切衆生が仏と同様な性を具しているとの確信がある。そこで智顗の一乗思想の基軸には常に機の向上・救済の原理がはたらいている。

法蔵は智顗よりもほぼ百年の後輩であり、法蔵が生まれた翌々年には玄奘が前後十七年にわたるインド留学から帰国し精力的に瑜伽唯識の仏教の紹介につとめていた。このような時代に生まれた法蔵は、先に智顗によって整備された整然たる一乗仏教の教観理論を学んだうえで、さらに玄奘によってインドから将来された緻密な理論に裏打ちされた三乗仏教の経論に接した。智顗が『法華経』に基づいて一乗仏教を大成したところに玄奘が三乗仏教をもたらし、新旧の仏教が合流するはなはだ複雑な状況の真っ直中に法蔵は立っていた。

前述のように、旧仏教を代表する智顗は一乗仏教の教学を大成した最初の人であるが、その教学は必ずしも経典や論書を理論的・客観的に解釈して達成したものではない。それでは智顗は自己の判断によって新たな教説を加上したのかといえば決してそうではない。『法華文句』に「一一の句、心に入り観を成ずるが故に観と経と合す」と述べているように智顗の領解はすでに経典に含まれている義理を宗教的実践を通じて証明にしたのである。智顗が「幸いに修多羅に合う」というのはこの意味である。ところが、法蔵の時代には、旧訳を不正となす玄奘・基の瑜伽唯識仏教が全盛であり。時代思潮として新訳経論の厳密な解釈を無視することは絶対にできなかった。このような思潮の反映として法蔵には、経論の一字一句をほしいままにしない精緻な語義解釈が要求されていた。智顗の時代のように旧訳の経論による達意的な解釈はもはや許されなくなっていた。そこで西域の血統を引く法蔵は、この風潮に乗じて梵語の知識を養い、時代的な課題に応えて新訳仏教の摂取に努めながら三乗と一乗の調和をはかったのである。法蔵にはこのような背景があって智顗のような経論の文句を達意的に解釈するというような方法は採用できなかった。法蔵としては新訳も旧訳も仏教であり、共に「教」であるから同じ価値を有しているはずである。その「教」に一乗と三乗という根本的な対立があるとすれば、もはやそれは「教」の立場からのみでは解決することが不可能となる。そこでどうしても「教」が興る根元にまで考察をすすめなくてはならなくなる。法蔵は智顗の時代には存在しなかった新訳の論書を巧みに利用して趣寂の二乗が回心することを論証し一乗の真実を明らかにすると共にそもそも三乗が生ずる根元の一乗を提示した。智顗が『法華経』を拠り所として方便思想を巧みに用いて三乗を一乗に統一したのに対して法蔵は『華厳経』に基づいて三乗が興る根元を明らかにし一乗の内実を提示したのである。中国仏教思想史からすれば智顗によって大成された一乗仏教を完成したのが法蔵であるともいいうる。

註

（1）拙稿「法蔵における『大乗起信論義記』撰述の意趣」（関西大学『東西学術研究所紀要』第二八号・平成七年三月刊、本書第Ⅳ部所収）参照。

（2）『大正大蔵経』巻五〇「史伝部」所収の智顗の伝記としては、灌頂の『隋天台智者大師別伝』（大正五〇・一九一a）および道宣の『続高僧伝』巻一七「習禅篇」の「隋国師智者天台山国清寺釈智顗伝」が主たるものである。また法蔵の伝記は、閻朝隠の『大唐大薦福寺故大徳康蔵法師之碑』（大正五〇・二八〇b）、崔致遠の『唐大薦福寺故寺主翻経大徳法蔵和尚伝』（大正五〇・二八〇c）、賛寧の『宋高僧伝』巻五「義解篇」の「周洛京仏授記寺法蔵伝」（大正五〇・七三二a）がある。なお右以下の諸伝記の詳細については、佐藤哲英『天台大師の研究』（百華苑、一九六一年）の第二章「智顗伝研究の資料」および吉津宜英『華厳一乗思想の研究』（大東出版社、一九九一年）の第二章「法蔵の伝記と著作」を参照。

（3）賛寧の『宋高僧伝』は、会昌の法難や唐末五代の戦乱などのため資料の収集に遺憾な点があり、道宣の『続高僧伝』に比べるとき資料の取り扱いははなはだ杜撰である。賛寧の記すところでは、法蔵は、最初、玄奘の訳場にあったが意見が合わず退出したというが、玄奘の寂したとき（六六四年）に法蔵は二十一歳で出家以前である。また賛寧は閻朝隠の『碑文』すら参照してはいない。賛寧は法蔵の寂年について何らの記録もないが、もし『碑文』を参照しておれば先天元年十一月十四日に大薦福寺で寂したと記すはずである。

（4）紹興十九年（一一四九）に華厳宝塔教院の義和が記した『法蔵和尚伝』跋文に「吾祖賢首国師伝欠如、遍捜雖得而伝写訛舛攻証不行、遂獲高麗善本」（大正五〇・二八六b）とある。

（5）法蔵の『華厳三昧観』は南条文雄博士と楊仁山居士の努力によって『発菩提心章』のことであることが明らかに

された。その経緯は金陵刻経処本に付された序および識語に詳しい。
（6）智顗『摩訶止観』巻七上（大正四六・九八a）参照。
（7）崔致遠は「賢首」を法蔵の字となしている。『法蔵和尚伝』（大正五〇・二八一a）参照。
（8）閻朝隠の『碑文』（大正五〇・二八〇b）および智昇の『開元釈教録』巻九の実叉難陀（大正五五・五六六a）、弥陀山（大正五五・五六六c）、義浄（大正五五・五六八c）、菩提流支（大正五五・五七〇c）等の項を参照。
（9）崔致遠『法蔵和尚伝』（大正五〇・二八二b）参照。
（10）智顗『摩訶止観』（大正四六・一b）参照。
（11）灌頂『智者大師別伝』（大正五〇・一九二a）参照。
（12）灌頂『智者大師別伝』（大正五〇・一九三b）参照。
（13）智顗『摩訶止観』（大正四六・二六b）参照。
（14）崔致遠『法蔵和尚伝』（大正五〇・二八二c）参照。
（15）法蔵『華厳経伝記』（大正五一・一七二b）参照
（16）智顗『摩訶止観』（大正四六・一三一b）参照。
（17）崔致遠『法蔵和尚伝』（大正五〇・二八一b）参照。
（18）智顗と慧思との出逢いについては、灌頂『智者大師別伝』（大正五〇・一九一c）・道宣『続高僧伝』（大正五〇・五六四b）・『国清百録』九三所収の柳顧言『天台国清寺智者禅師碑文』（大正四六・八一七b）など参照。
（19）『国清百録』（大正四六・八一七b）参照。
（20）灌頂『智者大師別伝』（大正五〇・一九三a）等参照。

天台智顗と北朝仏教学

一　はじめに

智顗（五三八―九七）は自らの開悟体験に基づき観心修行の道筋を明らかにするとともに南北朝以来の諸教学を研詳去取して教相理論の徹底をはかり、いわゆる教観二門の綱格を整えた。それゆえに智顗は中国天台宗の開祖とされるのである。この智顗によって大成された天台の教観については従来から多くの研究がなされているが、大成された教学内容の解明はもちろんのこと、同時にそれがどのようにして組織されたのか、前代あるいは同時代の教学とどのように関係しているのかなど、天台教学が大成されるまでの経緯の解明もまた看過することのできない重要課題である。祖師に対する敬慕の念から教学の完成に至るまでの様々な努力についてはあまり触れず、できあがった教学体系のみに関心が向くのは、天台のみならず他の宗学研究にも共通する傾向といえよう。

智顗の一生は、梁の大同四年（五三八）から隋の開皇十七年（五九七）に至る六十年間であるが、その間、学風を異にする南北両地の仏教学に触れながら新たに独自の仏教を構築した。智顗は談理口舌の仏教と化していた江南の仏教徒を文字の法師と非難し、逆に学解を離れていたずらに打坐に耽る北地の一部仏教者を暗証の禅師と名づけて批判したことはよく知られている。智顗はこのような気風の異なる南北の仏教学を超克し、まさに時代の要請から中正真実の仏教を開闢したいという願いを持ち続けたのである。

智顗が北地の仏教に対していかなる姿勢をもって対峙したかについては資料の欠乏もあって必ずしも十分には検討されていない。北地に在って特色ある教学を展開していたのは地論宗・摂論宗と呼ばれる唯識仏教である。地論宗は世親（天親）の『十地経論』をもっぱら研究する学派であるが、これは北魏の宣武帝が永平元年（五〇八）に菩提流支と勒那摩提の両人に命じて太極殿でこの論を翻訳せしめたことに始まる。そののち菩提流支と勒那摩提の見解の相違から阿梨耶識の真妄をめぐって相州南道派と相州北道派の二派に分かれて互いに激しい諍論を繰り返した。地論宗の所依とする『十地経論』が訳出されたのは智顗が生まれる三十年前のことであり、彼はその所説や学派の在りようについて十分に知りうる状況にあった。

北魏で『十地経論』が訳出されてから五十年余りを経た陳の天嘉四年（五六三）に広州の制旨寺において真諦三蔵によって無著の『摂大乗論』と世親の『釈論』が翻訳された。『摂大乗論』が訳された頃、智顗は二十代の半ばであり、未だ大蘇山で慧思に師事していたが、真諦の下で摂論学を修めた慧愷（五一八―六八）・法泰（―五七一―）・慧曠（五三四―六一三）などの諸師が、師の歿後に南北各地にこの学を広めている。また曇遷（五四二―六〇七）が北地長安の大興善寺で初めて『摂大乗論』を講義（五八七年）するに及び、ようやく摂論宗が学界の中心的勢力となった。それは智顗の四十代から五十代の円熟期に相当する。したがって智顗は同時代の摂論宗の動向についても無関心であるはずがない。そこで小論では智顗の著作を通し、北地を中心に隆盛した地論宗・摂論宗の唯識仏教に対して彼がいかなる態度をとったかについて検討したい。

二　中国における仏教学の興起

仏教の初伝以来、仏教経典の翻訳および研究の中心となっていたのは黄河流域の河北の地であった。四世紀に五胡が侵入するに及び河北の地が乱れ、漢民族の晋が江南に移り東晋となった時代から中国仏教は新たな様相を呈するようになる。中国伝統の思想に立って格義仏教に甘んじていた漢人僧による仏教研究の中心が江南に移り、漢民族に代わり西域との交渉の多い胡族朝廷である苻秦や姚秦が長安を占拠し、そこにインドや西域の沙門が数多く渡来して大小乗の諸経に加えて新たに律や毘曇を仏教界に提供した。その結果、北地の仏教界はもはや従来のような中国思想との比較というような格義的仏教研究では到底立ちゆかなくなり、仏教を正しく把握するには仏教術語に則って研究しなければならなくなった。しかも西域の沙門と接触する機会が増大した北地の仏教徒は、インド直伝の禅観を習修することが容易となった。それに対して江南の仏教徒は西域僧から直接に禅観を学ぶ機会が乏しく、そのためひたすら仏典の巧妙な解釈を競い、もっぱら哲理に耽ることとなった。

西域の僧から禅観を学ぶ機会に恵まれた北地では、単なる学的な興味からだけでなく人生の指針を仏教に求めようとする主体的な仏教学の動きも興ってきた。この機運を代表する仏教者が釈道安や慧遠であった。さらにそれを助長したのが西域の亀茲から渡来した鳩摩羅什である。道安は北地の人で、羅什もまた後秦の都長安で活躍したが、道安の弟子慧遠は南北両地を結ぶ廬山の地に住し、江南の格義を容認する思想界で重きをなす地位にありながらも、北地の仏教界からも新知識を吸収しようという熱意を有していた。慧遠は南北両文化の接触の地に居住し、長安や建康の仏教者と密接に交渉を持っていたため、道安や羅什に代表されるようなインド伝来の仏教を可能な限り忠実に受け入れようとする北方的傾向と、支道林などに代表されるような中国伝統思想の中に仏教を吸収しようとする南方的傾向とを統合する機運を生み出したのである。

さらに江南の支配者である劉宋が長い間にわたって仏教学の根拠地となっていた長安を北伐（四一七年）によって攻略したため、長安で翻訳された大乗経典をはじめとして阿毘曇や律などの仏典が研究者とともに多く南方の地に移ることになった。このことにより先の機運はより一層促進され、江南の仏教研究に一つの方向性を与えることになる。すなわち、複雑多岐にわたる仏教教理を整理し問題を明確にすることが仏教学の主要な課題として自覚されることになった。このことを端的に示しているのが劉宋昭帝の時、勅によって陸澄が撰した『法論目録』である。(1)それは当時の僧俗によって著された仏教論文百三巻を内容にしたがって分類し十六帙に編集したものであるが、これは従来の仏教研究のように経典の大意把握のみで満足していた時代とは大きく異なり、経律論にわたって研究が著しく精密化してきたことを如実に示している。

一方、北地仏教界は五世紀の中頃に北魏の太武帝の廃仏（四四六年）を経験し、仏教の学は単なる学問であってはならず、実際に生活上の実行あるべきものという考え方が強く要求されるようになった。しかも北魏では仏教の学的研究を推し進めるほどの卓越した僧が多くなかったこともあり、仏教研究は南方に比べて著しく立ちおくれていた。その結果、北地の仏教は儀礼や誦経坐禅というような実践的な方向に向かって進んだ。このようにして南北の仏教学風の相違がこの頃から芽生えてくるのである。(2)

南北朝の初期から中期にかけては大乗経典の研究がはなはだ盛んになる。以前から研究されてきた『般若経』『維摩経』などのほかに、新たに曇無讖が訳した『涅槃経』や羅什によって訳された『法華経』に加えて仏駄跋陀羅の訳になる『華厳経』が現れるに及び、諸経典の教義上の相違や関連性がにわかに注目されるようになる。当時多くの仏典が流伝していたが、上記の諸経典が特に主要な経典として取り上げられて相互関係が問題となるのは研究の進展によって経典の趣旨不同が明確になった成果である。このように南北朝の中頃になると、仏教教義を組織的に整理する教相判釈が行なわれる。それらの中で有力なのは『涅槃経』をもって仏教の完成された教えとなす説である。これは劉宋の慧観に始まるといわれているが、彼は『華厳経』は頓教であり、漸教は五段階に分かれ漸次に小乗から大乗へと進み、最後の『涅槃経』によって仏の教説は完成するとみたのである。これは以前に説かれた三乗は方便説で仏陀の真意は一乗であると説く『法華経』の教説が思想的根底となっているが、如来常住・悉有仏性を説く『涅槃経』に至って仏の教えは完結したとみるのであるから、この説に同調する人々を涅槃宗と呼ぶのである。

涅槃宗が盛んに行なわれていた江南の仏教界では『涅槃経』とともに仏教教理を理解する基準の典籍として『成実論』が盛んに研究されていた。そこでこのような学問を行なっていた人々は成実宗とも涅槃宗とも呼ばれる。成実宗と呼ばれる人々は『涅槃経』を最高とみると同時に『成実論』によって仏教教義の秩序ある理解に努めたのである。したがってこの両者は宗派というよりも学派と称すべきものであり、その間に論争や対立があったわけではない。このことは後述する南北朝中期以降の学派のあり方とは大いに異なるものである。

六世紀の初め、南北朝の中頃になると北方の洛陽で世親の『十地経論』が菩提流支・勒那摩提によって訳され（五一一年）、従来の経典を中心とする仏教とは全く異なる仏教が伝わった。世親は唯識仏教の大成者であるから、『十地経論』の伝訳はまさに中国仏教史上に唯識思想を本格的に伝えたものとして重要な意味をもつものである。この『十地経論』では六識のほかに、自覚されない潜在的なものとして我執の根源をなす第七阿陀那識と、その奥に生命的存在の根源としての第八阿梨耶識とを説いている。その阿梨耶識を真なるものとみるか、妄なるものとみるかによって説が分かれ、地論宗に南道派（慧光系）と北道派（道寵系）の別を生ずるに至った。これより先に劉宋の求那跋陀羅が『楞伽阿跋多羅宝経』四巻を訳し、北魏でも菩提流支が『入楞伽経』十巻を訳している。そこに八識思想が説かれていたから、阿梨耶識から全ての現象は展開したもので識を離れて実在するものでないとみる唯識思想はすでに宋代に伝わっていたが、それが学派を形成し盛んに研究されるようになるのは『十地経論』の伝訳以後のことであった。

南方では『涅槃経』や『成実論』を主とする研究のほかに、羅什によって伝訳された龍樹の『中論』などの三論が新たに注目され始めた。北方で『十地経論』が訳されたのとほぼ同じ頃に、南方で三論研究が一学派として興ってくる。三論研究は翻訳者である羅什の門下によって行なわれていたが、未だ学派を形成するまでには至らなかった。ところが、梁代に三論の研究が摂山の僧朗一派によって提唱された。彼はもと遼東の人であるが、江南の摂山に来て成実宗とは異なり、また羅什時代の三論学とも異なる新たな三論学を興した。この摂嶺相承の新三論学を学ばせるために梁の武帝は十人の僧を摂山に派遣したというが、僧朗の衣鉢を継いでこの学派の根本義を伝えたのは山中師と呼ばれる止観寺の僧詮であった。その門下の詮公四友（法朗・慧弁・慧勇・慧布）の頃となると急速に実践から学解への傾斜が顕著になり、ついに吉蔵のような学匠を出すことになる。この三論学派は江南で隆盛していた涅槃宗が主張していた頓漸五時説のように仏教教義を自己の学的見解によって組織づけることを極力排斥して仏教の根本義を空に見出し、その空は一切の執着を離れた無所得であり、空の体得よりほかは一切戯論であると斥けるのである。したがって、この三論学派の台頭はまさに涅槃宗・成実宗と呼ばれる江南の学派に対する反動、あるいは厳しい批判であった。

江南で三論学派が興ったのとほぼ同じ頃に真諦三蔵によって唯識思想が伝えられた。真諦が南海を経て梁の都金陵に至り（五四八年）、爾来、七十一歳で歿するまでの三十余年間、各地を流浪しながら多くの経論を翻訳したが、なかでも『倶舎論』と『摂大乗論』および『釈論』とはもっとも特色あるものであった。ことに無著の『摂大乗論』は唯識思想に立って大乗仏教の教義を体系づけた綱要書として特に重要な意味を有している。この論書が伝わったことは頓漸五時の教判説をもって仏教を統一的に整理しようとしていた当時の仏教界に新思想を注入した。『摂大乗論』の本論はすでに北魏の時代に翻訳されていたが、真諦はそれの詳細な研究書である世親の『摂大乗論釈』十五巻を翻訳した。そればかりか彼自身が深い造詣をもってこれを講義したため、その門下から摂論宗が興ることになるが、江南では容易に受け入れられなかった。かつて真諦の弟子法泰が建康で『摂大乗論』を講義したが、三論や成実の学問をもっぱらにしていた人々は自ら学んでいた教説とあまりにもかけ離れていたため、この新来の唯識思想を顧みることはなかった。わずかに彭城の静嵩が建康でこれを学んで北土に広め、また北方の曇遷が江南に来て『摂論』を学び、のちに長安でこれを広めたために摂論学はもっぱら北地で行なわれることになる。

このように南北朝時代の後半期は、にわかに諸宗諸学派が成立し、互いに激しく対立した時代である。また経典に代わって論書の研究が中心をなした時代でもあった。つまり仏説の経典の研究に代わって、インドの論師が著した『成実論』『中論』『十地経論』『摂大乗論』などの論書を指南として仏教の根本思想を究めようとしたのである。これらの学僧のグループは成実宗・三論宗・地論宗・摂論宗の名で呼ばれるが、そこには宗祖というものはなく、所依の論書に明かされる教理内容を離れて別に祖師が説く独自の宗義というものはない。このことは隋唐に興起した智顗の天台宗などとは大きく異なるところである。

三　隋代仏教の課題と智顗の生涯

隋の文帝の開皇九年（五八九）、南方の陳が北方の隋によって征服せられたために二百五十年間に及ぶ南北朝の対立は統一されるが、仏教界でもこの頃から南北朝時代の諸学派とは異なる新しい教学体系を構築しようという動きが芽生えてきた。それは前代の諸学派のようにインド伝来の論書を単純に学習するというのではなく、むしろインド仏教、あるいはインド仏教の亜流から脱皮して自己の宗教体験に基づいて諸教学を統合し、仏教の根本義を明確にしようという機運である。そのような機運が顕著となった理由はいろいろと考えられるが、まず第一には南北朝代に種々の学派が興起したことによって否応なしに他の学派と自学派との思想的な異同が自覚されるようになったためである。さらにそれを増幅したのは、隋の統一によって講経を重視する傾向にあった南地と、実践を重視する傾向にあった北地との間の仏教徒の交流であった。加えて南北朝の末に北周の武帝によって中国仏教史上二度目の廃仏（五七四年）が断行されたことにより、人間生活における仏教の役割が改めて反省させられた。すなわち、廃仏の惨状を経験した人々によって現実の生活とかけ離れた仏教研究や形式化した儀式からの脱却が切実に求められたからにほかならない。このような状況の下に興った隋代の新仏教は、教理の統一的な体系を追究するとともに、学と行との両面を具備した均衡あるものとならざるをえなかった。この隋代仏教を代表するのが智顗によって開宗された天台宗である。

智顗は、梁武帝の大同四年（五三八）七月に荊州華容県に生まれ、隋の開皇十七年（五九七）十一月二十四日、六十歳をもって寂した。その出自は梁の朝廷に仕えた名家であったが、梁の滅亡に伴って没落し、早くから求道の志を懐いていた。十八歳で湘州果願寺の法緒に投じて出家し、慧曠の門に学び大賢山で法華三部経を誦して方等懺法の修行に努めた。さらに光州の大蘇山に慧思を訪ねて師事し法華三昧を修した。その際に『法華経』薬王品の「是真精進、是名真法供養如来」の経文のところで豁然として証悟するところがあった。時に二十三歳であったが、師の慧思より「汝の入った定は法華三昧の前方便であり、発した総持（智慧）は初旋陀羅尼である」という証を得ている。実に智顗の宗教的な開眼は慧思によるものであった。当時の中国仏教界の傾向が講学か修定かのいずれかに偏していたなかで、慧思の仏教学は禅定と智慧の統合の上に立ち、その均衡を保つものであった。慧思は「定慧双開」と評されるように「定に因って慧を発す」ことを実践していた。智顗も禅定に基づかない智慧は風前の灯となし、「非禅不智。従禅発慧。能断結使。無定之慧。如風中灯(3)」と語るように、法門の証得に禅観が欠くべからざるものとなしている。智顗が教観の相資を標榜して定慧不二の教学を宣揚する源は慧思にある。慧思は自ら大蘇山を去って南岳に向かうとともに、弟子の智顗を法喜ら二十七人とともに金陵に向かわしめた。智顗が三十歳のときのことである。そこで法済を折伏して名声を得て大忍・慧弁・僧晃らが智顗の学徳に服し、陳の太建元年（五六九）には瓦官寺で『法華経』を開講してさらに多くの弟子を得た。そののち、都の瓦官寺に留まること八年間、光宅寺の法雲によって発揚せられた法華学が一世を風靡するなかで教観二門の仏教を宣揚することに努めたが、太建七年（五七五）三十八歳のとき、聴法の者はしだいに多くなるが得法の者は逆に減少の一途をたどることを憂いて徒衆を謝遣して天台山に入り、もっぱら自らの修行に精進した。その間十年に及んだが、そこで有名な華頂降魔の大悟を得たのである。そののち陳の少主の勅により、また永陽王の勧めに応じてふたたび金陵に出て太極殿で『智度論』『仁王般若経』を講じた。さらに霊曜寺から光宅寺に移り、陳の禎明元年（五八七）五十歳にして『法華経』を講じた。この講席に列した灌頂によって後年『法華文句』が編述されたのである。隋の開皇十三年（五九三）五十六歳のとき、荊州玉泉寺において『法華玄義』を、翌年に『摩訶止観』を講じた。この二書もまたのちに灌頂が編纂したものである。開皇十五年（五九五）五十八歳にして隋の晋王の請いにより『維摩経疏』を作り、翌年に天台山に帰住し、同十七年（五九七）十月に入寂した。

この伝記にしたがえば、智顗（五三八―九七）は北斉の慧文の弟子である慧思に就いて『法華経』を学んでいる。その慧文は『智度論』の学者であり、慧思は『法華経』『般若経』などの経典を究めた学者であったが、ともに北方系の人であった。その学風は単に仏教の理論的な研究に終始するのではなく、むしろ人生の指針を仏教に求めるという傾向が顕著であった。このような傾向を有する北方系の禅師である慧思に就いて学んだ智顗であるが、そののちに江南に出て梁の三大法師以来の精錬された南朝の仏教学に触れることになる。こうして南北の対照的な仏教学を身につけた智顗は、のちにふたたび天台山に入って大悟する。この経歴からすれば、智顗の仏教学は南北の仏教を摂取し、その上で天台山における開悟によって、それを統合止揚して新しい体系を築いたものとみることができる。

四　智顗の仏教学

智顗はおもに江南の地で活躍しながら光宅寺法雲に代表される学風を文字の法師と称して批判している。智顗に法華三昧を開眼させたのは慧思であり、その意味で智顗の仏教学は北地に起源をもつものであるから、伝統を異にする江南の仏教学を批判することは理解できるが、智顗は江南の仏教学だけではなく北地のそれに対してもしばしば論難を加えている。智顗はいかなる点から南北両地の仏教学に対して批判しているのであろうか。そもそも智顗の仏教学上の基本的な立場とはいかなるものであろうか。

智顗は『摩訶止観』巻七下に自ら仏教を修めるための要領について次のように語っている。これはあるいは筆録者の灌頂がのちに要約したものかとも思われるが、智顗の生涯と思想とを考えあわせるとき、彼の仏教学の根本姿勢を如実に示すものである。

今有十意融通仏法。一明道理。寂絶亡離不可思議。即是四諦三二一無随情智等。或開或合。若識此意権実道理冷然自照。二教門綱格匡骨盤峙。包括密露涇渭大小。即是漸頓不定秘密蔵通別円。若得此意声教開合化道可知。三経論矛盾言義相乖。不可以情通不可以博解。古来執諍連代不消。若得四悉檀意則結滞開融。懐抱瑣析抜擲自在。不惑此疑彼也。四若知謬執而生塞著巧破尽浄。単複具足無言窮逐。能破如所破有何所得耶。五結正法門対当行位。修有方便証有階差。権実大小賢聖不濫。増上慢罪従何而生。六於一法門縦横無礙。綸緒次第畳畳成章。七開章科段。鉤鎖相承生起可愛。八帖釈経文婉転纏媚。総用上諸方法随語消釈。義順而文当。九翻訳梵漢。名数兼通使方言不壅。十一一句偈。如聞而修入心成観。観与経合。観則有印。印心作観非数他宝。(4)

まず第一には、道理を明かすことが必要である。仏教では苦集滅道の四諦・空仮中の三諦・真俗の二諦・一実諦などを説き、あるいは無諦とも説く。さらにこのような理論的な教説だけでなく衆生の情感に応じて説かれる場合もある。その両者を開合して説くときもある。仏典を学ぶ場合にこのことを特に留意すべきである。

第二には、教門の綱格が複雑に錯綜していることを知らねばならない。天台でいうところの頓漸秘密不定の説教形式（化儀）と、蔵通別円の教説内容（化法）との開合を知ることが大切である。

第三には、仏が説かれる経とインドの論師が説いた論との間に、文言や意義内容において矛盾とみられるような場合、その解釈に苦慮し古来よりしばしば諍論がなされているが、これは四悉檀の意を理解していないからである。

すなわち、説法には、世俗に随順した説き方（世界・楽欲）と、聞く者をして喜ばせる説き方（各各為人・生善）と、聞く者の理解の誤りを叱る説き方（対治・断悪）と、最高の境地から全ての意図をはなれて説く方法（第一義・入理）とがある。それぞれの経論がどの立場で説かれているかを十分に理解すべきである。

第四には、謬執と知りながらも自ら立場に固執することがあるが、種々に工夫し執着から脱却しなければならない。

第五には、自ら正しい法門であるとの結論を得たならば、実際に行を修してそれがいかなる位置に対当するかを知らねばならない。そうしなくては増上慢に堕する。

第六には、単に一つの法門であっても縦横無礙に考えてみることが必要である。

第七には、経典は章や科段を区切って解釈し、その内容の連携に留意すべきである。

第八には、上に述べた諸々の方法により仏教語を正しく理解し、その意義によって経文に当たるべきである。

第九には、梵語を漢語に翻訳するに当たっては、教理の上からも言語の上からも十分に精通しておくことが必要である。

第十には、一句一偈も聞くがごとくに自らの心に入れて観をなし、観心と経説とが完全に合一するようにしなくてはならない。仏法は自らの心に深く銘ずることが大切で、あたかも他人の宝を数えるようなことがあってはならない。

これは智顗自らが仏教を融通する上の心得としていた十カ条であるが、同時に南北朝の諸学派ならびに現に活躍する諸学者に対する批判でもある。特に仏説の経典とインドの論師の著作の不一致については、四悉檀を心得よと教戒しているところなどから推して、仏教の道理も教門の綱格も考えずに諍論を繰り返す地論・摂論の論宗に対する批判とも考えられる。智顗が『智度論』から学んだ四悉檀の考えは徹底している。例えば、摩訶迦葉が振丹に生まれて老子となり、光浄童子が機縁に赴き此の土に至って仲尼（孔子）となったと説く偽経の『清浄法行経』や『造立天地経』などの偽経までも引用し「種種諸教此即世界悉檀也」(5) と述べている。たとえ偽経といえども四悉檀に立てば衆生を楽欲する世界悉檀としての意義を有しているというのである。文字にとらわれて四悉檀を解さないならば、それは仏教を心得ない者である。ことにこの仏教学の心得が『摩訶止観』の「別教の行位」を明かすところで語られていることは、智顗が別教に位置づける北地の地論宗・摂論宗を念頭におくものと考えて不可ないであろう。

智顗は、この十カ条を述べた後でさらに次のごとく語っている。

唯翻訳名数未暇広尋。九意不与世間文字法師共亦不与事相禅師共。一種禅師唯有観心一意。或浅或偽余九全無此非虚言。後賢有眼者当証知也。(6)

智顗自身が翻訳・名数は未だ暇がなく十分に修めることができなかったことを素直に認め、他の九カ条については世間の文字の法師にもっとも欠けているものであり、また世の事相の禅師の中には最後の心を観ずるという一カ条のみは心得ているものの他については全く具えておらず、しかもその観心は浅かったり偽なるものであったりすると断言している。暗証の禅師と文字の法師とを並べ批判する智顗の態度をみるとき、彼は単なる禅定家でも講経家でもなく、定慧不二の禅観を実践する仏教者として確固たる信念に支えられていたことが知られる。智顗が自らの仏教理解は「幸与修多羅合」(7) と語った言葉が端的にこのことを示している。

五　南北朝時代の「論宗」に対する批判

智顗は『法華玄義』巻一〇で教相を論じる際に南三北七の諸家の説を紹介し、その一々の欠点を指摘した上で取捨を加えている。智顗の言葉でいえば「研詳去取」ということになるが、それはただ単に既存の諸教学の学問的な検討ということではなく、実は「己心証悟」に基づいて仏教の体系化を図っているのである。

中国仏教初期の諸学派は、時代の要請もあって、いずれもインドの龍樹・世親などが著した教義書を通していち早く仏教の教理組織を学びたいとの思いが強かった。そこで所依とする論書がいかなる意図や目的をもって撰述されたかを十分に考慮することもなく、闇雲にその内容を摂取しようという態度であった。しかも諸学派はインド撰述の論書を絶対の権威として互いに論難し合っていた。これは中国仏教というよりも、インド仏教の亜流というべきものであった。智顗は「究竟大乗は華厳大集大品法華涅槃に過ぎたるは無し。法界平等無説無示を明かすと雖も、而も菩薩の行位終には自ずから炳然たり(8)」と述べているように、あくまでも経典によって大乗仏教の教学の再構築を図っている。当然、インド撰述の論書を所依とする論宗に対しては批判的にならざるをえなかった。智顗は北地の毘曇宗を数人と呼び、江南で勢力を有していた成実宗を論人と称してともに小乗と批判している。それは何よりも四悉檀の意を解さず、自学派の教義に固執することへの非難である。それが説かれた意図をよく解すれば、それぞれの論の意義が発揮される。そのことを智顗は『摩訶止観』巻六に「若得四悉檀意論数倶成」と述べ、また『法華玄義』巻一下でも「舎利弗用初番四悉檀。造毘曇。五百羅漢造毘婆沙通三蔵。見有得道意也。訶黎跋摩。亦用初番四悉檀。造成実論通三蔵。見空得道意也(9)」と語っている。『法華玄義』巻三下に行と解の関係を「夫れ行は進趣に名づくるも智に非ずんば前まず。智解の行を導くは境に非ずんば正しからず。智目行足をもって清涼地に到る。而して解は是れ行の本なり。行は能く智を成す。故に行満じて而も智円かなり。智は能く理を顕わす、理窮まれば則ち智も息む」と述べているのとあわせ考えるとき、毘曇・成実の両宗に対しては、あるいは有、あるいは空に執し、それぞれの論が初番の世界悉檀の意図を有するものであることを理解しないで注釈的な研究に甘んじ、修道の精神を失っていることを指摘している。さらに仏道修行の行位の上から南北朝の諸宗に関して「若成論毘曇判位。言不渉大。地摂等論判位。別叙一途、義不兼括」[10]と述べている。智顗が成実・毘曇は小乗であるとして批判するのは当然としても、大乗の地論・摂論の両学派に論難を加えているのは何故であろうか。

北魏の時代に訳された『十地経論』は訳出されて間もなく学界における研究の中心的論書となり、地論宗と呼ばれるほどに学者の関心を引いた。さらに宗内に南道派と北道派との別を生じるほどの勢力を有したのであるから、北地全体を代表する仏教学派であったといいうる。この学派はその後、唐代の初めまで約百年間にわたり隆盛を極めており、智顗も決して無関心ではおれなかったであろう。ところで地論学派が北地に隆盛したのは何故であろうか。それは『十地経論』が実践を重んずる北地仏教徒の気風に適合したものであったためである。この『十地経論』が菩薩の行位を説いた経に対してインドの論師である世親が忠実に解釈していることが、まずもって北地の仏教徒の心に響いたのである。玄学的気風の南地仏教とは違い、実践的な学風の中にあった北地において『十地経論』の研究に専念する者が輩出するのはむしろ当然といえる。北魏の仏教界において『十地経論』の研究が隆盛した要因を、横超慧日博士が、菩薩行を説く経で実践を宗とする北地仏教の気風に適合したこと、釈経の論であって主観的判断を容れる余地の少ないことがかえって信頼を抱かせたこと、インドにおける最新の唯識教学に立脚し仏教の主要な課題が組織づけられていること、の三点に要約されているのは正鵠を射た見解で傾聴すべきものである。[11]

北地では地論宗に続いて摂論宗が流行する。菩提流支に遅れること四十年を経て南の金陵に真諦が渡来し『摂大乗論』を訳出した。『摂大乗論』はそれ以前にも中国に紹介されていたが、真諦によって初めて世親の『釈論』が訳出され、真諦自らその教義を解説して『九識義記』などを著した。そのため門下で盛んに講究されることになる。この摂論学がやがて北地に伝わり隆盛する。北地ではすでに地論宗による唯識学が定着しており、それを受け入れる土壌が用意されていたのである。そこに新たに『摂大乗論』が移入されて唯識研究が隆盛したと考えられる。唐代に玄奘が伝えた法相宗もまた北の長安を中心に隆盛したこととあわせ考えると、唯識仏教はもっぱら北方で行なわれたことになるが、それは先にも述べたように胡族国家が北地を支配したため、漢代以来の長い漢民族の伝統が一旦断ち切られたことにより、新たな思想を受容する余地が生じたゆえである。すなわち、北地では西域僧との接触の機会が増大したことにより、ただちに実践の手ほどきを受けることが容易になり、ますます修道を重視する気風が盛んになる。その結果、禅観の実践を通して自己の心を直視する機の自覚が喚起されたのである。このような北地仏教の気風と地論宗・摂論宗の唯識仏教とが結びついたと考えられる。北魏の曇鸞が『十地経論』の研究が全盛のなかで唯ひとり菩提流支の訳した『浄土論』を研究したのも、学解的関心というよりはあくまで自己の修道のためであり、宗教的な機の自覚に基づくもので南地の注釈家とは明らかに異なる動機によるものであった。要するに北朝の仏教は、歴史的地理的な背景があり、実践を重視する気風が強く、たとえ学問的な研究であっても自己自身の実践と密接に結びついたものであったといえる。

六　インドの論師に対する智顗の態度

智顗の時代には北地で地論宗などの唯識系の学派が隆盛し学界の中心勢力となりつつあった。智顗が北人と称しているのはそれらの人々である。[12]そこで智顗が北人の教学にどのような態度をもって臨んだかについて検討したい。智顗と並ぶ隋代の学匠である吉蔵（五四九―六二三）は龍樹・提婆の学統の正系をもって任じ『中論』など三論を最高の権威となしていたが、その吉蔵が『法華経』を解釈する際には『法華論』の著者である世親に格別の信頼を寄せている。しかし智顗は龍樹・世親などの論師に対して吉蔵のように無条件な信頼を寄せてはいない。これは同時代の吉蔵とは大いに異なる態度である。例えば『摩訶止観』の中で智顗は龍樹や世親の論師を次のように論評している。

天親龍樹内鑒冷然。外適時宜各権所拠。而人師偏解学者苟執。遂興矢石各保一辺。大乖聖道也。[13]

これは四悉檀の意を得れば経と論との間に矛盾不一致は生じないことを述べた後での言葉である。天親（世親）も龍樹も内心では全てを見通してはいるが、その所説は時機に応じて説かれた便宜の一法門にすぎない。そのことを十分に考慮せず、その論書によって互いに諍論を繰り返すのは龍樹・天親の意に合わないというのである。『法華文句』でも「随他則開。随自則合。横竪周照開合自在。雖開無量無量而一。雖合為一一而無量」[14]といい、仏の随自意法は唯一であるが、随他意法は時機に応じて無量となる。このことを解さず随他の一にのみ固執するのは仏教者のとるべき態度でない。これが智顗の一貫した見解である。

智顗は『法華玄義』巻五の類通三識の釈において第九識の菴摩羅識を真性軌、第八阿梨耶識を観照軌、第六阿陀那識を資成軌とし、三識を三軌に配当していることなどから推測できるように『地論』『摂論』に対して調和的理解も示している。このことから勘案して智顗は、論書そのものの教理内容よりも二学派の執着を批判しているのである。『法華玄義』巻五で三識を三軌に当てて論じた上で「三識同じく理心に在り、教門の権説により且く遠近を立つ」というところからすれば、教と理とを判然と区別していないで教にとらわれていることを智顗は批判している。智顗は『大本四教義』巻一に「大聖於四不可説用四悉檀。赴縁而有四説。説能詮理化転物心。故言教也」[16]といい、教と理とを区別して教の理を顕す程度によって一切の仏教を分類し整理している。それが五時八教の教相判釈である。智顗にしたがえば、ある教説は理さながらの相を示しているが、またある教は理とはほど遠いものがある。仏の説かれた経典がそうであるように、龍樹・世親においてもやはり時機に応じて論書が著されていることを理解せよ、と智顗は語っている。したがって、智顗の批判は無著や世親の論書の内容そのものよりも、むしろその流れを汲む学派の態度に向かっているのである。

七　地論宗・摂論宗に対する批判

地論宗のうち勒那摩提系の相州南道派は梨耶真識を主張し、菩提流支系の相州北道派は梨耶妄識を主張するなどの対立があるが、ともに阿梨耶識をもって諸法の縁起の根源とみている。また摂論宗は『摂大乗論』により毘曇の説く六識のほかに第七第八の二識とさらに第九識を建立し唯識縁起を説いた。摂論師は第七識は我執の識、第八識は万有の現象を縁起する種子識で有為の妄識であるのに対して真如そのものを清浄無垢の第九識となしている。これを智顗は『法華玄義』巻五の釈名三法妙に「亦名無没識。九識乃名浄識互諍云々」といい、『同書』巻九に「諸

北二道」について湛然は『釈籤』巻一八に、

陳梁已前弘地論師二処不同。相州北道計阿梨耶以為依持。相州南道計於真如以為依持。此二論師倶稟天親而所計各異同於水火。加復摂大乗興亦計梨耶以助北道。(17)

と解説している。地論師が南北二派に分かれて阿梨耶識の真妄をめぐって激しい諍論が行なわれたが、両派ともに阿梨耶識を万有諸法の縁起の根源となしている。また摂論師は毘曇のいう六識に加えて七識八識とさらに清浄無垢の第九識を建立し唯識縁起を主張する。

智顗はこれらの縁起説を未だ円融を明かさないものとして別教の法門に属せしめている。『法華玄義』巻二下の境妙釈では十二縁起を妙境となし、それを思議生滅・思議不生不滅・不思議生滅・不思議不生不滅の四種に分類している。思議とは界内の有・空の偏執を指し、不思議は界外の三諦中道の法門を指す。したがって四種の分類は当然その法門の浅深差別を表している。さらに「思議両種の因縁は、利鈍両縁の為に界内の法を弁ず」というのであるから利鈍の機に配当するものである。そこで思議の生滅とは因縁により有の生滅を説く蔵教の法門であり、不生不滅とは因縁生無自性にして空に帰すると説く通教の法門を指す。また不思議の生滅とは界外歴別の次第観に立って仏法を建立する別教の法門であり『華厳経』や『十地経論』『摂大乗論』などがこれに当たる。これに対して不思議の不生不滅は十界が互具し三諦が円融していると説く不二中道を明かす円教の法門をいうのである。(18)これについて智顗はまた別の見解を『魔訶止観』巻九下に提示している。そこでは蔵通別の前三教位の十二因縁を可思議となし、第四の円教位の十二因縁を不可思議となしている。別教は中道の原理を説くが、未だ有無・生滅の考えを完全に脱していないことを特に指摘している。(19)

智顗の晩年の著作である『維摩経玄疏』巻二で梨耶真妄をめぐる諍論を批評した際にも、同じく唯識仏教を学びながら地論・摂論の両論師が水火の諍いをなすのは謬見の甚だしきものと痛烈な批判を加えている。すなわち、仏教を解するのに自ら固執する阿梨耶識のみを拠り所とし、仏の慈悲と衆生の機根との感応を全く忘却していることを難じている。(20)『維摩経玄疏』巻五では「不思議解脱」に対する古今の解釈の一として地論宗南北両派の真修・縁修の作仏説を紹介している。

地論諸師解釈不思議解脱者。通教縁修用七識智照仏性真理。断界内見思界外無明。若発真解断結。則七識円智粛然累外各為解脱。此是不真宗明解脱非不思議解脱也。若真宗八識真修体顕離二障皆融無得無累名不思議解脱也。(21)

阿梨耶識を妄識となす北道派は断惑証理の原則にしたがって有作の修行によって次第に漸証する縁修作仏の義を説き、阿梨耶識を真と主張する南道派は先天的本有にしたがって登地入見道の際に真智を生じ、無作の修行により真如実相の理を体得する真修作仏の義を立てたというのである。さらに『維摩経玄疏』巻五で地論師の心識説を、

地人言。六識是分別識。七識是智障波浪識。八識是真常識。智識是縁修。八識若顕七識即滅。八識名真修。任運体融常寂。(22)

と紹介し、六識は分別識、七識は智障波浪識、八識は真常識となしている。ところが同じ智顗の著作である『金光明経玄義』巻上では六識を「波浪是凡夫第六識」(23)といい、両書の間で六識、七識の名称に差異が認められる。おそらくは『維摩経玄疏』の「七識是智障波浪識」の「障」は「除」の誤写と考えられる。続きの文に「智識是縁修」と記していることを考慮すると「七識は智識、波浪識を除く」の謂であろう。智識（七識）は縁修であり、もし八識が顕れるならば七識は滅し、八識を真修となす。すなわち、前六識は分別（波浪）識で惑であり妄であるが、七

識は智にして縁修、八識は真常の理で真修となる。さらに先の文に続けて摂論宗の見解を挙げ「摂大乗論云。七識是執見心。八識是無記無没識。豈得言是真修耶」となしている。摂論師は七識は執見の心で我執の根本となし、八識は無記無没識で三世に相続するものであるから縁修作仏となる。これに対して次のように料簡する。

地論師明八識真修体顕断二障明不思議解脱者。正是別教明義也。若依地論地相明義即是別教明不思議解脱。就地実明義即是円教明不思議解脱也。(24)

智顗にしたがえば、『地論』の所説はある種の行人に対する教導方便であって、別教の分斉に属するものである。それを理解せずに諍論を繰り返している地論師の有所得の態度は糾弾されねばならないが、その固執を離れて論の所説を見れば円教にも接続するものがあると智顗は考えているようである。

八　智顗における三識の解釈

智顗が『金光明経玄義』の中で三識を料簡し、次のように語っているのは注目に値する。

料簡三識。若分別説者則属三人。此乃別教意。非今所用。若依摂論如土染金之文。即是円意。土即阿陀那。染即阿梨耶。金即菴摩羅。此即円説也。(25)

ここで智顗は摂論師が所依とする『摂大乗論』の金蔵土の譬喩を引き、三識の分別にとらわれて云々すれば別教の意となるが、正しく金蔵土の譬喩を得れば円教の意を含むものとなしている。『維摩経玄疏』巻五でも類通三識を論じ、次のように説いている。

問曰。摂大乗論説阿梨耶識是無記生死根本。何関真性解脱耶。

答曰。若爾与地人用楞伽経豈不碩相逆。今研両家所執。互有得失。若言阿梨耶識非本性清浄者。摂大乗論何故云。如地即是金土。梨耶識亦爾。染同於土。浄同於金。故知義通二辺。何両家偏執[26]

このように『摂大乗論』の譬喩を引用して両家（地論・摂論二師）の偏執が当たらないことを述べる。すなわち、大地と金性と土塊とは因縁によるのであり決して別物ではなく、大地に金性を具して金土となるのであり、地論師がいう八識は真浄で法性生法となす義も認められる。また大地に金性と土塊とを具してはいるが、未だ金と土とが二用をなさず、鍛錬の功によって初めて二用を分かつものとすれば、摂論師がいうように八識を無記無没となし、別に第九の浄識を立てる義も通用する。[27]このように智顗は、縁起の一法の上に三識の別を論じるのであり、したがって染浄を隔別すべきではない。この智顗の見解からすれば、当然の結論として三識を峻別して八識の真妄について諍論するのは偏執にすぎず論の真意ではないことになる。『法華玄義』巻五下に「今例近況遠。如一人心」といい、近（六識）を例として遠（七識と八識と九識の三識）を考えれば、一人の心（六識）が固定的に定まったものでないように三識もまた同様である。善をなせば善識、悪をなせば悪識、善悪ともになさないならば無記識であり、この三識は水火のごとき別なるものでない。善に背くを悪となし、悪に背くを善となし、善悪に背くを無記となすように「ただ是れ一人の三心のみ。三識も亦、応に是の如し」と智顗は結論している。

智顗の地論・摂論の学徒に対する批判は、彼らが説く縁起説は仏滅後のある人々に対する教導方便にすぎないにもかかわらず、それを理解しないままに固執していることに対してである。智顗は『法華玄義』巻一下に、

於仏去世後。根縁不同作論通経。天親用両番四悉檀。造地論通華厳。（中略）無著亦用二番四悉檀。造摂大乗。[28]

と述べているように、仏の智慧である四悉檀に普遍する統一的な原理を知らない旨を指摘する。同じく『法華玄義』巻二の境妙段においても、『摂大乗論』の十勝相と『法華経』の十妙を対照し、随情智の方便である阿梨耶識

や菴摩羅識を依止となすのは正しく四悉檀の意を解さないものであり、ましてや四諦三諦二諦一諦の妙境を知らない者と断じている。要するに仏法の道理、教門の綱格を知らずに、教導方便に固執し、三識の名称に拘泥して互いに諍論すべきでないというのである。智顗は論の内容とそれによるところの宗派の偏執とを明らかに区別し、先に挙げた『摩訶止観』の別教の行位で示した仏法を融通するための十カ条を心得よ、と説いているのである。

九　むすび

智顗の見解からすれば、実相は万有諸法の底に静かに横たわるような凝然たる真如ではない。色法はあるがままに実相であり、心法はあるがままに実相である。ゆえに一念三千と説き、観心を強調して「心仏衆生是三無差別者。但自観己心則為易」といい、「心仏及衆生是三無差別。当知己心具一切仏法矣」と述べるのである。(29) 智顗がいう「心」とは現実の自己の心を指している。智顗は初期の著作の中ですでに「一切万法由心而起。若能反観心性。不可得心源。即知万法皆無根本」(30) と述べ、心源を得るべからずといい、万法に根本のないことを明かしている。ましてその真妄を論じてはいない。智顗が「三千は一念心に在り」「介爾心あれば三千を具す」「一心が三千世間を具す」などという「心」は万法の本源でもなく、真妄を問題とすべきものでもなく、まさに現実の刹那における一念の心である。智顗の実相論は地論宗や摂論宗の心識説とは異なる見地に立っている。『摩訶止観』の覚意三昧を釈する箇所で「行者心数起時。反照観察。不見動転根原終末来処去処」(31) と語っている。心の種々なる想念が起こる時に振り返ってそれを観察してみれば、そこには動転、根原終末、来処去処などが認められない。根源がないとすれば当然ながら終末などもない。これは地論宗や摂論宗などが説く梨耶縁起や唯識縁起とは全く異なる見解であり、まして阿梨耶識が真か妄かというような論争とは無縁である。

地論・摂論二師の阿梨耶識をめぐる諍論の過程で、おそらくは根本識を実体的な存在と解するようになったと考えられる。智顗が世親や無著の著した論の中にはない「法性生法」とか「梨耶生法」とかいう言葉を用いるのはそのことを物語るものであろう。それはまた『十地経論』や『摂大乗論』の所説を離れて地論師や摂論師が自派の宗義に固執して有所得に堕していたことを示すものでもある。『法華玄義』巻九上に地論師・摂論師の諍論を「如地論有南北二道。加復摂大乗興。各自謂真互相排斥。令堕負処」(32)というのは、真妄や自他など一辺に固執するならば、それは有執の過失に堕することを指摘しているのである。このようにみてくると智顗の論難は、ようやく中国仏教界の中心的勢力になりつつあった地論宗や摂論宗の有所得に対するものであったといえるであろう。

中国北地に勢力を有する現実の学派としての地論・摂論の諸師は、要するに随情智としての方便である阿梨耶識や菴摩羅識を原理となし、それにとらわれて四悉檀によって示される仏教の根本原理を弁《わきま》えない者と智顗は見ているのである。智顗は、当時の経録において偽経と認定されていた『像法決疑経』『妙勝定経』『提謂波利経』なども他の経典と区別することもなく引用している。それらは当時の中国の人々に対する時機相応の経典として撰述されたものであり、決してインド伝来の経典ではないが、智顗からすれば仏の四悉檀の一つとして意義を有するものと認めていたのである。

このように智顗の見解を考慮してくると、天台の教判において円教以下に位置づけられる蔵通別の三教は、インド仏教、あるいはインド仏教の亜流ともいうべき南北朝の諸学派の教義内容を指すものである。また智顗が説いている天台の観法はインド的な方法を離脱し、中国の人々に実修可能な実践法を提示したものである。このことこそが隋代仏教の重要課題であり、中国仏教を成立せしめる第一の条件でなくてはならない。もしそうでなければ人々にとって成仏への道が永く断たれることになる。実行可能な仏教こそが、実は仏の出世本懐にもっとも適うものであることを証明したのが智顗の教観二門である。智顗の教学は単に既存の諸教学の複合や応用というものではなく、実は「己心証悟」に基づいて仏教の体系化を図ったものである。それゆえ、智顗は自信を持って「此の如きの解釈は観心に本づくものにして、実に経を読んで安置次比するに非ず。人の嫌疑を避けんがために、信を増長せしめんがために、幸いに修多羅と合せるをことさらに引きて証となせるのみ」と言明しうるのである。(33)

註

(1) 『出三蔵記集』巻一一所収。宋明帝勅中書侍郎陸澄撰『法論目録』(大正五五・八三c—八五b)参照。
(2) 横超慧日『中国仏教の研究』(法藏館、一九五八年)所収。「中国南北朝時代の仏教学風」参照。
(3) 『釈禅波羅蜜次第法門』義一之上(大正四六・四七六c)参照。
(4) 『摩訶止観』巻七下(大正四六・九七c—九八a)参照。
(5) 『維摩経玄疏』巻一(大正三八・五二三a)参照。
(6) 『摩訶止観』巻七下(大正四六・九八a)参照。
(7) 『摩訶止観』巻三上(大正四六・二六b)参照。
(8) 『法華玄義』巻五上(大正三三・七三二c—七三三a)参照。
(9) 『法華玄義』巻一下(大正三三・六八九a)、『摩訶止観』巻六(大正四六・七四a)参照。
(10) 『法華玄義』巻四下(大正三三・七二六b)参照。
(11) 横超慧日『北魏仏教の研究』(平楽寺書店、一九七〇年)所収。「北魏仏教の基本的課題」参照。
(12) 湛然の『法華文句記』巻七中に「北人者。諸文所指。多是相州北道地論師也。古弘地論相州自分南北二道所計不同。南計法性生一切法。北計梨耶生一切法。宗党既別釈義不同」(大正三四・二八五a)と記している。
(13) 『摩訶止観』巻五上(大正四六・五五a)参照。
(14) 『法華文句』巻三下(大正三四・四三b)参照。

（15）『法華玄義』巻五下（大正三三・七四四ｂ）参照。
（16）『四教義』巻一（大正四六・七二一ａ）参照。
（17）『法華玄義釈籤』巻一八（大正三三・九四二ｃ）、『法華玄義』巻五（大正三三・七四四ｂ）、『法華玄義』巻九（大正三三・七九二ａ）等参照。
（18）『法華玄義』巻二下（大正三三・六九八ｃ）参照。
（19）『摩訶止観』巻九下（大正四六・一二六ｂ）参照。
（20）『維摩経玄疏』巻二（大正三八・五二八ｂ）参照。
（21）『維摩経玄疏』巻五（大正三八・五四九ｂｃ）参照。
（22）『維摩経玄疏』巻五（大正三八・五五二ａ）参照。
（23）『金光明経玄義』巻上（大正三九・四ａ）参照。
（24）『維摩経玄疏』巻五（大正三八・五四九ｃ）参照。
（25）『金光明経玄義』巻上（大正三九・五ｃ）参照。
（26）『維摩経玄疏』巻五（大正三八・五五三ａｂ）参照。
（27）『維摩経玄疏』巻二（大正三八・五二八ｂ）参照。
（28）『法華玄義』巻一下（大正三三・六八九ａ）参照。
（29）『法華玄義』巻二上（大正三三・六九六ａ）および『摩訶止観』巻一下（大正四六・九ａ）等参照。
（30）『六妙法門』（大正四六・五五三ｃ）参照。
（31）『摩訶止観』巻二上（大正四六・一四ｃ）参照。
（32）『法華玄義』巻九上（大正三三・七九二ａ）参照。
（33）『摩訶止観』巻三上（大正四六・二六ｂ）参照。

多羅戒本と達摩戒本

一　四大広律

五世紀の初頭、中国に四部の完全な律蔵が齎された。そのいわゆる広律の誦出者たちは多く罽賓出身の僧であった。まず姚秦の弘始六年（四〇四）罽賓の弗若多羅によって『十誦律』が誦出され、それから六年後の弘始十二年（四一〇）に同じく罽賓の仏陀耶舎によって『四分律』が訳出された。この『十誦律』『四分律』の二大広律はともに北方の長安において訳出されたものであるが、時を同じくして南方の建康においても経律の舛闕を慨いて天竺への求法の旅に出た法顕によって『五分律』と『僧祇律』との両部の広律が将来されたのである。法顕が摩竭提国で入手したところの『僧祇律』の梵本は、『四分律』の訳出から八年後に当たる東晋義熙十四年（四一八、一説には四一六）に仏陀跋陀羅によって漢文に翻訳された。また師子国から齎された『五分律』は宋の景平二年（四二四）にやはり罽賓出身の仏陀什によって漢訳された。弗若多羅の『十誦律』訳出からちょうど二十年後にこの『五分律』が訳出されたわけである。この僅か二十年間のうちに中国の仏教界は、主に罽賓出身の僧たちによって完全な律蔵である広律四部を得ることができたのである。

広律の伝来によって初めて比丘・比丘尼の受持すべき禁戒の条目を記した波羅提木叉とその授受等を述べた羯磨

文など仏教徒の生活規範たる戒律を中国仏教は具備することができたのである。この四大広律は各々個別にほぼ時を同じくして中国へ伝わったのである。ところが元来一部である律蔵が長い年月の伝承のうちに所伝の部派によってその内容に多少の変化をきたし、その名称をも相違してきた。法蔵部所伝の『四分律』、化地部所伝の『五分律』、説一切有部所伝の『十誦律』、大衆部所伝の『僧祇律』というようにいわゆる四大広律として中国に伝来するに至る。中国の仏教はもともと大乗仏教が中心であり、印度の部派仏教の学系を忠実に継承するものではなかったから、各々部派所伝の広律の依用もまた特にある特定の広律を遵守し固執する必要性に欠けており、広律はただ単に出家受戒の儀礼の為にのみ必要とし、実際には学問研究の対象であった。中国仏教圏においてはインドの部派の伝灯は断絶しており、したがってある部派の律蔵をことさらに伝承していかねばならぬという理由は中国仏教徒の誰もが有してはいなかった。しかし中国に伝えられた四大広律のうちもっぱら中国で依用研究されたのは有部所伝の『十誦律』と法蔵部所伝の『四分律』とであった。このほかの『五分律』や『僧祇律』は前者に比較するとき実際に依用されたり研究されたりすることはほとんどなかったといってよいであろう。東晋から南北朝時代にかけてもっぱら研究されたのは『十誦律』と『四分律』とであり、この両種の広律の研究においてもある種の顕著な傾向を示しているのである。

まず独り『十誦律』の研究が興り、他の諸律の研究を圧倒していた。ことに宋代には『四分律』『五分律』『僧祇律』の研究の事蹟を現存の諸文献の中から見出すことは容易ではないが、『十誦律』研究の事実を物語る資料は非常に多いのである。例えば最初の『十誦律』の注釈書である『十誦義疏』八巻を著した宋の江陵辛寺の慧猷、「十誦戒本」および「羯磨」などを撰した敦煌出身の法頴（四一六―八二）をはじめとして、[1]弗若多羅の誦出で鳩摩羅什訳出の『十誦律』五十八巻を開き、最後の一誦を「毘尼誦」と名づけて現行のごとく都合六十一巻に調巻した厕賓出身の西国律師卑摩羅叉らがいる。卑摩羅叉は江南の江陵辛寺で『十誦律』を講じ、その卑摩羅叉に師事した慧観や鳩摩羅什から「後世の優波離」(2)と称歎された僧業(三六七―四四一)もまた『十誦律』の専攻者であった。僧業の弟子の僧璩をはじめ慧詢(三七五―四五八)、道儼、僧隠、慧曜らはいずれも『十誦律』を学び善通していたのである。慧詢に師事した道営(三九六―四七八)が偏に『僧祇律』一部を善くしたの(3)は当時としては全く異例であったといってよいであろう。

それらの『十誦律』研究者は、いずれも江南において活躍している点が等しく共通し、『十誦律』が北の長安で訳出されたにもかかわらず、華北での研究が振わず、もっぱら江南において開講されていることは際立った特色である。のちに『四分律』の研究が興起し、それが偏に華北地方で行なわれて江南では全くといってよいほど流行していないのである。この特色傾向は、そののち斉代においても依然として続き、『十誦律』研究は主に江南で行なわれており、華北における『四分律』研究と好対照を示している。かかる江南における『十誦律』研究の中心的存在は、『律例』(4)七巻を著した超度、『十誦義記』(5)八巻の著者智称(四二九―五〇〇)、法琳、慧始、僧祐(四四五―五一八)、法超(四五六―五二六)、道禅(四五八―五二七)らであった。彼らもまたもっぱら江南で活躍していたのである。当時の『四分律』研究の事跡は、文献上ほとんど認められず、ただ瓦官寺の超度が『十誦律』とともに『四分律』も善くしたこと(6)が僅かに知られるのみである。そののちも江南では梁の三大法師の一に数えられる智蔵(四五八―五二二)、僧弁らが盛んに『十誦律』の研究を行なっていたことが知られる。しかしその研究の内容については今日それを知ることのできる資料が存しないのは残念である。したがって何故にことさらに独り『十誦律』のみが研究されるに至ったか、その実相を明らかになしえないが、おそらくは『十誦律』が弗若多羅共羅什訳であり、鳩摩羅什の令名を慕って『十誦律』を研究するに至ったと考えられる。またこの『十誦律』が北方で訳出されながらも江南において盛んに研究されるに至ったのは、五十八巻の『十誦律』を現行本のごとく六十一巻に調巻した[7]西国律師卑摩羅叉の江陵辛寺における『十誦律』の開講の功績を看過することができない。

ところが、元魏の孝文帝（四七一―九九）の頃からようやく『四分律』の講究が勃興し、五台山北寺の法聡と道覆との師資二律師が『四分律』を講じたと伝えられている。これが中国における『四分律』講究の最初である。賛寧は『宋高僧伝』巻一六に、中国における戒律の伝来について概説して、

　至魏孝文世、有道聡律匠、於北台山、始手披口釈、道覆律師随聴抄記、遂成義疏[8]

と『四分律』開講のことを記している。また『大宋僧史略』巻上解律に、次のように述べている。

　元魏世、法聡律師者、原是曇無徳羯磨得戒而常習僧祇、一日自悟乃歎曰、体既四分而受、何得異部明随於是罷講祇律、手披目閲敷揚四分、有門人道覆旋抄漸成義疏、覆公即解四分之始也

　至宋元嘉中、慧詢善僧祇十誦、更製条章即解二律之始也[9]

このことは『仏祖統紀』巻三八[10]等にも同様に記している。この道覆から『四分律』を学んだのが、彼の慧光である。道宣は『続高僧伝』巻三一に慧光の伝を記していわく。

　先是四分未広宣通、有道覆律師、創開此部、製疏六巻[11]

道覆の『四分律義疏』六巻もまた散佚して伝わらず、当時の『十誦律』研究との相違など明らかになしえないが、法聡・道覆によって開始された『四分律』研究は弟子の慧光（四六八―五三七）によってより発展し、そののち慧光の弟子の道雲、道暉をはじめ安廩、道憑（四八八―五五九）、道楽、洪理、曇隠らによって継承されていったのである。さらに曇隠の弟子で『四分律義疏』[12]五巻を著した霊裕（五一八―六〇五）は『四分律』の有力な講究者として知られる。彼らはいずれも東魏あるいは北斉の僧であり、北方で興起した『四分律』研究を継承するものであっ

た。当時、江南では智蔵（四五八―五二二）、智文らが盛んに『十誦律』を研究していたが、『四分律』に対する関心は全く興らなかったようである。北方の『四分律』に対して南方の『十誦律』の傾向は南北朝時代を一貫する特色である。ことに江南の金陵では曇瑗、智文という『十誦律』の二大学匠を輩出するに至った。曇瑗は『十誦律』を習い、陳世に彼に匹敵するものなしと称された学匠で、『十誦律疏』十巻をはじめ『戒本疏』二巻、『羯磨疏』二巻、『僧家書儀』四巻などを著した戒律の権威であった。(13) また智文（五〇九―九九）は『十誦律』を講ずること八十五遍に及び、曇瑗と同じく『十誦律義疏』十二巻、『羯磨疏』四巻および『菩薩戒疏』二巻の著書があったという。(14) 曇瑗、智文の『十誦律』に関する著述はすでに散佚し、その見解を知ることができないのは誠に残念である。いずれにせよ曇瑗・智文の両師は江南の『十誦律』研究を代表する法将であったことは確かである。そしてこの両師をほぼ最後として南地の『十誦律』研究は終息し、以後、北地を中心とする『四分律』研究の時代へと大きくその舞台が転回することになる。先の法聡、道覆、慧光らによって基礎づけられた『四分律』の研究は、道雲、道洪、智首へと継承され、かの道宣に至って『四分律』による南山律宗の開宗に至り大成される。南北朝時代に盛んに講究された『十誦律』に代わって隋唐時代には『四分律』がにわかに戒律研究の主流を占めるようになったのである。

中国仏教における戒律研究が『十誦律』から『四分律』へと急転回をとげたことは明白な事実であるが、しからば一体何がその原動力となったのであろうか。それは四分律宗を樹立し『四分律』研究を大成した道宣が「五義分通」を主張し、『四分律』に大乗に通じる点の存することを指摘・強調している点より推して大乗仏教中心の中国仏教界が『十誦律』よりも『四分律』の方により大乗的な要素を見出した為であろう。(15)

例えば『四分律』研究の先鞭を付けた法聡は、初め『僧祇律』をもっぱら研究していたのであるが、やがてその戒体と戒行との不一致を知り、『僧祇律』を捨ててひたすら『四分律』の究明へと転じたのであった。かくして法聡の『四分律』講義の口授を道覆が「疏」六巻としてまとめ、さらに慧光が内容を吟味して「文疏」を作ったのである。(16) このような経過から推しても戒律研究が各々の戒体の問題までに進展し、そこで説一切有部所伝の『十誦律』よりも法蔵部所伝の『四分律』の方により大乗的な、より合理的なものを中国の大乗仏教徒は見出したのである。すなわち、有部の『十誦律』は小乗律であり、その戒体は無表色法であるとなすのに対して法蔵部の『四分律』の方は心法をもって戒体となす点でより大乗に近く、大乗仏教を奉ずる中国の仏教徒はある種の合理性を得ようとしたのである。

二　大乗菩薩戒

『十誦律』も『四分律』もともに小乗部派所伝の律蔵である。先に見た『十誦律』『四分律』の講究者たちの中でしばしば菩薩戒に関係しているものがある。『十誦律』研究者として陳の仏教界で曇瑗と共にその名声を両分した智文のごときは、『十誦律』を講ずること八十五遍にも及びその『義疏』十二巻を著しているが、彼は同時に『菩薩戒疏』二巻を撰述しているのである。この『十誦律義疏』および『菩薩戒疏』の両書はともに現存しないので彼が注釈した『菩薩戒本』がいかなる戒本であったかは不明であるが、小乗「十誦律」と大乗「菩薩戒」とを同時に学んでいるのである。大乗仏教中心の中国仏教は、小乗広律を実際の生活規範として厳格に遵守するというよりは、単に出家受戒の際に依用するのみで、ほかはもっぱら学問的研究の対象であった。したがって大乗仏教徒の彼らはやがて大乗の菩薩戒にその関心が移ってゆくのもまた自然の流れというべきである。

しからば大乗戒あるいは菩薩戒とは何か。大乗の戒の考え方は戒波羅蜜すなわち六波羅蜜の一として種々の大乗経典[17]に説かれているが、比丘の具足戒を小乗戒と断じ大乗菩薩の戒律の優位を主張することは、すでに西晋の竺法護訳の『文殊師利浄律経』の中に認められる。この『文殊師利浄律経』は鳩摩羅什訳と伝えられる『清浄毘尼方広経』と同本異訳であるが、そこでは声聞毘尼と菩薩毘尼との相違を対照的に説いている。[18]

ここで声聞毘尼が自己の行為を規制することを目的となす自利的な戒であるのに対して菩薩毘尼は自己の修道上の過失を防止するのみならずより積極的な利他行であると説いている。また防非止悪の禁止条項が主となる小乗声聞の毘尼は、経論二蔵に対して律蔵の一蔵を形成するが、大乗のそれは六度中の戒波羅蜜のごとく律蔵を形成することなく、経論所説の内容となしている。『法華』『涅槃』『智度論』など主要大乗経論はいずれも菩薩の戒律を力説している。しかし、それは声聞律との相違点を縷々述べているが、小乗戒とは異なる菩薩のための生活規範など具体的戒相を明かすことを主たる目的とするものではない。これに対して北涼曇無讖訳の『菩薩地持経』や『優婆塞戒経』などは単に大乗菩薩道に立って戒の意義を闡明するに留まらず、菩薩の生活における具体的戒相を明示して菩薩の戒律の名実を具備する「大乗戒経」である。また曇無讖についで求那跋摩が『菩薩善戒経』および『優婆塞五戒経』等を訳出している。この二人は中国に大乗戒を伝えた二大功績者であるが、ただ求那跋摩の訳出経論についいては問題点が多くさらに十分な検討を要する点が少なくない。『菩薩善戒経』も果たして厳密な意味で翻訳か否かについては疑問が残る。一方曇無讖はその訳出経典の内容からいっても中国仏教における菩薩戒の始祖とも称しうるであろう。この曇無讖の『菩薩地持経』と竺仏念の『菩薩瓔珞本業経』、鳩摩羅什の訳と伝えられる『梵網経』とが中国における菩薩戒としてもっとも主要なものであり、その影響力が特に大きかった。曇無讖の『菩薩地持経』[19]には、菩薩の戒としての自性戒、一切戒、難戒、一切門戒、善人戒、一切行戒、除悩戒、此世他世楽戒、清浄戒を挙げ、なかんずく第二の一切戒の下に菩薩戒として律儀戒、摂善法戒、摂衆生戒の三戒を説き、この菩薩戒である三戒を学ばんと欲する者に対する受戒作法、捨戒の縁、四波羅夷法、四十三の戒相を詳説しているのである。小乗声聞戒が止持、作持の二のみであるのに対して、大乗戒は摂衆生の利他戒を加え戒を三聚となすところに特色が存することは言うまでもない。

この三聚浄戒を内容とするいわゆる地持戒を明かす戒経を『開元録』の順序にしたがって示せば次のごとくである。[20]

(一)『菩薩地持経』　十巻　曇無讖
(二)『菩薩善戒経』　九巻　求那跋摩
(三)『菩薩戒本』　一巻　曇無讖
(四)『菩薩戒本』　一巻　玄奘
(五)『優婆塞五戒威儀経』　一巻　求那跋摩

(三)の『菩薩戒本』は「出地持戒品中」であり、(四)の『菩薩戒本』は「出瑜伽論本事分中菩薩地」で、各々『菩薩地持経』および『瑜伽論』の抄出別行の戒本であって特に大乗の布薩用として使用しうるよう形式が整えられている。ことに曇無讖の『菩薩戒本』が果たして直接に曇無讖の手によって現行本のような形式に整えられたものであるか否かは十分に検討すべきである。もし曇無讖の歿後に誰人かの手によって編纂されたものであるならば、この戒本の出現が中国における大乗戒、地持戒の流行の時期を如実に物語るものとなる。しかし今このことを明らかにする資料がないのは残念である。

次に『菩薩瓔珞本業経』十二巻は、姚秦竺仏念の「晋孝武帝世」の訳出とされているが、今日の学界では宋斉の間に中国で成った偽経というのが通説である。[21] その「賢聖名字品」第二に十不可悔戒（『同』大衆受学品には十無尽戒という）を説き、もし十戒を破らば、悔過すべからず波羅夷に入ると述べている。この十不可悔戒の戒相の説明は次のように極めて簡略である。

一不殺人乃至二十八天諸仏菩薩、二不盗乃至草葉、三不婬乃至非人、四不妄語乃至非人、五不説出家在家菩薩罪過（云々）(22)

ことに以下の不沽酒、不自讃毀他、不慳などは単にその戒名を列挙するだけでその戒相について何ら具体的な事柄を述べていないのであり、一見してその内容説明をほかの何ものかに譲っていることが理解されるであろう。このことは『菩薩瓔珞本業経』が中国で作られた経であることを示す一側面である。この経の大衆受学品に広説する大乗戒は、一切戒の根本として摂善法戒、摂衆生戒、摂律儀戒の三受を説き、下品の者に対する自誓受戒などの三種受戒を示し、次に十無尽戒の授戒儀式、受戒功徳を明かし「菩薩戒には受法有りて、而も捨法無し、犯すことあるも失わずして未来際を尽す」(23)と、小乗戒にはみられない大乗戒としての特異点を明かしている。しかもこの大衆受学品は大乗菩薩の布薩用にも使用しうるよう大乗戒受戒の必要な形式を具備するよう配慮されているのである。

次にいわゆる梵網戒を明かす『梵網経』は、姚秦の鳩摩羅什の最後の誦出ということになっているが、今日の学界ではこれを認めず、五世紀の中国、すなわち宋斉の頃に製作された経典と考えられている。ただ製作の動機および場所など不明な点が多く、あるいは、中央アジアで作られたといい、あるいは北魏廃仏ののち北地洛陽の辺で作られた等々と推測されているが、未だ定説を見るまでに至っていない。この『梵網経』上下二巻のうち、いわゆる梵網戒は巻下に説かれている。すなわち巻下には十重四十八軽戒という大乗菩薩戒の相貌を明かし、併せて大乗の受戒・布薩作法までも説き、大乗戒経の形式を有している。『地持経』が三聚浄戒を説きその摂律儀戒をもって自らの中に小乗戒を包摂しているのに対して、梵網戒では小乗戒を捨去し全く大乗戒の独自性を堅持している。

三聚浄戒や十重四十八軽戒を内容とする大乗菩薩戒である「地持」「梵網」と「四分」「十誦」等の小乗戒とではその条目に大小共通のものもあるが、むしろ相反し彼此同時にそれを持つことの不可能なものも少なくない。またかりに大乗小乗共通する同じ条目であっても、その立場は全同ではなく内容が大きく異なっているのである。大乗の経論ではしばしば二乗の持つ戒と菩薩のそれとの相違を論じ、小乗声聞の戒を持つことはすなわち大乗菩薩の戒を破すことであるとまで強調している。

『梵網経』には、

若仏子、心背大乗常住経律、言非仏説、而受持二乗声聞外道悪見一切禁戒邪見経律者、犯軽垢罪(24)

と名言している。智顗はこれを「背大向小戒」といい、法蔵は「背正向邪戒」と称しており(25)、名称は相違するがその意趣は、ともに正義なる大乗の戒学を捨てて二乗、外道の戒に向かうことを制したところにある。

また西晋の敦煌三蔵の訳出と伝えられる『決定毘尼経』に、声聞乗人と菩薩乗人との持戒について次のように説いている。

声聞乗人雖浄持戒、於菩薩乗不名浄戒
菩薩乗人雖浄持戒、於声聞乗不名浄戒(26)

この『決定毗尼経』と同本異訳の菩提流支訳『大宝積経』第九〇、優波離会第二四には、『決定毗尼経』では単に「浄戒と名づけず」と説くところをさらにより積極的な表現でもって、

有声聞持清浄戒、於菩薩乗名大破戒(27)

と説いている。声聞の持戒は大乗の菩薩戒においては「破戒」であると明言している。かかる趣意は、そのほかの大乗経典にもしばしば説示されている。例えば鳩摩羅什訳と伝えられる『清浄毘尼方広経』には、寂調伏音天子に

対して仏は菩薩のなすべきものと、不可なるものとを明かして、菩薩は禁戒を毀犯するもついに一切智心を捨てずむしろ諸の煩悩を具してついに漏尽の阿羅漢となるべからず、と説いている。そこで寂調伏音天子は、

希有世尊、是菩薩所行勝余世間

世尊、諸声聞持戒勤加精進即是菩薩毀禁懈怠(28)

と述べている。ここでも声聞の持戒や精進は菩薩にとっては毀禁、懈怠であると強調している。しからばこのようにその内実や精神が全く相違する大乗戒と小乗戒とは全く別個で、大乗の人々は小乗戒を棄捨し大乗戒だけを保持すればよいのであろうか。あるいはまた具足戒を出家比丘の必須のものとして受持し、その上で大乗菩薩戒を受戒するのであろうか。もしそうであれば菩薩戒とは声聞戒の上にさらに重ねて受けるものなのであろうか。大乗菩薩戒と小乗声聞戒との関係は、実際の受持の上で種々なる問題を提起するのである。

三　声聞戒と菩薩戒

大乗戒と小乗戒との問題の発端は、大乗仏教が興起するとともに大乗を奉ずる人々が従来の小乗戒に対して大乗の独自性を唱えたところにある。したがっていわゆる小乗の律蔵の中には大乗戒を予想しての発言はない。ところが大乗の経論には当然のことながら小乗声聞戒に対して大乗菩薩戒を力説している。初期大乗の『般若経』は大乗菩薩の戒波羅蜜を盛んに高説しており、『法華経』は菩薩の不親近処を説き、さらに『涅槃経』では息世譏嫌戒の名の下に声聞戒とは別に高らかに菩薩戒を唱導しているのである。このような大乗戒の主張は、『菩薩地持経』や『優婆塞戒経』などに至って具体的に大乗独自な戒説、戒相をうることになった。『地持経』では大乗戒の中に重戒

と軽戒とを区別して説くまでに至っている。

さらに中国仏教について言えば、この菩薩戒重視の動向は『梵網経』『菩薩瓔珞本業経』『占察業報経』など大乗戒を説く経典が陸続と出現するに及びその頂点に達する。これらの経典において大乗戒と小乗戒との関わりはいかように説かれているのであろうか。まず曇無讖の『菩薩戒本』（菩薩地持経）では、小乗声聞戒を大乗の戒の中に包摂されるものと位置づけている。すなわち三聚浄戒の第一律儀戒の内容は、大乗独自のものではなく比丘、比丘尼、式叉摩那、沙弥、沙弥尼、優婆塞、優婆夷の七衆の別解脱戒となしている。この曇無讖の『菩薩戒本』では小乗戒を大乗戒の中の律儀戒に包摂しているが、同本異訳とされる求那跋摩訳の『菩薩善戒経』や玄奘訳の『瑜伽論』との二経一論の間で小乗戒に対する対処の仕方が必ずしも同一ではない。今、二経一論の三訳を対照的に示せば次のようである。

『菩薩地持経』巻四

律儀戒者、謂七衆所受戒、比丘、比丘尼、式叉摩那、沙弥、沙弥尼、優婆塞、優婆夷、在家出家随其所応、是名律儀戒(29)

『菩薩善戒経』巻四

云何名戒、所謂七種戒、比丘、比丘尼、式叉摩那、沙弥、沙弥尼、優婆塞、優婆夷、菩薩摩訶薩若欲受持菩薩戒者、先当浄心受七種戒、七種戒者、即是浄心趣菩薩戒、如世間人欲請大王、先当浄持所居屋宅、是七種戒俱是在家出家所受、菩薩戒者、亦復如是、俱是出家在家所受、是名為戒(30)

『瑜伽論』巻四〇

律儀戒者、謂諸菩薩所受七衆別解脱律儀即是苾芻戒、苾芻尼戒、正学戒、勤策男戒、勤策女戒、近事男戒、近

事女戒、如是七種、依止在家出家二分、如応当知、是名菩薩律儀戒(31)

声聞戒は律儀戒のみであるのに対して、大乗地持戒では、菩薩の律儀は声聞のそれと同じであるが、菩薩戒を受持するものはさらに摂善法戒と饒益有情戒との両戒を持つことを特に強調している。ところが、『菩薩善戒経』では「戒」（律儀戒）をもって七種戒となすことは他の『地持経』『瑜伽論』と同じであるが、特に次のような付帯条件を示しているのである。すなわち、先にも一言したように、「菩薩摩訶薩、若し菩薩戒を受持せんと欲する者は、先ず当に浄心に七種戒を受くべし」と説いている。この『菩薩善戒経』にしたがえば声聞教団の七種戒の受持をもって菩薩戒受持の為に「先ず当に」なすべき先決条件として明確に位置づけているのである。このことを一巻本の『善戒経』にも、

菩薩摩訶薩、成就戒、成就善戒、成就利益衆生戒、先当具足学優婆塞戒、沙弥戒、比丘戒(32)

と、明確に菩薩戒を受ける前方便として声聞戒の受戒を説いている、すなわち、求那跋摩訳という一巻本および九巻本の『善戒経』においては、菩薩戒は声聞戒の上に重ねて受くべきものとなしているのである。まず優婆塞戒、沙弥戒、そして比丘戒と受けたものが、初めて菩薩戒を受けうるのである。一々段階を登るがごとく持戒することとなり、当然小乗戒の延長線上に大乗戒があることになる。『菩薩善戒経』はとりわけこのことを強調し、ことに九巻本では世間の人々が大王を請せんと欲するときに、まず当に所居の屋宅を浄持するがごとくに菩薩戒を受けんと欲するときもまたかくのごとくであり、菩薩戒に先立って七衆の戒を受持せねばならぬと力説するのである。一巻本の『菩薩善戒経』（優波離問菩薩受戒法）では「重楼四級次第」の譬喩を借りて次のように説いている。

若言不具優婆塞戒得沙弥戒者、無有是処、不具沙弥戒得比丘戒者、亦無是処、不具如是三種戒者得菩薩戒、亦無是処

譬如重楼四級次第、不由初級至二級者、無有是処、不由二級至於三級、不由三級至四級者、亦無是処、菩薩具足三種戒已、欲受菩薩戒、応当至心以無貪著捨於一切内外之物、若不能捨不具三戒、終不能得菩薩戒也(33)

ここでは出家の声聞戒をあくまでも基礎とし菩薩戒をもってそれに対する重楼的な存在として説明している。したがってこの『菩薩善戒経』所説の菩薩戒は、いわば出家の菩薩の為の戒であるといいうる。このように出家菩薩のための菩薩戒説に対して在家菩薩の受持すべき五戒や二十八失意の大乗独自の戒相を説いたのが『優婆塞戒経』である。ところが『梵網経』では在家菩薩、出家菩薩の別なく、ともに通受の菩薩戒を説くのであるが、その菩薩戒は先の『善戒経』のそれのように小乗戒に対して重楼的なものでは決してなく、あくまでも小乗戒を超越したものので大乗菩薩戒の単受を強く主張している。

さらに『瓔珞経』はこの『梵網経』の大乗戒説を採用し、梵網戒の十重禁戒を十不可悔戒と改称して菩薩戒の根本となしているのである。『瓔珞経』の大衆受学品には『地持経』等に説くいわゆる三聚浄戒の戒相をそのまま継承しながらも、その戒の内容は『地持経』等と明確に相違する。すなわち、

今為諸菩薩結一切戒根本、所謂三受門、摂善法戒、所謂八万四千法門、摂衆生戒、所謂慈悲喜捨化及一切衆生皆得安楽、摂律儀戒、所謂十波羅夷(34)

ここで三受門（三聚浄戒）を立てながら、その律儀戒は『地持経』にいう七衆所受の戒ではなく『梵網経』所説の十重禁戒（十波羅夷）を採用している。『地持経』は律儀戒として七衆別解脱戒を当てて小乗戒を自らの大乗戒の中に摂めようとしているのに対して、『梵網経』『瓔珞経』では小乗戒の受持を説かず、むしろ小乗声聞戒を棄捨し大乗戒の単受を説いている。『瓔珞経』では三聚浄戒を採用しながらその律儀戒の内容をことさらに『梵網経』の十重禁戒となしている。このことは戒律思想史上極めて重要な事柄に属するであろう。『瓔珞経』が地持戒の伝統

を受けながらも、その中に梵網戒をとりいれたことは特に注意を要する。このことは別の観点からすれば、『瓔珞経』の出現は直接的には『梵網経』の流布普及を目指すものであったと考えられるし、またそのことは同時に梵網戒と地持戒の一致調和を計ったものともみられるのである。従来、『瓔珞経』は三聚浄戒の綱目を守る点で地持戒の系譜に属するようにみられるが、実はむしろ大乗戒の独自性を主張せんとして梵網戒の受持を高説せんとするものと考えられる。

そこで大乗戒の側からみて、小乗戒との関わり方を類別すれば次の三種類となるであろう。

第一の類型は、大乗戒の中に小乗戒を包摂してしまうもの。地持戒（瑜伽戒）のごとく三聚浄戒の中の律儀戒は小乗戒そのものを内容となすという考え方である。すなわち「律儀一戒不異声聞」の大乗戒観である。

第二の類型は、声聞戒を大乗菩薩戒を受持するための前方便あるいは前提条件となし、小乗戒から大乗戒へと順次に受戒する重楼的な戒観である。これは前述のごとく求那跋摩訳の『菩薩善戒経』に菩薩はまず声聞戒を受けてのちに菩薩戒を受けるという経説の中に認められる。また『最勝王経』に菩薩の菩提を求めんと欲せばまさに二乗之道を行ずべしと説くのもかかる類型に属するであろう。

さらに第三の類型としては、教に大小二教が存するように戒もまた大小二戒が存し、大乗菩薩の受持するところの戒は、小乗戒とは全く区別された大乗戒であるという立場に立つものである。この例としては大乗菩薩戒の単受の方向を明確に打ち出した『梵網経』などがその代表である。

このように考察すれば、中国仏教における戒律は、㈠小乗戒の七衆の別解脱戒と、㈡その小乗戒を包摂する大乗戒の地持戒（瑜伽戒）と、㈢小乗戒を完全に棄捨し、大乗戒の独自性を主張する梵網戒との三者の関連によって展開しているといってもよいであろう。

四　元暁の戒律観

新羅の元暁（六一七―七八六）に『菩薩戒本持犯要記』と称する著述がある。[35] 大乗菩薩戒の律儀の護持のために、自らの備忘として要をとって別に記したものであるが、その中で彼は大小の戒律を要約して次のように記している。

言総判者、軽重垢罪中細論支別、頭類乃有八万四千、括挙其要、別有三類
或四十四如達摩戒本所説
或四十八如多羅戒本所判
或有二百四十六軽如別解脱戒経所立[36]

元暁は軽戒・重戒を細かに論ずればその頭類は八万四千の多数に及ぶであろうが、要約すれば「達摩戒本」「多羅戒本」「別解脱戒経」の三種類に分類することができるという。右の三種の中、「別解脱戒経」所立の「二百四十六軽」とは、『四分律』所立の二百五十戒の具足戒のうち「殺」「盗」「婬」「妄」の四重禁戒（四波羅夷）を除いたものを指すのである。すなわち、三種類の一は右のように小乗声聞の別解脱戒を指すこと明らかであるが、しからばほかの「達摩戒本」と「多羅戒本」とはいかなる戒本を指すのであろうか。

「達摩戒本」については、わが五大院安然の『普通広釈』に現在流行の戒本として梵網本・地持本・高昌本・瓔珞本・新撰本・制旨本・達摩本・明曠本・妙楽本・和国本を掲げている。[37] 前の六種の戒本は、言うまでもなく天台の『菩薩戒義疏』によるものであり、以下の達摩本等の四本は安然が追加したものである。しかし安然は達摩本について何ら詳しい説明をしていない。安然は「達摩無識三蔵持菩薩戒」と述べているので、あるいは曇無識と関係

するものとも思われるが、達摩本の内容は全く不明である。

また「多羅戒本」については、元暁がその著述の中で述べている以外にその名は全く知られていないし、かの安然の『普通広釈』にも何ら記してはいないのである。要するに「達摩戒本」「多羅戒本」と称する両種の戒本を並記して論究しているものは、先の元暁の『菩薩戒本持犯要記』のほかには全く認められないのである。しからば元暁のいう「達摩」および「多羅」の戒本とは何か。

まず「多羅戒本」から検討しよう。元暁自身は「多羅戒本」について命名の由来など何ら説明してはいないが、「多羅戒本云」といってその戒本の文を引用している。すなわち、

多羅戒本云、常代衆生、受加毀辱、悪事自向己、好事与他人、若自讃揚己徳、隠他人好事、令他受毀辱者、是為波羅夷罪(38)

ここで元暁が「多羅戒本」の文として引用しているのは、周知のごとく鳩摩羅什訳と伝えられる『菩薩戒経』すなわち『梵網経』所説の十重の波羅提木叉の第七自讃毀他戒の文である。要するに元暁のいう「多羅戒本」とは『梵網菩薩戒経』を指すこと明確である。したがって先に「或四十八、如多羅戒本所判」といっているのは『梵網経』所説の四十八軽戒のことである。

しからば元暁は何故に『梵網経』のことを「多羅戒本」と称したのであろうか。しかも「多羅戒本」という名称は実に元暁の著述以外にかかる用例はないようである。彼自身は「多羅」の用語について全く説明していないが、「多羅」は「修多羅」の略称と考えられる。要するに彼は『梵網菩薩戒経』をもって「修多羅」の戒本といっているのであり、つぶさには「修多羅戒本」と称すべきところを略して「多羅戒本」となしているのである。この「多羅戒本」はある特別の意図をもって元暁が案出したところの造語である。

さて、「多羅戒本」が『梵網菩薩戒経』すなわち梵網戒を意味することが明らかになったが、次に「達摩戒本」とは一体いかがなる意味であり、また具体的にいかなる戒本を指すのであろうか。元暁は『菩薩戒本持犯要記』の中で、

若明差別者、今依達摩戒本弁其性相差別(39)

と述べ、しばしばこの戒本を援用している。ところが彼はこの「達摩戒本」についても「多羅戒本」と同様にその名称等について何らの説明もなしていない。

学者はこの「達摩戒本」について「曇無讖訳の菩薩戒本を達摩戒本と呼んでいるのである」と論断されているが、その根拠は明瞭ではない。(40)またある学者は「元暁によれば達摩戒本と多羅戒本とのあることを示しておるが、その達摩戒本によるとして曇無讖の地持経の文を引用していること、また、軽垢戒について四十四、如達摩戒本所説とある点より見て明らかに之は地持戒を基礎としたものである」と述べ、さらに「達摩戒本」の「達摩」について「達摩とは曇無讖から連想したもの」と論定されている。(41)「達摩戒本」に関する学界の見解はおおよそ右のごとくである。先学はともにこの戒本をもって曇無讖に関連させて考察され、曇無讖訳の『菩薩地持経』あるいはその別行本の「菩薩戒本」のことと断定されている。しかし果たしてそうであろうか。

元暁のいう「達摩戒本」は、つねに「多羅戒本」すなわち「修多羅の戒本」と並記されているのであり、実に「修多羅」に対する「阿毘達摩」から案出されたもので「阿毘達摩の戒本」の謂である。先学の指摘のように「達摩は曇無讖から連想したもの」では決してない。要するに元暁のいう「達摩戒本」は「阿毘達摩の戒本」の意味であり、具体的には『瑜伽師地論』所説のいわゆる瑜伽戒を指しているのである。「達摩戒本」が先学の指摘のごとく曇無讖訳の『地持経』（地持戒）ではなく玄奘訳の『瑜伽論』（瑜伽戒）であることは、『菩薩戒本持犯要記』所引

の文を比較すれば自ずから明らかになるであろう。

㈠『菩薩戒本持犯要記』

今依達摩戒本弁其性相差別、文言、於有違犯是染非染、軟中上品、応当了知(42)

㈡『菩薩地持経』

是住律儀戒、菩薩当知犯非犯、染汚非染汚、軟中上(43)

㈢『瑜伽師地論』

如是菩薩安住菩薩浄戒律儀、於有違犯及無違犯是染非染、軟中上品、応当了知(44)

元暁所引の㈠『達摩戒本』の文と、㈡『地持経』と㈢『瑜伽論』の文とを比較すると明らかなように「達摩戒本」とは玄奘訳の『瑜伽論』所立のいわゆる瑜伽戒のことである。元暁は『菩薩戒本持犯要記』に「或四十四、達摩戒本所説」と記しているが、普通に瑜伽戒は四重四十三軽となし、彼のいう「四十四（軽戒）」とは相違する。瑜伽の軽戒を四十三に数えるのは遁倫や基らの説であり、元暁と思想的に近い法蔵は「若依瑜伽有四十四種軽法」となしている。(45)元暁に『瑜伽論』の注釈書が存したが今散佚しているので明言はできないが彼もまた法蔵と同じく瑜伽の軽戒を四十四と数えていたのであろう。

要するに元暁は仏教における戒を大別して七衆所受の「別解脱戒経」と大乗戒の「多羅戒本」および「達摩戒本」との三種に判じているのである。大乗戒に限って言えば、「修多羅の戒本」である梵網戒と「阿毘達摩の戒本」である瑜伽戒との二大系統と解しているのである。この元暁の見解はいちおう当を得たものである。かの智顗（五三八—九七）に擬せられている『菩薩戒義疏』巻上によると、当時広く出家在家を通じて依用流行していた菩薩戒本として「梵網本」「地持本」「高昌本」「瓔珞本」「新撰本」「制旨本」の六種の戒本が存したことを記している。

この中「制旨本」については「備さに在家出家の方法あり、文広くして列せざるなり」とのみ記して何ら具体的に受戒内容を説いていないのでその戒本がいかなるものか断定できないが、残る五戒本についてはその受戒儀を詳説している。(46)なかんずく「高昌本」は「暢法師本」とも称し、玄暢（四一六―八四）の依用するところであり、その宗をたずねれば「地持」に出ずといい、また「新撰本」については新たに近代の諸師の集むる所で十重戒を説くと述べている。他の「梵網本」「地持本」「瓔珞本」の三戒本はそれぞれ経名を冠しているのでその受戒内容を知ることができるであろう。

よってこれら五戒本の中の、「梵網」「瓔珞」「新撰」の三戒本はいずれも『梵網経』の十重四十八軽戒をもってその戒相となしており、「地持」「高昌」の両戒本は三聚浄戒を説く地持戒（瑜伽戒）である。制旨本はしばらくおくとして残る五種の菩薩戒本は結局、「梵網戒」と「地持戒（瑜伽戒）」との二系統に要約することができるであろう。元暁のいうところの「多羅戒本」と「達摩戒本」との二種の戒本に帰着する。

しからば元暁は「達摩戒本」と「多羅戒本」との関係をいかように考えていたのであろうか。従来、この「多羅戒本」すなわち梵網戒について次のようにいわれている。中国においても戒律としては菩薩戒もあったが、それは必ず瑜伽戒のごとき小乗戒を包含し比丘としては小乗戒を受持してその上で行なうものであった。中国仏教史上、梵網戒などの菩薩戒を単独で受持するというようなことは、実際には行なわれなかったのである。思想としてのみならず実際生活においても小乗戒を捨ててしまったのは実に日本仏教に至ってのことである。その代表者は最澄と親鸞である、といわれている。(47)

中国仏教においては、大乗の菩薩といえども比丘になる時には、声聞と同じく二百五十戒を受けていた。『四分律』によって具足戒を受けることは、中国仏教界のすべての出家者が実行していたことである。(48)

中国仏教圏においては正規な出家僧で大乗菩薩戒のみを持つというような一派ないし集団が形成されたことはなかったのである。玄奘によっていわゆる新訳の経論が訳出され、瑜伽戒が行なわれるようになるが、この瑜伽戒もまた「律儀戒者、諸菩薩所受七衆別解脱律儀」と説き、大乗の菩薩も声聞乗の七衆の戒律を守るべきであるという。かかる時代風潮の中にあって元暁は何故にことさらに梵網戒と瑜伽戒とを「多羅戒本」と「達摩戒本」とに言い換えたかといえば、彼としては玄奘の新訳瑜伽唯識教学の全盛時代にあって新訳の瑜伽戒と旧来の梵網戒とを融和し両者の調和を図るためであった。元暁はその著『瓔珞本業経疏』で、『瓔珞本業経』の「有受法而無捨法、有犯不失尽未来際」の経文と、『瑜伽論』巻七五に明かす菩薩律儀棄捨の四因縁との齟齬について次のごとく論述している。すなわち、

如是論文与此経違如何和会

解云、彼論述於三乗教意、故有捨法犯戒有失、依三乗教発心菩提心不全故、不堅固故、今此経者是一乗教、故無捨法犯而不失、依是発心与前返持(49)

ここでは『瓔珞経』について論じているが、『梵網経』についても同様のことが言えるのである。すなわち元暁は「多羅戒本」と「達摩戒本」、一乗教と三乗教、あるいは隠密門と顕了門などという両種の教門を建立することによって各々両者の差異不同を明かしつつ、和合を図っているのである。(50)彼の『持犯要記』は新訳の瑜伽戒本の自讃毀他戒と旧訳の梵網戒本のそれとの両者を併せ綜合し組織しているのである。彼はこの両系統の戒本を綜合せしめる方法として「多羅戒本」と「達摩戒本」という範疇を案出したのである。その場合に「多羅戒本」と「達摩戒本」との関係は、彼のいう一乗教と三乗教、隠密門と顕了門などの関係と同じく前者の「多羅戒本」をもってより高次のものとなし、後者を包摂するものと考えていた。(51)具体的にいえば梵網の精神的な戒条を瑜伽の法相によって理論

的に整理しようとしているともいいうる。このことは彼の著述の「二障義」が新訳瑜伽の断惑説と旧訳起信論の断惑説を顕了門と隠密門となして融合組織したのと軌を一にするものである。要するに「多羅」と「達摩」との両戒本は、諸戒本の相違を会通融和することを目的とする彼独自の範疇であった。元暁にとって一の戒本を是として他は全て非とするというのではなく、両者の和合こそが課題であった。ある学者が「この持犯要記では達摩戒本を重視していることは明らかであり、云々」(52)と論じているのは全く認めることはできない。元暁は「本業経疏」等で明言しているように「達摩戒本」である瑜伽戒を三乗教意、「多羅戒本」の梵網・瓔珞を一乗教意に基づくものとなし、三乗教意は一乗教意の中に包摂されるものと考えていた。元暁は、頻りに「達摩戒本」を引くとしても「達摩戒本」を重視したのではなく、「達摩戒本」はあくまでも「多羅戒本」に包摂さるべきものと解している。この意図はかならずしも成功しているとはいえないが、元暁の「多羅戒本」に対する見解はのちの梵網戒流行に対して先駆的役割をなしているのである。彼が提起した問題は、のちに賢首法蔵の『梵網経疏』を生み、あるいは太賢が『古迹記』を著して瑜伽戒と梵網戒の融合の試みへと継承される。さらには最澄によって大乗戒壇が設立され、小乗具足戒を否定排除し梵網戒のみによる出家者を生み出すことになる。

従来、梵網戒の流行の契機は、智顗の『梵網菩薩戒義疏』の出現に求めているようであるが、決してそうではなく、瑜伽戒の出現こそが梵網戒重視の風潮を生み出したのであると筆者は考えている。もっとも今日の研究では『梵網菩薩戒義疏』の智顗撰述を否定し、右の見解を背後から傍証している。いずれにせよ瑜伽戒との関わりにおいて梵網戒を重視し、新たな大乗菩薩戒思想を提起したのはまさに元暁の「多羅戒本」と「達摩戒本」の考え方であった。さらに多くの論証を必要とするが、南都の戒律思想が瑜伽と梵網とのからみで展開している点にかんがみ、従来全く看過されていたが元暁の提起した問題は極めて重要であると考えるのである。

註

（1）『梁高僧伝』巻一一（大正五〇・四〇〇c）参照。慧猷の生歿年時は不明。西国律師卑摩羅叉に師事。法願については『梁高僧伝』巻一一（大正五〇・四〇二a）参照。
（2）『梁高僧伝』巻一一（大正五〇・四〇一a）に「幼而聡悟、博渉衆典、後遊長安、従什公受業、見新出十誦、遂専功此部、俊発天然洞尽深奥、什歎曰、後世之優波離也」と記録している。羅什は卑摩羅叉に師事し十誦律を学んだ。すなわち『梁高僧伝』巻一一鳩摩羅什伝に「従卑摩羅叉、学十誦律」（大正五〇・三三一a）とある。
（3）『梁高僧伝』巻一一道営伝の「晩依観詢二律師、諮受毘尼、偏善僧祇一部」（大正五〇・四〇一c）参照。
（4）超度の事蹟、生歿年時などは不明。『梁高僧伝』巻一一釈志道伝の付伝（大正五〇・四〇二a）参照。
（5）『十誦義記』八巻のことは『梁高僧伝』巻一一智称伝（大正五〇・四〇二b）参照。彼の伝記は『南斉安楽寺律師智称法師行状』（『広弘明集』巻二三）に詳しい。
（6）『梁高僧伝』巻一一に「有超度者、亦善十誦及四分、著律例七巻云」（大正五〇・四〇二a）という。
（7）『梁高僧伝』巻二卑摩羅叉伝に「羅什所訳十誦本五十八巻、最後一誦謂明受戒法及諸成善法事、逐其義要、名為善誦、叉後齎往石澗、開為六十一巻、最後一誦改為毘尼誦、故猶二名存焉」（大正五〇・三三三bc）という。また『出三蔵記集』第三『新集律来漢地四部序録』など参照。
（8）『宋高僧伝』巻一六（大正五〇・八一一c）。
（9）『大宋僧史略上解律』（大正五四・二三九bc）。
（10）『仏祖統紀』巻三八（大正四九・三五五c）。
（11）『続高僧伝』巻二一（大正五〇・六〇七c）。
（12）霊裕の伝記および著述については『続高僧伝』巻九（大正五〇・四九五a—四九八a）参照。
（13）曇瑗の事蹟、著述については『続高僧伝』巻二一（大正五〇・六〇八c—六〇九b）参照。
（14）『続高僧伝』巻二一（大正五〇・六〇九bc）。
（15）水野弘元「南山道宣と大乗戒」（『金沢文庫研究紀要』九所収）など参照。
（16）『続高僧伝』巻二一慧光伝（大正五〇・六〇七c—）および『同』巻二一『明律論』（大正五〇・六二〇a—）参照。

(17) 横超慧日「菩薩の戒律」(『東方学報』東京五所収)に菩薩戒の発生、涅槃経、優婆塞戒経、地持経、その他の諸経について詳しく論述されている。また平川彰「大乗戒と菩薩戒経」(『福井博士頌寿記念東洋思想論集』〈福井博士頌寿記念論文集刊行会、一九六〇年〉所収)など参照。
(18) 『清浄毘尼方広経』(大正二四・一〇七七c—一〇七八a)。なお、横超慧日「菩薩の戒律」参照。
(19) 『菩薩地持経』巻四菩薩地持方便処戒品第十之一(大正三〇・九一〇a)。
(20) 『開元録』巻四(大正五五・五一二c—五一三a)。
(21) 『内典録』巻三(大正五五・二五二a)など。佐藤哲英「瓔珞経の成立に関する研究」(『龍谷大学論叢』二八四、二八五)など参照。
(22) 『菩薩瓔珞本業経』巻上賢聖名字品(大正二四・一〇一二b)。
(23) 『菩薩瓔珞本業経』巻下大衆受学品(大正二四・一〇二一b)。
(24) 『梵網経』巻下(大正二四・一〇〇五c)。
(25) 智顗の作と伝えられる『菩薩戒義疏』巻下(大正四〇・五七五bc)および法蔵撰の『梵網経菩薩戒本疏』巻第五(大正四〇・六三八b)。
(26) 『決定毘尼経』(大正一二・三九c)。
(27) 『大宝積経』巻第九〇優波離会第二四(大正一一・五一六c)。
(28) 『清浄毘尼方広経』(大正二四・一〇八〇a)。
(29) 『菩薩地持経』巻四(大正三〇・九一〇b)。
(30) 『菩薩善戒経』巻四(大正三〇・九八二c)。
(31) 『瑜伽論』巻四〇(大正三〇・五一一a)。
(32) 『菩薩善戒経』(一巻本)(大正三〇・一〇一三c)。
(33) 『菩薩善戒経』(大正三〇・一〇一三c—一〇一四a)。また、九巻本の巻四戒品(大正三〇・九八二c)参照。
(34) 『菩薩瓔珞本業経』巻下大衆受学品(大正二四・一〇二〇bc)。
(35) 拙稿「菩薩戒本持犯要記について」(『印度学仏教学研究』第一八巻第二号)参照。
(36) 『菩薩戒本持犯要記』(大正四五・九一八b)。

(37) 『普通授菩薩戒広釈』上(大正七四・七五七b)。
(38) 『菩薩戒本持犯要記』(大正四五・九二〇b)。
(39) 『菩薩戒本持犯要記』(大正四五・九一八b)。
(40) 関口真大博士は「授菩薩戒儀『達摩本』について」(『印度学仏教学研究』第九巻第二号)の中で、さらに上の文に続けて「しかも普通広釈においては曇無讖を達摩無讖と書いているから、『達摩本』とは或はこの達摩無讖訳菩薩戒本の意味ではあるまいかと思われる」と論じられた。
(41) 久野芳隆「最澄を終点とする受菩薩戒儀の成立過程(附、梵網戒に関する諸見解)」(『常盤博士還暦記念仏教論叢』弘文堂書店、一九三三年)。
(42) 『菩薩戒本持犯要記』(大正四五・九一八a)。
(43) 『菩薩地持経』(大正三〇・九一三b)。
(44) 『瑜伽論』(大正三〇・五一六a)。
(45) 『梵網経菩薩戒本疏』巻四(大正四〇・六三四b)。また凝然も『律宗綱要』等で「梵網所説四十八軽、瑜伽所説四十四軽」と述べている。
(46) 『菩薩戒義疏』巻上(大正四〇・五六八a―)。
(47) 上田天瑞『戒律の思想と歴史』(密教文化研究所、一九七六年)など参照。
(48) 平川彰「大乗戒と菩薩戒経」(註(17)参照)。
(49) 『菩薩瓔珞本業経疏』(続蔵一・六一・三)。
(50) 横超慧日博士は「元暁の二障義について」(『東方学報』東京一一―一)の中で元暁の仏教学について詳細に論じられた。また拙稿「元暁の教学と浄土教」(『宗教研究』二一九)、同「元暁の涅槃宗要」(『仏教学セミナー』二六、本書Ⅳ部所収)、同「『菩薩戒本持犯要記』について」(『印度学仏教学研究』第二八巻第二号)など参照。
(51) 前註参照。
(52) 久野芳隆「最澄を終点とする受菩薩戒儀の成立過程(附、梵網戒に関する諸見解)」、註(41)参照。

元暁の涅槃宗要

——特に浄影寺慧遠との関連——

一　玄奘の新訳仏教

玄奘は唐の貞観十九年（六四五）に該博な学識と豊富な経論を携えてインド留学から帰朝し、長安の大慈恩寺で空前の大翻訳事業を開始した。その翻訳事業は新訳と称され、訳経史上に新生面を開くものであった。この訳業において玄奘がもっとも力点をおいたのはインド遊歴中に学んだ『解深密経』『瑜伽論』『成唯識論』などに基づくいわゆる瑜伽唯識の教学であった。長安におけるこの新仏教の流行は凄まじく、それを学ぶ学徒は三千にも及んだという。その数多い玄奘門下の中の逸材窺基（六三二—八二）によって開立されたのが法相宗であった。逆にこの法相宗の隆盛とともに次第に後継者を失い衰退していったのが、地論・摂論の学派であった。また隋代に栄えた北地の涅槃宗も致命的な打撃を受けて滅亡するに至った。このように法相宗の出現は一切皆成・一乗真実説を主張する従来の全仏教に絶大な影響を与えずにはおかなかった。それは法相宗義の主張するところが無性不成・一乗方便説で、両者の教義の建前が全く異なるからであった。一切衆生悉有仏性を唱え、断善根の一闡提をも成仏することを説いた『涅槃経』の立場とは相入れないのが法相宗義であった。そこで新旧の仏教の間で一三権実の論諍が熾烈に反覆されたのであった。そののち、法蔵（六四三—七一二）が華厳宗を大成し一乗家と三乗家との立場を融会してふたたび一切皆成の教義を中国仏教の主流として恢復するに至った。この新仏教の攻撃をどう受けとめるかということは、ひとり摂論宗・涅槃宗の人々のみの問題ではなく、結局、天下の仏教者全員に課せられた課題であった。この瑜伽唯識の新仏教の全盛の時代に果たして人々は『涅槃経』をいかに理解し解釈していたであろうか。この時代に著された『涅槃経』に関する著述として現存するものは、『一乗仏性究竟論』の著者法宝の『涅槃経疏』の残簡と新羅の元暁の『涅槃宗要』一巻とである。

法宝は倶舎学者として普光と並び称される学僧で、その生歿年時は不明であるが玄奘の訳場で新仏教に対して疑義を呈している点より推してその活躍年代は玄奘仏教の全盛時代であると考えられる。彼に『涅槃経』の注釈の存したことは永超撰『東域伝灯目録』(1)に「同経略疏十五巻　薦福寺法宝」と記されている。残念ながらその大半は散佚して今日現存するのはその残簡にすぎない。(2)

ところが新羅元暁の『涅槃宗要』一巻は完全な形で現存する。元暁は玄奘よりも十七歳の後輩であるが、その『涅槃宗要』の中で「新師」(3)と称して玄奘の新学説を紹介している。玄奘がインドから帰朝した時（六四五年）、元暁は二十九歳であった。また同時代の智儼よりは十五年、同じ新羅出身の円測よりは四年の年少で、玄奘の後継者窺基よりは十五年、華厳の大成者法蔵よりは二十六年の年長である。唐・新羅を通じて仏教の黄金時代に元暁はその生涯を送ったのである。天性抜群の秀才で、文辞は縦横、談論は風発し、衆を圧する風格があり、ために万人の敵と称された元暁は、(4)玄奘が翻訳事業を始めて五年後の真徳王四年（彼は三十四歳）に義湘とともに玄奘の高名を慕って入唐留学を志した。遼東に出て海門唐州の界で船を求めて渡海しようとしたけれども苦雨にあって路傍の土龕に宿ることになった。夜が明けて土龕のうちを見るとそれは古墳で骸骨が累々としていた。霖雨なお止まず、さらに一夜を古墳であかすことになった。昨夜は土龕であると思ったので安眠したけれども、今夜は鬼郷に身を託すと思うと種々に怪鬼が現れてたたりが多い。そこで彼は「心生ずるが故に種々の法生じ、心滅するが故に龕墳不二なり、唯心にして万法唯識、心外に法なし」と悟り、別に唐に求むべきものなしと考え義湘と別れてひとり故国新羅に帰ったという。以後、中国を遠く離れた海東の地に在って、もっぱら輸入の典籍によって仏教を学んだのである。

この元暁に『涅槃宗要』一巻の著述がある。それは次のような種々なる観点から考えて興味ある問題を含んでいる。㈠まず元暁は玄奘の教学を慕って入唐を志した人物であること。その元暁が玄奘将来の瑜伽唯識の五性各別、一分不成と真向から対立する一切衆生悉有仏性を説く『涅槃経』をいかに解釈し、全仏教の中でいかに位置づけていたのか。元暁は玄奘の教学を「新師」の義と称して伝えている。同時代の霊潤や法宝らは新来の法相宗義を攻撃したけれども窺基・円測など多くは玄奘の門に参じその新しい学説に接するに及びこれに傾倒し、ついに護法流の唯識に転向するに至る。さらに智儼らは玄奘の翻訳書の中の唯識に関するものはほとんど読破しながら、それとは一線を保ち玄奘・窺基には組しなかった。(5) 果たして元暁はいかなる態度をとったであろうか。㈡また元暁は一生涯入唐することはなく、唐を遠く離れた海東の地に在ったということは、新旧の仏教の対立の烈しい中国仏教の渦中から離れて問題の推移をある程度客観的にながめられる立場にあったことを物語るものである。元暁が極めて多くの経論を論証の材料として引用しているのは自らの客観性を保つ努力であろう。彼が『涅槃経』の宗要を著すためにした新旧の諸経論からの博引(6)は、彼が極めて多くの情報を有しており、同時にその判断の正確さを示している。そこでわれわれは元暁の『涅槃経』解釈の土台は一体那辺に存するのか。中国における涅槃学の伝統といかに結びつくのか。また、何らかの伝統を継承するとすれば、彼はそれをどのようにして受け継いだのであろうか。㈢さらに元暁の著述目録(7)を見ると主要な大乗経典はもちろんのことあらゆる経律論に注釈をなしている。ことに彼には

『宝性論料簡』『宝性論宗要』の著述があったと伝えられている。これは漢訳の『一乗究竟宝性論』に対する注釈としては唯一の記録されたもので、彼の他に『宝性論』に対して注釈をなした者はないようである。残念ながらその著は散佚して現存しないが、彼が『涅槃経』の仏性義に多大の関心を有していたことを示すものであろう。現に『涅槃宗要』の随処に『宝性論』を引用し自説の有力な論拠となしているのである。この『涅槃宗要』には他に『金鼓経』『占察経』『清僧福田経』(9)など耳なれない経典の説が引かれており、元暁の所引の経論についてはなお一層の興味ある問題を残している。かかる意味から元暁の『涅槃宗要』を検討し、彼の涅槃義・仏性義について考察したいと思う。

二　浄影寺慧遠と元暁

『涅槃宗要』は㈠経題に即して経の趣旨を述べるいわゆる序論に相当する「略述大意」と㈡本論に相当する「広開分別」とから成っている。さらに㈡の本論は「説因縁」「明教宗」「出経体」「弁教迹」とに分別されている。⑴因縁は、『法華経』『二夜経』『摂大乗論』『智度論』などによって『涅槃経』説法の因縁を述べたものでこの経を「正しく一化の終日に臨み、究竟して諸仏の大意を顕示す」(10)るものであるという。⑵教宗は本論の中心をなしており、『涅槃経』の根本の趣旨・根本的立場についての論調である。その『涅槃経』の宗を論じ「経文始終所詮衆義」「四種大義」「当常現常二果」「円極一果」「諸仏秘蔵無二実性」などをもって宗となす説(11)を列挙している。そしてそれら諸説を総説であるとし、さらに詳論に入る。詳論で元暁は『涅槃経』の宗―根本の趣旨を「涅槃」と「仏性」とであると述べている。そこで彼は自己の涅槃学を組織的に述べるに当たり「涅槃門」「仏性門」との二門に大別し、さらに各々を六門に分類説明している。従来の涅槃学では涅槃と仏性とが混同されることが多かったが、元暁は自らの涅槃学をこのように両分し組織的に論究している点は注目すべきである。(3)経体は、その詳しい説明は自著の『楞伽経疏』[12]にゆずっている。ここでは経典の本質を体となす説、音声を体となす説、名句味となす説などを挙げている。元暁はここで『瑜伽論』によって経体を論じている。すなわち摂決択分の「云何為体、謂契経体略有二種、一文二義、文是所依、義是能依」[13]の文を論拠となして論述している。『婆沙論』などの説にしたがえば名は義を表すがゆえに名をもって体としたのに対して、元暁は名が必ずしも義を詮すものとは考えず、文と義とを並記し、文は所依で義は能依であるという『瑜伽論』の説にしたがうのである。(4)教迹は、いわゆる教判論である。まず劉虬の二教五時判を示し、南土の諸師はおおむねこの五時教判を立てるが、北土の諸師は各経典にそれぞれ宗を説く風があったと南北の教判の特色を記している、次に南北の教判の得失を論じ「若執一辺、謂一向爾者二説皆失、若就随分無其義者二説倶得」[14]と述べ、一説に限定し固執すべきでない旨を強く主張している。

『涅槃宗要』の概略は前述のとおりである。しからばこの元暁の『涅槃経』解釈はひとり海東新羅の地で全く独自になされたものであろうか。あるいは中国における『涅槃経』解釈の伝統を受け継いでいるのであろうか。元暁の教学を通観するとき、その随処に智儼の影響と考えられる教学や智儼と同質の問題意識が認められたのである。いま『涅槃宗要』を概観するとき、智儼撰と考えられる『孔目章』や『五十要問答』などから影響を受けたと考えられる涅槃義は認められないのである。『涅槃宗要』の中で具体的に名を挙げてその所説を紹介しているのは仏性義に関して白馬寺愛法師の伝える竺道生の説と、荘厳寺旻法師、光宅寺法雲、梁武帝らの説であり、教判を論ずる教迹門では南土劉虬、北土師、天台智者の名を挙げている。特に天台智者に対しては、禅慧ともに通じ世を挙げて重んずるところとなっているのであるから、凡聖測り難い尊敬すべき人であると称讃している。現存の元暁の著述の中で具体的に智顗の名を挙げてその所説に論評を加えることがないだけにこの『涅槃宗要』で智顗に対して一種の尊敬の念を示していることは注目すべきである。[15] しかし本書で元暁が天台の涅槃学を継承しているかといえば、決してそうではなく、また、前記の諸師の涅槃学を継承しているわけではない。単に仏性義の一説として紹介しているにすぎないのである。ただ元暁も涅槃の有翻家に属し大涅槃を大滅度と翻じ、その「大」を解釈するに「所言大者、古人釈云、莫先為義」[16]と述べ、古人の解釈を継承している。この古人とは竺道生[17]のことである。しかし本書が竺道生の説にしたがっているというわけではない。

しからばこの『涅槃宗要』は全くの是々非々主義かと言えば決してそうではない。『涅槃宗要』を通読するとその終始にわたって浄影寺慧遠の教学が色濃くその影を落としている。慧遠の名は一度も記していないけれども、以下の点で本書が慧遠の涅槃観を土台にしていることは明瞭となるであろう。

元暁は『涅槃宗要』の本論に相当する「弁教宗門」において彼の涅槃学を構築するのに「涅槃門」と「仏性門」とに両別している。この涅槃学の構成は、『涅槃経』の総論的な注釈書である吉蔵の『涅槃経遊意』や灌頂の『涅槃経玄義』などにはみられない組織である。また、涅槃徳目としても涅槃と仏性とを混用する風があったが、元暁は『涅槃経』の根本趣旨である宗を涅槃と仏性との二門で捉えたのである。これは元暁の「宗」に対する考え方[18]とも相応する。しかしここで『涅槃宗要』の本論を「涅槃門」と「仏性門」となしたところの外的要因は、おそらく慧遠の『大乗義章』に範をとったためであろう。慧遠は『大乗義章』の義法聚の最初に「仏性義」を論じ、浄法聚中の果法の最初で「涅槃義」を説いているのである。

元暁の「涅槃門」は㈠名義㈡体相㈢通局㈣二滅㈤三事㈥四徳に分けられる。二滅・三事・四徳と増数的に分類されているのも『大乗義章』と同じ方法である。まず名義門では、有翻家に属する元暁は大滅度の大を慧遠と同じく長広高深多勝の六義をもって説明している。また滅を釈するのに事滅・理滅・徳滅・択滅の四滅を説くのは、慧遠が「彰滅分斉」(19)で事滅・能滅・応滅・理滅の四滅を説いているのに内容的に相応するものである。そのほか、名義門は多く慧遠の涅槃義に準拠しているのである。

さらに二滅門では性浄と方便壊の二涅槃と、有余と無余との二涅槃とについて論じている。性浄方便壊の二涅槃は地論・摂論家の説くところであり、慧遠は『十地経論義記』をはじめ『大乗義章』涅槃義の「開合弁相」(20)で有余無余涅槃とともに詳論している。また、元暁は三事門で法身・般若・解脱の三事（三徳）と涅槃との関係を論じている。この三徳と涅槃との総別を立てる論調はのちの六相等の華厳宗義を想起せしめるものがあるけれども、これまた慧遠が「涅槃義」で「次将摂三事約対涅槃分定総別」(21)において論じている箇所に相応するものである。次に四徳門は常楽我浄の四徳を論究する部門である。その第一顕相門では慧遠と同じく『涅槃経』の哀歎品等の四徳義を挙げてのち、『宝性論』の四波羅蜜（常楽我浄）の長文を引用し、第二立意門でも「四障を除き」「四愚を翻し」「四倒を対治し」「四相を離れる」ために四徳が説かれるという『宝性論』の所説を引用している。元暁の除四障、翻四愚、対四倒、離四相は慧遠の断四過、除四愚、翻四倒、治四障に相応する。『宝性論』に説く謗法、著我、怖畏世間、捨離衆生の「四種障礙」を慧遠は四道と称しているが、元暁は四障といい、論に忠実である。また、論の縁相・因相・生相・壊相の四相を慧遠は四障となすのに対して元暁は文字どおりに四相という。文字と順序に出入りはあるが元暁の立意門の所説は慧遠にみえるものである。さらに第三の差別門では、常の二義として法常と仏常とを説くが、これは慧遠の法常、報常と相応する。楽の断受楽・寂静楽・覚知楽・壊不楽の四義は、『涅槃経』に説くところであり、慧遠と同様である。我の二義は法我と人我とであって、各々体実義・自在義であるとして哀嘆品と徳王品とを引している。これは慧遠の㈠就体自実名我と㈡就因自在名我と呼応する。両者はそれぞれ経証とする経文は一致するのである。浄の四義は果浄（有浄）、業浄（因浄）、身浄、心浄で、慧遠と同じである。ただ慧遠は他に『十地経論』の身浄・境界浄・心浄・啓浄の四浄を出しているが元暁は採用していない。いずれにせよ常楽我浄を説く四徳門は、いずれも『大乗義章』にみえる涅槃義とほぼ同じであり、元暁が慧遠の説を継承していることは明らかである。

第二の「仏性門」も多く慧遠の仏性義を素材としている。法仏性・報仏性の二仏性の論義、凡夫位に約して仏性の有無を説く箇所、仏性と三性の論議、また、第六の会通において種々の仏性義を常住仏性・無常仏性・現果仏性・当果仏性などに分類しているが、これもまた慧遠の仏性義の説を整理したものである。以上のように教宗門は多く慧遠の教学にその素材をとっているのであり、次の第四経体門や第五教迹門においても同様である。

経体門では、慧遠が『大乗義章』の三蔵義に「言体性者、三蔵皆用教法為体、何者是教、音声、字句与法相応、是其教也[22]」といい、毘曇・成実・地持等の諸論を援用しているのと軌を一にする。ただ元暁は終わりに新訳の『瑜伽論』摂決択分の説を引用する点が相違する。教迹門はいわゆる教判論で、最初に武都山隠士劉虬の説を紹介している。その紹介文は全く慧遠の教迹義[23]の文に同じである。そこで「南土諸師多伝是義、北方師説般若等経皆了義、但其所宗各不同耳云云[24]」は慧遠の衆経教迹義の所説にしたがっての論義のようである。

元暁は自らの著述に慧遠の名を出してその所説を紹介したり引用したりしていることはない。それゆえにこの『涅槃宗要』は注目すべき著述である。新羅の涅槃学は普徳[25]に始まると伝えられるが、まだ涅槃学の資料に乏しく、当時としては『大乗義章』が客観性をもった唯一の権威ある資料であったと考えられる。

しからば元暁はいかにして慧遠の涅槃学を継承したのか、はなはだ興味の存するところであり、若干の考察を加える。新羅仏教と慧遠との関係は新羅仏教の開拓者的存在である慶州皇龍寺の円光(26)（五三二―六三〇）の入唐留学に端を発する。円光は『続高僧伝』の記述にしたがえば、入唐してのち梁の三大法師の一人である荘厳寺僧旻の弟子に師事し、成実・涅槃を修め、開皇九年（五八九）に長安に出て摂論初めて興るのに会ったという。長安に摂論を初めて開講したのは曇遷(27)（五四二―六〇七）である。曇遷は、勅によって長安に往き、大興善寺に住して摂論を講義した。この時、講席に召されたのは慧遠・慧蔵・僧休・宝鎮・洪遵の五大徳であった。新羅の円光もまた、慧遠らとともに講席に列していたのである。この時、慧遠は六十五歳で円光より九歳の年長であった。その時の慧遠はすでに『涅槃経義記』や『大乗義章』の著述をなしていたと考えられる。そののち、真平王二十二年（六〇〇）円光は十一年間の留学を終わって帰国し、皇龍寺で大乗経典を講じた。この円光を通じて慧遠の教学が新羅に輸入されたことは十分に考えられることである。また、円光と同じく慶州皇龍寺に住した慈蔵(28)（六〇八―七七？）は、善徳女王五年（六三六）に詔勅によって僧実ら門人十余人を率いて入唐した。彼は曇遷の門下で慧遠の後輩に当たる法常（五六七―六四五）に学び、帰国（六四三年）に際しては唐の太宗が大蔵経一部を贈ったという。したがって慈蔵将来の典籍の中に慧遠の著述が在ったこともまた想像に難くない。いずれにせよ円光・慈蔵・元暁らが共に居住した慶州皇龍寺は、南北朝時代の北方の仏教と因縁浅からぬものがあり、慧遠の著述も早くより所蔵されていたとみられる(29)。かくして元暁は慶州皇龍寺等で慧遠の涅槃義・仏性義を学ぶことができたのである。

三　元暁の涅槃経観

元暁は慧遠の著述を土台としていることが明らかとなった。しからば元暁の『涅槃経』観は慧遠に追随するもので慧遠から一歩も出ないものかといえば決してそうではない。慧遠に範をとっているのはいずれかといえば外形的・形式的な方面に関することであって、その学説内容については自ら独自な立場を保ち、種々の発揮が認められるのである。

まず元暁が涅槃と仏性との二門で涅槃の根本趣旨を論じたことは刮目に値する。涅槃は悟道の世界の名称であり客観的な呼称であるから、その背後を形成している仏性が当然予想される。涅槃と仏性とはものの両面をなすものであろう。涅槃を論ずる限り仏性を問題にするのは当然である。これを明確にし涅槃・仏性の両面から涅槃の教理を組織している。これによって涅槃常住説と称される『涅槃経』がその当然の帰結として、あるいは実践的要請として仏性の遍在性を闡明にしようとするのである。教宗をこの二門になすことは元暁の宗の考え方とも相応する。彼は宗の内容を宗致となし、これをさらに宗体と意致とに分解する。意致とは趣とほぼ同様な概念であると考えられる。これは智儼の宗趣の概念と連関するものである。智儼は『文義綱目』に「問、宗趣何別。答、語之所表曰宗、宗之所帰名趣」と説いている。(30) 元暁の宗体は、語の所表すなわち経の表すところの涅槃を宗体とし、その実践的帰趣の核心を仏性として表し意致となしているのである。

慧遠は『大乗義章』の中でいかんなくその博覧と組織的頭脳を発揮して、多数の経論の所説を集め、異同を勘案し整理統一して、のちの学者に多くの便宜を与えた。しかし慧遠の自説が那辺に存するのか明らかにしていない。その点元暁は慧遠によりながらそれらに対して必ず是非を論じているのである。

元暁は仏性門の出体で「昔来説雖有百家義類相摂不出六種」(31) といい、六師の仏性の本質論を挙げて批評を加えている。まず第一師は当有の仏果を仏性の体となす説。これは白馬寺愛法師が述べる竺道生の義である。第二師は現有の衆生を仏性の体となす説。これは荘厳寺旻法師の義である。第三師は衆生の心は木石と異なり、必ず厭苦求楽の性があり、その性のゆえ万行を修しついに無上菩提の果を得るのである。この衆生の心性を正因仏性の体となす説。これ光宅寺雲法師の説。法雲は『夫人経』(32)の自性清浄章の「若無如来蔵者、不得厭苦楽求涅槃」の経文を引いて論拠となしている。第四師は心中の神霊不失の性を正因仏性（心神）の体となす説。これは梁武簫焉天子の説。第五師は阿頼耶識法爾種子を仏性の体となす「新師」等の説。『瑜伽論』菩薩地種姓品の「本性住種姓者、謂諸菩薩六処殊勝有如是相、従無始世展転伝来法爾所得」(33)の説が引かれており法相宗義を指すもので「新師等」とは玄奘らを指すものである。第六師は阿摩羅識の真如解性を仏性の体となす説。『宝性論』三一切衆生有如来蔵品の「彼真如性者、依此義故、六根聚経言、世尊、六根如是従無始来畢竟究竟諸法体故」(34)を引用している。『六根聚経』は漢訳されておらず、『占察善悪業報経』の最後に同一経名を出しているが、内容等については不明である。真如性とは、この『六根聚経』に、「六根は是の如くに無始より来、畢竟究竟の諸法の体である」という。この第六師の説は真諦の説である。

これらの諸説に対して元暁は、「次判是非者、此諸師説皆是非、所以然者仏性非然非不然故以非然故、諸説悉非、非不然故、諸義悉是」(35)とその是非を論じている。すなわち「仏性の体は正に是れ一心で、一心の性は諸辺を遠離し、諸辺を遠離するが故に都て当る所がない、当る所がないが故に当らざる所もない」と述べ、これを「就心論」と「約縁論」の両面から論じている。前者からすれば、心は非因非果、非真非俗、非人非法、非起非伏であるが、後者の縁という点からすれば起伏・法人・真俗・因果である。したがって当有の果を仏性の体となす第一師の説も、今有の因を体となし、俗諦に立つ第二ないし第五師の説、真諦に立つ第六師の説。ともに「就心論」からすれば非であるが、「約縁論」からすれば是であるとし、諸説を否定するとともに肯定している。その肯定面についてさらに「一心」の立場から判断を下している。すなわち「於一心法有二種義」として心を一には不染にして染、二には染にして不染とに分ける。仏性の体である心が「染而不染」に立てば一味寂静、「不染而染」に立てば流転六道であるという。『勝鬘経』の自性清浄心や『起信論』の所説が染而不染の一味寂静の義を明かすもので、前の諸説のうちでは第六師すなわち真諦三蔵の義がこれに当たるとなしている。元暁は真諦の説をもっていちおうの正義となしているのである。新師玄奘三蔵等の説を『涅槃経』の盲人が各々象を説く譬喩を借り「実を得ざると雖、象を説かざるにはあらず」と評している。

かかる仏性に関する諸説についての是非の論評を通して見る時、彼の仏性論は結局は『起信論』の「一心」にその基本をおいていることが理解される。

元暁の涅槃観、仏性義は会通門においてより明瞭となり、また、その所説が遺憾なく発揮されている。会通門では、仏性の義は無量であるが、整理すれば次の五種を出ないという。すなわち、

㈠　性浄門常住仏性
㈡　随染門無常仏性
㈢　現果（諸仏所得）仏性
㈣　当果（衆生所含）仏性
㈤　一心非因非果

㈠の性浄門常住仏性は第一義空・十二因縁・中道・一乗等を仏性となすものであり、㈡の随染門無常仏性は大信心・四無量心・四無礙智・三昧などを仏性となすのである。㈢現果仏性は文字どおり如来の仏性で、㈣の当果仏性は一切衆生悉有の仏性をいうのである。そして㈤の一心こそ元暁独自の仏性義である。彼は『涅槃経』師子吼品の四仏性の経文、すなわち「仏性者有因有因因有果有果果」を引き、一心の体は非因非果であるがゆえに、因と作り

果となるのであり、また因因と作り果果となりうるのである。それゆえ、「当知前説四門染浄二因、当現二果、其性無二唯是一心、一心之性唯仏所体、故説是心名為仏性(36)」と結論している。

この「一心」とはいかなる意味か。元暁は『起信論疏』や『同別記(37)』に「衆生心と謂うは自体の法と名づく。今大乗中の一切諸法は皆別体なし。唯一心を用って其の自体と為す」という。この一心とは衆生心であり、われわれの現実の心である。さらに彼は「一心とは如来蔵と名づく(38)」といっているところからみると、『起信論』所説の衆生心をもって如来蔵・仏性と見ているのである。果たして衆生心をただちに如来蔵とみることが『起信論』の趣旨であるか否か(39)は別として、元暁は真如・生滅を具有する現実の心をもって仏性の体となしているのである。それは観念的な心性のごときものを指すのではない。もしそうであるなら主体的な仏道とはかかわりのない論義となってしまう。ここに彼が『起信論』をもって、一切の経意を摂するもので涅槃・法華・金鼓・大乗同性・華厳・瓔珞・大品・大集の諸大乗経の肝心、一もってこれを貫くもの(40)と説くゆえんがある。

四　一乗と三乗の調和

元暁の『涅槃経』観は最後の教迹すなわち教判論においても明瞭に表れている。元暁は五時判と四宗判に代表される南北の教判の得失を論じ「若執一辺謂一向爾者、二説皆失。若就随分無其義者、二説倶得(41)」と一方に固執すべきでない旨を説いている。さらに天台智者と神人との問答に寄せて次のようにいっている(42)。智顗が神人に対して「北の四宗判は経意に合うや否や」と問うたところ神人は「失多く得少し」と答えた。また「南の成論師の立てる五教は仏意に称うや不や」と問うと神人は「小し四宗判に勝るもなお失が多い」と答えたという。天台智者は禅慧ともに通じ、世を挙げて重んずるところである。その智顗が神人の言に托して四宗説や五時説を批判しているのであり、仏意は深遠無礙であることを知るべきである。そこで四宗・五教をもって経旨・仏意を論ずるのは螺で海水を酌み、管で天を闚うようなものである。これが元暁の主張である。

元暁はここで五時・四宗の教判の一説に固執するならばそれはむしろ仏意を冒瀆するものである。もし固執しなければ経論にその論拠がある以上その説は認められるという。二律背反的な諸説も「定取一辺不当道理」「無障礙説倶有道理」であり、道理があるから異説が会せられる。彼は本書の中で随処で「道理」という言葉を用いている。元暁の和諍思想を可能ならしめる「道理」とは一体何か。それは万流が一味海に合するように、仏教の衆典の部分は統合することができるのであり、固執を離れ仏意の至公を開けば百家の異諍をそのまま調和させることができるのである。これが元暁の意見である。

しからば最後に元暁は五性各別説と皆有仏性説との二律背反的な問題に対していかなる態度をとったのであろうか。彼は真諦の仏性義を是認しているが新師の説に対しては決して組していないことはすでに述べたが、五性各別説に対してはいかん。彼にとって五性差別と皆有仏性とは緊急に解決すべき問題であった。彼は「開仏意之至公和百家之異諍」を説くのであり、一方を捨て去って事足れりとすることはできない。そこで考案されたのが「依持」と「縁起」という考え方であった。『涅槃経』迦葉品に仏性の有無を「㈠闡提人有・善根人無、㈡闡提人無・善根人有、㈢二人倶有、㈣二人倶無」と四句分別している。この四句を初義ないし第四義の四通りに解釈し、順次に高次の立場へ止揚してゆく。その初義に「前之二句約依持門説五種性、其後二句就縁起門顕因果性」と依持と縁起とに分け、

謂初句言闡提人有者、不定性人断善根時猶有、作仏法爾種子故

善根人無者、決定二乗有善根時無、如前説作仏種子故
第二句中善根人有者、菩薩種性無断善根本来具有、作仏種子故
闡提人無者、無性衆生断善根時永無、如前菩薩種性故、故知此二句顕五種性也(43)

と述べ、第一句第二句は依持門で五種性を顕すものである。第三句の「二人倶有」は「縁起門中因性、凡有心者当得菩提」の謂であり、第四句の「二人倶無」は「縁起門中果性、当時未得無上菩提」のゆえであると解している。経意は寛く苞ざるところがないから、五種差別の依持門と皆有仏性の縁起門との二門で解釈することができると述べている。依持門は瑜伽顕揚等の五性差別の文によって立てるものである。これは元暁の代表的著述である『和諍論』(44)にも記されている。この依持門の釈にしたがえば決定性の二乗と無性闡提との成仏を否定することになる。この迦葉品の四句は慧遠も随処に解釈しているが、元暁の依持門の解釈とは全く別種のものであることは申すまでもない。元暁は五性差別の依持門を「経意寛無所不苞」と第一義の釈をいちおうは肯定しながらも、それを正義として採用するものではない。彼は第二義の解釈では四句の全てを『涅槃経』の皆有仏性の文による縁起門について説くのである。すなわち前三句は「明因差別」で、後一句は「顕果無二」であるという。これは慧遠の説に近い。第三義は抑引意説・勧請意説・生普敬意・起広度意を四句に配して釈している。第四義は二辺を離れんが為に四句を説くと解している。すなわち有仏性・無仏性の二辺を遮止し、一辺に固執することを誡めるのである。元暁の立場が第四義にあることは言うまでもない。

　依持門と縁起門という分別批判の為の範疇は、元暁にとっては経論の異説と会通——彼の言葉でいえば和諍——する為の一観点であった。しからば依持と縁起とは相互にいかなる関係を有するかといえば、当然縁起門をもって依持門よりも高次なものとなされている。瑜伽顕揚の五性差別の文によって立てた依持門は、涅槃の皆有仏性の文

によって立てた縁起門の中に包摂されると考えたのである。

要するに元暁の立場は、いずれも経論に証拠があるがゆえに両様の説があってもともに実ならざるはなしとし、これを会通することを課題としていたのである。かくして当時流行の五性各別の法相義に対して案出したのが依持と縁起の二門であった。彼はかつて玄奘の教学が唐に興隆したのを聞き、義湘とともに慕って入唐せんとしたが、結局それに組することはなく、旧訳系の起信論等をもって仏教教理を綜括するものと考えていたのである。

註

（1）『東域伝灯目録』（大正五五・一一五四ａ）。
（2）法宝の『涅槃経疏』は大正十三年、朝鮮総督府からコロタイプで出版された。全十五巻の中、九と一〇の二巻のみが現存。
（3）『涅槃宗要』（大正三八・二四九ｂ）、なお、布施浩岳『涅槃宗の研究』後篇（国書刊行会、一九七三年）参照。
（4）元暁の伝記は『宋高僧伝』巻四「唐新羅国黄龍寺元暁伝」（大正五〇・七三〇ａ）および『三国遺事』巻四「元暁不羈」の条が主要なものである。
（5）坂本幸男『華厳教学の研究』平楽寺書店、一九五六年所収「智儼教学に於ける唯識説」参照。
（6）元暁の経論の引用態度については『崇山朴吉真博士華甲紀念韓国仏教思想史』（圓仏教思想研究院、一九七五年）所収の李箕永氏の論文参照。
（7）例えば仏教学同人会発行の『元暁全集』参照。
（8）『涅槃宗要』（大正三八・二四五ｃ、同二四六ａ、同二四六ｂ、同二四六ｃ、同二五〇ａ、同二五〇ｃ）参照。
（9）『涅槃宗要』（大正三八・二四四ａ、同二四五ａ、同二四八ａ、同二四一ｃ）、なお「金鼓経」は『金光明経』のことであり、「清僧福田経」は『諸徳福田経』の誤植であろう。
（10）『涅槃宗要』（大正三八・二三九ｃ）。
（11）『涅槃宗要』（大正三八・二四〇ａ）。

(12)『楞伽経疏』七巻は『義天録』一（大正五五・一、一六九b）等に記録されているが、現在は散佚して伝わらない。『入楞伽経心玄義纂要鈔』によればその特色は四巻楞伽と十巻楞伽との融合を計っているところにあるという。
(13)『瑜伽論』巻八一（大正三〇・七五〇a）。
(14)『涅槃宗要』（大正三八・二五五b）。
(15)横超慧日「天台教判の特色に関する一試論」（『福井博士頌寿記念東洋文化論集』早稲田大学出版部、一九六九年）所収参照。
(16)『涅槃宗要』（大正三八・二三九b、同二四一a）。
(17)この「古人釈」が竺道生を指すことは『涅槃経集解』一（大正三七・三七七b）の竺道生の釈と比較すれば容易に分かる。
(18)『両巻無量寿経宗要』に「此経正以浄土因果為其宗体、摂物往生以為意致」（大正三七・一二五c）といい、『弥勒上生経宗要』にも「此経正以観行因果而為其宗、令人生天、永無退転以為意致」（大正三八・二九九c）という。すなわちこれらによるとき元暁は、宗を宗体と意致とで捉えていることが了解できる。
(19)『大乗義章』一八、涅槃義（大正四四・八一四c）。
(20)『大乗義章』一八、涅槃義（大正四四・八一七a）。
(21)『大乗義章』一八（大正四四・八二二a）。
(22)『大乗義章』一、三蔵義（大正四四・四六八b）。
(23)『大乗義章』一、教迹義（大正四四・四六五a）。
(24)『涅槃宗要』（大正三八・二五五a）。
(25)普徳については『三国遺事』三、普徳移庵の条参照。
(26)円光については『続高僧伝』巻一三（大正五〇・五二三c）、『海東高僧伝』巻二流通一之二（大正五〇・一〇二〇c）、『三国遺事』五、円光西学の条参照。
(27)『続高僧伝』巻一八（大正五〇・五七一b）。
(28)『三国遺事』巻四、慈蔵定律の条（大正四九・一〇〇五a）等照。
(29)恵谷隆戒氏は「円光と慈蔵との関係は明瞭を欠くも、共に皇竜寺に居住していたことから想像すれば、慈蔵は円光の思想的影響を受けているものと考えねばならぬ。（中略）同じく皇竜寺において出家した元暁が、浄影寺慧遠の思想を継承している点から見れば、円光によって創建された皇竜寺系統の学者は、一様に慧遠流の浄土教を宣揚したものと考えてよいであろう」と、浄土教における皇竜寺と慧遠の関係を指摘しておられる（『浄土教の新研究』〈山喜房仏書林、一九七六年〉五八頁参照）。

(30)『華厳経文義綱目』（大正三五・四九五b）。

(31)『涅槃宗要』（大正三八・二四九a）。

(32)『勝鬘経』（大正一二・二二二b）。

(33)『瑜伽論』巻三、五菩薩地第十五種姓品（大正三〇・四七八c）。宇井伯寿『瑜伽論研究』（岩波書店、一九五八年）五〇頁参照。

(34)『宝性論』巻三（大正三一・八三五b）。宇井伯寿『瑜伽論研究』五〇頁、同『宝性論研究』（岩波書店、一九五九年）一七五頁参照。

(35)『涅槃宗要』（大正三八・二四九b）。

(36)『涅槃宗要』（大正三八・二五四b）。

(37)『起信論疏』（大正四四・二〇六a）、なお、『起信論別記』（大正四四・二二六c）をも参照。

(38)『起信論疏』（大正四四・二〇六c）。

(39) 玉城康四郎「大乗起信論の根本問題」（関口真大『止観の研究』〈岩波書店、一九七五年〉所収）参照。

(40)『起信論疏』上「至如鵠林一味之宗、鷲山無二之趣、金鼓同性三身之極果、華厳瓔珞四階之深因、大品大集曠蕩之至道、日蔵月蔵微密之玄門、凡此等輩中衆典之肝心、一以貫之者、其唯此（起信）論乎」（大正四四・二〇二b）。

(41)『涅槃宗要』（大正三八・二五五b）。

(42) 横超慧日「天台教判の特色に関する一試論」、註(15)参照。

(43)『涅槃宗要』（大正三八・二五一c）。

(44)『釈華厳教分記円通鈔』巻三「和諍論中、依瑜伽顕揚等立依持門、依涅槃等経立縁起門云云」。なお『和諍論』はすでに散佚して伝わらない。

法宝における涅槃経解釈の特質

一　法宝の著作

法宝は普光と並び称される倶舎学者として著名である。その伝記は『宋高僧伝』(1)に収められるが、それは極めて簡略で彼の詳しい事跡や生卒年時などは遺憾ながら不明である。その簡略な伝記には、彼が倶舎に通暁していたこと、義浄の訳場に列し法蔵・勝荘らと共に証義をつとめたこと、羅什門下の僧融・慧叡のごとく玄奘の門下においては普光と並称されたこと、玄奘の『大毘婆沙論』訳出に際して疑難を呈し、それを玄奘が認めたことなどが記されている。『高僧伝』の著者賛寧は、彼をして「倶舎宗以（法）宝為定量矣」(2)と評しており、従来中国仏教史においては、玄奘門下の倶舎学者としての一面が特に強調されていた。しかし、法宝は玄奘門下とはいっても、異説を有し決して玄奘の説のみを奉ずるものではなかった。

その法宝の著述としては、『倶舎論疏』十五巻、『法華経疏』十巻、『涅槃経疏』十五巻、『一乗仏性究竟論』六巻、『会空有論』一巻の五部が知られている。(3)その中、『倶舎論疏』は「宝疏」の名で現に流布しており、『一乗仏性究竟論』はその残簡が『大日本続蔵経』中に収められているのである。そのほか、『法華経疏』と『会空有論』とについては、その存否が不明であるが、従来不明であった『涅槃経疏』については韓国三大名刹の一で新羅末慧璘の創建にかかる順天松広寺の経蔵から発見され、かつて朝鮮総督府によってコロタイプ版「大般涅槃経疏　唐大薦福寺沙門法宝述」として出版されている。『大般涅槃経疏』は、本来十五巻の著述であったが残念ながら今は僅かに巻九・巻一〇の両巻のみの端本として現存する。それぞれの巻末には、「海東伝教沙門　義天　校勘」と記されており、『義天目録』で知られる高麗の義天（大覚国師）の校勘にかかるもので書誌学上からも極めて高い学問上の関心がもたれる。本書の書誌学上の諸問題については、すでに池内宏博士の詳しい報告(4)があるのでそれに譲り、今はその思想内容について若干の考察を加えてみたいと思う。この法宝の『涅槃経疏』は、北涼曇無讖訳のいわゆる北本の『涅槃経』に対する注釈であって、現存する巻九には、『涅槃経』四十巻のうち巻一五から巻一〇人までを、巻十には、経の巻一九から巻二三までを釈している。

これを『涅槃経』の品目についていえば、五行・十功徳を説くことを目的とする梵行品八、嬰児行品九、光明遍照高貴徳王菩薩品一〇の途中までに相当し、そこでは法滅時における拘睒弥国の騒乱や感銘深い阿闍世王の入信の劇的な場面など『涅槃経』の名所とも称すべきところが含まれている。(5)ことに『涅槃経』の重要課題の一つである一闡提の問題に関しては、大部な『涅槃経』の中で、その成仏の否定から肯定へと微妙に変化しつつある重要な箇所に相当する。すなわち、『涅槃経』前半の如来性品を中心とする諸品にあっては犯重・謗法・五逆の者に成仏の可能性を認めても、こと一闡提に関する限りは断じて成仏を許さないのがその主旨であったのに、徳王品の辺に至ると一闡提に対しても他の五逆の者などと同様に公然と成仏の可能を説くのである。本疏の扱う梵行品、嬰児行品、徳王品の諸品は、前半の如来性品等の所説とは截然と区別されるいわゆる、闡提成仏説へと新展開を示している。梵行品ないし徳王品の部分は、一闡提思想に関しては「不定」という考え方が現れ、一闡提を滅してしかるのちに成仏するというような多義含蓄に富む表現がみられる。われわれがみることのできる法宝の『涅槃経疏』は、『涅槃経』の中でかかる内容の部分に対する注釈である。本疏の現存部分が、『涅槃経』前半の一闡提不成説から後半の成仏説への展開の鍵となる箇所で、一闡提は不定なりと主張し、阿闍世王の入信物語に託して断善根の一闡提に生善が説かれるところであることは極めて興味深い。玄奘将来の新訳仏教の五性各別、一分無性の説に反対し『一乗仏性究竟論』を著した法宝が、『涅槃経』の中で仏性・一闡提の問題で激しく変化する梵行品等の諸品をいかに理解していたのであろうか。従来、法宝の仏性論争の推移やその思想展開を論じる時、もっぱら『一乗仏性究竟論』[6]のみによって考察するのが常であるが、この『涅槃経疏』の解読を通じて法宝の仏性論争における立場がより明瞭となるであろう。

二　法宝の五時説

法宝の代表的著述である『倶舎論疏』にしたがえば、彼は『涅槃経』をもって仏教の教理を綜括するもの、最高の真理を顕示するものと考えていたようである。彼の『倶舎論疏』は五門に分別され、その第三「教起因縁」に次のごとく説いている。

世親論主、意無朋執、依第一時制造此論同第一時、依第二時造般若論説諸法皆空同第二時意、依第三時釈摂論等旨趣同其解深密意、依第四時述法華論明二乗無滅与前三教別、依如来蔵無上依経等諸大乗経述仏性論、会経中説一分決定無涅槃法以為不了、依涅槃経造涅槃論云々。[7]

ここで「此論」とはもちろん世親論主の『倶舎論』のことを指す。法宝は世親の著述である『倶舎論』『金剛般若論』『摂大乗論釈』『法華経論』『仏性論』『涅槃論』の六論を分類整理し、漸次に高次の内容を有し、論主の真意趣を表明するものとなし、『涅槃経』によって造られた『涅槃論』こそが最高了義の内容を有するものであると説いている。ここで『仏性論』と『涅槃論』とについては明確な「時」の指示はないけれども『倶舎論』ないし『法華論』が各々「第一時」から「第四時」の「意に同じ」であるとすれば、その文脈から見て仏性・涅槃の両論はともに「第五時」に相当することは明らかであろう。すなわち第一時ないし第五時については、ここで未だ十分な説明はないが、慧観に始まるといういわゆる涅槃宗の五時教判を想起せしめることだけは明らかである。このことは法宝の他の著述に詳しく説かれていたものと考えられるが、彼の現存著述のうちには詳細な教判論は展開されておらず、この『倶舎論疏』の説もまた世親の諸論書を整理することを主目的としており、未だ教判としては明瞭さを欠いている。

　法宝の思想を知る時、彼の著述によらねばならぬことは言うまでもないが、同時に法宝の好敵手で、彼に対する反駁者であった慧沼の著述を通して多くのことを知ることができる。慧沼はその著の『能顕中辺慧日論』に法宝の説を多く引用しており、教判についてもその「破定教時(8)」に「又大乗異小乗、後説大乗立教時、一乗異三乗、後説一乗、因何不許別立教時、故依深密、立初三、法華一乗為第四、涅槃仏性為第五時」と紹介している。この「小乗」「大乗」「三乗」「一乗」「仏性」の五時説が法宝の教判的見解であったと考えられるのである。

　しからば最高位の第五時に『仏性論』と『涅槃論』との二論が配当されるわけであるが、この両者の関係はいかがであろうか。このことについて詳しい説明はないけれども、『倶舎論疏』の別処に「世親菩薩依方等経述仏性論、破小乗執、只破有部等計、順大乗故(9)」と述べている。これは一切衆生悉有仏性を信ぜず一分無性の説を執する小乗徒を破す為に如来蔵経等の方等経典が説かれ、その意を受けて世親は『仏性論』を著したのであると法宝は考えているのである。

また、『涅槃経疏』の中に「学大乗執随転教、不信仏常、謂五性決定、仏預知今時、有此執故説涅槃経云々」と説いている。大乗を学びながら三乗の教を執している者、例えば『瑜伽論』等を学び『涅槃経』の一切衆生悉有仏性説を不了義で五性は決定となすものに対して経が説かれたとするのであるからして、『涅槃経』によるところの涅槃論の位置もまた想定できるであろう。

慧沼は、この法宝の説を要約して「就乗性説五時者、謂小乗・大乗・三乗・一乗・一性」と述べ、さらに第五時の「一性」ついて「一性即仏性、仏性即真如」と説明している。なお、源信は『一乗要決』に法相宗の三時教を論じ「法華玄賛第一、亦引此文立三時教、宝師涅槃疏破之(10)」と述べている。源信はその『涅槃経疏』の文を引用していないけれども、この文によれば法宝の『涅槃経疏』の中にその教判に関する論議を展開していたようである。残念ながら現存の『宝師涅槃疏』の中には認められないのであるが、それらによって法宝の五時説の内容はほぼ知りうるであろう。

三　五性各別と悉有仏性

法宝は『涅槃経』をもって最高了義の経典と判じている。しからば『涅槃経』のいかなる内容をもって最高の経典となしているのであろうか。法宝が経の玄義を論じたであろうところの『涅槃経疏』の首部が散佚して伝わらないので、彼の涅槃経観の詳細を知ることができないけれども、現存の巻九・巻一〇の中にも彼は種々の見解を披瀝している。例えば巻九に、

若聴此経則知一切大乗経義。(11)

と説き、この『涅槃経』は大乗経典の全ての教義を包摂することを標榜している。『涅槃経』が大乗の種々の教義を摂むものであることはつとに知られている。法宝もまたそのことを認めつつ、しかもとりわけ仏性と涅槃との両面からすべてを包摂するものとして『涅槃経』を評価している。『涅槃経疏』巻九に、

以此経中宣説仏性如来常楽我浄等、故名秘密蔵也。(12)

と「秘密之蔵」を釈している。法宝は常楽我浄の四徳涅槃と一切衆生悉有仏性とをもって『涅槃経』の主旨となし、それゆえに他の大乗諸経に比してことさらに秘密蔵といわれると説いている。かかる主張は随処に散見し、ことに仏性については『涅槃経』以外の余の経典には認められぬ説となし、「余部不説仏性等義」(13)と論じ、

若不講説此経、則仏常仏性之義、不現於世令余聖教亦隠没不行。(14)

と明言しているのである。さらにまたこの経が十二部経中の深遠の義を有するものであるとして、次のごとく述べている。

又一切衆生悉有仏性如来常住等、是十二部経中深遠之義、而文未顕説、今因此経得具足聞也。(15)

ここでも『涅槃経』によって初めて悉有仏性、如来常住の深遠の義を具足して聞くことができるようになったのであるという。悉有仏性と如来常住とでもって此経を捉えることは経自体が認めるところでもあるが、法宝の場合は特に仏性義に関し五性各別説を意識して、一分無性説を強く否定しているのである。

玄奘の訳場で『瑜伽論』の証義をつとめながらも、その新訳仏教に満足することができなかったかの霊潤が、『瑜伽論』と旧訳の経論との相違を認め、特に『瑜伽論』に一分の無仏性を説くがごときは凡小乗不了義の執であって、如来秘密の大乗経典を聴かず信ぜざる者であると述べた態度を継承するものである。(16)法宝は仏性義に関してこの霊潤とほぼ同意見で、一分無性の衆生を認めるのは凡小不了義の説である旨を、この『涅槃経疏』の二巻の残

箇中でも重ねて主張している。例えば巻一〇に、

准此経文、説仏無常一分無性等、是小乗中義、説仏常仏性等、是大乗義[17]

という。ここでことさらに一分無性を挙げ、小乗と大乗義とに分けて論じているところに現実の法相宗義に対する対抗的態度が認められるのであり、霊潤が自ら親しんだ『涅槃』『維摩』『勝鬘』『起信』などの大乗の経論と玄奘の新訳仏教とを対照し、その相違の顕著なものとして衆生界内に一分の無仏性の存在の有無を第一等に挙げるのと同じ立場に立つものである。法宝は一々玄奘・窺基などの名を挙げていないが、次の文などは明らかに新訳全盛時代の法相宗を念頭に置くのであろう。

すなわち巻九に曰く、

今時正合講説此経、以諸比丘畜不浄物説仏無常一分衆生無仏性故。[18]

ここで、玄奘一門が、一分無性を説いたことは明らかであり、少なくとも法宝の意識の中には現実の法相宗徒を想定していることは間違いないであろう。新訳の法相宗義を奉ずる諸比丘に対してこそ、今この涅槃仏性の義を説く『涅槃経』を講説すべきであると法宝は力説するのである。『涅槃経』をもって最高了義となす涅槃師法宝は「若し此の経を講説せざれば則ち仏常仏性の義、世に現われず」と『涅槃経』講説の必要を強調するのである。また、大乗を学ぶ者でありながら小乗の人と同じく仏の実滅にとらわれ、また一分の衆生が決定して解脱を得ずというものがいると批難している。それゆえにこそ『涅槃経』を講説しなければならないというのである。末代の凡夫のための経説であることは経も認めているが、法宝にとって末代凡夫とは現実の法相宗徒にほかならないのである。

学大乗者、執随転教不信仏常、謂五性決定、仏預知今時有此執故説涅槃経、今於未来広宣流布。[19]

この『涅槃経疏』中に法相宗を想起せしめるような固有名詞は出てこないけれども、五性各別を執する「学大乗

者」は玄奘一門を指しているのであろう。しかも法宝は、五性各別に執する学徒の出現を仏は予め知っていてこの経を説いたのであるとまで述べているのである。

四　慧遠と曇延の涅槃学

法宝の著述を見る時、その主張は全く涅槃師のそれである。そこでわれわれは彼の涅槃学がいかなる伝統の上にあるのかについて考えてみよう。法宝は『涅槃経疏』の中でいくつかの先人の釈義を拠り所として、自らの『涅槃経』解釈をなしているところがある。彼が「有人云」とか「悪釈云」と言って引用する説は、未だ一体何人の釈義を指すかは不明である。『涅槃経疏』中には「有人」「悪釈」と称される引用は各一度のみであるが、ほかに「遠云」、「延云」あるいは「遠師」、「延師」と名指して引かれる説は極めて多い。すなわち、「遠云」については巻九に十二回、巻一〇に九回の計二十一回引用されており、「延云」については各々十一回と九回の計二十回の引用が認められる。数え方によって多少の異同があろうけれども、ほかに他の諸師の説を全く引かないのであるからこの両師の引用が極めて多いと考えるべきである。単に所引の状況から見ただけでも法宝の涅槃学にこの遠師と延師とが絶大な影響を与えていることが分かる。法宝自らこの両師をして「二徳の所釈」[20]と称讃し、その釈義に権威を認めて参照しているのである。

ところでこの遠師と延師とは一体誰を指しているのであろうか。いずれも初唐の法宝以前に活躍した涅槃学者である。まず遠師については、二十数回引かれている釈文が、現存する隋の浄影寺慧遠の『涅槃経義記』と多少の具略の差はあるが、それぞれ符合するのである。例えば『法宝疏』巻九に「遠云、極愛一子在於初地、見善心喜名為極愛、覩悪愍念称為一子[21]」と極愛一子地の釈を記しているのは、『慧遠疏』巻五に同文を認めることができる。一々例を挙げるまでもなく、法宝所引の遠師は、隋の涅槃学者である浄影寺の慧遠を指すこと明らかである。法宝は慧遠の涅槃経疏すなわち『涅槃経義記』を座右に置いて自らの涅槃学を構築しようとしたのである。

次にしからば慧遠と並称されている「延師」とは一体何人であろうか。慧遠（五二三―九二）とほぼ同時代の延師とは、当時涅槃学の大家として知られていた延興寺の曇延（五一六―八八）以外には考えられないであろう。曇延[22]は、周の太祖から特に尊敬された僧妙の涅槃の講義を聞き深く悟るところがあって出家し、生涯を通じて涅槃の講解に専念、経の玄義の講説を重ねた。彼の涅槃学は、当時からすでに高く評価されており、延法師衆と称される独特の一涅槃学を形成していたのである[23]。曇延の『涅槃経疏』十五巻は盛んに世に行なわれ、常に慧遠の『涅槃経義記』十巻と比較されていたのである。この両師の涅槃学は、世の英達らによって「遠は乃ち文句愜当して世実に加ふる罕きも、宏綱を標挙し通鏡長騖することは則ち延之に過ぐること久し[24]」と評されていた。当時から曇延と慧遠とは互いに好敵手として涅槃学を競っていたのであり、互いに切磋することにより北地の涅槃学の隆盛をもたらしたのである。

そこで法宝がその著述に「延云」、「遠云」と称してその説を引くのは北地涅槃学の双璧であった延興寺曇延と浄影寺慧遠とであることは間違いないであろう。法宝は、この両師の釈を指南として自らの『涅槃経疏』を著したことはその圧倒的な引用によって知られる。しかも法宝はこの両師の涅槃学に絶大な信頼をおいていたことは彼の言葉の端々から汲み取ることができるのである。例えば『法宝疏』巻一〇に漏無漏を釈すに際して、

仰尋二徳所釈云々[25]

と述べている。二徳の釈義学風の相違は、当時の俊英の指摘するところであり、法宝もまた「両師意解不同」とそ

の釈の違いを認めて、その時々に是々非々で臨んでいるが、両師に対する権威は十分に評価しているのである。

なお、曇延の著述[26]として『起信論疏』が知られているが、彼の主著は道宣の記述の仕方からみても『涅槃経疏』十五巻であったと考えられる。しかも曇延が馬鳴大士の夢告を得て撰述したのは『起信論疏』ではなくてこの『涅槃経疏』であった。今日曇延の疏は散佚して伝わらないのでこの法宝の引用のみが曇延の『涅槃経疏』を知る唯一の手掛かりである。

法宝は薦福寺、仏授記寺、福先寺、西明寺など北地で活躍し、そこで曇延・慧遠らの北地涅槃学の伝統を継承したのである。北地の涅槃学は江南のそれとは異なる学風を有していたようであり、その北地の涅槃学にも地論宗南道派の祖で涅槃学者であった慧光の系統に属する道憑・霊裕・法上・慧遠らの学流と、慧光一門とは対立的な存在であった仁寿寺僧妙やその門下の曇延・慧海らの流れが存した。法宝はこの両流の一方に偏することなく、曇延・慧遠の北地涅槃学の二徳の所釈を仰いで尋ねているのである。

五　一闡提

法宝は慧遠・曇延の二師の釈を指南とし、さらに自説を展開する時は、「両師意解不同各為一釈、余今取少経意亦為一釈[27]」と各々の釈義を是認しつつ、謙虚に自釈を示している。もしこの法宝が慧遠らの説を非として破斥するところがあるとすれば、それは法宝の涅槃学の核心に関わるもので、相手の立場を肯定すれば自己の立場が根本的に崩れ去るような問題でなくてはならないであろう。ところが『法宝疏』の現存二巻の中で一カ所、慧遠・曇延の両師の釈を並べて挙げながら、「詳曰、此釈並非[28]」と二師ともに非となし、その説を論駁しているところがある。

それは一闡提に関する問題についてである。すなわち、『涅槃経』梵行品八之六の一闡提の両類を説く箇所に関する論議である。梵行品に一闡提を㈠現在に善根を生ずる者と、㈡後世に善根を得る者とに二分し、さらに経に「一闡提の者、復た二種あり。一は利根、二は中根なり。利根の人は現在世に於て能く善根を得、中根の人は後世に則ち得、諸仏世尊は空しく法を説きたまわず(29)」と説かれているところの解釈をめぐっての論議である。これは阿闍世王入信の物語で耆婆が如来の大悲を語るところである。ここでは断善根といわれ救済の可能性のない一闡提にも現在世に善根を生ず「利根」と、後世に善根を生ずる「中根」とがあり、時期の差こそあれともに断善根の一闡提にも生善の可能性を明らかにしている。すなわちここで一闡提の成仏の可能を説くのである。そこで問題となるのは、一闡提に利根と中根とのほかにさらに「下根」のものが存在するや否やである。換言すれば利根・中根の一闡提は善根を生ずるが、さらに「下根」の絶対に善根を生ずることのない真に断善根と称される一闡提が存在するかどうかの問題である。

この問題に関して法宝は「遠云」と称して次のような慧遠の解釈を紹介している。

汎論闡提有三種、一者上品聞経微能生信、二者中品闡経不信不謗遠能発生未来善根、三者下品不信生謗仏不為説故略不挙。(30)

これは現に慧遠の『涅槃経義記』巻六(31)に説かれているところである。この説にしたがえば経に利根・中根の二品の一闡提を説くけれども、実には上・中・下の三種の一闡提が存する。ただ下品の一闡提は後世においても全く善根を生ずる見込みのないもので仏の大悲の説法においてすら除外されるものであるから、ここでは利根・中根のみを挙げて下根のそれは略されていると慧遠は考えているのである。ここでもっとも注意すべきは、断善根にして仏の大悲も及ばない一分の一闡提が存在することである。

慧遠は信不具足のゆえに一闡提が断善根とされるとし「信」と「謗」とによって㈠微能生信㈡不信不謗㈢不信生謗の三種に区別し、不信生謗の下根闡提は絶対に成仏の可能性を否定している。法宝からすればこれは背経の邪説であり「非」と断じ去っている。

ところで慧遠と双璧をなす曇延は、この問題に関していかなる見解を有していたのであろうか。曇延の疏は伝わらないが、法宝が「延云」として引用紹介するところにしたがえば次のごとくである。

一者現在得益、二者来世得益、三者畢竟無益、前之二種如来為説、後之一種不可為説(32)

ここで曇延がいう「現在得益」と「来世得益」の二類はもと経に説くところである。ところが「畢竟無益」は、経にいう利根・中根以外のもので未だ説かれていない。曇延もまた、慧遠と同様に仏の大悲説法も及ばぬ、そこから除外された「畢竟無益」の一分の無性の存在を説くのである。二師ともに経に二根とするところをさらに「下根」のものを加えて三品に分類したところに一致が見られるのである。当時の北地涅槃学では一闡提を三品に分けるのがすでに一般的な見解であったようである。

法宝からすれば、それは経の注釈者の分限を越えた越権行為であるとする。仰いで二徳の所釈を尋ねる法宝も二師のこの説には絶対に賛同できないという。その要点は、第三類の「下根」の一闡提を認める点にある。法宝はこの両師の三種闡提説を斥けて次のごとく断じている。

詳曰此釈並非、皮之不存毛将安附、元無下根闡提此語憑何而説(33)。

経には利根・中根の二品であったのに下根闡提を加えている両師の解釈は、一体、何によって、いかなる根拠によって下根闡提という一分不成の存在を説くのか。これが法宝の非難である。

慧遠は、三種闡提説の根拠を明かしていないけれども、おそらくは『涅槃経』の所説によるものであろうが、あるいは当時一般化しつつあった三品衆生説などもその背景となっていたかもしれない。曇延はその拠り所を「後之一種不可為説、経言未合薬、似是下根不為説也」と述べている。この「経言」とは『涅槃経』梵行品の所説(34)を指している。すなわち「未合薬」とは、「必死不疑」の「病者」に対していうのである。必死の病者に薬の調合が意味をなさないように、仏の説法も「畢竟無益」の一闡提には及ばないと曇延は説くのである。

しかし、法宝はこのような見解が決して『涅槃経』の本意ではないと明言する。

然此経本意不欲説一分闡提、仏不為説、因何文外横立下根、又聞経生信、非是闡提、聞経生謗、仏不為説者、亦違聖教、如文殊行経、文殊為謗人説法、聞者有大利益。(35)

『涅槃経』の本意は下根闡提すなわち畢竟無性のものを認めないところにある。仏の大悲の説法も及ばない「聞経生謗」の下根の者も存在すると慧遠は主張するが、それはすでに『文殊行経』(36)に「聞経誹謗」の五百人の比丘に対して説法して大利益を得せしめているように『涅槃経』以外の聖教にもすでに説くところであり決して認めることができない。しかるに彼は何を根拠として「下根」の一闡提を説くのかと法宝は反駁するのである。

ところで法宝自身はこの問題に対してどのように考えているのであろうか。『涅槃経』が利根・中根の二類の闡提を説けば、現に曇延・慧遠が考えたように下根のものを予想するのが常識的である。しかも『涅槃経』の前半にはかかる旨が重々説かれているのである。だが法宝はこれに対して、

即是就利鈍分、利者為上品、劣者為中品、更無第三下品人也。(37)

と述べ、経は利鈍の二類に分けたのであって上中下の三品に分けたのではないという。今、中根の下にさらに第三類の闡提を認めるならばそれは当然のことながら絶対不成仏の断善根でなくてはならない。しかしそれはこの経の本意ではない。なぜなら経は絶対の断善根のものを認めないからである。すなわち彼は、

然不説下根者、以不能断善故、前世断善若非現続、即於地獄生時死時続、故必無不続善、而生人中者故。[38]下根が説かれないのは「善を断ず能はざるを以っての故」である。絶対の、永遠の断善根ということはない。断善は一時の様相である。だから前世の断善が、未来へと永遠に断善の状態が継続し畢竟無益というわけではない。なぜならあるいは地獄に入る時、あるいは地獄を出る時に各々善根を生ずるからである。前の断善も地獄を経過し生善するという。これは法宝の独創ではなく、すでに『涅槃経』迦葉品[39]に迦葉が「何れの時か当に能く還って善根を生ずべき」との問に対して、「是の人二時還って善根を生ず。初めて地獄入ると、地獄を出る時となり」との仏言に根拠しているのであろう。ここで初入に生善するのは利根で、出ずる時に生善するのは鈍根である。理としては中間の者があって地獄中で生善するごとくであるが、地獄の受苦中にはその暇もなく生善は考えられないのである。仍て入出二時に生善する利鈍すなわち上根中根のみで下根の者は存在しないのである。法宝はさらに迦葉品の文や倶舎論を引いて下根闡提の存しないことを重々に説いている。

法宝は、断善根とは現在世一時の様相であって必ず未来には生善根が可能であると考えている。一闡提は永遠のものでなく、現在のみのもので現世に生善しないものは未来に生善する以上、畢竟無益の一闡提など存在しない。しからば彼は謗法と不信とを内容とする一闡提がいかにして生善すると考えたのか。

この経を謗ることが一闡提の重要な内容である以上、下劣・愚鈍の人に断善根はなく、逆に聡明・黠慧・利根の者にこそ断善根がある。しかして現在断善根の一闡提に堕したとしても、聡明・黠慧・利根なるがゆえに必ず善根を生ずるのであるという。[40]経が現在世生善と後世生善の二種闡提を説くのは、時間的に一闡提の成仏不成仏の問題に解決を与えると同時に仏の大悲を強調する。ところが法宝の場合、仏の大悲とか、此の経が一闡提を説くに至った危機観が薄れ、素直な極めて肯定的な人間観に立ってこの問題に対処しているようである。

六　法宝の立場

法宝の一闡提に関する見解を概観するとき、そこには自らを一闡提と覚って自己の罪業に目覚めるという宗教心も、仏菩薩が一闡提に対してどこまでも追いかけて救わずんば止まぬという大悲心も十分に汲みとられていないようである。ただ最後の涅槃師として新来の三乗仏教との対決の姿勢のみが濃厚に感じられるのである。

北地涅槃学の伝統を継承しながら曇延・慧遠の両徳の三種闡提説を厳しく非難するのは一分の畢竟無性を説く点にあるが、この両師の見解を認めることは当然玄奘門下の窺基の三種闡提説や慧沼の三品衆生説を肯定することになるのであろう。法宝は、この『涅槃経疏』の中でほぼ同輩と考えられる窺基らの名を挙げ批判してはいないけれども、慧遠等の一闡提に対する見解を論難することによって、同時に五性各別・一分無性を説く新仏教の法相宗を論破しようとしているのである。

註

（1）『宋高僧伝』巻四（大正五〇・七二七a）。
（2）註（1）参照。
（3）『東域伝灯目録』（大正五五・一一五四a、同一一六一b、同一一六二a）、『奈良朝現在一切経疏目録』（一〇九頁、一一二頁、一三三頁、一三七頁）など参照。
（4）池内宏『満鮮史研究』中世第二冊（吉川弘文館、一九六〇年）。
（5）横超慧日『涅槃経』（日本評論社、一九四二年）参照。
（6）富貴原章信「初唐法宝の仏性説について」（『仏教学セミナー』第一八号）など参照。

（7）『倶舎論疏』巻第三（大正四一・四五八a）。
（8）『能顕中辺慧日論』巻第一（大正四五・四一〇b）。
（9）『倶舎論疏』巻第一（大正四一・四五九b）。
（10）『一乗要決』巻下（『恵心僧都全集』二、二〇四頁）。
（11）『涅槃宝疏』巻一〇（二〇、右）なお、法宝撰『涅槃経疏』の引用は、すべて朝鮮総督府発行のコロタイプ版『大般涅槃経疏（唐大薦福寺沙門法宝述）』による。『涅槃経疏』の丁附は、版面の左端に細字で経疏の略名すなわち『涅槃宝疏』、巻数、張数の順で示されている。
（12）『涅槃宝疏』巻九（四七、右）。
（13）『涅槃宝疏』巻九（四七、左）。
（14）『涅槃宝疏』巻九（四八、右）。
（15）『涅槃宝疏』巻九（四八、右）。
（16）常盤大定『仏性の研究』（丙午出版社、一九三〇年）二三一頁参照。
（17）『涅槃宝疏』巻一〇（三四、右）。
（18）『涅槃宝疏』巻九（四八、右）。
（19）『涅槃宝疏』巻九（四八、右・左）。
（20）『涅槃宝疏』巻一〇（三七、右）。
（21）『涅槃宝疏』巻九（一九、右）および『涅槃経義記』巻五（大正三七・七五五a）。
（22）曇延および慧遠の涅槃学については、横超慧日「慧遠と吉蔵」（『結城教授頌寿記念　仏教思想史論集』〈大蔵出版、一九六四年〉四四二頁）参照。
（23）『続高僧伝』巻八（大正五〇・四八八a以下）。
（24）註(22)および(23)参照。
（25）『涅槃宝疏』巻一〇（三七、右）。
（26）柏木弘雄「曇延の『大乗起信論疏』について」（『インド思想と仏教：今西順吉教授還暦記念論集』春秋社、一九九六年）。

(27)『涅槃宝疏』巻一〇（一九、左）。
(28)『涅槃宝疏』巻一〇（一〇、左）。
(29)『大般涅槃経』巻二〇（大正一二・四八二b）。
(30)註(28)参照。
(31)『大般涅槃経義記』巻六（大正三七・七七七b）。
(32)註(28)参照。
(33)註(28)参照。
(34)『大般涅槃経』巻二〇（大正一二・四八二a）。
(35)註(28)参照。
(36)『仏説文殊尸利行経』（大正一四・五一二a以下）。
(37)『涅槃宝疏』巻一〇（一〇、左）。
(38)『涅槃宝疏』巻一〇（一〇、右）。
(39)『大般涅槃経』巻三五（大正一二・五七〇c）。
(40)『涅槃宝疏』巻一〇（一〇、右）。

法蔵における『大乗起信論義記』撰述の意趣

一　はじめに

賢首法蔵（六四三―七一二）によって大成された華厳教学は、前代の天台智顗（五三八―九七）の天台教学と並んで中国仏教の双璧をなすものである。

唐の法蔵は隋の文帝の時代に活躍した天台の智顗よりもほぼ一世紀のちの後輩である。法蔵は唐の全盛期であった太宗・高宗の時代から則天武后の時代にかけて活躍している。智顗や法蔵の教学は、後漢代に中国に伝来した仏教が、ほぼ五百年を経過してようやくインド仏教とは異なる中国の伝統文化や風土に相応した独自の仏教思想を形成したものとして評価される。智顗は、インド伝来の仏教から独立してもっぱら漢訳経典によって一大教学を組織した。智顗が『法華経』によって組織した教学は理論と実践を具備した教観双備の仏教として称賛されるが、それは一切衆生が平等に成仏することを主張する一乗仏教であり、その意味でも中国仏教の頂点をきわめた精華である。

智顗の時代から法蔵が活躍する時代までに一世紀の開きがある。その間の中国仏教にとって最大の出来事は、何といってもインド那爛陀寺の留学から帰国した玄奘（六〇〇―六四）によって瑜伽唯識の「新仏教」が紹介されたことである。玄奘が伝えた「新仏教」は、すでに智顗によって大成された一乗の仏教とは全く立場を異にするものであった。それは五性各別説に立ち、一分不成仏を主張する三乗差別の仏教であった。智顗や玄奘の後輩に当たる法蔵には、一乗平等と三乗差別という相反する仏教が生まれながらに与えられていたのである。この相対立する一乗と三乗の仏教をいかに受けとめるかということは法蔵にとって避けて通ることのできない焦眉の課題であった。仏教の究極目標である成仏について平等と差別という全く相反する立場にある仏教に対していかなる態度をとるべきかの決定は法蔵の仏教学にとって重大な課題であった。一乗か三乗か、その一方を是として他方を非として捨てることができるのか。はたまた両者の調和統一をはかることが可能なのか。または第三の立場に立って仏教を再構築すべきなのか。法蔵は極めて深刻な仏教学上の難問を背負わされていたのである。

法蔵は唐の太宗の貞観十七年（六四三）十一月二日をもって長安に生まれた。法蔵の俗姓は康氏である。この康氏は、その祖先の出身地を明示している。仏教史家の賛寧は『宋高僧伝』巻五の「法蔵伝」に、法蔵の祖先を康居の出身となしている。中国の史書ではしばしば康居と康国とが混同されるが、『宋高僧伝』もその例に漏れない。法蔵の祖父は康居ではなく、中央アジアのサマルカンドに建国していた康国の出身である。法蔵の祖先は康国の宰相の家柄であったが、祖父の代に中国に帰化したという。法蔵は十七歳にして師を求めて仏門に入り、太白山で大乗方等経典の研究に従事すること数年に及んだ。のちに親の疾によってふたたび長安に還り、たまたま雲華寺で智儼が『華厳経』を講義するのを聞き、その門に投じた。智儼は法蔵の非凡な学才を認めて指導につとめた。二十六歳にして智儼の死に遭った法蔵は、師の遺命によって二十八歳のとき出家得度して沙門となった。法蔵が出家した二十八歳は玄奘が歿してのち八年目に当たる。賛寧は『宋高僧伝』に「奘師、経を訳するに属り、始めその間に預かる。のち筆受・証義・潤文の見識、同じからざるに因て訳場を出づ」と記している。はじめ法蔵は玄奘の訳業に参預していたが、のちに意見を異にして訳場を退場したと賛寧は伝えているが、これは年代的にみても明らかに誤謬である。ただ後述するように法蔵が実叉難陀など玄奘以降の諸三蔵の訳場に参じて訳筆を助けたことは事実である。法蔵の名声の高まりにともない則天武后は法蔵を太原寺に迎え『華厳経』を講義するように命じた。その『華厳経』の講義により、則天武后の信頼を得て衣五事を賜った。また「賢首」の号も則天武后から賜ったものである。いずれにせよ法蔵と則天武后との関係は極めて密接であり、長生殿で十玄縁起の深義を金獅子の喩をもって説き、武后をして大悟せしめたという伝説は有名である。(1)

法蔵は訳経事業にも深く関与した学解の僧であった。智顗も学問上の偉大な成果を得たが、智顗の本領は禅観にあった。道宣は智顗を禅師と呼び、その伝記を『続高僧伝』巻一七「習禅篇」に収めている。法蔵の伝記は、賛寧の『宋高僧伝』巻五「義解篇」に収められている。また『唐大薦福寺故寺主翻経大徳法蔵和尚伝』には法蔵を「翻経大徳」と称している。なにかにつけ智顗と対比するとき、法蔵の人となりや仏教学の特色がより闡明となる。生粋の漢人僧であった智顗と祖父の代に中国に帰化した法蔵との間には、仏教に対する姿勢にもなにがしかの違いが生じることは容易に想像できる。そのほか智顗と法蔵とでは、仏教修学の経歴においても種々なる相違が認められる。特に顕著な相違は、智顗が激烈な北周の廃仏に遭遇し、仏道修行に対する考えを根底から問い直され、実践的な仏教を追求した結果、止観の体系を完成し教観の具備した教学を組織したが、法蔵は仏教の全盛期に活躍し、時代の要請に応えて偉大な教学の体系を大成したのである。

伝記が記しているように法蔵は経典の翻訳事業に深く関与しているが、智顗にはそのような経験は全く認められない。法蔵は永隆元年（六八〇）に地婆訶羅（日照）の訳場に参じて『大方広仏華厳経入法界品』（一巻）の梵本を校勘し、道成・復礼と共にこの翻訳に参預した。そこで旧『華厳経』の欠文を補ったという。さらに証聖元年（六九五）には勅命を受けて実叉難陀の新『華厳経』（八十巻）の翻訳に際して筆受の任に当たり、この経の翻訳が完成するとともに仏授記寺において講義し、第五の「華厳世界品」を講ずる際に奇瑞が生じたという。また久視元年（七〇〇）には、洛陽三陽宮において実叉難陀と共に『大乗入楞伽経』（七巻）を訳出し、さらに長安の清禅寺における『文殊師利授記経』（三巻）の翻訳にも加わっている。地婆訶羅・実叉難陀など渡来の三蔵の訳業だけでなく、義浄の訳場にも参じている。長安三年（七〇三）に義浄が『金光明最勝王経』（十巻）を訳出する際には証義の役を果たした。加えて神龍二年（七〇六）には、菩提流志の『大宝積経』の訳出において勅命によって証義をつとめている。

このように法蔵は、玄奘以降の名だたる三蔵の訳経事業には悉く参画している。法蔵が「翻経大徳」と称されるゆえんである。このことは智顗とは大いに異なる仏教学上の経歴である。このように直接に訳経に参与した経験は、法蔵の華厳教学の形成に大いに影響を与えている。周知のように智顗の経論解釈の態度と法蔵のそれとは決定的な相違が認められる。智顗は『摩訶止観』三上に「一心三観」の義を明らかにする際に、

此の如きの解釈は観心に本づくものにして、実に経を読んで安置次比するに非ず。人の嫌疑を避けんがために、信を増長せしめんがために、幸いに修多羅と合せるをことさらに引きて証となせるのみ。(2)

と述べている。この言明は智顗の自信であるが、また一面からいえば、智顗は経論の文言にとらわれることなく、自らの証悟に基づいて教学を組織したことを示している。智顗の天台教学は、智顗自身の宗教体験（法華三昧）に基づく信念が根本にあり、修多羅（経典）は自らの信念を保証するものであったと考えられる。智顗にとって「仏陀の金口」の経典すらかくのごとくであれば、論書の注釈は特に必要ないことになる。実際に智顗は、論書に対する注釈を全く遺さなかった。智顗の仏教学はこの「幸いにして修多羅に合す」という言葉が端的に示しているように「証悟」に基づく理論であったといえるであろう。ところが、法蔵は智顗のように経論を主観的・達意的に解釈

することはなかった。時代教学がそれを許さなかったのである。法蔵はできるだけ経論に忠実に論拠を求めるという学風を形成した。これは玄奘によって齎された当時の仏教学の風潮でもあったが、訳場に参加し直接に原典に接した経験から法蔵は、たとえ相矛盾する学説であっても経論に根拠がある以上は決して無視したり看過したりすることができないものであることを身をもって学んだのである。法蔵は、玄奘によって将来された瑜伽唯識の新思想とともに、新訳仏教の学風である原典・原語に忠実な解釈方法を体得したのである。訳経三蔵との接触によって多くのことを学んだ法蔵であったが、その教学形成の上で格別の意味を有するのは、なんといっても三蔵法師・地婆訶羅（日照）との出逢いである。

法蔵は文明元年（六八四）に地婆訶羅と出逢ってインド那爛陀寺の最新の仏教学の現状についての知識を得た。このことの意義は法蔵自らが『探玄記』（巻一）に次のように語っている。

また法蔵、文明元年中に幸いに中天竺三蔵法師地婆訶羅に遇う。唐に日照と言う。京の西太原寺に於いて経論を翻訳す。余、親しく時に乃ち問う。西域の諸徳は、一代の聖教に於いて頗る権実を分判すること有りや不やと。三蔵、説いて云く、近代の天竺那爛陀寺に同時に二大徳論師有り。一には戒賢と名づけ、二には智光と称す。並びに神解は倫を超え、声は五印に高し。群邪稽顙し、異部帰誠す。大乗の学人、之を仰ぐこと日月の如し。天竺に独歩するは、各一人のみ。(3)

智顗は自ら体得した信念が修多羅に合致したことを「幸い」と受けとめているが、法蔵は天竺の三蔵から直接に教示に預かったことを「幸い」となしている。法蔵が感激した地婆訶羅との会見は、一世を風靡した三蔵法師・玄奘が寂して二十年後のことである。多くの三蔵の訳経に参画した法蔵の仏教学は、従来の達意的な旧訳仏教の諸師と一線を画するものがあった。法蔵は経文を超越した主観の解釈を許さない風潮の中で自らの教学を構築したのである。智顗は自らの証悟を大切にして教学を築きあげたが、法蔵は常に三蔵の所説や経論の教証を求めながら教学を組織している。

法蔵の仏典研究には、智顗と比較するとき、ある顕著な傾向を窺うことができる。試みに『大正大蔵経』に収蔵されている著述について比べてみる。智顗の著述として『大正大蔵経』には『法華玄義』『法華文句』『摩訶止観』の三大部をはじめ都合二十八部の著作を収めている。そこには今日の学界において偽撰と判定されているものや真偽未決のものもあるが、それらを除いて智顗が注釈しているのは、自らが所依とする『法華経』のほかには『金光明経』『維摩経』などの経典に限られ、論書に対する注釈は全く遺してはいない。ところが、法蔵の場合には『起信論』などの論書に注釈している。閻朝隠の『法蔵和尚碑』に、次のように法蔵の学僧としての業績の一端を記している。

前後に華厳経を講ずること三十余遍、楞伽・密厳経・起信論・菩薩戒経の凡そ十部に之が義疏を為り、其の源流を闡く。(4)

法蔵の著述として『大正大蔵経』には（真偽未決のものを含めて）二十一部を収蔵している。法蔵は『華厳経探玄記』二十巻、『華厳五教章』（詳しくは『華厳一乗教分記』）四巻などの著作のほかに、智顗が全く注釈していない論書の『大乗起信論』（以下『起信論』と呼ぶ）や『十二門論』などに注釈していることがまず注目される。

法蔵の三十代後半の著作である『華厳五教章』四巻は、華厳に立脚した仏教概論ともいうべきものであり、当時、法蔵が知りえた全仏教の教理を俎上にあげて、華厳学の成立根拠を示したものである。法蔵は、この書で五教判を明らかにすることにより華厳教学の確立を目指した。法蔵が五十代以降に完成したと考えられる『華厳経探玄記』二十巻は、所依の経典である『華厳経』六十巻の注釈を通して華厳宗の教義を詳述したものである。また『華厳遊心法界記』一巻などは、華厳の実践観法を明らかにしたものである。ところが、法蔵にはこのように直接に華厳教学に関する著述とは別に、華厳宗の立場から他の経論を解釈したものがある。経典では『梵網経菩薩戒本疏』六巻、『般若波羅蜜多心経略疏』一巻などがある。そのほか法蔵には「空観」に関する論書や「真如縁起」に関する論書に対する注釈が存在する。前者の代表が『十二門論宗致義記』一巻であり、後者の代表が『大乗起信論義記』（以下『起信論義記』と呼ぶ）三巻である。

法蔵の教学形成にとって『起信論』の研究はいかなる意義を有していたのであろうか。ことに当面の研究課題である『起信論義記』の撰述は、法蔵の教学にとっていかなる位置を占めているのであろうか。『華厳経』を所依とする法蔵にとって論書である『起信論』の研究はかなり特殊な意義を有しているように思われる。

そこで中国や日本等の仏教界において『起信論』注釈書中の白眉として高い評価を得ている『起信論義記』撰述の意図を明らかにすることが必要になる。法蔵の主要著作である『起信論義記』は中国仏教における名著のひとつであることは確かであるが、果たして法蔵はいかなる意図をもって『起信論』の造疏をなしたのかという点になると未だ必ずしも究明されているわけではない。のちに『起信論義記』が『起信論』注釈書として絶賛を博しているだけに、法蔵の本書撰述の目的については周知のこととして、この点についての解明が看過されているともいえる。ここでは『起信論』と『起信論義記』との思想的な乖離の有無や解釈の是非などの問題にまで立ち入る余裕も力量もないが、後世の評価に幻惑されることなく、法蔵の『起信論義記』撰述の意趣を明らかにすることによって中国仏教思想史において法蔵教学が占める地位および意義について解明する一助としたい。

二　時代思潮と法蔵教学の課題

中国仏教思想史上において法蔵の華厳教学が占める意義は、なによりも一乗仏教を完成したところにあると考えられる。

言うまでもなく、一乗に対して三乗というとき、それは声聞・縁覚・菩薩をさす。三乗のうち声聞・縁覚の二乗は自己の解脱（自利）を目指し、菩薩のように一切衆生を教化する利他行を欠く者である。それゆえに二乗は自利・利他の円満を期する大乗の菩薩乗と区別して小乗と称される。一乗を説く代表的な経典である『法華経』は『般若経』の方便思想を極めて巧みに利用しながら仏の出世本懐である「一大事因縁」を明らかにすることにより、一乗こそが真実であり三乗は方便であることを宣説した。しかし、真実といわれる一乗が三乗を超越したものであるのか、あるいは三乗に相即した一乗であるのか、このような点になるとインドに成立した『法華経』は必ずしも明確にしていない。そこで中国仏教において一乗と三乗の解釈をめぐつて三車家・四車家の論争が生じることになる。そのような問題を惹起する余地はすでに『法華経』自体に内包されていたのである。天台の智顗は、三乗の外に一乗を認める四車家に立ち、一乗こそ真実であることを明らかにし『法華経』に基づく一乗仏教の教義を確立した。その智顗が担っていた時代の課題は、南北朝時代にそれぞれ伝統を異にして形成された南北両方の仏教学を統一することであった。修禅を重視する実践的な北朝仏教と講経を重視する学問的な南朝仏教とを統一することが時代の子としての智顗に課せられた責務であった。智顗の教学が教観双備と称されるのは、この時代の要請に見事に応えたものといえる。ところが、法華一乗思想に限っていえば、智顗の仏教学は法華研究において当時に独歩していた梁の法雲を超克することによって大成されたものであったことは誰しもが認めるところである。ただここで十分に注意すべきことは、智顗にとって論敵であった法雲は、実は智顗と同じく一切衆生の成仏を是認する一乗仏教に立っていたことである。したがって、智顗が法雲の法華学を超えて自らの法華学を組織したといっても、それは一乗の内実を確かめるにすぎなかった。智顗も法雲も共に同じく一乗に立っているのであるから立場は同一であって、その内容だけが問題であったというべきである。

ところが、法蔵が背負っていた時代教学としての課題は、智顗に比べて極めて深刻なものを孕んでいた。それは玄奘が将来した三乗の仏教と従来の一乗の仏教とをいかにして調和させるかということであった。智顗の歿後、ほぼ一世紀を経過して生まれた法蔵にとっては、玄奘が伝え窺基によって理論武装された五性各別説の三乗仏教と対決するためには智顗が確立した一乗の理論づけだけでは必ずしも万全なものではなかった。智顗の法華学では、（もとより智顗の予想だにしないことであるから）玄奘によって中国に伝えられた瑜伽唯識の五性各別説と一乗仏教との矛盾・対立をどのように調和・統一するかという課題にはとても応えられるものではない。すなわち、従来の法華学が課題としたように、三乗を超えた一乗か、三乗に即した一乗か、というような発想ではとても対応のできない質の難題であった。智顗が超えるべき課題としたのは法雲の一乗仏教であったが、法蔵が超えねばならない課題は一乗とは全く立場を異にする玄奘の三乗仏教であった。三乗仏教との対立を超克することが法蔵にとって避けることのできない責務であった。すでに玄奘の弟子窺基が天台の法華学を批判し、三乗真実・一乗方便の立場から『法華経』を解釈し『法華玄賛』を著していた。天台に代表される旧仏教の一乗と新仏教の三乗との対立は法蔵にとって無視することも避けて通ることもできない深刻な課題であった。

そこで智顗によって大成された一乗仏教に実質的な内容を盛り込みながら玄奘によって将来された三乗仏教との

対立を止揚して完全で絶対的な一乗の仏教を確立することこそが法蔵の教学の重大問題であった。これに応えるために法蔵は三乗を超越しながら同時に三乗を包む一乗を確立しなければならない。それゆえ法蔵が考える一乗は、三乗の外に立ちながらも同時に三乗を包摂するような根源的な内容を有するものでなければならなかった。それは既存の三乗を一乗によっていかに統一するかというような発想ではとても対応のできない質のものであり、法蔵にとって一乗と三乗の問題の解決は、三乗を生み出すところの根源としての一乗を志向するものでなければならなかった。結果的に言えば、法蔵が明らかにした同教一乗と別教一乗はこのような課題に対応するものであった。

このような背景を忘れて法蔵の著作の文々句々を局限的に解釈していては中国仏教における法蔵教学の位置づけを見失うばかりでなく、法蔵の著述を正しく理解することはできないであろう。

三　五性各別説と如来蔵思想

玄奘の新訳仏教は、南北朝から隋にかけて成立した地論・摂論の学派や天台宗などの一切皆成仏を説く一乗仏教を「旧訳不正」と否定し、五性各別説に立って一分不成仏を主張する三乗の仏教であった。そこで新訳仏教の五性各別説の内容と問題点とを明らかにしておくことが以下の所論に便利であろう。

仏教とは「仏の教え」であるとともに「仏に成る教え」である。したがって、仏教は成仏をもって究極の目的とする。仏教が成仏道である以上、成仏の根拠を明らかにすることは仏教学の要諦である。玄奘によって伝えられた新訳の経論によって組織された法相宗では、成仏の根拠を追求し、それを衆生が先天的に具えている素質（性）に求めた。その性を五種に分かち五性（五姓とも書く）と呼ぶ。それは決定的なものであるとして五性各別説を主張する。法相宗の宗義では、この種性は⑴声聞定性・⑵独覚（縁覚）定性・⑶菩薩定性・⑷不定性・⑸無性に分けられる。周知のように前三者の声聞定性・独覚定性・菩薩定性は、その修行道によって得られる悟りの果が先天的に決定しており変わることはない。これを決定性という。不定性の衆生は、それが決定していないから修行によって得られる証果に違いが生じる。無性の衆生は、成仏の可能性のない者である。したがって、この五性のうちで成仏しうる者は、⑶の菩薩性と⑷の不定性の衆生のみである。

この五性各別説は『涅槃経』等の一切衆生悉有仏性説と鋭く対立するものであり、従来の中国仏教の諸宗が等しく認めていた一切衆生皆成仏説に背くものである。したがって、一性皆成仏の立場に立つ仏教者にはとうてい認めることのできない説である。それゆえ、後世、中国や日本において五性各別説の是非を争う三一権実の論争を惹起したのである。

玄奘の法相宗は、何を根拠として五性各別説を主張したのであろうか。法相宗が五性説に立って三乗を主張する究極の根拠は、言うまでもなく玄奘訳の『瑜伽師地論』（以下『瑜伽論』と呼ぶ）にあった。ところが不思議なことに『瑜伽論』には、五性を並べて説くところはない。ただし『瑜伽論』巻三七の菩薩地には、次のように四性について説いている。

所成熟の補特伽羅に略して四種有り。一には声聞種姓に住し、声聞乗に於いて、応に成熟すべき補特伽羅、二には独覚種姓に住し、独覚乗に於いて、応に成熟すべき補特伽羅、三には仏種姓に住し、無上乗に於いて、応に成熟すべき補特伽羅、四には無種姓に住し、善趣に住することに於いて、応に成熟すべき補特伽羅なり。諸仏菩薩、此の四事に於いて、応に是の如き四種の補特伽羅を成熟すべし。是を所成熟の補特伽羅と名づく。(5)

このように声聞・独覚・菩薩の三性と無性の一性との四性が明示されている。また『瑜伽論』巻五二には (1)無般涅槃法種性・⑵声聞種性・⑶独覚種性・⑷如来種性の四性を説いている。『瑜伽論』には未だ不定性を加えた五性についての明確な教説がないが、『瑜伽論』巻八〇には、廻向菩提の声聞について次のような問答を設けている。

問ふ、菩提に廻向する声聞は、本より已来、当に声聞種性と言ふべきや、菩薩種性と言ふべきや。答ふ、当に不定種性と言ふべし。(6)

ここに不定種性を説いている。この不定種性と先の四性とを合わせると五性になる。『瑜伽論』は一所に五性を並べて明かすところはないが、このように全体の所説を総合すれば五性を具説することになる。ところが同じく玄奘訳の『仏地経論』巻二には、次のように明確に五性を並べて説いている。

無始時来、一切有情に五種性有り。一には声聞種性、二には独覚種性、三には如来種性、四には不定種性、五には無有出世功徳種性なり。（中略）余の経中に一切有情の類、皆、仏性有りて、皆、作仏すべしと宣説すと雖も、然るに真如法身仏性に就かば、或る少分の一切の有情に就いて、方便して説くなり。不定種性の有情をして決定して速やかに無上正等菩提の果に趣かしめんが為の故なり。(7)

このように『仏地経論』には、無始時来の五性を完全な形で並列して示している。法相宗の宗義においては、この五種性を無始以来の法爾の本有の無漏種子となし、第八阿頼耶識に附在するものとなしている。衆生に各別なる五性は、それぞれ第八識中に附在して法爾に伝来するもので変更することができないものとされる。ここに一分不成仏の三乗差別の仏教が成立する。『涅槃経』などの諸経典には「一切衆生に悉く仏性有り」と説いているが、五性各別論者からすれば、それは不定種性の有情に限っていうのであるから「一切衆生」とは「少分の一切の有情」であるという。玄奘によってこのような五性各別説を説く新訳の経論が中国仏教界に紹介されたのである。玄奘の名声に伴い、五性各別説を説く三乗の仏教が中国仏教を席巻することになる。

実は五性各別説に立つ玄奘の新仏教が全盛の時期にも、一方では地婆訶羅や実叉難陀などの新来の三蔵によって玄奘の仏教とは全く立場を異にする新しい経論が陸続と翻訳されていたのである。玄奘の新訳以降にも地婆訶羅は『大乗密厳経』を訳出し、提雲般若は『大乗法界無差別論』を翻訳している。さらに実叉難陀は『大乗入楞伽経』や『起信論』などを訳出している。これらの経論は、一性皆成仏の一乗仏教の根拠となる如来蔵を説くものであり、五性各別説とは相容れない内容の経論であった。実は玄奘・窺基による唯識法相宗が大成された後も、唐代の中国仏教界には盛んにこのような如来蔵思想を説く経論が提供され続けていたのである。前述のように、法蔵はこれらの如来蔵思想を説く経論の翻訳に際して証義や筆受として直接に参加していたのである。法蔵の立場はいよいよもって複雑なものにならざるをえない。

法蔵は地婆訶羅からインドの最新の仏教事情を学び、提雲般若訳『大乗法界無差別論』を注釈し『大乗法界無差別論疏』二巻を撰述している。ところが、法蔵は実叉難陀の『華厳経』の翻訳に参加しているが、奇妙なことに実叉難陀の訳と言われる『起信論』についてはその著述の中になんら言及することがない。このことは実叉難陀の『起信論』翻訳そのものについて再検討を要求するものである。かかる問題意識に立って考えれば、あるいは実叉難陀訳と言われる『起信論』の出現は前訳の真諦訳『起信論』の難解な箇所に改訂を加えるという任務を負っていたとも考えられる。また学者が指摘するように『起信論』に対する法相宗の側からの種々の批判に応えるための要求に由来するとも考えられる。ここでは、この問題に直接に立ち入ることはできないにしても、その背景を明らかにする意味からも直接に法蔵の『起信論義記』について検討を加える必要がある。(8)

四　戒賢・智光の争論とその意義

仏教では世界およびその諸現象を説明する仕方に実相論と縁起論とがある。この実相論と縁起論という古典的な分け方の当否はひとまず置き、伝統的な理解にしたがえば、実相論とは諸法が「何であるか」を問題にするものである。諸法は「何であるか」といえば空である。諸法の本性は空であり、それが実相であると実相論では説くのである。これに対していわゆる縁起論は、諸法が「いかにしてあるか」を解明するものである。縁起論では、諸法の本性を追求する実相論と異なって、諸法の生成、生滅の因果を問うものであるから、その特質として「縁って起こる」ところの根本になる「あるもの」を仮定することになる。それを業や阿頼耶識や如来蔵などに求める。予想する根源の「あるもの」によって業感縁起、阿頼耶識縁起、如来蔵縁起などと呼ばれるのである。

実相論に立つ智顗は、諸法の実相を追求し、成実・三論学派による二諦に関する考察を踏まえて空・仮・中の三諦説に到達した。そこで諸法の実相を即空即仮即中の円融三諦であることを明らかにした。諸法の実相が即空即仮即中であることを明確に示すために一念三千の教義を構築した。三千は万有の諸法のことである。諸法を三千と表現したのは『法華経』の「十如是」と『華厳経』の「十界」と『智度論』の「三世間」とによったものである。智顗は、この一念三千の宗義を十界互具や性善・性悪などの思想として展開させて凡夫の一念にも仏界が具足することを論証した。衆生の芥爾の一念にも仏界をはじめ三千の諸法を具するから万人が成仏する可能性が認められるのである。万人の成仏とは、言うまでもなく一乗の謂である。このようにして煩悩具足の迷える凡夫の成仏の根拠を説き明かして一乗の内実を確かめたのである。かかる見解からすれば、現象（相）と本性（性）とを隔歴のものとして説くのは未だ不十分な教えであり「円教」ではないことになる。

智顗によっていちおうの完成をみた一乗の仏教を根底から覆す新思想が、前述した瑜伽唯識の五性各別説に立つ三乗仏教である。もちろん天台智顗は法相宗を予想するものではないが、現象（相）と本性（性）を厳密に区別する法相宗の三乗仏教とは立場を異にすることは明らかである。玄奘が伝えた仏教は、縁起論に立って諸法を論じている。それが阿頼耶識縁起説である。一切諸法の種子は悉く阿頼耶識に含蔵されており、阿頼耶識に附在する種子が変現して森羅万象となる。諸法の根源は阿頼耶識に蔵する種子である。したがって阿頼耶識が縁起して諸法を変現しているのである。法相宗では、一切衆生が無始以来、本具する無漏種子の差別および有無によって有情を五類に区別し五性各別説を主張する。五性のうち有種性の声聞・独覚の二種性は、灰身滅智して有情の相続を滅するから一向趣寂の二乗と名づけられ、成仏の可能性のないものとされる。菩薩種性の者のみがただちに大乗によって成仏するから頓悟とされ、不定種性は小乗を迂回して成仏するから漸悟（廻向菩提の声聞）と呼ばれる。玄奘は門下の窺基に「五性の宗法は、唯だ汝のみ流通す、他人なれば則ち否なり」と語り、この教義の徹底を期待した(9)。期待に応えた窺基は「百本の疏主」と呼ばれるように多数の著述をなして三乗真実・一乗方便を主張した。

このような阿頼耶識縁起説によって諸法差別の「法相」を説明する唯識法相宗の隆盛は、諸法平等の「法性」を明かす実相論の諸宗（「法性」宗）との間に激しい対立を惹起する。この両者の教義の相違は多岐にわたるが、のちに澄観は『華厳経疏』巻第二に、次のように要約して示している。

二宗の立義に多くの差別あるを知るべし。略して数条を叙さば、一に一乗三乗の別、二に一性五性の別、三に唯心真妄の別、四に真如随縁凝然の別、五に三性空有即離の別、六に生仏不増不滅の別、七に二諦空有即離の別、八に四相一時前後の別、九に能所断証即離の別、十に仏身無為有為の別あり。且らく初の二義は、性に由て五有り。一の不同あるが故に乗をして三一の権実あらしむ。法相宗の意の如し。一乗を以て権と為し、三乗を実と為すが故に。(10)

この両者の深刻な対立の渦中に立たされた法蔵は、玄奘・窺基の阿頼耶識説が提起した一乗三乗の別や一性五性の別などを解決するヒントを同じ阿梨耶識を説く『起信論』に求めた。『起信論』の阿梨耶識は『唯識論』の阿頼耶識とは原語は同じであるが、その内容は異なるものである。玄奘の唯識説では、阿頼耶識は有為・生滅のものであるが、『起信論』の阿梨耶識は生滅と不生滅との和合したものである。それを衆生心とも一心とも呼んでいる。法蔵が『起信論義記』の「所詮宗趣」に「一心の法義をもって宗と為し、信行得果を趣と為す」と論じている一心である。一心はまた如来蔵とも呼ばれる。

この如来蔵・一心を説く『起信論』に対して法蔵はどのような意義を与えていたのであろうか。法蔵は『起信論義記』において「因縁分」を釈し了り、次のように『起信論』を規定している。

此の論は、文句は少なりと雖も普く一切の大乗経論の旨を摂す。(11)

『起信論』は僅かに一巻の小論ではあるが、その所説の中にあらゆる大乗仏教の経論が明らかにする趣旨を摂め尽くしていると法蔵は考えている。ここで問題になるのが『起信論』と円教の『華厳経』との関係である。しかし法蔵が『起信論』をもって「普く一切の大乗経論」に通じるといっている以上は「一切の大乗経論」の中に『華厳経』を含まないといえば道理が通らないであろう。馬鳴もまた『起信論』の造論因縁を明らかに「如来の広大深法の無辺の義を総摂せんと欲せんが為の故に此の論を説くべし」と語っている。「如来の広大深法」に『華厳経』が含まれないとは考えられない以上、それを注釈した法蔵もまた『起信論』が「普く一切の大乗経論の旨を摂す」と考えるのは当然であろう。

もしそうであるとすれば『起信論義記』の造疏の目的は、妄執の徒をして『起信論』所説の「如来蔵縁起宗」に導くことが当面の課題であるが、最終的には円教の『華厳経』の法門を悟らせることを目指すものとなるであろう。『起信論義記』では『起信論』をもって「如来蔵縁起宗」と判じているが、五教の何に属するかを明言していない。このことが学者の異見を惹起することになる。なによりも法蔵が『起信論』をもって終教であると明確に語っていないことに留意しておくべきである。『起信論』所説の「如来蔵」は縁起の根本であると共に修入の終極でもある。したがって「如来蔵縁起」を説く『起信論』が進んで円教の「無尽縁起」に入らしめる門となるのであろう。このように推論してくれば（法蔵は明言はしていないが）『起信論』によって華厳円教に導くことが法蔵の『起信論義記』の撰述の第一義の目的と考えるべきである。

しかし『起信論義記』撰述の当面急務の課題は別のところにあった。それは阿頼耶識縁起を主張し、性・相を隔歴とみて五性各別を主張する眼前の法相宗の人々をして真妄和合・一性平等の如来蔵縁起に導き入れることである。このことを明らかにするために『起信論義記』の「顕教分斉」における四宗判について検討することにする。法蔵はまず地婆訶羅から聴いた那爛陀寺における有無の争論を紹介する。

今、中天竺国の三蔵法師地婆訶羅、唐に日照と言ふ。寺に在りて翻訳す。余、親しく問ふ。説いて云く、近代の天竺那爛陀寺に同時に二大徳論師有り。一に戒賢と曰い、二に智光と曰ふ。(12)

地婆訶羅の相伝として戒賢と智光の有無の論争を紹介した法蔵には、二つのことが意図されていたと考えられる。その第一は戒賢と智光の有無の論争は「三蔵法師の相伝」であること、第二は天竺那爛陀寺の「近代」の現状を示すことである。このことは法蔵にとって非常に大きな意味を持っていることを見落としてはならない。現に長安を中心に全中国の仏教界を圧倒する法相宗は、かつて天竺の那爛陀寺に学んだ三蔵法師玄奘が伝えた新訳仏教である。

それに対応するには是非とも「三蔵法師の相伝」と天竺における仏教学の最高権威である那爛陀寺の「近代」の仏教学説でもって対抗しなければ説得力に欠けることになる。今は那爛陀寺に学んだ玄奘はこの世にはない。ところが法蔵は幸いにして長安の西太原寺において「三蔵法師」から「近代」の那爛陀寺の仏教学について学ぶことができた。玄奘の留学当時の那爛陀寺の仏教学ではなく、地婆訶羅「三蔵」から聴いた説は「近代」の那爛陀寺における大論師の学説であることにより、自らの主張により一層の説得力を持たせているのである。法蔵は地婆訶羅からの相伝をその著述に繰り返し繰り返し紹介しているのはこのような意義を託していると考えられる。

地婆訶羅によれば、戒賢は有・空・中の三種教を説いた。第一時には、鹿野苑において四諦を説き小乗の法輪を転じた。これは依他起性によって「有」を説くものである。第二時は、遍計所執によって諸法の自性が皆「空」であると説く。第三時は、大乗の正理である三性（非空）三無性（非有）の「中道」を明かす。この第三時の教説が了義の法相大乗である。一方、智光の三時教では、第一時には小根の者のために四諦を説き、第二時には中根のために法相大乗を説き、第三時には上根のために無相大乗を説くという。智光は「法相大乗」を第二時に位置づけ、究極の第三時の説ではないと判じた。戒賢は諸法の「有相」を説く教えを最高とし、智光は「無相」を説く教えを究極となしたので、これを有無の争論と呼ぶのである。

法蔵はこのように戒賢・智光の二師の所説を紹介し、次に問答を設けて二師の立教について料簡を加える。戒賢と智光の両説は明らかに有と無との対立があるが、この矛盾対立を調和することが可能であるのかというのが第一の料簡である。次にもし両説の統一が可能であるとすれば、それはいかにして可能かを考察するのが第二の料簡である。

法蔵はインドにおける有・無の二大教学の対立に対して二種の料簡、すなわち論究を加える。この二種の料簡のうち、第一の料簡では、戒賢・智光の有・無の二説を和会することは不可能であるとする。これは戒賢・智光ともに『解深密経』や『大乗妙智経』という「聖教」に根拠して説くものであるから、それぞれゆえんありと認めるべきであり和会することはできない。このように「法」の上からだけでなくまた「人」の上からも二論師の所説を認知しなければならない。すなわち、教えは衆生の機に対するものであるから種々多様な次第が予想される。教説の次第は縁に随って衆生を利益（随縁益物）することを第一となすものであり、戒賢がいう三教の次第も、智光が説く三教の次第も、共に理由がある。したがって二論師の所説を一義的に統一し和会することはできないというのが第一の料簡である。

ところが、それとは別に二師の立論において了義・不了義とするところのものが異なっており、戒賢と智光でそれぞれ究極の真理とするものに違いがあるのは奇妙なことである。これについては検討を加える余地があると法蔵は考える。まず戒賢の教判についていえば、衆生救済の徹底と不徹底（「摂生寛狭」）という面から了義と不了義を判別することができる。「摂生」の寛いもの、すなわち衆生の救済が徹底しているものが了義であり、「摂生」の狭いものが不了義である。また教説が完全か否か（「言教具欠」）という面からも了義・不了義を判定することができる。「言教」の完備したものを了義とし「言教」の欠けるものを不了義となすことができる。次にこれと同様に智光の教判についても衆生救済の次第（「益物漸次」）という面から教えの了義・不了義を判別することができる。「益物」の究竟なるものを了義とし、「益物」の究竟ならざるものを不了義となすのである。また真理を顕かすことの多少（「顕理増微」）という面から「顕理」が増大なるものを了義とし、「顕理」が微劣なるものを不了義と判定することができる。

このように戒賢・智光の教判について「摂生」と「言教」、「益物」と「顕理」という基準に照らして了義・不了義を判定することが可能である。その結果、戒賢の教判では、第一時は声聞定性の衆生に声聞乗を説くのであるから不了義となる。第二時は菩薩定性の衆生のみに大乗を説くのであるからこれも不了義である。第三時は一切の衆生に対して（戒賢が真実とする）三乗の教えを説くのであるから「摂生」からも「言教」からも了義の教えとなる。次に智光の教判では、第一時は小乗の人に実有を明かすのであるから「益物」においても「顕理」においても欠けるものがあり不了義である。第二時は大小乗の人に仮有を明かすのであるからこれも不了義である。第三時は大乗の人に性空を明かすからこれは「益物」も「顕理」も共に十分であり了義の教えである。

法蔵は、このようにして二論師の三教についてまず何が了義であるかを判定した上で、次にその了義について権（方便）・実（真実）を判定する。両説において了義とする教えを判定した上で初めて権・実を判定することができるのである。さらに権・実を明らかにすることによって初めて会通が可能となるのである。戒賢は三乗の「相」を肯定し、三乗差別の教えを真実の了義となしている。一方、智光は一切の「性」は皆空となし、平等の一乗の教えを真実の了義となしている。そこで法蔵は、戒賢が了義となす第三時の「言教」は一分不成仏の三乗差別を内容とするものであるから「権」（方便）と判定し、智光の第三時の「顕理」は衆生の一性平等を明かし一乗成仏を認めるものであるから「実」（真実）であると判定した。その上で法蔵は、方便の権教はついには真実の実教に統一されるものとなし、両説の融和をはかるのである。

法蔵はこのようにして『起信論義記』において二論師の説を会通する。

ちなみに法蔵は『十二門論宗致義記』巻上においても『起信論義記』と同様な論調で戒賢・智光の説を紹介した上で次のように述べている。

戒賢は、教に約して判じ、教の具を以て了義と為す。智光は、理に約して判じ、理の玄を以て了義と為す。こ

の故に二説は拠る所おのおの異なる。分斉は顕然たり。優劣浅深は、斯に於て見るべし。(13)

ここで法蔵は「言教」を問題にする戒賢と「顕理」を論ずる智光の所説を評し「分斉は顕然たり。優劣浅深は、斯に於て見るべし」と述べている。明確な断定は下していないが両説の優劣に対する法蔵の意向は明瞭である。さらに法蔵の主著『探玄記』巻一でも同様に有無の論争を紹介し、戒賢については「亦有道理（また道理あり）」といい、智光については「甚有道理（はなはだ道理あり）」と語っている。法蔵の意向がどこにあるかは明らかである。法蔵の当時、もっとも隆盛をきわめる法相宗は、玄奘が那爛陀寺において戒賢から相承したものである。その戒賢の阿頼耶識縁起説・五性各別説の宗義は、まさに右のようなものであると法蔵は考えているのである。

五　五教十宗判と四宗判

法蔵は『起信論義記』において戒賢・智光の争論に料簡を加えた上で随相法執・真空無相・唯識法相・如来蔵縁起の四宗判を説いている。その四宗判は法蔵の教学にとってどのような意義を有するものであろうか。このことを明らかにすることは四宗判を説いている『起信論義記』そのものの撰述意図をも解明する手掛かりになる。

戒賢・智光の論争に対する法蔵の論評は、『探玄記』『十二門論宗致義記』『般若心経略疏』『入楞伽心玄義』『大乗法界無差別論疏』などの著述にも記している。ところが不思議なことに戒賢・智光の論争については論究するが、その上で四宗判を説く著述とそうではない著述とに明確に区別できるのである。

法蔵の著述のうち『探玄記』など直接『華厳経』に関わる注釈には五教十宗の教判を説き、四宗判を説いていない。また『十二門論宗致義記』『般若心経略疏』など般若・三論の空を説く経論、伝統的な言い方にしたがえば

「実相論」に関する経論の注釈には戒賢と智光との争論に言及するが、四宗判は説いていない。ところが『起信論義記』をはじめとして『入楞伽心玄義』『大乗法界無差別論疏』などの如来蔵や唯心縁起を説く「縁起論」に関わる経論には戒賢・智光の論争の論評に続けて必ず四宗判の教判を説いている。これは偶然の所産ではない。明らかに法蔵の意図が働いていると考えなければならない。

要するに『大乗起信論』や『大乗法界無差別論』などの如来蔵思想を説く論書の注釈に限って四宗判を説いているのである。

法蔵は、この四宗判とは別に五教判を説いている。四宗判については後に考察するとして、先に法蔵の教判として著名な五教判から検討する。法蔵は、『華厳五教章』の「分教開宗」には、次のように五教の名を挙げている。

聖教万差なれども要は唯だ五有り。一には小乗教、二には大乗始教、三には終教、四には頓教、五には円教なり。(14)

能詮の聖教によって詮される所詮の法理には種々の差別があるが、その要点を整理すれば五教に分類することができる。ここに「唯だ五有り」というのは、すべての聖教は五教の中にすべて摂まることを示すものである。この教判は、まず仏教を小乗と大乗に分かち、さらに大乗を（おそらく慧光の創始になる漸・頓・円の三教判を参照して）頓教と漸教と円教の三教に分け、そのうち漸教を始教と終教の二教となして五教としたものと考えられる。

この五教について『華厳経探玄記』巻一の「以義分教」に性と相との関係から次のように詳説している。

若し所説の法相等に約さば、初めの小乗（教）は、法相には七十五法有り。識は唯だ六有り。所説は法原を尽くさざるをもって多く異諍を起こせり。小乗諸部の経論に説けるが如し。二に始教は、中に広く法相を説き、少しく真性を説く。所立の百法は決択分明なるが故に違諍無し。所説の八識は唯だ是れ生滅のみなり。法相の名数は多く小乗に同じ。固より究竟玄妙の説に非ず。瑜伽雑集等に説けるが如し。三に終教は、中に少しく法相を説き、広く真性を説く。事を会して理に従うを以ての故なり。所立の八識は如来蔵に通じ、縁に随って成立して生滅と不生滅とを具す。亦た百法を論ぜざるをもって名数は広からず。又、小に同ぜざるをもって亦た多門無きなり。楞伽等の経と宝性等の論に説けるが如し。四に頓教は、中に総じて法相を説かずして、唯だ真性のみ弁ず。亦た八識差別の相も無く一切の所有は唯だ是れ妄想のみなり。一切の法は実には唯だ是れ絶言みなれば教を呵して離を勧め相を毀ちて心を泯ず。心を生ずれば即ち妄にして生ぜざれば即ち仏なり。亦た仏も無く、不仏も無く、生も無く、不生も無し。浄名の黙住して不二を顕す等の如きは、是れ其の意なり。五に円教は、中の所説は唯だ是れ無尽の法界なり。性海は円融し、縁起は無礙なれば相即相入すること因陀羅網の重重無際にして微細相容し主伴無尽なるが如し。(15)

第一の小乗教は、七十五法を説き、六識のみを明かす。これは人空を説くのみで、未だ法空を明かすものではない。第二の大乗始教は、その名が示すように大乗の初門である。始教では、広く法相を説き明かし少し真性を説くものである。六識に対して八識を顕らかにするが、未だ大乗の究極の説ではない。第三の終教は、少しく法相を説き広く真性を明らかにし、事相を会して法理を顕らかにするものである。第四の頓教は、法相について説かずただ真性のみを弁ずるものである。第五の円教は、無尽法界縁起無礙を明らかにするものである。この円教に同・別の二教を立てる。『探玄記』にしたがえばこの教判は「法相」と「真性」の関係によって組織されていることが理解できる。五教を「法相」と「真性」の関係によって整理すれば、次のようになる。

(1) 小教は、法相を説き、真性を説かない。
(2) 始教は、広く法相を説き、少し真性を説く。

(3)　終教は、少し法相を説き、広く真性を説く。
(4)　頓教は、法相を説かず、ただ真性のみを説く。
(5)　円教は、無尽法界縁起を説く。

このような構成からなる教判は、実はもっぱら理論的な考えによって組織されたものであって個々の経論や現実の宗派を分判することを意図していない。五教判は「性」と「相」との関係を考察し、「性」と「相」の円融を明かす円教を論立することをまず第一の目的にしているのである。したがって、始教と終教との関係において「相」を明かすところにも「性」が明かされており、「性」を明かすところにも「相」が明かされていることになる。これでは「性」を中心とする教えと「相」を中心とする教えの優劣を明らかにすることができず、一般の教判の通念にしたがって経論や現実の宗派を判釈することができないという欠点がある。そこで現実の宗派を予想した別の判釈の基準が必要となる。そのような五教判の欠を補うのが十宗判である。

法蔵は「理を以て宗を開くに、宗に乃ち十有り」として十宗判を説く。法蔵が十宗に分けたのは、窺基が『法華玄賛』（第一）に説いた八宗判を利用したものである。(16) 窺基の八宗判の前六宗をそのまま用いて五教判の第一の小乗教を詳細に分判し、窺基の第七宗、第八宗の後の二宗の名義を改変して五教判の大乗始教と終教に配当し、さらに頓教と円教に相当する第九・第一〇の二宗を加上して十宗判を組織したのである。したがって、法蔵の十宗判は五教判と別なものではない。法蔵の十宗は、窺基から得た知識によって小乗教を次のように具体的に小乗諸部派に配当して詳論したものである。それが何故に必要であったかと言えば、先に引用した『探玄記』に小乗教は「所説は法原を尽くさざるをもって多く異諍を起こせり」と語っていることによって了解できるであろう。

(1)　我法倶有宗………犢子部など

(2)　法有我無宗……薩婆多部など
(3)　法無去来宗……大衆部など
(4)　現通仮実宗……説仮部など
(5)　俗妄真実宗……説出世部など
(6)　諸法但名宗……説一切有部など

法蔵は、窺基の八宗判における第七「勝義皆空宗」と第八「応理円実宗」を、五教判における大乗始教と大乗終教に合うように、それぞれ「一切皆空宗」と「真徳不空宗」とに名称を改め、さらに五教判の頓教と円教に相応する「相想倶絶宗」と「円明具徳宗」とを加えたのが十宗判である。

(7)　一切皆空宗……始教
(8)　真徳不空宗……終教
(9)　相想倶絶宗……頓教
(10)　円明具徳宗……円教

このように五教十宗判を組織する上で法蔵に重要な示唆を与えたのが『起信論』の思想である。法蔵自身が『華厳五教章』に、次のように語っている。

起信論の中、頓教門に約して絶言真如を顕し、漸教門に約して依言真如を説き、依言の中に就いて始終二教に約して空不空の二真如を説くなり。(17)

この文から推して五教判の頓教は『起信論』の「絶言真如」に相当し、漸教は「依言真如」相当する。『起信論』では「依言真如」は「空真如」と「不空真如」とに分けられるから、その「依言真如」に相当する漸教をさらに「空真如」の始教と「不空真如」の終教となしたものと考えられる。すなわち、法蔵は五教判における始教・終教・頓教の理論的な根拠を『起信論』に求めているのである。また十宗判の第七宗を「一切皆空宗」と名づけたのも『起信論』の「空真如」によったものであり、第八宗の「真徳不空宗」も『起信論』の「不空真如」に基づくものである。当然、第九の「相想倶絶宗」の名義は「絶言真如」を拠り所とする。このように考えれば、法蔵の五教判も十宗判も、いずれも『起信論』の思想によって理論づけられているのである。

法蔵は、法相宗の窺基の教判を利用しながら『起信論』の思想によって巧みに改変して五教十宗の教判を組織した。しかし、そのことによって「相」の立場がはなはだ不明確になるという新たな欠陥を惹起するに至った。すなわち『起信論』の「絶言」と「依言」によって頓教と漸教を基礎づけるのは理解できるが、「空」と「不空」とをもって始教（「一切皆空宗」）と終教（「真徳不空宗」）とを内容づけたため、始教と終教の相対が「相」と「性」との相対ではなくなり、「性」の中の「空」と「不空」との相対となってしまったのである。換言すれば、法蔵の五教十宗判では法相宗の宗義を教判上に明確に位置づけることができないという矛盾を孕むことになったのである。五教十宗は理論的に法界縁起を明かす『華厳経』を円教として論定する上では何らの瑕疵もない。しかし五教判の始教を『起信論』の「空真如」によって理論づけたため、十宗判では（始教に相当する）第七宗を「一切皆空宗」となすことになる。この「一切皆空宗」という名称は、龍樹・提婆の中観および三論教学を（始教に）摂する上で何らの不都合もないが、相の立場に立つ無著・世親の瑜伽唯識および法相教学は（始教の範疇から）外れることになる。これは常に法相宗の宗義を意識しながら教学を構築してきた法蔵にとっては新たな課題とならざるをえない。

法蔵としては三論教学と共に法相教学が大乗の始教であることを明らかにして初めてインドおよび中国における有・無の教学を統一する華厳教学を大成できるのである。五教判や十宗判に不備があるとすれば、その理論的な補完が迫られる。そこで法蔵としては五教十宗判の網格が『起信論』の思想によっている以上、改めて『起信論』に即した注釈的研究が必要になる。このような理由から法蔵は『起信論』を注釈した『起信論義記』においてこの課題を解決しなければならなくなったのである。法蔵は『起信論義記』の「随教弁宗」において、五教十宗判の教判とは別に次のように四宗の教判を説いている。

現に今の東流の一切の経論、大小乗に通じて宗途に四有り。
一に随相法執宗、即ち小乗の諸部是なり。
二に真空無相宗、即ち般若等の経、中観等の論の所説是なり。
三に唯識法相宗、即ち解深密等の経、瑜伽等の論の所説是なり。
四に如来蔵縁起宗、即ち楞伽・密厳等の経、起信・宝性等の論の所説是なり。(18)

この四宗判は「現に今の東流の一切の経論」および大小乗の諸宗を随相法執宗・真空無相宗・唯識法相宗・如来蔵縁起宗の四宗に判釈するものである。四宗判は「現に今の」諸宗の一である玄奘の法相宗義を「唯識法相宗」と名づけて第三宗となし、第二宗の「真空無相宗」と共に、第一宗の「随相法執宗」と第四宗の「如来蔵縁起宗」との間に位置づけたところに意義がある。法蔵は、「唯識法相宗」は小乗教よりは上であるが、『起信論』の「如来蔵縁起宗」には遠く及ばないものであり、第二の「真空無相宗」と共に大乗の始教であることを示したかったのである。さらに法蔵が第四宗を「如来蔵縁起宗」となし「縁起」の名を付したのも「唯識法相宗」の阿頼耶識縁起を意識してのことであり、その阿頼耶識縁起説が未だ真理を語るものでないことを強く印象づけたかったのである。しかも現実に存在する宗派の名でもある「唯識法相宗」をそのまま用いているところに法蔵が『起信論義記』において四宗判を説いた目的が（法相宗を判釈するところにあったことが）領けるのである。

おそらく法蔵は、第四の「如来蔵縁起宗」に属する『起信論』の阿梨耶識は第三の「唯識法相宗」の『唯識論』に説く阿頼耶識と名は同じであるが、その内容は全く相違することに着目したのであろう。『唯識論』の阿頼耶識は生滅のものであるが『起信論』の阿梨耶識は生滅だけでなく、生滅と不生滅との和合したものである。すなわち『起信論』の阿梨耶識は如来蔵に生滅が加わったものと解することができる。阿頼耶識を妄識となす「唯識法相宗」に対して法蔵は迷いだけでなく悟りの諸法も阿頼耶識によって成立することを『起信論』の真妄和合識によって示したかったのである。しかも『起信論』の阿梨耶識は、同じ衆生の心であるという点で如来蔵と同一視される。

いずれにせよ、五教十宗判では「一切皆空宗」のみを始教の所属としていたが、『起信論義記』において説いた四宗判では「真空無相宗」（一切皆空宗）だけではなく「唯識法相宗」も大乗始教であることが明確になったのである。実はこのことを明らかにするところに『起信論義記』撰述の一目的があったと考えられるのである。なぜなら、同じように戒賢・智光の論争について記載する『十二門論宗致義記』などには四宗判を説いていないことがその証左である。『十二門論宗致義記』は三論宗、すなわち「真空無相宗」を課題にするが、いま述べたような「唯識法相宗」を問題にする意図がなかったからである。

法蔵の『大乗起信論義記』は「大乗起信論の義」を「記」した書である。「大乗起信論の義」とは如来蔵縁起にほかならない。その如来蔵縁起は「唯識法相宗」の阿頼耶識縁起とは異なることを明かすところに『起信論義記』造疏の意趣が存したのである。このように見てくるとのちの世において『起信論義記』が『起信論』の最良の指南書として確固たる地位を確保しているのは、法蔵が意図していた以上の意義を発揮していることになる。

六　定性二乗の廻心作仏

法蔵の『起信論義記』は、(1)弁教起所因、(2)諸蔵所摂、(3)顕教分斉、(4)教所被機、(5)能詮教体、(6)所詮宗趣、(7)釈論題目、(8)造論時節、(9)翻訳年代、(10)随文解釈の十門分別からなる。前述の考察は、主に(3)顕教分斉を手掛かりにしたものであったが、次に(4)教所被機について若干の考察を加えたい。法蔵が『起信論義記』の玄談に(4)教所被機を設けたのは『起信論』の所説を被る衆生の機を明らかにしようとするものである。『起信論』が予想する衆生とは、どのようなものかを問題にする。現在の仏教学からすれば、なぜこのことが問題になるのか、ややもすれば問題の所在を見失い、為にする些末の議論のようにもみえるが、要するにこれは『起信論』によって衆生の機根について論究するものである。したがって『起信論』による法蔵の衆生論である。法蔵にすれば、五性各別説の一派と一性皆成仏説の一派が熾烈な仏性論争を繰り返している渦中に在って黙過することのできない大切な研究題目が衆生の機根論である。

そこでやや煩わしいことではあるが、法蔵の見解を明確化するために、最初に『起信論義記』の第四門「教所被機」における議論の推移を整理しておきたい。筆者の理解によれば、この一門は次のように分科できる。

Ⅰ　権・実二教によって『起信論』の被機を明かす。

(1)　権教に約して判定すれば、菩薩性と不定性の衆生となる。

(2)　実教に約して判定すれば、一切の衆生となる。

Ⅱ　実教の立場から権教の所説を論難する。

(1)　権教が説く無性有情について問答（三番）する。

①　経論に無性有情を説くことの意味について明かす（第一問答）。

②　一切衆生有仏性説に対する権教からの三難とその反論を明かす（第二問答）。

③　権教からの再論難とその反論を明かす（第三問答）。

(2)　趣寂の二乗の廻心作仏について明かす。

①　定性・不定性の廻心に区別があることを明かす。

②　『仏性論』などを引用して趣寂の二乗にもなお三余があることを明かす。

③　二乗の涅槃は滅尽定であることを明かす。

④　二乗も趣寂より還生して大乗道を修することを明かす。

⑤　趣寂の二乗が廻心するのに七位の区別があることを明かす。

⑥　定性二乗も入寂の後に悉く廻心することを明かす。

⑦　新訳経論の所説と『涅槃経』の所説とを会通する。

Ⅲ　結論として一切衆生が『起信論』の所被であることを明かす。

法蔵は『起信論義記』の玄談において右のような次第で『起信論』が対象とする衆生について議論する。まず権教と実教とに分けて衆生観の相違を提示する。ここに「権教に約し」「実教に約し」といい、五教判における始教と終教の名称を使わないのは法蔵に相当の配慮があってのことである。法蔵が始教・終教の語を避けて権教・実教の語を用いたのには二つの目的があったと考えられる。まず第一の目的は、言うまでもなく五性各別を説く唯識法相教学を批判し権教と退けることである。そして第二の目的は、むしろこの方が重要であるが、一切皆成仏を説く

『起信論』を実教と呼ぶことによって『起信論』の所説が単に終教に限るものでなく、五教判の終教・頓教・円教の後三教の内容に関わるものであることを暗示したかったのである。

このような観点に立って権教と実教とに分けた法蔵は、かりに権教から『起信論』所被の機根をみれば、五種性の中の菩薩種性と不定性のみとなるが、実教からすれば一切の衆生が悉く所被の機根となると判定する。(Ⅰ⑴⑵)

法相宗の五性各別説を視野にいれて仏教を権実二教に大別し、次に実教の立場からすれば、一切衆生が所被となるのに、何故に権教では無性有情を立てる必要があるのかについてを考察する。それが三番の問答である。

法蔵は「若し諸の無性も亦たまさに成仏せば、何ぞ無性有情ありと説くことを得ん」との問いを設け、これに答える形で議論をすすめる。『仏性論』『宝性論』によれば、大乗を誹謗する者が成仏するまでに必ずや無量時を経過するであろうから、この謗大乗人が成仏するまでの無量時(の謗大乗人)を無性有情として説くのである。これは謗法の罪の重いことを知らしめるためであり、決して了義の説ではない。また『楞伽経』には、仏はこのような大乗を誹謗する者も放置せず必ず救済すると説いているのであるから実際には無性有情は存在しないことになる。そこで無性有情の存在を認める説は、真理を尽くした尽理の説ではなく権教である。これが第一問答である。(Ⅱ⑴①)

さらに第二問答として有名な「三難」を挙げ、それに答えている。

若し諸の衆生に等しく仏性有りて必ず当に仏を得れば、則ち衆生多しと雖も、要ず当に尽きること有り。是れ大過と為す。

又、若し悉く性有らば、最後の菩薩をして利他の行を欠かしめん。所化の諸の衆生無きを以ての故に。行を欠きて成仏せんこと道理に応ぜず。

又、諸仏の利他の功徳をして亦た則ち断滅せしめん。所化の機縁を感ずる無きを以ての故に。是くの如きの三難をいかんが通ずることを得ん。(19)

この⑴衆生有尽難、⑵行欠成仏難、⑶仏徳有尽難の三難について法蔵は『不増不減経』により増減の見を起こすのは大邪見であるとして退ける。（Ⅱ⑴②）

この『不増不減経』の仏界と衆生界の増減をめぐる解釈は、法相宗と他宗との間で極端な相違を示している。先に引用した澄観が『華厳経疏』に「生仏不増不減の別」として挙げていたところの議論である。

仏界と衆生界に増減をみるのは大邪見となす法蔵の見解に対して法相宗からの再度の反論を仮定して第三問答を設ける。もし一切衆生に悉く仏性があるとすれば（衆生の成仏とともに）衆生界は減ずることになるのではないか、無性有情の者が有るからこそ衆生界に増減が生じないのではないか、という問いを立てる。この問いに対して法蔵は、もし一切衆生が一時に成仏しても仏界は増すことはなく、衆生界が減ずることもないと答える。なぜならば『不増不減経』の所説は、衆生と法身は「義一名異」であり、衆生即法身・法身即衆生の一法界を説いているのである。それを理解せず事にとらわれて（仏界と衆生界とを分別して両界に）増減があるようにいうのは理と事とを弁えない者であると批判する。（Ⅱ⑴③）

次に法蔵は二乗の廻心について検討を加える。（Ⅱ⑵）

この部分がもっとも詳細であり、第四門「教所被機」の議論の力点はまさにここにあったと考えるべきである。この問題は、現在からすればあるいは無意味な議論のようにも見えるが、古来の三一仏性論争における主要な論題であったことに留意すべきである。この問題に明確な回答を与えなければ、法相宗の三乗仏教に対抗し一乗思想を完結することができないのである。

そこで法蔵は、まず定性の二乗と不定性の二乗とでは廻心に相違があることを明らかにする。不定性の者は無余涅槃に入る以前に大乗に廻心するが、定性（決定二乗）の者は無余涅槃に入る前に廻心することはない。なぜ定性二乗は無余涅槃に入ってから廻心するのかと言えば、二乗の無余涅槃は（大乗からみれば真の無余涅槃ではなく、二乗が無余といっているだけで）実は未だ有余のあるものであるから（二乗がいうところの）無余涅槃の後に大乗に廻心するのである。（Ⅱ⑵①）

法蔵は『仏性論』巻三によって二乗の涅槃には未だ惑・業・苦の三障に残余があることを論証する。煩悩では無明住地の煩悩が残っており、業についても無漏業を断じておらず、果報についても意生（意成）身を残しているという。要するに二乗の涅槃は究竟の涅槃ではなく、有余であるから廻心する可能性があるというのである。これを補強するのが、無漏界に声聞・縁覚・大力菩薩の三種の不思議変易生死があることを明かす『無上依経』『勝鬘経』『宝性論』などの教説である。『無上依経』『勝鬘経』『宝性論』などには、三界の分段生死のほかに三界外の不思議変易生死があることを説いている。この三界を超えた生死は、凡夫や二乗にはとうてい思議することができないものである。それゆえに不思議と名づけられているのである。二乗が思議できないのが不思議変易生死なのであるから、その存在に気づかないのはむしろ当然のことである。このような界外の生死を知らずに二乗は、自らの涅槃をもって究竟の無余涅槃と考えているのである。（Ⅱ⑵②）

要するに法蔵は法相唯識宗の三乗仏教では二乗の涅槃を究極の無余となしているが、大乗からすれば真の涅槃ではなく、未だ不完全な有余の涅槃であることを『仏性論』によって発見したのである。これは何でもないことのようであるが、古来の仏性論争史においては大変な発見であり、法蔵の卓見であった。法蔵は二乗の涅槃が実は有余であることを論証することにより二乗廻心が可能な根拠を見出したのである。

このような議論を踏まえて法蔵は二乗の涅槃は無余涅槃ではなく滅尽定であるという。二乗の者は、三余があるにもかかわらず灰身滅智して無余涅槃に入るものと思っているが、実は分段生死の果報が尽きれば法爾として（自然に）不思議変易生死の果報が現れてくることを知らない。二乗の者が無余涅槃に入り、生死を超えたと思っているのは、それは分段生死にすぎず、まだ不思議変易生死の果報が残っているのである。したがって、二乗の（灰身滅智の）無余涅槃というのは、実は無余涅槃以前の滅智であって、それは滅尽定にほかならないと法蔵は主張している。（Ⅱ⑵③）

さらに法蔵は、二乗の機根に利鈍があり、利鈍により「滅尽定の防心の種に強弱がある」ことを明らかにする。機根の利鈍によって滅尽定に入って得るところの心心所を防止する功能に強弱が生じるというのである。この強弱によって大乗に廻心する時期に最長八万劫から最短一念までの差異が生じる。廻心の時期に差異はあるが、二乗の者も八万劫ないし一念という時を経てやがて「仏根欲性智」（衆生の機根・願欲・性質を知る仏智）を増上縁の力となし、本有の仏性の力によって心を（三界の穢土を超越した三界外の）「浄土」の中に還生させ、そこで仏・菩薩・善友の力を借りて大乗に廻心する。要するに二乗は、仏智と本有の仏性と善知識の力との和合によって廻心し大乗の道を修め成仏する。（Ⅱ⑵④）

さらに法蔵は、機根の利鈍によって廻心に遅速があることの教証を求める。聖教には二乗の廻心について「七位」を説いているという。すなわち、『涅槃経』（巻一一「現病品」、巻二一「徳王菩薩品」）に説く八万劫・六万劫・四万劫・二万劫・一万劫等の説は「七位」の中の「前五位」の者の廻心を明かしたものである。声聞の（預流果・一来果・不還果・阿羅漢果の）四果および独覚の「前五位」の者は、それぞれ八万劫・六万劫・四万劫・二万劫・一万劫を経て大乗に廻心する。

次に「第六位」の者は、実叉難陀訳の七巻『楞伽経』（巻三「集一切法品」）に「三昧の酒に酔わされ、乃至劫の間覚めず、酒消えて然るのち覚めて仏の無上身を得る」と説いているように一万劫から一劫の間に大乗に廻心する。なお「三昧の酒」とは二乗の灰身滅智を譬えたもので「乃至劫」とは「一万劫乃至一劫」の謂である。このように「第六位」の者は、『楞伽経』に説くように一万劫から一劫の間に廻心するというのである。

さらに「第七位」の者については、『法華経』（巻七）に説いているという。『法華経』の「化城喩品」に、仏の滅後の弟子で、この経を知らず、菩薩の行を知らず覚らずして涅槃に入るも、余国でこの経を聞くことを得て仏乗によって滅度を得ると説いているのは一劫から一念の間に廻心する「第七位」の者である。

これらの経論の所説は、いずれも定性二乗は（入寂以前には廻心しないが）入寂してのちに大乗に廻心することを説いたものである。法蔵は、苦心してこれら経論を探索して定性二乗が趣寂の後に廻心することを論証している。

（Ⅱ⑵⑤）

そのうえさらに法蔵は、定性二乗が廻心する教証として世親の『法華論』を引用する。世親は言うまでもなく瑜伽唯識の祖である。その世親の『法華論』を論拠とするところに、対法相宗の論争により説得力を増し優位に立ちたいという法蔵の意図が窺える。

世親の『法華論』には、決定・増上慢・菩提心・応化の四種声聞に対する授記を説いている。そこで世親は、菩提心声聞と応化声聞に授記するのは機根が熟したからであるが、未だ機が熟していないにもかかわらず決定性声聞と増上慢声聞に記を授けるのは、彼らに菩提心を発させるためであると説いている。これは明らかに世親が決定性声聞も菩提心を発す可能性を認めていることの証拠である。法蔵は『法華論』の「我、汝に殊ならず。汝等、皆作仏すべしとは、衆生に皆、仏性有るを示現す」（『起信論義記』は「不殊汝」となすが『法華論』では「不軽汝」とあ

る）の文を引いて定性声聞にも仏性が有ることの証拠とするのである。（Ⅱ(2)⑥）

法蔵は、このようにして定性声聞にも悉く仏性あることを委細を尽くして論じてのちに、改めて何故に玄奘の「新翻の経論」に定性の声聞の廻心を説かないのかを問題にする。

問ふ、何故ぞ、新翻の経論に入寂定性の二乗廻心せざる有りと説くや。答ふ、新経論の中に、未だ入寂せずして定んで廻心せざるに拠る。入寂已去は彼に説かざるが故なり。故に相違せず。また教に了・非了の別有り。仏性論に弁ずるが如し。故に怪む可らず。[20]

玄奘の新訳の経論は、入寂の前の二乗についてのみ説いているのであり、入寂後の二乗については何ら言及していない。したがって、入寂以前の二乗のことだけを説く新訳の経論が（入寂してのちの）二乗の廻心を説いていないとしても決して矛盾するものではないと法蔵は考えたのである。そこで法蔵は、このように入寂以前の二乗についてのみ説くところの新訳の経論は、実は不完全な教説であると判定する。『仏性論』（巻二）の「破大乗品」には教に了・非了の別があることを説いているが、新訳経論はまさにその非了の教（権教）であると断じる。このような議論を踏まえて法蔵は、新訳の経論と旧訳の『涅槃経』等との関係は、非了教（権教）と了教（実教）との関係にあるとして両者の会通を図っているのである。

定性二乗を説く新訳の仏教は権教であり、一切衆生に仏性有りとの説が実教であることを明らかにした法蔵は、最後に『涅槃経』（巻三四）や『仏性論』（巻一）によって仏性の法体は、このような有無の思慮を離れた中道である、と述べることを忘れてはいなかった。（Ⅱ(2)⑦）

結論として「是の故に一切衆生、皆、此の所為なり」と述べ『起信論』の所被の機は、等しく一切衆生であることを明らかにしてこの議論を結んでいる。（Ⅲ）

はなはだ煩瑣で些末の議論のようにもみえるが、それだけ法蔵にとっては大切な議論であったのである。入寂以前の二乗は決して大乗に廻心することはないが、入寂してのちに廻心するというのが、法蔵の得た「二乗廻心」に関する結論である。これは従来のインドはもちろん中国の仏教学における定説を根底から覆すものであった。声聞定性・独覚定性の一向趣寂の二乗の不成仏はインド以来の決定説である。法蔵は『起信論義記』において苦心惨憺してこの決定説を覆し、趣寂の二乗にもなお「三余」があることを論拠として大乗道への廻心を明らかにしたのである。ここに法蔵の発揮がある。この結論が五性各別説に打撃を与えるものであることは言うまでもない。したがって、法蔵が展開したこの議論は、もっぱら対法相宗のためのものであったことを示している。

法蔵が『起信論義記』において一門を設けて委細を尽くして詳論しているところの意図についてはもはや贅言を要しないであろう。法蔵の主著である『探玄記』や『五教章』などに比べてみるとき『起信論義記』における二乗廻心の議論がはなはだ詳しいことは誰の目にも明らかである。ここからも法蔵が『起信論義記』を撰述した意趣を十分に窺うことができるのである。

七　おわりに

法蔵の『起信論義記』十門分別のうち、特に第三の顕教分斉と第四の教所被機を中心にして若干の考察を加えた。その結果、法蔵が本書を撰述した意趣は、単に客観的な立場から『起信論』の注釈書を学界に提供することを目論んだものではなく、むしろ法相宗の阿頼耶識説に基づく五性各別説が不徹底なもので真理を明かすものでないゆえんを『起信論』の注釈を通して明らかにするところにあった。智顗の「観心釈」のような解釈法を用いない法蔵としては具体的な経論の注釈を手掛かりにして自己の信念を表明するという方法をとったのである。その場合に如来蔵縁起を説く『起信論』が法蔵にとってはもっとも効果的な論書であった。同じ法蔵の著作でも『十二門論宗致義記』などには四宗判を説いておらず、対法相宗の視点が欠落している。それに比べて『起信論義記』は四宗判を説き、法相宗義を批判しているところに顕著な特色がある。法蔵の四宗判は、法相教学の阿頼耶識縁起と『起信論』の如来蔵縁起説との相違を明確にするものである。『起信論義記』の随文解釈は、そのことを具体的に明らかにする学的な営為である。それが結果として後学に優れた『起信論』の指南書を提供することになったのである。ここでは随文解釈の一々に当たり法蔵の解釈の特色を論究する余裕はなく、今後の筆者の課題とするところである。

ところで法蔵の『起信論義記』の撰述の目的を新羅の元暁が著した『起信論疏』への批判に求める学者の見解がある。すなわち、法相教学と『起信論』との和会を目指した元暁の『起信論疏』への法蔵の批判が『起信論義記』撰述の目的であったというのである。元暁は如来蔵縁起宗と唯識法相宗とのけじめもつけられなかった人として批判するところに法蔵の『起信論義記』撰述の目的があったとの見解である(21)。

法蔵には、そのような意識があったかもしれない。しかし、法蔵にとって未だ入唐したこともない新羅の一学僧である元暁と唐代の仏教界に一世を風靡する玄奘の法相教学とのいずれがより大きな存在であったかは明瞭であろう。確かに元暁には和諍の姿勢が極めて濃厚であり、諸宗の宗義の決判よりもそれを融会する姿勢が強いことも歴然たる事実である。しかし、元暁は一性皆成仏の一乗に立つ人である。それに比べれば唐の長安を中心に圧倒的な勢力を有し、五性各別を説き、三乗差別に立つ法相宗は法蔵にとって決して黙過することのできない存在であった。法蔵は、法相宗の宗義が不了義であることを明らかにし、法相宗徒の妄執を払い、了義の一乗に導くことこそが自己の当面の課題としていたのである。その為に法蔵はすでに検討したように『起信論義記』において苦心惨憺して二乗廻心を論証しなければならなかった。もしも法蔵が元暁を批判する為に『起信論義記』を著したとすれば、一乗仏教の立場に立ち二乗の成仏を認める元暁に対して四宗判を説き、ことさらに二乗の廻心を論証する必要はなかったであろう。確かに智顗が法雲を批判したように近似の思想に対する批判はより一層厳しくなることはしばしば見受けられる。しかし、もしかりに法蔵に元暁の『起信論疏』が法相教学と『起信論』との単純な和会を説くという誤りを犯していることを批判する意図があったとしても、法蔵としては法相教学が権教であることを明確に論証すれば事は足りているのである。たとえが必ずしも適切ではないが、法蔵にとってまさに正面の敵は法相宗であり、元暁への批判は反す刀で十分であろう。筆者としては法蔵が単に元暁への批判として『起信論義記』を撰述したとはとうてい考えられない。法蔵の主眼はもっぱら三乗差別の仏教である法相教学への批判にあった。その批判の具体的な営為が『起信論義記』の撰述である。

法蔵は『起信論義記』をはじめとして多くの著述をなして華厳教学を大成した。それは何の為であったかといえば、実は一乗思想を完結させるためであった。仏教が「仏に成る教え」である以上、仏教者としては一乗の内実化をはからねばならないことは言うまでもない。智顗の天台教学によって一乗仏教の教理が確立されたが、はからずも玄奘が将来した瑜伽唯識の教学によって三乗こそが真実であり一乗は方便にすぎないと批判されたのである。そこで法蔵としては智顗によって確立された一乗の教学に実質的な内容を盛り込まねばならなかったのである。法蔵は三乗が真実であるという法相教学こそが実は不了義であることを論証したかったのである。そのために『起信論義記』に（本章において扱った一例を挙げれば）四宗判を説き、二乗の廻心を論証せねばならなかったのである。

当該の課題について考えるとき、我々は三乗と一乗との対立にのみ目を奪われがちである。しかし完成された法蔵の教学の側からみれば、法蔵は一乗と三乗の対立を止揚してより根源的な一乗を明らかにしようとしていたのである。いわば一乗も三乗も共に生み出す根源の一乗である。それが別教一乗である。その別教一乗とは無尽縁起の世界にほかならない。無尽縁起によって万人の成仏の根拠が明らかに提示されたのである。智顗は一念三千・十界互具の教理により凡夫の一念にも仏界を具しているのであり、万人は等しく成仏することを説いた。法蔵はむしろ凡夫は、もともと仏界から起こったものであり、仏界の一表現にすぎないと考えている。法蔵からすれば、ここに至って初めて一乗の仏教は完結するのである。

最後に本考察の当初から気掛かりになり疑問に思っていたことについて付記して本章を閉じることにする。それは五教判と四宗判との関係をどのように考えるかということである。これは華厳教学における『起信論』の分斉にまで及ぶ問題である。この問題は、筆者のみならず、古来の学者を大いに悩ました論題であった。この論題に対して筆者は、次のように考える。

華厳教学の大綱からすれば法蔵の五教判は、一切皆空宗と共に五性各別説の唯識法相宗をもって大乗始教となし、一切皆成仏説をもって大乗終教となすものである。五教判の始教と終教の関係は、結局は五性差別と一切平等との対立である。この二教の対立は、その上位に位置する頓教によって止揚されるものであり、さらにより上位の円教の事事無礙の中に統摂される。図式化すれば、五教はこのような弁証法的な関係にある。このことから推して五教判はもっぱら『華厳経』の思想が円教であることを論立するために立てられた理論的な教判であることが了解できる。

ところが『起信論義記』の四宗判は、理論的な課題と共に具体的で実践的な課題に応える教判である。四宗判の理論的な課題は、五教判ではその位置づけが不明瞭であった法相教学の位置を明らかにすることであった。すなわち、四宗判は法相宗の宗義を第三の唯識法相宗となし第四の如来蔵縁起宗の下位に位置づけ、その分斉を明確に示すことにあった。

四宗判はこのような課題に加えて実践的な意味合いをもつ教判である。すなわち、法蔵は『起信論義記』においては、五教判の始教・終教の用語を用いないで、権教・実教という別の概念を用いる。『起信論義記』のなかでは『起信論』（如来蔵縁起宗）を終教とは言わない。また法相宗の五性各別説を唯識法相宗となすが、それは始教とは呼ばずに権教と呼んでいる。要するに五教判における始教・終教の二教は『華厳経』を論立するための教理上の課題から出たものであるが、『起信論義記』における権教・実教の二教は悟りに修入させるための方便と真実という実践的な意義を含んでいるのである。

法蔵は『起信論義記』の第三門「顕教分斉」中で、四宗判における第三の唯識法相宗の内容を「理に依って事の差別を起こす説」と述べ、第四の如来蔵縁起宗の内容を「理と事の融通無礙の説」であると説いている。これを単純に五教判の範疇に併せて解釈すれば、『起信論』（如来蔵縁起宗）の「理事融通無礙」は円教の「事事無礙」に遠く及ばない前段階の思想ということになる。そこで「理事融通無礙」を内容とする『起信論』は、終教の分斉に限ることになる。当然、『起信論』は「事事無礙」の円教には関わらないものとなす見解が出てくる。しかしそれは仏道における実践や観法を無視し、文字にとらわれた見方である。観法実修においては「理事無礙」の世界は「事事無礙」の前段階ではない。実は「理事無礙」も「事事無礙」も同一法界を別の観点から語ったものである。したがって、観法実践からすれば「理事無礙」の内観を徹底して究極まで推し進めていけば、そこに自ずから法爾としての「事事無礙」の世界が顕現してくるのである。

それゆえ法蔵は如来蔵縁起宗の『起信論』を五教判に準拠して終教とはいわず、あえて実教と呼んでいるのである。実教といえば、如来蔵縁起宗の『起信論』のみに限るものではなく、終教・頓教・円教の三教もすべて実教である。法蔵は『起信論』をもって終教ではなく、実教と呼ぶことによって『起信論』（に説く思想）が終教・頓教・円教の後の三教に通じる余地を確保したのである。

また唯識法相宗を始教でなく権教となすことによって阿頼耶識縁起宗を単に捨て去るのではなく真実への方便としての意義をもたせたかったのである。法蔵は巧みに権教に「実に非ず」という意味と「実に導く」という意味との二重の意味をもたせているのである。法蔵は決判と融会を同時に行なっているのである。五性各別説に執する法相宗の徒を（単に始教であるとして）排斥するだけではなく、阿頼耶識縁起宗も真実へ修入する方便となしているのである。法蔵は『起信論義記』を撰述することにより、三乗仏教の徒をして阿頼耶識縁起の妄執を捨てさせ、やがて如来蔵縁起宗を体得し、ついに円教に趣入させることを願っているのである。このことによって一乗仏教が具体的に完結すると考えたからである。三乗の徒を排除して平等の一乗が成り立つはずがない。法蔵が『起信論義記』を撰述した意図の根底にはかかる仏道の実践という具体的な課題をも含んでいることを見落としてはならないであろう。

註

（1）法蔵の伝記は、崔致遠『唐大薦福寺故寺主翻経大徳法蔵和尚伝』（大正五〇・二八〇c）、賛寧『宋高僧伝』巻五「義解篇」（大正五〇・七三二a）など参照。
（2）智顗『摩訶止観』巻三上（大正四六・二六b）。
（3）法蔵『華厳経探玄記』巻一（大正三五・一一一c）。
（4）『大唐大薦福寺故大徳康蔵法師之碑』（大正五〇・二八〇b）。

（5）『瑜伽師地論』巻三七（大正三〇・四九六c）、『同書』巻五二（大正三〇・五八七b）など参照。
（6）『瑜伽師地論』巻八〇（大正三〇・七四九b）。
（7）『仏地経論』巻二（大正二六・二九八a）。
（8）高崎直道「起信論研究の問題点―実叉難陀訳の性格をめぐって―」（『印度学仏教学研究』第三五巻第一号）参照。
（9）賛寧『宋高僧伝』巻四「義解篇」（大正五〇・七二六a）。
（10）澄観『華厳経疏』巻二（大正三五・五一一a）。
（11）法蔵『起信論義記』（大正四四・二五〇a）。
（12）法蔵『起信論義記』（大正四四・二四二a）。
（13）法蔵『十二門論宗致義記』（大正四二・二一三c）。
（14）法蔵『華厳五教章』（大正四五・四八一b）。
（15）法蔵『華厳経探玄記』巻一（大正三五・一一五c）。
（16）窺基『法華玄賛』巻一（大正三四・六五七ab）。
（17）法蔵『華厳五教章』（大正四五・四八一c）。
（18）法蔵『起信論義記』（大正四四・二四三b）。
（19）法蔵『起信論義記』（大正四四・二四三c）。
（20）法蔵『起信論義記』（大正四四・二四四c）。
（21）吉津宜英『華厳一乗思想の研究』（大蔵出版社、一九九一年）第七章「『大乗起信論義記』の成立と展開」を参照。

初出一覧

序論　中国仏教とその研究（書下し）

Ⅰ　初期中国仏教思想の形成

中国仏教の経典解釈法（「中国仏教の経典解釈法―智顗・善導・法蔵の場合―」より改題。『仏教学セミナー』七七号、二〇〇三年）

中国仏教初期の仏陀観（「中国仏教初期の仏陀観―道安と慧遠の場合―」より改題。『日本仏教学会年報』五三号、一九八八年）

釈道安の弥勒信仰（「釈道安の弥勒信仰―弥勒上生経訳出以前の兜率願生―」より改題。『大谷学報』六三―四号、一九八四年）

弥勒仏の出世について（「弥勒仏の出世について―特にその時節を中心に―」より改題。『仏教学セミナー』三七号、一九八三年）

Ⅱ　中国仏教における法身説の思想的展開

僧叡五種法身説（「五種法身説―中国仏教初期における法身説の一類型―」より改題。『仏教学セミナー』四八号、一九八八年）

竺道生の法身説（『大谷学報』六九―三号、一九八九年）

竺道生の「新説」とその背景（『印度学仏教学研究』三九―二号、一九九一年）

法雲の仏身説（『仏教学セミナー』一六号、一九七二年）

業報説の受容と神滅不滅（『仏教学セミナー』二〇号、一九七四年）

Ⅲ 維摩詰経訳出の諸問題

鳩摩羅什の訳経（「鳩摩羅什の訳経―主用経論とその草稿訳について―」より改題。『大谷大学研究年報』三八号、一九八六年）
維摩詰経と毘摩羅詰経（『仏教学セミナー』四二号、一九八五年）
注維摩経所引の別本（「注維摩経所引の別本について」より改題。『印度学仏教学研究』三五―二号、一九八七年）
注維摩経の異本（「注維摩経の異本について」より改題。『真宗総合研究所紀要』四号、一九八六年）
曇寂自筆本『三注維摩詰経私記』（大谷大学図書館報『書香』第九号、一九八九年）

Ⅳ 隋唐仏教の種々相

智顗と法蔵（「智顗と法蔵―その伝記にみられる異質性―」『仏教学セミナー』六一号、一九九五年）
天台智顗と北朝仏教学（『北朝・隋・唐　中国仏教思想史』法藏館、二〇〇〇年）
多羅戒本と達摩戒本（『戒律の世界』溪水社、一九九三年）
元暁の涅槃宗要（「元暁の涅槃宗要―特に浄影寺慧遠との関連―」より改題。『仏教学セミナー』二六号、一九七七年）
法宝における涅槃経解釈の特質（『大谷学報』五八―一号、一九七八年）
法蔵における『大乗起信論義記』（「法蔵における『大乗起信論義記』撰述の意趣」より改題。『関西大学東西学術研究所紀要』第二八輯、関西大学東西学術研究所、一九九五年）

あとがき

もとより仏教は、人間や世界について解釈したり説明したりする理論ではない。人類救済の道を説示し、われわれの生きる指針となるのが仏教である。歴史的にみれば、史上の仏陀である釈迦牟尼世尊が説いた〈仏の教え〉である。その教説の内容を言えば〈仏を説いた教え〉ということになる。仏をして仏たらしめる〈法〉を説いているがゆえに仏法である。その仏法は、また仏道であらねばならない。そして、時代や地域を超えて全ての人々が〈仏と成る教え〉である。この三者が一体となって人類に開顕されたのが仏教である。

われわれは、その仏教をどのように学んだらよいのであろうか。仏教を知的に分かることを〈理解する〉というならば、全身で分かるのは〈体得する〉、〈体解する〉とでも言わねばならないだろう。

かつて大谷大学の学生として学びを始めた頃、仏教学の手ほどきを受けた諸先生は、われわれ学生に対して常々「学問をしなさい」と仰せになった。そもそも学問とは、単なる知的な理解や説明のことではないだろう。若輩の者に〈学問〉を勧められたのはただちに成果を求めるような〈研究〉ではなく、深く体解することの大切さを教えていただいたのだと思う。今日、実利の学がもてはやされ、より早く効率よく成果を上げることのみが推奨される風潮があるのを遺憾に思う。

夏目漱石は、その晩年に芥川龍之介に宛てた書簡の中で「牛になることはどうしても必要です。吾々はとかく馬になりたがるが、牛には中々なり切れないのです」と語っている。私は、馬にもなれず、牛にもなりきれなかった。時に行き詰まりの期間があり、また様々な事情で中断や挫折を余儀なくされる時期があり、結局は、牛の歩みを続けることになった。漱石の教訓に従って、牛のように着実に歩こうとしたのでなく、歩かざるをえなかったのである。

私は、昭和三十七年（一九六二）に大谷大学に入学し、やがて仏教学を専攻して恩師・横超慧日先生に師事した。先生のご講筵に連ならせていただくことができたことは、誠に幸せであった。かつて先生の学恩について「横超慧日先生―中国仏教研究における偉功を追慕して―」（『仏教学セミナー』六三号）という一文をしたためたが、到底、先生の学恩を言い尽くすことはできない。先生のご高庇がなかったなら自分の遅々たる歩みすら適わなかったことである。

思えば、大谷大学での生活は、ほぼ四期になる。学生・院生として仏教を学んだ時期、当時の仏教学研究室において研究員・助手として様々な経験を積んだ時期、そののち短期大学部仏教科・文化学科、文学部仏教学科の教員として教育に携わった時期、さらに教員でありながら図書館長を皮切りに大学執行部の一員として身を置いた時期、それぞれが十年余になり、都合五十年になんなんとする長きにわたり大谷大学にお世話になった。本書に収録した論文はそれぞれの時期に執筆したものである。

それにしても本書のような旧稿の集成を上梓することには大いに躊躇いがあった。もともと習作的な小論であり、自分としてはいずれ機会を得て改訂しようと思いつつ、長らく手を触れることもなく放置していたものであるだけに、出版に際しては思案を重ねた。ただ自分のうちには、執筆当時の自分を記念するものとして小篇を愛惜する気持ちがあった。文体の不統一も、未熟な内容も、その時期の自分を想起する〈よすが〉となるものである。しかも、この書によって識者のご叱正を得ることができるならば、決して春秋に富むわけではないが、残された自分の学びにとって幸いなことである。このように考え、ほとんど未定稿のような状態であるが、これらの拙論をここに輯録した次第である。

親鸞聖人七百回御遠忌の翌年に大谷大学に入学した者が、七百五十回御遠忌の前年に大学を去ることになる。この機会に牛のような歩みを振り返ってみたいとの思いが募った。それでもなお思案したが、そのような折に入学の当初から種々世話になった法藏館会長の西村七兵衛氏の勧めもあって思い切って公刊することになった次第である。

それにしてもこの度は法藏館の戸城三千代編集長に大変お世話になった。多岐亡羊の諸論文を編集し一書に纏め上げる編集手腕に感服し、有意義な示唆に対して心から感謝する。また校正・資料の収集など大変面倒な作業は、大谷大学総合研究室の戸次顕彰助教、同図書館の山内美智課長から甚大なご協力を忝なくした。お二人には勤務を終えた後の貴重な時間を割いてご支援をいただいた。また極めて限られた時間の中で困難を克服しご配慮いただいた中村印刷のお力添えがなかったならば、本書は完成できなかったことは確かである。

そして今日まで至らぬ私に好意を与えられた全ての方々に謝意を表する。

二〇〇九年　九月

木村宣彰

木村宣彰（きむら　せんしょう）
1943年、富山県生まれ。1966年、大谷大学文学部仏教学科卒業。
1973年、同大学大学院博士後期課程仏教学専攻単位取得退学。
同大学助手、文学部教授、図書館長、文学部長などを経て、
2004年４月から同大学学長、現在に至る。
主な著作に『注維摩経序説』（東本願寺出版部）、『戒律の世界』（共著、渓水社）、『仏教思想の奔流』（共著、自照社出版）ほか。

中国仏教思想研究

二〇〇九年九月一〇日　初版第一刷発行

著　者　木村宣彰
発行者　西村明高
発行所　株式会社　法藏館
京都市下京区正面通烏丸東入
郵便番号　六〇〇―八一五三
電話〇七五（三四三）〇〇三〇（編集）
〇七五（三四三）五六五六（営業）

印刷・製本　中村印刷株式会社

© S. Kimura 2009 *Printed in Japan*
ISBN 978-4-8318-7435-1 C3015
乱丁・落丁本の場合はお取り替え致します。

曇鸞浄土教形成論 その思想的背景　石川琢道著　六、〇〇〇円

日中浄土教論争 小栗栖香頂『念佛圓通』と楊仁山　中村　薫著　八、六〇〇円

中国華厳浄土思想の研究　中村　薫著　一二、〇〇〇円

中国仏教美術と漢民族化 北魏時代後期を中心として　八木春男著　一六、〇〇〇円

中国南朝仏教史の研究　諏訪義純著　一二、〇〇〇円

中国近世以降における仏教思想史　安藤智信著　七、〇〇〇円

龍谷大学仏教文化研究叢書XII
注維摩詰経一字索引 付注維摩詰経　龍谷大学仏教文化研究所西域研究室編　一七、〇〇〇円

法藏館　価格税別